La futuridad del naufragio

La futuridad del naufragio
Orígenes, estelas y derivas

Juan Pablo Lupi
César A. Salgado (eds.)

Consejo Editorial

Luisa Campuzano
Adriana Churampi
Stephanie Decante
Gabriel Giorgi
Gustavo Guerrero
Francisco Morán

Waldo Pérez Cino
Juan Carlos Quintero Herencia
José Ramón Ruisánchez
Julio Ramos
Enrico Mario Santí
Nanne Timmer

© los autores, 2019
© Almenara, 2019

www.almenarapress.com
info@almenarapress.com

Leiden, The Netherlands

ISBN 978-94-92260-36-9

Imagen de cubierta: Pieter Bruegel de Oude, *De val van Icarus* (*circa* 1560)

All rights reserved. Without limiting the rights under copyright reserved above, no part of this book may be reproduced, stored in or introduced into a retrieval system, or transmitted, in any form or by any means (electronic, mechanical, photocopying, recording or otherwise) without the written permission of both the copyright owner and the author of the book.

César A. Salgado | Juan Pablo Lupi
La futuridad del naufragio (Prólogo en dos estelas) 9

Ben A. Heller
Cartas encontradas. Rememorando el
cincuentenario de *Orígenes* (La Habana, 1994) 49

César A. Salgado
La emergencia del origenismo en *Diez poetas
cubanos* (1948) y *Cincuenta años de poesía cubana* (1952) 61

Tom Boll
Translation as consecration: Saint-John Perse in *Orígenes* . . . 87

Marta Hernández Salván
La lengua agónica de José Lezama Lima. 111

Alan West-Durán
Langue, parole y trasero en «Los siervos» de Virgilio Piñera . . 153

Pilar Cabrera Fonte
En la lente de Julio Berestein. «Lo que puede
usted ver en el Museo Nacional» y las (más)caras
de la cámara en Virgilio Piñera 181

María Isabel Alfonso
Ediciones El Puente y los vacíos del canon literario cubano.
Dinámicas culturales de los sesenta y el legado origenista . . . 211

Aída Beaupied
Ruina, realidad, Exterioridad. Contradicciones
y paradojas del (neo)origenismo en Antonio José Ponte
y Fina García Marruz 249

Elena Lahr-Vivaz
Birds of a feather. Reina María Rodríguez and
the world republic of letters 273

Kristin Dykstra
Triumphs of verticality / Horizontal reactivations.
Forces at work in and around Soleida Ríos' elegy
for Ángel Escobar 299

Walfrido Dorta
Diáspora(s) y Orígenes: un trabajo de archivo contra
el origenismo de Estado 327

Juan Pablo Lupi
Crecida de la ambición (po)ética. Vitier, Diáspora(s)
y el arte de una teleología insular 363

De los autores 403

La futuridad del naufragio
(Prólogo en dos estelas)

César A. Salgado | Juan Pablo Lupi

> ...with a kind of madness growing upon me, I flung myself into futurity.
>
> H. G. Wells, *The Time Machine* (1895)

I.

«Con un algo de locura sobrecogiéndome, me lancé a sumirme en la futuridad»: así comienza el viajero del tiempo su relato tras concluir su aventura. Herbert George Wells, el escritor que mejor visualizó el espectacular potencial destructivo de los grandes avances técnicos, optó por hablar de «futuridad» en vez de «futuro» a través de su obra. En vez de celebrar el progreso científico como una nueva providencia, Wells tomó prestado un término de la prédica sobre las postrimerías del período de la Reforma protestante y lo resemantizó en sus escritos de ciencia ficción. Socialista, reformista y agnóstico, Wells quiso así desanclar y problematizar ideas fijas y esperanzadas sobre lo venidero, vigentes durante la Inglaterra victoriana y la Revolución Industrial (Pike 2013; Link 2013; Starr 2015).

Para cuando escribe Wells, a fines del siglo xix, ya ha entrado en crisis la ambición totalizante de la filosofía de la historia de garantizar la dirección lineal y ascendente de los acontecimientos, predecir su sucesión y deducir las leyes del cambio futuro. Por una parte, la cosmología, la paleontología y las teorías de Darwin expanden exponencialmente el tiempo de la creación. Se descubren edades geológicas y evolutivas cuya duración eclipsa la de los milenios del ser humano y la escatología de sus dioses y mesías. Por otra, el desarrollo de la teoría de la relatividad y la mecánica cuántica, en los años posteriores a la publicación de la novela de Wells, pronto activaría una pluralización alucinante de las nociones de espacio, tiempo y universos posibles. Si

> Suave, mari magno turbantibus aequora ventis,
> e terra magnum alterius spectare laborem
>
> Lucrecio, *De rerum natura* II.1-2

Hans Blumenberg ha mostrado el rol capital que ha jugado la metáfora del naufragio en los modos en que el pensamiento occidental ha contemplado el mundo desde la antigüedad clásica hasta el presente. Para Blumenberg el naufragio es un ejemplo paradigmático de una metáfora que antecede y excede cualquier intento de conceptualización. Desde una perspectiva fenomenológica se trata de una figura que históricamente ha expresado modos posibles de relacionarnos con lo que Husserl llamó *Lebenswelt*: ese mundo investido únicamente de una estructura «natural», aún no mediada por el conocimiento científico y filosófico, y que cada uno percibe y comparte con otros. Dada su condición, el naufragio es una metáfora que condensa múltiples tensiones, contradicciones y paradojas.

En particular, uno de los significados de la escena del naufragio es justamente la *teoría* (cfr. *theōrein*: contemplar, observar). Recordemos la escena que abre el libro II de *De rerum natura* de Lucrecio. Allí se nos presenta al sabio que desde un lugar seguro en la tierra contempla el mar agitado y a los hombres que allí zozobran. Este cuadro presenta un contraste entre la posición del sabio y la de aquellos que en medio del mar luchan contra fuerzas que no controlan. Como explica Blumenberg la imagen ilustra la «relación entre el filósofo y la realidad» (1997: 26), pero tal relación comprende a su vez dos aspectos contradictorios (1997: 26-27). Por un lado, la escena representa el ideal clásico del sabio capaz de contemplar el mundo desde una posición privilegiada, tanto en lo epistemológico como en lo moral. Pero por otro lado, al tomar en cuenta el fundamento epicureísta de

la modernidad ilustrada blande el futuro como la promesa de una utopía, con Wells la futuridad asoma como un *mare ignotum*. El futuro pierde la atribución de ser mejoría unidireccional e incontestable y se atraviesa como si fuera un espacio oceánico y tormentoso, enigmático e impredecible. Wells entendió cómo el futuro más prometedor podría resultar ser un gran huerto de naufragios.

Así pues, el viajero de *La máquina del tiempo* se lanza hacia la futuridad como si zarpara en un buque, mar adentro. Construye una nave que también viaja en sentido contrario y la protege a toda costa para poder hacer el retorno y reportar sus hallazgos a sus contemporáneos. Cuando vuelve al comedor donde ha preconvidado a sus amigos para hacer el recuento de su expedición, llega con toda la apariencia, la dolencia y el saber de un náufrago. En efecto, la futuridad ha malogrado todas sus expectativas y predicciones. Descubre que lo que luce ser progreso es barbarie; que, en vez de evolucionar, la especie humana ha degenerado y llega a ser testigo de su extinción. Pero la catástrofe no es absoluta porque él logra sobrevivir, manteniéndose a salvo a tiempo para el rescate. Como Alvar Núñez, Jerónimo de Aguilar y otros náufragos en el Nuevo Mundo, logra volver a la tierra firme de su presente para dar testimonio y advertencia de los horizontes venideros y sus peligros y glorias potenciales. Espera así recalibrar lo suficiente los mecanismos de la historia para poder enmendarla y emprender un nuevo viaje, menos incierto, hacia lo múltiple, lo nunca mismo.

II.

«Había que crear la tradición por futuridad, una imagen que busca su encarnación, su realización en el tiempo histórico, en la metáfora que participa», escribe José Lezama Lima al final de la nota «Señales: La otra desintegración», de 1949 (1981: 196-197). Muchos estudiosos han interpretado este texto como un manifiesto lezamiano sobre el propósito de sus múltiples revistas de arte y literatura, como una

la filosofía de Lucrecio, esa mirada toma otro signo. Recordemos la tesis básica del atomismo de Lucrecio: los átomos (*primordia rerum*) son capaces de «desviarse» de modo indeterminado de su movimiento natural. Tales «desvíos» –lo que Lucrecio denominó *clinamen*– causan colisiones entre los átomos y estas son la razón por la cual la naturaleza está en continua actividad. De acuerdo a esto, la naturaleza no está regida por una causa primigenia que fija o determina su evolución; muy por el contrario, el genuino principio creador es la indeterminación. Según esto, lo que el espectador contempla es el (des)orden de los átomos que constituyen no solamente el paisaje marino y los náufragos, sino también el espectador mismo. La mirada –el acto de «teorizar» en el sentido etimológico– se vuelca sobre el propio sabio: este reconoce que él mismo es parte de la realidad que contempla y por lo tanto también está sujeto al movimiento indeterminado de los átomos, tal como los náufragos en medio de las olas. Tal reconocimiento está necesariamente mediado por el acto de que el propio filósofo contemple la escena del naufragio y reflexione sobre su *propia* condición de náufrago, ya que él mismo forma parte de la naturaleza.

Esta figuración de la reflexión filosófica por medio del naufragio suscita varias resonancias que permiten elucidar en qué consiste la mirada –la «teoría», en el sentido literal– del fenómeno originista que plantea este volumen. Un eco inmediato concierne a la posibilidad de establecer una analogía entre, por un lado, el movimiento atómico, su indeterminación y la conciencia de que somos parte de éste y, por otro lado, la comprensión de la historia y sus vínculos con el arte y la literatura que puede ocasionar el concepto de futuridad. Otro eco surge al momento de considerar el reverso de la indeterminación y el naufragio. Para que tenga algún sentido hablar de «naufragio» es necesario en primer lugar suponer la existencia de una navegación segura y con rumbo determinado. El naufragio no es un desastre cualquiera, sino que sólo puede ocurrir como interrupción o ruptura (cfr. el latín *frango:* quebrar, romper) de dos condiciones previas: existe una nave que resguarda a los navegantes y sigue un rumbo

declaración de su misión editorial. Como la de Wells, el proyecto de la cuarta y última que codirigió, la legendaria *Orígenes* (1944-1956), se comportó como una especie de máquina de los tiempos, una enorme y ambiciosa nave letrada para la cual la futuridad sirvió tanto de combustible como de campo de navegación. Dada la compleja secuencia de publicaciones, grupos poéticos, genealogías intelectuales, polémicas culturales, convicciones religiosas o ateas, cismas, enemistades, recomienzos y rectificaciones asociados con esta empresa, desde *Verbum* (1937) hasta *Ciclón* (1956-1959), pasando por *Espuela de Plata* (1939-1941), *Clavileño* (1941), *Poeta* (1942) *y Nadie Parecía* (1942-1943), tal vez deberíamos ampliar la *imago* y hablar de un sistema de flotas en vez de un solo navío. Mientras que previos proyectos editoriales del modernismo y la vanguardia latinoamericana predicaron un avance acelerado hacia lo más nuevo y moderno, la flota originista optó por adelantar retrocediendo, fundiendo ayer, ahora y mañana, tiempo y trastiempo, en una temporalidad múltiple y espesa, riesgosa y gloriosa a la vez. Mientras la *revista de avance* (1927-1930) ostentaba como título principal cada año de su publicación (*1927, 1928, 1929…*) como un cohete de propulsión disparado hacia el progreso, las revistas originistas capitaneadas por Lezama o por otros de su grupo instrumentaron una ralentización o resistencia rizomática a la cronometría reductiva, a una única e indetenida sucesión causalista.

A partir de lo que Cintio Vitier llamó su «profunda necesidad de descolocación temporal» (Vitier 1994: 66-67), el proyecto originista se desentendió de los que procuraban hacer de la actualidad un fetiche o una consigna. Buscó ahondar en lo mítico y lo cosmogónico a la vez que en lo crítico y lo moderno, puso al gótico y al barroco junto a lo ilustrado y a lo romántico en su tablero de fichas, y transitó barloventeando vitalismo y trascendentalismo. Esta complejización de la temporalidad a través de la hipóstasis de la poesía –asumida como sustancia de lo increado o venidero, como glándula secretadora de alteridades históricas– fue motivada por el deseo de superar la

seguro hacia un destino determinado, y se ha establecido un pacto o promesa de que todo ello se cumplirá. Puesto en otros términos, todo naufragio tiene como trasfondo necesario una *teleología*.

Como es bien sabido, si existe un rasgo distintivo de los imaginarios nacionales en Cuba es precisamente la cuestión teleológica y la metáfora del naufragio permite esbozar una figuración del devenir histórico de la isla. El 1 de abril de 1895 (el mismo año en que Wells publica su especulación crononáutica) zarpa de Montecristi, al norte de Santo Domingo, el viajero que desde su exilio en Nueva York había trazado el rumbo y la promesa de soberanía. Diez días más tarde llegará a la isla a unirse a la insurrección independentista, pero el 19 de mayo será sorprendido en una emboscada y fallecerá combatiendo en Dos Ríos. El cuerpo de José Martí no podrá continuar el recorrido, pero sí su espíritu, que a partir de entonces deviene un mito fundacional estructurado como una teleología. El viajero habrá naufragado, pero la nave, el rumbo y la promesa permanecen. Aquello que permanece y continúa es el producto de una doble negación: el naufragio de 1895 es negado porque lo esencial –nave, rumbo y promesa– persiste e *insiste,* personificado en el náufrago trocado en imagen redentora. Esta negación de la negación se constituye como condición metahistórica y trasfondo estructural necesario para pensar las categorías de futuridad y naufragio.

En el siglo xx, las instancias más notables de ese metarrelato teleológico serán el proyecto poscolonial de una república soberana, cuyos valores se expresaron en la Revolución del 33 y la Constitución de 1940, y posteriormente en el proyecto emancipador que triunfa en 1959 pero que devendrá un estado de inspiración marxista-leninista. Incluso en esta última coyuntura ideológica el metarrelato teleológico no desaparece sino que adquiere otras modalidades como el providencialismo comunista y la cristología guevarista. El naufragio de 1989 planteará una crisis medular que en la isla toma un cariz muy diferente a lo que en el contexto del Norte Global suele describirse apelando a manidos términos como la «caída de los socialismos rea-

recurrente frustración –es decir, los naufragios– del proceso nacional cubano. Fue una apuesta, cargada de precauciones e ironías, por atisbar –a través de la cultura en vez de la religión– un estado de gracia, vislumbrar el retorno de antiguos vates y mártires, y asumir la resurrección –el nacer de nuevo– como ficción o hipérbole posibilitadora para vencer o matizar las caídas y tropiezos del estado y la nación.

Sería pues un error reducir este proyecto intelectual al de un redentorismo mesiánico o dogma catolicista; a un programa acrítico, fideísta y antimoderno, cómplice fácil del endiosamiento revolucionario; o a una elaborada apología por una parusía martiana. No pretendo con esto contradecir el brillante y acertado rastreo que han hecho investigadores como Duanel Díaz Infante (2005), Amauri Gutiérrez Coto (2010, 2012) y David Ramírez (2017) de improntas sacro-religiosas en el origenismo derivadas del neotomismo o el humanismo integral, acuñadas por intelectuales católico-franceses como Jacques Maritain y Charles de Bos y la militante de izquierda, luego cristiana mística, Simone Weil, durante el fragor de la Segunda Guerra Mundial, o de elementos doxológicos tomados de escritores de credo firme como Paul Claudel, Léon Bloy y G. K. Chesterton. Sin embargo, el índice total de contenidos y la lista completa de colaboradores en estas publicaciones –con notorias firmas agnósticas o anticlericales de la vanguardia, el surrealismo y el existencialismo internacional como Albert Camus, Louis Aragon, James Joyce y Witold Gombrowicz junto a las nativas de Virgilio Piñera, José Rodríguez Feo y Lorenzo García Vega, entre otras– demuestran que el «silencioso cristianismo» que Vitier le atribuyó a toda la empresa fue más bien asunto del grupo de poetas creyentes que éste destacó en sus antologías –el sacerdote Ángel Gaztelu, Fina García Marruz, Eliseo Diego, Gastón Baquero, Octavio Smith y Vitier mismo– y no del criterio editorial de la revista en sí.

Difícilmente podríamos resumir las complejas estelas y derivas que legaron estas revistas, entonces y hoy, como celestiales profesiones de fe y trascendencia. La conciencia de los riesgos, fisuras y precarieda-

les» o el «fin de la historia». A la vuelta del siglo ni cae el régimen ni triunfa el neoliberalismo, sino que los rumbos y las promesas entran en conflicto: la Revolución no cesa sino que persiste, «congelada», según la caracterización de Duanel Díaz Infante (2014), o incluso «zombificada», como sugiere el filme de Alejandro Brugués (2011), en el que una banda de pícaros «resuelve» liquidando zombis en una Habana post-apocalíptica. Así, el gran metarrelato, y más concretamente, los rumbos y promesas que le sirven de apoyo, se han visto sujetos a contingencias que los hacen desaparecer, mutar y reaparecer con diversos velámenes.

Históricamente, una de esas (re)apariciones sobresale por su poderío y su naturaleza *unheimliche*, para usar el término de Freud: los tránsitos y retornos del metarrelato teleológico bajo el signo de la poesía. Esta ha sido frecuentemente considerada como eje del discurso literario origenista. Si nos ceñimos a comprender la poesía como género literario, esa apreciación puede lucir un tanto reductiva, toda vez que *Orígenes* supo navegar con seguridad géneros y campos del conocimiento tan diversos como la narrativa, el teatro, las artes visuales, la filosofía, la musicología o la etnografía. Sin embargo, desde una perspectiva histórica y teórica más amplia, que permita ver las derivas y legados del proyecto origenista a lo largo del *telos* socialista y su ulterior naufragio, la poesía adquiere un significado sustancialmente más complejo, que se aparta de lo meramente genérico. Como se verá de inmediato, la poesía puede entenderse como un metadiscurso en el que la trayectoria de Orígenes se revela como entrecruzamiento de las pulsiones en conflicto que condensan la futuridad y el naufragio: teleología, providencialismo, nacionalismo, salvación, azar; contingencia, *clinamen*, deriva, fracaso. Así, «la poesía» adquiere un sentido performático que puede describirse con las palabras del propio Lezama: ella es, como reza el título de uno de sus poemas, una «nuncupatoria de entrecruzados»; esto es, el *dar nombre*, investir, efectuar, poner en marcha, detener y reactivar las contingencias de la futuridad y el naufragio. La poesía aparece aquí

des; la certeza de la frustración como eterno retorno; y el ahondamiento en las probabilidades de la pérdida, la extinción, el absurdo y el vacío fueron grandes preocupaciones a través de sus páginas. Lo que Lezama denominó, al escribir sobre Claudel, «Conocimiento de salvación» (Lezama 1977: 246) no fue, en la abierta inclusividad del proyecto Orígenes, la promoción de un estado de beatitud iluminada, sino la de un saber mucho más secular que sagrado. *Orígenes* planteó, en sus diversas manifestaciones discursivas, una comprensión del naufragio histórico como síntoma recurrente de la futuridad, y cultivó un conocimiento creacional sobre qué rescatar y cómo recuperar tras una catástrofe. En «Un día del ceremonial», un texto de evocación solicitado en 1973, Lezama elaboró aún más su visión de la actividad poético-cultural como una forma de capacitación para que una expedición pudiera sobrevivir en altamar los embates de una tormenta inesperada: «lo característico de la generación de Orígenes es que casi toda su tripulación se salvó. Se salvaron, más porque eran buenos nadadores que por un tablón de apoyo o una súbita calma» (1981: 44). La tronante confrontación entre navío y tifón y el presentimiento atávico del arribo del huracán como un ciclópeo «ojo con alas», encauzaron mucha de la desbordada lucubración figurativa en las fabulaciones poéticas de Lezama: «Una fragata / con todas sus velas presuntuosas / gira golpeada por un grotesco Eolo… / Cuando se tachan las luces / comienza de nuevo su combate sin saciarse» (1985: 451-452).

III.

«Ya el viento navega a nuevo vaso / y sombras buscan deseado dueño. / ¿Y si al morir no nos acuden alas?», escribe Lezama en los «Sonetos infieles» (1941) que dedicó a la Virgen María (allí la apostrofa como «Deípara» o paridora de dioses como si tuviera pagana parentela con Leda, Alcmena o Sémele). Esa duda no tan católica sobre la posteridad nunca abandonó a Lezama Lima. Descoyuntó

como el signo de una confluencia despojada de toda posibilidad de superación dialéctica.

Veamos de cerca una expresión que concentra y evidencia ese estallido pulsional: la sentencia con la que José Lezama Lima abre su monumental *Antología de la poesía cubana*, publicada en 1965 por el Consejo Nacional de la Cultura: «Nuestra Isla comienza su historia dentro de la poesía». La última de las contribuciones de este volumen (Lupi) trata sobre algunas de las vicisitudes de esta frase en el marco de la Revolución y el Período Especial, pero para los fines de esta introducción conviene esbozar desde ahora algunas consideraciones preliminares. El estallido se vislumbra al momento de releer la sentencia y desglosar sus sentidos incorporando claves como la metáfora, la profecía y el anacronismo. En primera instancia la frase nos presenta un escenario mítico. Una de las concreciones de este escenario se revela al momento de recordar que aquel náufrago que se mencionó anteriormente se erige como figura tutelar no sólo como navegante, mártir y patriota, sino también como *poeta*. En este sentido, la poesía es partícipe de la fundación –el «comenzar» la historia– de lo que Rafael Rojas ha llamado una religión «cívico republicana» (2000: 72) basada en la figura de Martí e investida de una temporalidad mesiánica. Sin embargo, en el caso que nos ocupa, la centralidad de la poesía radica en el hecho de que su operación como metadiscurso sobrepasa esa figura del poeta tutelar y no se halla necesariamente sujeta a esta. Este exceso se palpa al momento de hurgar en lo que constituye el archivo origenista: las páginas de la revista *Orígenes*; la constelación de proyectos editoriales e intelectuales que la precedieron, acompañaron y sucedieron (*Verbum, Poeta, Clavileño, Espuela de Plata, Nadie Parecía, Ciclón*); la pluralidad coral de las obras del grupo; sus armonías y disonancias; y las vidas de los origenistas, sus ceremoniales, alianzas, pugnas, legados e influencias. La exploración de este archivo –misión que acomete este volumen– pone en evidencia una antinomia fundamental que de alguna manera constituye el núcleo germinador de lo «poético»: por un lado, el *telos*

su *doxa*, turbó lo hímnico e intensificó lo tanático en su poesía y su pensamiento. Sospechó que el juicio final de la historia o de las divinidades podría no absolvernos. En una carta fechada en diciembre de 1947 a José Rodríguez Feo, tras tres años de exitosa colaboración editorial en *Orígenes* que ya excedía la duración de sus revistas previas, Lezama muestra ansioso una conciencia tanto de la precariedad como de la promesa de su proyecto. Entiende demasiado bien los riesgos de la futuridad y anticipa remedios para asegurar la supervivencia, eso que llamó *resistencia ante la extensión sucesiva*: «Desearía hablar contigo de *Orígenes*. Ha costado tanto trabajo levantarla al rango que hoy ocupa, que su suerte futura me atormenta [...] *Orígenes* ha sido para mí muchas cosas y su *réquiem* me estremece» (Rodríguez Feo 2007: 126). Rodríguez Feo entonces cursaba estudios doctorales en Princeton y parecía estar despilfarrando en viajes y cenas –estaba, de hecho, cortejando a colaboradores internacionales de prestigio para la revista (Luis Cernuda, Stephen Spender y Pedro Salinas, en aquel momento). Su familia adinerada le había restringido la mesada y había incertidumbre si podrían pagarle a la imprenta Úcar y García la emisión del próximo número: «Bien sabes que *Orígenes* es mi pasión y si no te he enviado un centavo, es porque *no* lo tengo» (2007: 129), responde el más joven. Lezama insiste, «pues yo creo que ya es hora de llevar este número y completar el año. Si la revista llegase a publicar treinta y dos números, sería para siempre una fuerza histórica, la continuación de una tradición al mismo tiempo que la inauguración espléndida de otra gran tradición» (2007: 126).

Ocho años, treinta y dos números, pide Lezama. La revista se publicaría por doce y llegaría a cuarenta y dos tiradas si contamos los dos números «apócrifos» sacados aparte por Rodríguez Feo tras la riña legal entre los editores a partir de su ruidoso desacuerdo en torno a un ponzoñoso artículo por Juan Ramón Jiménez («Crítica paralela», número treinta y cuatro de 1953, el último que armarían juntos). Llama la atención el cálculo numérico que hace Lezama para determinar, en medio de carencias monetarias, cuánta creación, qué

insularista, providencialista y excepcional, y por otro lado, lo que César A. Salgado ha descrito como «*telos* nómada», un estado de flujos y devenires cambiantes que no puede sino caracterizarse bajo las categorías de lo nómada, rizomático y anorgánico. «La Isla», en efecto, «comienza su historia en la poesía», pero esta termina por engullirla, excederla, ponerla a la deriva, desterritorializarla.

Lezama ya había intuido –¿profetizado?– esta antinomia desde muy temprano: «La ínsula distinta en el Cosmos, o lo que es lo mismo, la ínsula indistinta en el Cosmos» (1981: 198), reza uno de los aforismos de «Razón que sea», texto que abre el primer número de *Espuela de Plata* (1939). Pocos años después Lezama construirá en las páginas de *Orígenes* una imagen del proyecto de la revista como sitio en el que el arte y la poesía constituyen un «refugio» ante la anomia institucional y la «desintegración» del proyecto de una república soberana que nunca llegó a materializarse. En el conocido ensayo «Después de lo raro, la extrañeza», texto publicado en el sexto número de la revista (1945) y en el que Lezama reseña el poemario *Extrañeza de estar* de Cintio Vitier, aquel afirma que los poetas reunidos en torno a la revista «querían hacer tradición, es decir, remplazándola donde no existía; querían también hacer profecía para diseñar el destino y la gracia de nuestras propias ciudades. Querían que la poesía que se elaboraba fuese una seguridad para los venideros» (1981: 166). En «Un día del ceremonial», texto que data de 1973, Lezama rememora aquella imagen del proyecto poético de *Orígenes* como instancia de «seguridad», pero en lugar de la visión providencialista con la que en 1945 el poeta se enfrentaba a la «desintegración» del proyecto republicano, tres décadas más tarde, en medio de la deriva represora del «Quinquenio Gris» (1971-1976), nos encontramos con la experiencia de una oscura zozobra: «Por eso más que al grupo *Orígenes* me gusta aludir a un estado de poesía que se prolonga como una espiral por la resistencia de su material frente al naufragio de los otoños» (1981: 46). En ambas experiencias, tanto ante la futuridad como ante el naufragio, la poesía no es

mínima cantidad hechizada y selecta de escritura y arte haría falta para asegurar una tradición que, cual nueva arca de Noé, perdurara por encima del peor diluvio como una «fuerza superadora de la desintegración». Lezama procede como si editar una revista requiriera el dominio de una meteorología que midiera con exactitud flujos y contraflujos de energía hidráulica, peligrosos torbellinos de viento y destructivas ondas marinas. Dos años después de superar los apuros de 1947, Lezama emplea por primera vez la expresión «tradición por futuridad» en la ultracitada nota «La otra desintegración». Para entonces *Orígenes* ya contaba con veintiún números y el proyecto había logrado algo antes inaudito: la ilusión de un legado, la sostenibilidad ante los naufragios. La antología *Diez poetas cubanos* (1949) de Cintio Vitier, que recoge la obra de los más identificados con la revista, la entusiasta y visionaria reseña de la misma por María Zambrano titulada «La Cuba secreta» y la polémica pública con Jorge Mañach sobre la (i)legibilidad, la trascendencia cívica y el compromiso de esta poesía con una realidad ulterior más allá de lo inmediato, le permitieron a Lezama (como él mismo dijo) «hacer profecía» en varios editoriales y atribuirle al proyecto una perdurabilidad colectiva y creacional capaz de renovar el desangrado devenir nacional. Unos veinticinco años después, durante el llamado «Quinquenio Gris», el período de gran encallamiento y coerción político-cultural que se inicia en 1971 con el escarmiento público del poeta Heberto Padilla, evocaría lastimoso en plena Revolución: «Aquellas páginas, aquellos pequeños cuadernos son buscados al paso del tiempo como símbolos de salvación, como una de las pocas cosas que perduran en una época donde la ruina y la desintegración avanzaban con un furor indetenible […] Perduran porque eran corpúsculos de irradiación, una innegable fuerza expansiva» (1981: 45).

Como veremos en los ensayos recogidos en este volumen, la preocupación del proyecto Orígenes por la precariedad, la contingencia y la pérdida como atributos de la futuridad no fue un asunto de trasmundo o de doctrina religiosa; provino de complejas convicciones

solamente germen y fundación, sino que es también lugar de abrigo, «seguridad» y «resistencia».

En la frase de la *Antología* de 1965, Lezama implícitamente reitera estas metáforas: el «comienzo» de la historia insular tiene lugar «*dentro* de la poesía», pero al detenernos a considerar también el tiempo y lugar de ese enunciado, aparecen dos fuerzas encontradas. Lo primero es que habido un cambio de escala. Aquí «la poesía» no es solamente aquello –«profecía», «diseño» de «gracia» y «destino»– que se obraba desde las páginas de *Orígenes* ante lo que Vitier llamó «seudorrepública» y Lezama «país frustrado en lo esencial político». Ahora uno de los referentes de «la poesía» es el canon nacional, un archivo literario en pleno proceso de consolidación institucional. De hecho, estamos ante la expansión –o deriva, si se prefiere, por «cotos» de distinta «realeza»– del proyecto que ya había iniciado Vitier en sus antologías del 48 y el 52, pero en una coyuntura política radicalmente distinta, y que eventualmente el propio Lezama –tal como puede intuirse a partir de su testimonio en 1973– calificaría de «naufragio». Así, la frase revela plenamente su carácter metahistórico, y junto a ello, paradójico. La poesía, como vimos, resiste, ofrece abrigo; es tabla de salvación. La poesía es también lugar de nacimiento: la historia insular «comienza [...] dentro de la poesía». Pero al momento de situar «la poesía» *dentro* de la historia; es decir, al momento de situar la enunciación de estas metáforas en 1965, en plena construcción del Hombre Nuevo y de un Estado revolucionario que institucional e ideológicamente se iba apartando del proyecto que años antes se había ido formando en *Orígenes*, esa «espiral resistente» está desintegrándose. Pero dicho Estado, no obstante su hostilidad, paradójicamente es quien patrocina e *inscribe* la inserción de la poesía en la historia. Esta paradoja es una instancia particular de esa antinomia ya mencionada en donde se entrecruzan teleología y nomadismo. La historia insular comienza en la poesía, pero esta es la escritura de las vicisitudes de la futuridad y el naufragio. La contribución de María Isabel Alfonso a este volumen explora el rol del legado origenista en la reconfiguración del campo

cívicas, nacionales, artísticas y planetarias. En una reveladora recordación al morir el crítico de arte Guy Pérez Cisneros (1915-1953), uno de sus primeros y más cercanos colaboradores en *Verbum* y como codirector de *Espuela de Plata,* Lezama plantea la cuestión de la relación modular entre arte y estado como la de una «futuridad entrañada»: «Creíamos que cada forma alcanzada artísticamente tenía que lograr, por una nobleza más evidente, una claridad para el estado, entonces, como ahora, fluctuante, mediocrísimo [...] Queríamos un arte [a la altura] de un estado posible, constituido en meta, en valores de finalidad que uniese la marcha de las generaciones hacia un punto lejano pero operante» (1988: 26). El proyecto Orígenes optó pues por hacer de la cultura una fuerza de influencia oblicua y extraoficial sobre lo estatal, fomentando la poesía no como una mística aureola sino como aquello que los creadores podrían hacer por el reino de este mundo en vez del próximo. También potenció la plástica, la narrativa, el drama, la música, el ensayo de ideas y la etnología, con la *poiesis* como brújula que recondujera a una reintegración o equilibrio entre dos nociones de dinámica cultural: la *paideia* (la cultura se perfecciona a través de tradiciones y pedagogías independientes sin la intervención coactiva o ideológica del estado o el monarca) y el *paideuma* (cada cultura es un organismo singular y autónomo que se gesta respondiendo a estímulos y paisajes concretos y autóctonos).

Esta visión fluctuante y arriesgada de la futuridad se manifiesta en la diversidad de «partnerings» que asumió Lezama Lima a través de su alambicada carrera como animador de revistas. Lezama siempre cultivó una multidireccionalidad tanto en la orientación editorial como en lo ejecutivo. Nunca dirigió solo y aparte; estuvo capacitado con una mutable transigencia para capitalizar afinidades y discrepancias y para atizar y luego superar disensiones y quiebres con sus múltiples asociados. Así logró un contrapunto intenso y productivo entre lo que Arjun Appadurai ha diagnosticado como *trayectorismo* –la compulsión onto-epistemológica en ciencia y creencia, tanto en la modernidad como en la religiosidad de Occidente, de asumir todo

intelectual durante los primeros años de la Revolución, enfocándose en el caso de Ediciones El Puente (1960-65), proyecto que tuvo una marcada presencia de escritores afrocubanos y gay, y que al igual que Orígenes, fue acusado de ser «intimista» y «no comprometido». Alfonso analiza cómo El Puente tuvo que negociar con la hostilidad de intelectuales ideológicamente más radicales (especialmente los asociados a la revista *El Caimán Barbudo*), con la homofobia estatal y con su propia relación con los legados representados por las revistas *Orígenes* y *Ciclón*. Cuando El Puente desaparece en 1965, se cerrará por casi tres lustros la posibilidad de pensar la literatura fuera de las dicotomías basadas en el ideologema del «compromiso» del arte.

Después de la consolidación institucional de la Revolución, de la subsecuente supresión de Orígenes del archivo cultural y del ostracismo al que se vieron sometidos varios de sus miembros más prominentes durante la década de los setenta, el naufragio de 1989 –ese *clinamen* del devenir natural del universo revolucionario– trajo nuevas derivas y teleologías. A lo largo de la década de los ochenta, venían organizándose impulsos reformistas dentro del estado que fueron contrarrestados por Fidel Castro a través de medidas como el Proceso de Rectificación de Errores (1987) y la causa contra Arnaldo Ochoa (1989). Seguidamente, el trauma del Período Especial impuso retos inéditos. Sectores de la sociedad civil, intelectuales, escritores y artistas habían venido promoviendo proyectos que demandaban una mayor autonomía ante el estado. En el campo literario, un desarrollo fundamental consistió en el desplazamiento de las estéticas del conversacionalismo y el realismo por parte de una generación de poetas que vio en *Orígenes*, y especialmente en las figuras de Lezama, Piñera y García Vega, no solamente una tradición a rescatar sino también otro modo de pensar la cultura (Heller 1997, Hernández Salván 2015). Uno de los proyectos más influyentes que se formaron en esta época fue La Azotea, el salón literario fundado por la poeta Reina María Rodríguez (1952). El ensayo de Elena Lahr-Vivaz propone que Reina María Rodríguez fue capaz de construir un espacio

proceso histórico como un derrotero que va como una flecha a un mejor fin futuro– y lo que Gilles Deleuze ha promovido como *nomadismo* –una forma de vida, fuera de cualquier estructura formalizada, que resiste la instrumentalidad teleológica a través de una errancia que no respeta normas, fronteras o rumbos rígidos, retransitando un territorio de manera esquizoide, de paso entre un punto y otro sin permanecer fijo en ninguno. Lo que Lezama llamó la hipertelia de la poesía fue ese punto «nunca final», fugitivo e inverosímil, remoto pero operante: un *telos* nómada.

Junto con la hipertelia, Lezama fue armando un «superplural» movedizo en sus escritos editoriales, una múltiple pero resuelta voz autorial que, en vez de congelarse en un decir mayestático, se recomponía y expandía tras cada naufragio. Lezama demostró, a través de los diversos equipos de redacción, círculos artísticos y codirectores que congregó para la emisión de sus revistas, una capacidad para combinar gananciosamente estela y deriva, ruta y desvío, ascenso, descenso y suspenso. Anticipando discordias y rupturas, supo cómo movilizar un cuadro antitético de colaboradores, desde izquierdistas radicales como el pintor Mariano Rodríguez hasta funcionarios leales al caudillo Fulgencio Batista como Gastón Baquero, desde ateos adeptos a las vanguardias más iconoclastas como Piñera y García Vega hasta píos devotos de la Iglesia como Gaztelu, Diego, García Marruz y Vitier. Lezama aprovechó el energético plutonismo de estas tensiones y estallidos para reempezar no desde cero sino con un elenco reconfigurado para mayor y mejor alcance. Así pasó de los tres números de *Verbum* (en los que empató a Jiménez, que entonces convocaba en la isla una suerte de plebiscito de la poesía para una antología, con el plan cívico de la Asociación de Estudiantes de Derecho para reponer años de cierre y crisis en la Universidad de La Habana bajo Machado) a los seis de *Espuela de Plata* (donde aprovechó la oposición de criterios entre Pérez Cisneros y Piñera para contraponer nociones benditas y malditas de lo poético) a los diez de *Nadie Parecía* («cuaderno de lo Bello con Dios» codirigido con Gaztelu pero con dosis

–físico, estético y simbólico– alternativo que es caracterizado como «an archipelagic Republic of Letters». Este esfuerzo se construyó en varios frentes: La Azotea, el proyecto editorial Torre de Letras y las propias escrituras de Reina María y la de poetas más jóvenes como Ricardo Alberto Pérez (1963) y Ramón Hondal (1974). Combinando el análisis de las dinámicas del campo intelectual finisecular con la lectura de textos de estos tres poetas, Lahr-Vivaz muestra que esa reimaginación «archipelágica» del espacio letrado trastoca divisiones basadas en categorías como institucionalidad, canon y tradición, lo público *versus* lo privado o centro *versus* periferia. Todo esto abre la posibilidad de pensar –a partir de la poesía– en nuevas formas de sociabilidad ante los retos e incertidumbres que comienza a enfrentar la isla. El ensayo de Kristin Dykstra continúa esta línea de reflexión a partir de dos textos de la poeta Soleida Ríos (1950): «Ángel Escobar: Excogitar *La Rueda*» (2002), poema elegíaco en el que Ríos rinde homenaje al poeta Ángel Escobar (1957-1997), y «Un discurso [roto] de Cuba […] O tres marcas in-formes sobre el papel» (2009), obra que desafía cualquier clasificación genérica y en la que Ríos inserta y «reinscribe» su elegía a Escobar. Aquí Dykstra retoma la cuestión de las políticas de lo estético y de la traducción –asunto que también aborda Tom Boll en este volumen– planteando una crítica de la noción de «intraducibilidad» a partir de una reflexión de su propia traducción de «Excogitar *La Rueda*», texto que ha sido calificado de «intraducible» y en el que las citas y alusiones a Lezama y al propio Escobar ocupan un lugar central. La reinscripción de éstos y su puesta en diálogo con la espiritualidad afrocubana y la obra de Aimé Césaire en «Un discurso [roto] de Cuba» configuran, según muestra Dykstra, un espacio en donde la «verticalidad» expresada en la elegía (vida *versus* muerte, el suicidio de Escobar, la «alta cultura» e «intraducibilidad» que representa Lezama), es traspuesta a una «horizontalidad» agenciada por los textos, prácticas y voces de la cultura afroantillana. La «intraducibilidad», nos recuerda Dykstra, oscila entre dos contrarios: puede ser o gesto de afirmación decolonial o

altas de nociones y alusiones paganas) a los cuarenta de *Orígenes* (con treinta y cuatro números codirigidos con Rodríguez Feo, ensayista y traductor quien se había especializado en Harvard en escritores norteamericanos seculares de avanzada, y seis con el apoyo del círculo de los origenistas católicos). Aparte de servir como lujosas minas de datos para los investigadores y contracara privada de las más íntimas bitácoras de sus procederes creativos, los varios (y muy suculentos) volúmenes de correspondencia origenista publicados hasta hoy –de Lezama con su hermana Eloísa (1978, 1998), Jiménez (2009), Zambrano (2006), Rodríguez Feo (1989), Gaztelu, Vitier y García Marruz (2010); de Virgilio con Lezama y Rodríguez Feo (2011) y Humberto Rodríguez Tomeu (2016); de Rodríguez Feo con el círculo de *Ciclón* (1991) y el poeta estadounidense Wallace Stevens (1986)– componen un vertiginoso caleidoscopio de agendas, registros y visiones que se deshace y rehace en una tensa pero fértil mutación.

Este patrón de catástrofe prevista y eficacia resurrectiva, ave fénix que se conflagra para renovarse con un nuevo y más amplio plumaje, continuó después del período de sus revistas y a través de los retos de la Revolución cubana. Así pues, hacia el fin de los cincuenta y tras la etapa más catolicista de *Orígenes* (1954-56), ocurre otra rectificación-rescate cuando Lezama escribe su ensayo *La expresión americana* (1957) –suma crítica del enorme mosaico de creación continental y trasatlántica plasmado en *Orígenes* gracias a su colaboración con Rodríguez Feo, yendo del *Popol Vuh* hasta la gauchesca, de Brueghel hasta Picasso, del Indio Kondori hasta el Aleijadihno y de Sor Juana Inés de la Cruz hasta Walt Whitman– para contradecir en buena medida el excepcionalismo cubanocéntrico y anti-antillano que Vitier vendría a defender en *Lo cubano en la poesía* (1958). Igual ocurre cuando, tras el triunfo de la Revolución y al volverse el blanco de la enemistad rupturista del grupo de jóvenes escritores de la revista *Lunes de Revolución* (1959-1961), Lezama mantiene su colaboración y diálogo con ellos previendo la solidaridad que se daría entre todos cuando sufren el endurecimiento protoestalinista del régimen a través

silenciamiento del bárbaro. Ello nos remite a pensar «the relationships between translation and futurity», por cuanto el acto de traducir (o no) «conditions future possibilities that will be imagined or actively unimagined».

Los reacomodos geopolíticos, institucionales y económicos ocurridos a la vuelta de la década de los noventa ocasionaron un giro en el discurso oficial: el socialismo y sus providencias se apagan y en su lugar se pone en marcha un nacionalismo que reafirma su carácter revolucionario y reactiva el mito de Martí. Aquí la recuperación de Orígenes también tuvo un rol central, pero bajo una modalidad muy peculiar que Walfrido Dorta ha denominado, tal como reza el subtítulo de su contribución, «origenismo de Estado». Las instituciones estatales supieron incorporar a *Orígenes* y sus estelas de varias maneras: la celebración del Cincuentenario de la revista en 1994, el nombramiento de Abel Prieto –un estudioso de la obra de Lezama– como Ministro de Cultura en 1997 y la reedición de algunas obras de los miembros del grupo, por citar algunos ejemplos. Junto a La Azotea, otro proyecto intelectual de capital importancia fue el grupo Diáspora(s) y la publicación, bajo la modalidad del *samizdat*, de la revista homónima (1997-2002). En su ensayo Dorta explora la acuciosa reflexión sobre el legado de Orígenes que se llevó a cabo en las páginas de *Diáspora(s)* y analiza las «prácticas disruptivas» de Diáspora(s) en el marco de la recuperación de Orígenes. Tales prácticas tomaron varias formas: una implacable crítica a la cooptación oficial del legado origenista; una interpretación, también crítica, de ciertos *topoi* –la «pobreza irradiante», el «ceremonial», la Revolución como «era imaginaria»– emanados de Orígenes y juzgados como opresivos; y la «diasporización», o incorporación a esa pulsión disruptiva, de las figuras de Virgilio Piñera y Lorenzo García Vega, en tanto miembros de la propia constelación origenista que estaban a su vez abiertamente enfrentados al imaginario católico-esteticista gestado a partir de figuras como Ángel Gaztelu, Cintio Vitier, Eliseo Diego y Fina García Marruz. Visto en su totalidad, el artículo de

de los sesenta. Igual ocurre cuando publica su monumental novela *Paradiso* (1966), otro resumen del aventurado archivo cultural de sus revistas en la que incluye la preocupación por la defensa y exploración de sexualidades fuera de norma que predicó la rival revista *Ciclón*, reconciliándose así con Piñera, quien estuvo entre los primeros en elogiar la novela, y Rodríguez Feo, quién instrumentó que no pasara por un proceso de previa censura al publicarla Ediciones Unión.

IV.

Hoy día, con la complejización en las reflexiones posmodernas sobre el porvenir y las posibilidades ónticas del futuro, se ha vuelto a replantear con urgencia el concepto de futuridad en varios campos culturales. Varios expertos en el área de los estudios germánicos entienden que con la reunificación de Alemania a partir del fin de la Guerra Fría se ha incrementado en vez de disuelto la urgencia de repensar la futuridad. Críticos como Leslie A. Adelson (2013), Hans Ulrich Gumbrecht (1998; 2013) y Amir Eshel (2013) alegan que, en vez de confirmar la exacerbación neoliberal del mercado como *telos* global, nuevas amenazas –el incremento de desastres ecológicos, las extinciones de especies, el calentamiento global, la virulenta expansión electoral de movimientos jingoístas y xenofóbicos ante la extrema globalización del mercado y el capital– han cancelado una validación hiper-optimista del liberalismo occidental según las prognosis de la futurología y el tecnologismo. Tal como lo previó Niklas Luhmann (1976), en vez del futuro abierto, inédito, posibilitador y anti-pasatista inaugurado por la modernidad ilustrada, se vislumbra un porvenir lastrado y opaco, visto en términos de riesgo y probabilidad en vez de certeza y potencialidad. Es decir, confrontamos, tras el fin de la Guerra Fría, una futuridad achicada, casi derogada, por la subida precariedad e incertidumbre de las circunstancias biopolíticas y eco-globales y del despeñamiento de toda utopía, incluyendo la de la «racionalidad» del mercado libre. Para Appadurai (2013), en vez de

Dorta trata sobre el poder del archivo y su control: ¿Quién tiene el poder sobre el legado de Orígenes? ¿Qué está en juego al momento de ejercer ese poder?

Otra manera de formular estas preguntas consiste en interrogar la figura pública y la obra de Cintio Vitier. A nivel ideológico y discursivo, él fue el gran artífice de esa reorganización institucional y nacionalista del archivo origenista (Rojas 2006: 228-243). Fusionando su experiencia personal como converso al catolicismo, su fidelidad al proyecto martiano y a la Revolución, y autorizado en virtud de su propia participación –como poeta, traductor y antólogo– en las páginas de *Orígenes*, es Vitier (no Lezama) quien realmente lleva a cabo el intento de lo que propiamente puede considerarse una «teleología insular»: una narrativa mesiánica en la cual el proyecto origenista retroactivamente pasa a ser profecía y evangelio de la *parousia* martiana-revolucionaria, un eslabón necesario de una te(le)ología nacionalista. Si bien en los años de *Orígenes* la poesía se había constituido como proyecto de abrigo y salvación ante el naufragio del Estado, de las instituciones y del ideal republicano imaginado por Martí, cuatro décadas más tarde la poesía serviría de refugio para un estado y una sociedad naufragadas en medio del colapso del socialismo revolucionario. Tomando como marco de reflexión el concepto de «regímenes del arte» de Jacques Rancière –aquello que determina o caracteriza las maneras en que lo sensible se vincula con los modos de ser, hacer y decir en una situación social, histórica y política dada– la contribución de Juan Pablo Lupi explora la doctrina (po)ética de Vitier, y especialmente el modo en que allí se ensamblan el discurso poético, el compromiso revolucionario, el nacionalismo y las fidelidades católica y martiana. Como muestra Lupi, la poesía, lejos de ser un discurso esteticista o una práctica que declara su autonomía, constituye para Vitier la fundación y representación de un «*ethos* comunitario». A partir de aquí, Lupi examina la crítica del origenismo propuesta por Diáspora(s) y la tesis de que en el fondo la visión vitierana sobre la poesía, e implícitamente la cooptación oficial del origenismo, cifran una política autoritaria. En última

una certitud trascendental, inmanente o técnica, al futuro ahora hay que verlo como un «hecho cultural», un problema global en el que la monopolización minoritaria de la «capacidad para aspirar» como bien social se ha vuelto tan injusta e insostenible como la de la distribución asimétrica, desproporcionada y catastrófica de los recursos, ingresos y ganancias a nivel mundial. Para la mayor parte del planeta, el futuro se ha vuelto inconsecuente, un motivo para la nostalgia.

También vemos que la futuridad ya no se vislumbra como una convicción temporal o un *telos* esperanzado sino como un «proteica abstracción», «un problema para el pensamiento», «un instrumento de análisis para ponderar el encogimiento del presente» (Adelson 2013: 215-216) en otros debates de área, tales como los estudios de sexualidad y los de raza. En el campo de los estudios *queer* tenemos el contraste entre las visiones de Lee Edelman (2004) y José Esteban Muñoz (2009) sobre lo que implica el creciente agenciamiento de políticas GLBT para el porvenir de las sociedades occidentales. Edelman insiste en que lo *queer* se debe ejercer como una sospecha ante toda noción idealizada de un feliz futuro social o nacional y como una crítica implacable a lo que él llama «futurismo reproductivo». Según Edelman, el activismo *queer* debe articularse como un rechazo subversivo al culto que glorifica al Niño y a la Familia (incluyendo la de los matrimonios gay) como justificación regocijada del mañana, ya que el verdadero propósito de tal culto es perpetuar la heteronormatividad que suprime alternativas radicales para el placer, la política y el orden económico. Inspirado por la apuesta por el utopismo crítico que hizo el filósofo alemán Ernst Bloch, Muñoz planteó, por otra parte, que la cultura del futuro será redimida por la idealidad y la gestión *queer* ya que, al ganar más legitimidad e influencia político-social, la sensibilidad gay podría retar y cancelar la violenta represión en los comportamientos patriarcales, creando espacios más amplios para el amor, la tolerancia, la imaginación y la reorganización social.

instancia, la intervención de Diáspora(s) consistió en señalar cómo el poder puede re-inscribir un archivo —paradójicamente caracterizado como «escapista», «intimista», «hermético»— e instrumentalizarlo para sus propios fines. La cuestión acerca de la autoridad sobre el archivo origenista también aparece en el ensayo de Aída Beaupied, pero como punto de partida de una reflexión más amplia sobre la relación entre filosofía y poesía. Beaupied comienza considerando algunas de las «contradicciones y paradojas» que marcaron la relectura y resurgimiento del proyecto origenista en el final de siglo, enfocándose en Antonio José Ponte (1964), una de las figuras literarias más importantes de su generación. Beaupied disecciona la ambivalencias y cautela con que Ponte elabora su reevaluación de Orígenes, a fin de mostrar cómo termina reiterando ciertos lugares comunes («ingenuidad», «añoranza», «escapismo») de cierta crítica que puede terminar reduciendo el origenismo a un esteticismo banal. Beaupied critica los supuestos de ese reduccionismo a partir de una lectura de la poética de Fina García Marruz. Como demuestra Beaupied, esa poética forma parte de toda una tradición filosófica (San Agustín, Gabriel Marcel, María Zambrano) que, lejos de ser «escapista», constituye por el contrario un intento más radical de pensar la realidad, por cuanto reconoce la presencia de una otredad —lo que García Marruz llama «lo Exterior» en su célebre ensayo— no inteligible pero que puede intuirse a partir de la experiencia poética.

Así, la recuperación del legado origenista a la vuelta del siglo tuvo lugar dentro, fuera y contra el Estado, tanto dentro como fuera de la isla. De hecho, estas (re)lecturas —múltiples, entrecruzadas, tanto divergentes como convergentes— están engranadas con lo que puede considerarse una suerte de «boom» de la literatura cubana, tanto la escrita en la isla como desde el exilio, que ha venido ocurriendo desde finales del siglo pasado. Lo que tienen en común estas nuevas «visitaciones» —recordando el título del poemario de Fina García Marruz— más allá de sus diferencias y desencuentros, es su carácter decididamente *no*-teleológico: ellas constituyen los «desvíos» de la

En el caso de los estudios de raza tenemos, por una parte, la ola del afrofuturismo que imagina a l@s afrodescendientes como habilitados para llevar a cabo una avanzada evolución tecnológica lograda *sui generis,* en relación crítica con o hasta divorciada de la Revolución Industrial y las estructuras de producción y propiedad del capitalismo europeo y en la que cada avance técnico refuerce y enaltezca la cultura de los ancestros en vez de diluirla o despreciarla como obsoleta (Nelson 2002; Yaszek 2006; Womack 2013). Por otra, tenemos el pensamiento afropesimista, encabezado por Frank B. Wilderson III, que, por el contrario, no se compromete con ningún posibilismo progresista a partir de las políticas de identidad (Wilderson 2017; Pickney 2018). Siguiendo las ideas del sociólogo Orlando Paterson, quien analiza la esclavitud como un régimen de muerte social en la historia de Occidente, Wilderson arguye que, a diferencia de la de las comunidades indígenas o inmigrantes que pugnan por mayores derechos de soberanía y justicia en el Norte Global, la categoría de lo negro como identidad moderna emerge como un estigma categórico a partir de la esclavitud trasatlántica. En vez de una condición positiva, se trata de una condena sin futuro, impuesta a ultranza, que extiende la lógica de la esclavitud para aniquilar toda dignidad y derecho vital de quien es marcado como tal ya que opera para preservar la supremacía absoluta de los que se identifican como blancos. Según Wilderson, la superación de esta condición requerirá una suerte de mega-revolución mundial (Ricks 2015).

Todas estas futuridades aguerridas y encontradas tienen resonancias con las múltiples y dispares que ponderaron los originistas. Hay algo del optimismo utópico de Muñoz en la gesta de Rodríguez Feo de ampliar opciones de expresión y sexualidad junto a Piñera en el proyecto de *Ciclón* y en la exploración del pansexualismo rebosante y prelapsario que hace Lezama en *Paradiso* y su secuela, *Oppiano Licario.* Hay mucho de la anti-futuridad de Edelman en la crítica despiadada que hace Piñera a la familia como institución ultra-despótica cubana en obras teatrales como *Aire frío* y *Electra Garrigó* y narrativas

teleología insular, los naufragios que resultan del quiebre (*frango*) de un providencialismo nacionalista. Acaso la manifestación más evidente de este fenómeno sea la recuperación y posicionamiento de Virgilio Piñera y Lorenzo García Vega –símbolos del nihilismo, la transgresión y el absurdo– como referentes de la literatura no sólo cubana, sino latinoamericana. Otro aspecto que merece destacarse y ha sido tratado por especialistas como James Buckwalter-Arias y Esther Whitfield es el rol del mercado y las derivas del neoliberalismo finisecular. Piénsese en algunas obras que participan de un modo u otro en la constelación origenista y han logrado alcanzar un amplio público internacional, como por ejemplo la película *Fresa y chocolate* (1993, dirigida por Tomás Gutiérrez Alea y Juan Carlos Tabío), o la obra de escritores como Ponte o Leonardo Padura, entre otros. Así como ha habido un «origenismo de Estado», acaso podría hablarse también de una suerte de «origenismo de mercado».

El espectro de la teleología, sus imágenes y retornos, ha condicionado en buena medida la recepción crítica de la constelación origenista. Desde los juicios del avancista Jorge Mañach en su polémica con Lezama (1949) hasta las valoraciones del origenismo elaboradas en el contexto del colapso revolucionario, pasando por las ásperas críticas que expresaron los jóvenes intelectuales de *Lunes de Revolución* (por sólo citar algunos ejemplos), *Orígenes* y sus legados usualmente se han leído, tácita o abiertamente, a lo largo de coordenadas que suponen una fundación positiva de lo político. En muchos casos, esto ha resultado en una concepción del origenismo como esteticismo, que es juzgado, a su vez, o bien como reaccionario y escapista, o bien como labor de «resistencia» contra-hegemónica e incluso cripto-revolucionaria. En particular, la imagen institucionalizada del origenismo ha adquirido un estatus cuasi-hegemónico, no solamente por el hecho de que haya sido auspiciada desde el poder, sino porque influyentes estudiosos del legado origenista –por ejemplo, Duanel Díaz, Ponte, o los poetas asociados a Diáspora(s)– lo han identificado con un esteticismo mesiánico que es a su vez enjuiciado por su

como *La carne de René*. También hay algo del afropesimismo de Wilderson en su poema *La isla en peso*, donde la conquista y la esclavitud se ven como un eterno retorno de fatalidades infranqueables.

v.

La pregunta sobre la vigencia hoy de nociones origenistas sobre cultura y futuridad a nivel nacional, regional o mundial nos lleva a las siguientes. ¿Qué (in)futuro(s), qué tormentas y naufragios atraviesa ahora el legado textual y poético del grupo? ¿Qué hacemos con el complejo ideario origenista, tan investido en la poesía como sustancia de salvación (Lezama) o como la protesta contra una cósmica condena (Piñera), en un momento cuando, por doquier, la nación-estado como entidad parece extraviar el rumbo de sus epopeyas y renegar la misión de sus mesías? ¿Qué sobrevive de la futuridad redentora, de la «gloria» que origenistas como Vitier y García Marruz terminaron atribuyéndole a la Revolución cubana ahora que le corresponde atravesar una etapa de inevitable transformación tras el eclipse de sus caudillos fundadores? ¿Cómo entendemos el exilio como deriva constitutiva de la futuridad origenista en los casos de Baquero, García Vega y Gaztelu? Vale decir que la incógnita sobre la impredecible futuridad de Cuba tras la errática normalización de relaciones diplomáticas con los Estados Unidos anunciada en diciembre de 2014, la muerte de Fidel Castro en noviembre de 2016 y el fin de la década presidencial de su hermano Raúl en abril de 2018 ocurre tras más de un lustro de conmemoraciones, eventos y proyectos que han sopesado los legados de varias figuras imprescindibles del fenómeno origenista. Para el centenario del natalicio de Lezama (2010) se organizaron mesas especiales y sendas conferencias en New Orleans, La Habana, Mexico D.F., Puebla, Córdoba (Argentina) y París; para el de Piñera (2012) en La Habana y Miami. En 2014 un grupo de especialistas se reencontraron en el Graduate Center y la Universidad de Nueva York para reflexionar sobre veinte años de nuevas visicitudes desde

carácter opresivo. Sin embargo, es posible (re)pensar la constelación origenista de maneras muy distintas. Un ejemplo reciente proviene de la deconstrucción. Tomando la categoría de lo «informe» como eje analítico, Jaime Rodríguez-Matos muestra cómo a partir de Lezama es posible intuir una crítica anti-fundacional de la política. Distanciándose de las reflexiones que giran en torno a una fundación o «cierre» —sea esencial o contingente, pero necesario— de lo político, Rodríguez-Matos propone que la condición de posibilidad de lo político radica en un «vacío informe» [*formless void*] y que la tarea es pensar esa «nada» [*nothingness*]. Para Rodríguez-Matos el texto de Lezama es uno de los lugares donde ocurre ese pensamiento. En este sentido, Rodríguez-Matos caracteriza la posición de Lezama como «infrapolítica» (2017: 80) y plantea que, paradójicamente, el modo en que el cristianismo y la revolución aparecen en el texto de Lezama no son aquello que determina o representa una posible posición política por parte del poeta cubano, sino que es a partir de allí donde puede pensarse un retiro a ese vacío informe «anterior» a cualquier determinación de lo político.

Esta compilación aspira ofrecer una *imago* de *Orígenes* y sus legados sustancialmente más compleja y plural que aquellas que tácita o explícitamente interpretan el origenismo desde un paradigma esteticista. En tal sentido, este proyecto no trata —citando de nuevo a Lezama— de intentar «alcanzar una definición mejor» del origenismo. Por el contrario, los ejes metafórico-conceptuales —futuridad y naufragio— que engranan la reflexión que propone este volumen intentan más bien articular una crítica al momento fundacional o teleológico. Como se dijo anteriormente, tal negación sólo tiene sentido al momento de reconocer el espectro de la teleología y su retorno bajo diversas manifestaciones (excepcionalismo insular, nacionalismo martiano, socialismo, los augurios de un neoliberalismo post-17 de diciembre de 2014, etcétera). Situar históricamente a *Orígenes*, sus estelas y derivas pasa necesariamente por reconocer que ese espectro, por medio de diversos avatares, ha rondado el proyecto político, el campal congreso que conmemoró los cincuenta años de la revista *Orígenes* en La Habana de 1994, año fatídico del maleconazo y el éxodo balsero; varios participaron luego en un panel en LASA Chicago. En noviembre de 2015 tiene lugar en La Habana un coloquio sobre Rodríguez Feo y los sesenta años de *Ciclón*, su revista cismática; un año después, un congreso internacional celebrando el cincuentenario de *Paradiso*.

Los ensayos en este volumen están organizados en dos secciones. La mayoría de ellos se redactaron para el reencuentro «50+20» y el seminario «(Un)consecrating Havana» en Nueva York, marzo de 2014; tres se presentaron en la mesa «In the Wake of *Orígenes*» de LASA Chicago, dos meses después. Los primeros seis tratan de la vida, es decir, los años de existencia de las revistas origenistas como empresa cultural (1937-1959); los seis siguientes de la posvida: las dispersiones, vicisitudes, resurgimientos y reencarnaciones de éticas, poéticas y políticas legadas por grupo(s) o revista(s) desde el triunfo revolucionario hasta el ahora poscastrista. Todos los trabajos, de una forma u otra, ponderan la magnitud de su archivo, sus políticas de canonización y el prestigio de su ubicación cosmopolita en las cartografías de la literatura mundial.

Los dos primeros reflexionan sobre momentos claves de reconfiguración en las trayectorias del proyecto desde miradas temporales muy distintas. Ben Heller inicia este volumen con un rico recuento del congreso que se armó en La Habana para el cincuentenario de la fundación de la revista *Orígenes* en el convulsionado año de 1994. Heller fue el coordinador de la participación académica de Estados Unidos en ese evento, e inició el reencuentro en Nueva York leyendo este potente testimonio de turbación. Como el viajero de Wells, Heller se sumerge memorioso en una enmarañada temporalidad para enumerar participantes locales e internacionales, revisitar espacios neurálgicos, auscultar el oficialismo en las ponencias magistrales de Vitier, García Marruz y Fernández Retamar y revivir desconcertantes momentos intra- y extramurales de discordia. Los puntos cardinales

cultural y social de la isla a lo largo de su historia y, por lo tanto, ha rondado las escrituras origenistas. La futuridad y el naufragio simultáneamente reconocen y niegan el espectro de esa(s) entelequia(s) que habría(n) de consumarse histórica o ideológicamente, de acuerdo a la ilusoria promesa de un rumbo o navegar seguros. Lo que la futuridad y el naufragio presentan no es una nueva imagen de *Orígenes* y sus legados, sino una *imago* de rupturas, aperturas, quiebres, desvíos, fracasos, (im)posibilidades e (im)potencialidades.

Y la poesía, recordemos, es la escritura de la futuridad y el naufragio; la ocurrencia o «tener lugar» de la poesía es la *nuncupātio* de pulsiones entrecruzadas sin posibilidad de superación dialéctica. En el último capítulo de *El reino y la gloria*, Giorgio Agamben retoma la reflexión, de raigambre heideggeriana, acerca del «tener lugar» o «acontecimiento» del lenguaje, la cual había ocupado un lugar prominente en su obra temprana. En el marco de su «arqueología» de la gloria, el filósofo italiano se detiene a considerar el himno (2007: 258-260). El único propósito del himno, nos recuerda Agamben, reside en la celebración y la alabanza (*lode*), pero ellas sólo tienen lugar en el acto mismo del canto o recitación. En este sentido, lo singular del himno radica en que allí el lenguaje está despojado de todo contenido y, más importante aún, en que dicho acto únicamente consiste en afirmar esa ausencia radical y asentir: «En el punto en que coincide perfectamente con la gloria, la alabanza está sin contenido, ella culmina con el *amen* que no dice nada [...] El himno es la desactivación [*disattivazione*] radical del lenguaje significante, la palabra hecha absolutamente inoperante» [*resa assolutamente inoperosa*] (2007: 260). Seguidamente, a partir de un comentario sobre las *Elegías de Duino* de Rilke y los «Himnos» de Hölderlin, Agamben propone que la poesía moderna se halla suspendida entre lo hímnico y lo elegíaco: por un lado, la celebración hímnica de la palabra y por medio la palabra de la que todo poema participa; por otro lado, el lamento ante la partida de los dioses, la ausencia del objeto de la alabanza y la absoluta imposibilidad de nombrar lo divino (2007: 261).

que orientan esta evocación son dos cartas «encontradas», la que le deja por encargo un cubano desafecto que la vigilancia le incauta de manera humillante al concluir el congreso y la ahora famosa misiva de 1941, descubierta por Heller en 1990, en la que Piñera le recrimina a Lezama el no impedir que fuera expulsado por ateo de la junta editorial de *Espuela de Plata*; esta trifulca precipitó el naufragio de la revista. Heller destaca así la participación imprescindible del disenso de Piñera, en rima y en riña con las heterodoxias de Lezama, dentro de la constitución y la futuridad del proyecto Orígenes. En su trabajo, César A. Salgado funge de genealogo discursivo, documentando las injerencias contingentes y situacionales que permitieron la emergencia, ocho años después de la fundación de *Orígenes*, de la ahora imperante noción del origenismo como ideario estético de un grupo selecto de poetas católicos. Salgado demuestra que el proyecto editorial que culmina la cristalización de este concepto —suscrito y promovido primero por Vitier y luego (muy luego) por Lezama— fue el de las antologías de 1948 y 1952 coordinadas por aquel y no el de la revista tal cual la codirigieron Lezama y Rodríguez Feo.

Las alegadas extravagancias y demasías de Lezama como traductor y como poeta son tema de las contribuciones de Tom Boll y Marta Hernández Salván. Boll discute la práctica de traducir y publicar autores de fama mundial en *Orígenes* como una forma dual de consagración: como agasajo cubano para una figura internacional y como estrategia para elevar el rango de la revista tanto en el ámbito local como el global. Boll se enfoca en cómo la incorporación del poeta francés Saint-John Perse —celebrado por sus raíces caribeñas en Guadalupe, su labor como cónsul de Francia en los Estados Unidos y su Premio Nóbel— sirve también como vehículo para desplegar las ambiciones poéticas de su traductor, Lezama Lima. Boll desmiente a los que acusan como «macarrónica» la versión lezamiana de «Pluies», mostrando cómo otros traductores de prestigio (por ejemplo, T. S. Eliot) fueron igual o más revisionistas y caprichosos. Boll analiza cómo, partiendo de la abundancia tropológica y la efusividad román-

Resulta significativo que para Agamben el punto culminante de esta suspensión hímnica fue uno de los grandes poemas del naufragio: *Un coup de dés* de Mallarmé, texto que a su vez fue conmemorado en las páginas de *Orígenes* (no. 32, 1952) traducido por Cintio Vitier. Para Agamben, el logro del poeta en esa «doxología irrecitable» que es *Un coup de dés* es haber «constituido la lírica moderna como liturgia ateológica (o más bien, teo-alógica)» (2007: 262). ¿No fue este el mismo logro de Lezama? ¿Qué mejor manera de caracterizar la obra de Lezama sino como *liturgia teo-alógica*? Y más generalmente ¿no podría leerse así toda la constelación originista, aunque ahora haciendo énfasis en esa sugerente vacilación entre lo «ateológico» y lo «teo-alógico»?

Igual que Mallarmé, Celan, Vallejo, o incluso ese originista periférico que fue Wallace Stevens, Lezama es uno de los poetas modernos que más decididamente se ubica en ese paradigma que Agamben identifica con el himno. La escritura de Lezama deliberadamente se separa de determinaciones fundadas sobre conceptos como mímesis, causalidad, necesidad, analogía, representación, teleología, historicismo, etcétera, al tiempo que produce constantemente una reflexión sobre esa práctica crítica (cfr. *krinō*, separar, distinguir). En particular, parte de la poesía que Lezama compuso entre los años cuarenta y cincuenta, concluyendo con el libro *Dador* de 1960, puede considerarse como la más compleja, «difícil» o «hermética» que se haya compuesto en castellano. Muchos de estos textos no son sino cuerpos verbales articulados por medio de las más sorprendentes imágenes y conexiones tropológicas; estamos ante un texto (i)legible que excede cualquier intento de apresar un significado e incluso la posibilidad misma de la hermenéutica (Isava 2015). En otras palabras, cierta poesía de Lezama nos enfrenta, volviendo al término de Agamben, a una *escritura inoperante*: una escritura desprovista de finalidad o contenido, o puesto de otro modo, cuyo contenido no es sino la propia escritura y su (im)potencia; una escritura que no actualiza ningún significado, sino que únicamente *acontece*, constituyéndose

tica que comparte con Perse, Lezama modifica la estructura gramatical del poema para intensificar su *élan* expresivo, radicalizando la transmutación metafórica de la lluvia y haciendo que la impetuosidad barroca del lenguaje reluzca cual fuerza de la naturaleza. La autora de *Mínima Cuba* a su vez discrepa de los críticos que leen la idiosincrática sobreabundancia de la poesía de Lezama como la hipérbole votiva de un poeta creyente que busca fundir caridad y gracia, tiempo y eternidad, en una unión opulenta con lo divino. Hernández alega que, al contrario, la poesía de Lezama surge de una potente negatividad, una carencia constitutiva, destacando su aspecto destructor en vez de generador de sentido. Como colapsando y recomponiéndose en la letal proximidad de un *black hole*, la *poiesis* aquí opera dentro de una dinámica inescapable de sacrificio y naufragio en vez de jubilosa proliferación creativa. «Para existir», escribe Hernández, la poesía de Lezama «tiene que destruirse a sí misma [...] revelando su naturaleza agónica». Hernández ausculta con lucidez las dolientes intensidades del vacío y la pérdida en el poemario póstumo *Fragmentos a su imán* (1977), no como referencias estoicas al Quinquenio Gris, sino como claves para comprender cómo las violentas exigencias de la carencia activan los agonizantes barroquismos de la lengua lezamiana desde *Muerte de Narciso* (1937) en adelante.

Los dos trabajos siguientes examinan diferentes dimensiones de la gestión intelectual y creativa de Virgilio Piñera durante los años de *Orígenes*. Alan West-Durán hace un análisis de «Los siervos», quizás la obra teatral más notoria del impertinente dramaturgo. Publicada en *Ciclón* en 1955, Piñera la desestimó tras la victoria revolucionaria, excluyéndola de su *Teatro completo* (1960). West documenta cómo la frecuencia de sus montajes se dispara durante el Período Especial para denunciar de soslayo el inmovilismo del sistema comunista en Cuba, ya que se trata de una feroz parodia alegórica sobre los insostenibles absurdos doctrinales del totalitarismo soviético bajo Stalin, y muestra cómo, tras su bufonesca comicidad, la obra procede de un visionario diagnóstico teórico-político que West empata con ciertas

tan sólo como «ceremonial», para decirlo con Lezama, o «liturgia», para decirlo con Agamben.

La inoperatividad abre la posibilidad de pensar la relación entre, por un lado, la teleología y sus retornos, y por otro, la futuridad, el naufragio y su escritura. Como ya se ha señalado, teleología, futuridad y naufragio se implican mutuamente: sólo puede haber naufragio bajo el pacto o promesa de un navegar seguro y con destino. Esta condición es precisamente una de las razones –pero no la única, como veremos de inmediato– por la cual el naufragio nos permite imaginar *Orígenes* y sus devenires. Así como sólo el navegante puede naufragar, pensar Orígenes –la revista, las escrituras que de allí emergieron, sus estelas y derivas– pasa por la necesidad de reconocer la presencia, los avatares, las instrumentalizaciones y los retornos del metarrelato teleológico que ha signado la nación, y por lo tanto, las escrituras originistas. Pero simultáneamente el naufragio es negación: es la interrupción –singular, contingente, inesperada, azarosa– del viaje y el rumbo, y es también el consecuente reconocimiento de la futuridad y la apertura a sus vicisitudes. Este momento negativo que forma parte de la constitución misma del naufragio es la otra condición necesaria para pensar Orígenes. En este prólogo y a través de los ensayos que componen este volumen hemos aspirado a evidenciar el carácter fundamentalmente nomádico, acéntrico, excéntrico, anorgánico y molecular de *Orígenes*, sus estelas y derivas. Claramente esta visión contrasta con las interpretaciones, tan frecuentes en la crítica, en las que Orígenes es juzgado como un esteticismo o concebido como una suerte de sistema coherente. Pero hay algo mucho más importante. Como se ha señalado, en el seno mismo de Orígenes confluyeron proyectos tan diversos como cambiantes, que suscitaron a su vez alianzas, rupturas, pugnas y reencuentros: el catolicismo y la fidelidad nacionalista y revolucionaria en Vitier y García Marruz; José Rodríguez Feo, el joven adinerado comprometido con la alta cultura que luego «borrará» *Orígenes* y terminará como radical comprometido con la Revolución; las apuestas autopsias críticas del lenguaje comunista-utópico hechas por filósofos posmarxistas como Boris Groys y Claude Lefort. Advierte West que, con «Los siervos», Piñera no pretendía ensalzar un individualismo disidente como solución redentora, ya que lo que la obra escenifica es la vuelta insólita del absurdo que subyace a todo proyecto utópico-absolutista. Por otra parte, Pilar Cabrera Fonte se acerca al Piñera narrador y agudo catador, cual Walter Benjamin isleño, del impacto de nuevas tecnologías de comunicación en las convenciones sociales, en particular, la fotografía (tema de un libro que tiene en preparación). Cabrera amplía aquí su abordaje analizando los significados que asumen varios elementos fotográficos en la novela *Presiones y diamantes* (escrita entre 1956-57) a la luz de la amistad y la colaboración que Piñera mantuvo con Julio Berestein, un destacado fotógrafo profesional de esa década. A través de entrevistas y trabajo de archivo, Cabrera documenta su carrera como retratista de artistas (incluyendo al mismo Piñera) e ilustrador de la columna «Lo que puede ver en el Museo Nacional» del *Diario de la Marina*. Cabrera correlaciona la diseminación óculo-comercial de la alta cultura plasmada en esta columna con la de la colección de cromos y las instantáneas que el reservado protagonista Sebastián trafica como vendedor ambulante y fotógrafo callejero. En 1968 Berestein muere en prisión tras ser denunciado como homosexual y contrarrevolucionario. Cabrera propone pues que varias facetas profesionales y personales de Berestein pudieron inspirar diversas reflexiones ensayísticas y narrativas de Piñera sobre el fotógrafo/artista como un ser desencontrado con la norma social, «llamado para dar testimonio de una destrucción siniestra».

César A. Salgado

Madrid, San Juan y Austin
Mayo-septiembre de 2018

nihilistas de Virgilio y Lorenzo García Vega, por sólo citar algunos ejemplos. Cada uno de estos proyectos constituyó una postura ética y política propia ante el arte, la nación y la historia. Cada uno de ellos dejó también un legado. Y todo esto implica a su vez una posición ante el metarrelato te(le)ológico. Algunos de estos proyectos nunca se vieron a sí mismos –ni podían verse– como naufragios. Pero al ver retrospectivamente la constelación de Orígenes en su totalidad, como una súmula de estelas y derivas, puede intuirse que lejos de haber venido trazando una «teleología insular» o su reverso como aniquilación nihilista, lo que esta totalidad configura es más bien una *desactivación* de la pulsión te(le)ológica. La pulsión ni se actualiza ni se destruye ni tampoco desaparece; se hace inoperante y se revelan tanto el vacío que la soporta como los azares que la mueven. Acaso esta intuición sea análoga a la *ataraxia* del sabio como espectador de los náufragos en el mar: presenciar la futuridad y el naufragio es una contemplación –es decir, una teoría– de las condiciones mismas del pensar la historia, y por lo tanto, una posibilidad de pensar una ética ante el porvenir.

Juan Pablo Lupi

Madrid y Santa Bárbara
Mayo-septiembre de 2018

Bibliografía

Adelson, Leslie A (2013): «Futurity Now: An Introduction». En *The Germanic Review: Literature, Culture, Theory* 88 (3): 213-218.

Agamben, Giorgio (2007): *Il regno e la gloria*. Vicenza: Neri Pozza.

Appadurai, Arjun (2013): *The future as cultural fact: Essays on the global condition*. London: Verso.

Blumenberg, Hans (1997): *Shipwreck with spectator: Paradigm of a metaphor for existence*. Cambridge: MIT Press.

Brugués, Alejandro (dir.) (2011): *Juan de los Muertos*. La Zanfoña Producciones.

Buckwalter-Arias, James (2010): *Cuba and the new* origenismo. Woodbridge / Rochester: Tamesis.

Díaz Infante, Duanel (2005): *Límites el origenismo*. Madrid: Colibrí.

— (2014): *La revolución congelada. Dialécticas del castrismo*. Madrid: Verbum.

Eshell, Amir (2013): *Futurity: Contemporary literature and the quest for the past*. Chicago: University of Chicago Press.

Edelman, Lee (2007): *No Future: Queer theory and the death drive*. Durham: Duke University Press.

Gumbrecht, Hans Ulrich (2008): *In 1926: Living at the edge of time*. Cambridge: Harvard University Press.

— (2015): *After 1945: Latency as origin of the present*. Stanford University Press.

Gutiérrez, Amauri (2010): *Orígenes y el paraíso de la eticidad*. Santiago de Cuba: Caserón.

— (2012): *El grupo Orígenes de Lezama Lima, o, el infierno de la trascendencia*. Madrid: Legados.

Heller, Ben A. (1997): *Assimilation/Generation/Resurrection: contrapuntal readings in the poetry of José Lezama Lima*. Lewisburg: Bucknell University Press.

Hernández Salván, Marta (2015): *Mínima Cuba: Heretical poetics and power in post-Soviet Cuba*. Albany: SUNY Press.

Isava, Luis Miguel (2015): «Lo indescifrable que engendra un infinito apetito de desciframiento. Hacia una lectura no hermenéutica de la poesía de Lezama». En Lupi, Juan Pablo & Hernández Salván, Marta & Marturano, Jorge (eds.): *Asedios a lo increado. Nuevas perspectivas sobre Lezama Lima*. Madrid: Verbum.

Lezama Lima, José (ed.) (1965): *Antología de la poesía cubana*. 3 vols. La Habana: Consejo Nacional de Cultura.

— (1977): *Obras completas. Tomo II. Ensayos/Cuentos*. México, D.F.: Aguilar.

— (1981): *Imagen y posibilidad*. La Habana: Letras Cubanas.

— (1985): *Poesía completa*. La Habana: Letras Cubanas.

— (1988): «Recuerdos: Guy Pérez Cisneros». *Revista de la Universidad de La Habana* 29 (2): 24-37.

Link, Michael (2013): «"The honest application of the obvious": The scientific futurity of H.G. Wells». En Ferguson, T. (ed.): *Victorian time: Technologies, standardizations, catastrophes*. London: Palgrave Macmillan.

Luhmann, Niklas (1976): «The future cannot begin: Temporal structures in modern society». En *Social Research* 43 (1): 130–152.

Muñoz, José Esteban (2009): *Cruising utopias: The then and there of queer futurity*. New York: New York University Press.

Nelson, Alondra (2002). «Afrofuturism, an introduction: Future texts». En *Social Text* 20 (2): 1-15.

Pike, David (2013): «Introduction: Headlong into futurity». En *History and Technology* 29 (3): 229–246.

Ponte, Antonio José (2002): *El libro perdido de los origenistas*. México, D.F.: Aldus.

Ramírez Prieto, David (2017): *José Lezama Lima y las redes intelectuales antimodernas: escritores, revistas, editoriales (1920-1956)*. Tesis doctoral, University of California, Los Angeles: <https://escholarship.org/uc/item/2g15413n/>.

Ricks, Omar (2015): «"Knowing oneself to be a dead relation": A review essay and an interview with Frank B. Wilderson, III»: <http://cosmichoboes.blogspot.com/2015/08/knowing-oneself-to-be-dead-relation.html>.

Rodríguez Feo, José (2007): *Mi correspondencia con José Lezama Lima*. La Habana: Unión.

Rodríguez-Matos, Jaime (2017): *Writing of the formless: José Lezama Lima and the end of time*. New York: Fordham University Press.

Rojas, Rafael (2000): *José Martí. La invención de Cuba*. Madrid: Colibrí.
— (2006): *Tumbas sin sosiego. Revolución, disidencia y exilio del intelectual cubano*. Barcelona: Anagrama.
Starr, Michael (2015): «I flung myself into futurity: H.G. Wells's Deleuzian Time Machine». En Jones, M. & Ormrod, J. (eds.) *Time travel in popular media: Essays on film, television, literature and video games*. North Carolina: McFarland, 51-62.
Vitier, Cintio (1994): *Para llegar a Orígenes*. La Habana: Letras Cubanas.
Whitfield, Esther (2008): *Cuban currency: The dollar and "Special Period" fiction*. Minneapolis: University of Minnesota Press.
Wilderson III, Frank B. & Hartman, Saidya & Martinot, Steven & Sexton, Jared; Spillers, Hortenese J. (2017): *Afro-Pessimism: An introduction*. Minneapolis: racked & dispatched: <https://rackedanddispatched.noblogs.org/files/2017/01/Afro-Pessimism2.pdf>
Womack, Ytasha L. (2013): *Afrofuturism: The world of black sci-fi and fantasy culture*. Chicago: Lawrence Hill Books.
Yaszek, Lisa (2006): «Afrofuturism, science fiction, and the history of the future». En *Socialism and Democracy* 20 (3): 41-60.

Cartas encontradas
Rememorando el cincuentenario de *Orígenes* (La Habana, 1994)

Ben A. Heller | *University of Notre Dame, Indiana*

> Volver a lo pasado no es mi ruego.
> ¿Pero y aquel aroma de la vida?
> Retenga su promesa, no su fuego.
>
> Fina García Marruz

> El esturión con flaca tinta borrosa
> preparando los tapetes rajados de las consagraciones,
> comienza a balbucir en el culto maternal de las aguas.
>
> José Lezama Lima

Rememorar. Recordar de nuevo. Repetir una repetición y en la repetición esperar… no el tartamudeo de la ansiedad ni la ecolalia de la locura sino tal vez el balbuceo de los orígenes (tal vez de Orígenes).

☙

Recordar una conmemoración, un momento de recuerdo en común, en comunidad.

☙

Veinte años después de cincuenta años después. Pero no hay después porque no hay un momento de origen único. Y para probarlo basta un puñado de nombres: *Grafos, Verbum, Espuela de Plata, Clavi-*

leño, *Poeta*, *Nadie Parecía*, que prueban que la labor venía haciéndose. Y basta la multiplicidad de personas que hicieron estas revistas, en su labor continua y en sus momentos de unidad y de disensión, hilando un presente con hilos disímiles, heredados.

&

Setenta años de Orígenes, con Orígenes, de continua lectura y relectura (tejido o entramado de lecturas) de una revista y de un grupo, de una estética, de una ética –de palabras en fin, con unas cuantas imágenes fotográficas. Decir revista, decir grupo, decir estética, ética, encubre y neutraliza divisiones, tensiones, grietas, silencios. ¿Será posible recordar sin encalar? ¿Sin acallar? ¿Dejando hablar las diferencias? Esto puede ser una tarea prometedora: rememorar la conversación de Orígenes, aislar las voces para luego tratar de precisar momentos de armonía y momentos de discordia.

&

Recordarnos a nosotros. Conmemoración, acto grupal –¿pero cuál era ese grupo, esa comunidad de memoriosos? Unos cuantos de los Estados Unidos: César A. Salgado, Arnaldo Cruz-Malavé, Alina Camacho-Gingerich, Enrique Márquez, Orlando José Hernández, Alan West. Yo había hecho la propaganda de la conferencia en los Estados Unidos y había invitado a algunos cubanólogos de renombre, Roberto González Echevarría, Enrico Mario Santí, etcétera, pero no quisieron o no pudieron acompañarnos –creando así un silencio utópico, un no-decir que decía. Por el lado cubano, recuerdo charlas de Cintio Vitier, Fina García Marruz, Roberto Fernández Retamar, Lina de Feria, Rafael Rojas, Víctor Fowler, Damaris Calderón, aun el médico de Lezama, José Luis Moreno del Toro. La charla de Vitier fue tan larga, e hizo tantas «correcciones» a las otras ponencias, que Orlando y yo, que íbamos a hablar esa mañana según el horario oficial, nos desplazamos a la primera sesión de la tarde.

☙

¿Quién más estuvo? ¿Dio una charla Roberto Méndez? No me acuerdo exactamente, pero estuvo allí y hablamos después en el brindis final, en el Hotel Inglaterra. Recuerdo haber salido a la azotea donde vimos estatuas envueltas en cadenas para que no se derrumbaran —estatuas de mujeres (¿del Gran Teatro de La Habana, al lado?). ¿Quién más estuvo, ponentes o público? No hay manera de saberlo. El salón de Casa de las Américas se llenaba todos los días. Antón Arrufat, Reina María Rodríguez, Ponte, Ismael Castañer González estaban seguramente, pero ¿Francisco Morán? ¿Almelio Calderón? ¿Ya habían salido? Los edificios de conversación erigidos entre los poetas de los ochenta iban derrumbándose.

☙

Una de las noches de la conferencia un grupito de nosotros llegó a la Azotea de Reina, ese espacio nocturno regalado por Reina María donde los poetas se congregaban alrededor del té y unas galletas para compartir la poesía. Alan West y César A. Salgado leyeron, y yo, con Jorge Yglesias, que me había traducido un largo poema llamado «El doble». Uno de los versos del poema dice «You've decided I don't exist, which is fine with me». Luego Ismael me dio un libro, una antología de los poetas jóvenes. En la dedicatoria, había escrito: «You have decided we don't exist, which is fine with us», pluralizando el yo poético y adoptándolo para sí. La Azotea de Reina, al margen de las instituciones culturales de la Revolución, existía firmemente, en la noche, en la humedad habanera, en la inexistencia. Aunque ya no, o no de la misma manera...

☙

No puedo resumir todas las lecturas de Orígenes que se dieron en el Cincuentenario, mi memoria no da para tanto, pero sí recuerdo el motivo recurrente en la charla de Cintio Vitier, que era la idea de la «aventura de Orígenes». Aventura: un suceso extraño, empresa riesgosa, relación amorosa, con una dosis de lo quijotesco, y un fuerte sentimiento de futuridad, de lo que vendrá. Es decir, la lectura de Vitier retoma el hilo de su introducción a las obras completas de Lezama, donde propone una lectura política de la a-politicidad lezamiana y origenista, su afiliación espiritual con la futuridad martiana y por ende con la Revolución. Fina García Marruz lo siguió, reemplazando la metáfora de la «aventura» con la idea de la «familia» origenista, lo cual enfatiza los lazos afectivos entre los diferentes miembros del grupo. Esta idea seguramente tiene sus raíces en la vivencia origenista, antes y después de la Revolución, plasmada en textos como las «Décimas de la amistad» de *Fragmentos a su imán* de Lezama y «Los amigos» de *Habana del centro* de Fina García Marruz. Pero si Orígenes era una familia, habrá que reconocer, además del amor, el rencor y la disensión entre los miembros de esta familia, desde la ruptura de Virgilio Piñera con Lezama y su círculo en la época de *Espuela de Plata*, hasta la pelea de José Rodríguez Feo y Lezama que dio fin a la revista. Seguramente había otras visiones de Orígenes que se propusieron en la conferencia. Recuerdo muy bien que Rafael Rojas dio una charla enérgica e innovadora, y que hubo palabras cruzadas entre él y Cintio Vitier. La charla de Roberto Fernández Retamar, al final del primer día, se metamorfoseó en discurso político. Desgraciadamente, mi sordera habitual para este tipo de discurso me impidió escucharlo con cuidado. Sí hubo por parte de muchos el intento de rescatar de la sombra de Lezama y Vitier a otros origenistas como Fina García, Virgilio Piñera, Gastón Baquero.

☙

El último día de la conferencia salí al rastreo de los libros de la biblioteca personal de Lezama. Hacer una lista completa de la biblioteca era mi proyecto del momento. Ya tenía completo el catálogo de la colección de la Biblioteca Nacional José Martí, pero me habían dicho que algunos libros (duplicados tal vez) habían sido distribuidos a bibliotecas municipales de La Habana y otros a la Casa Museo José Lezama Lima, que entonces estaban terminando. Esto lo comprobé en una biblioteca de barrio, donde hallé libros varios con la pequeña estampa que decía «Biblioteca de José Lezama Lima». Luego fui a la Casa Museo para buscar más libros. En ese momento estaban dando los últimos toques a la casa, porque era el día de la apertura oficial, y esa tarde iban a recibir una delegación de los conferencistas. Me senté en la sala de estar para copiar títulos. A través de las persianas de la casa vi llegar un auto. Con horror vi al conductor sacar apresuradamente del baúl dos o tres cuadros y luego unas cajas pesadas de libros. Llegado el jefe me botaron de la casa. Demasiado que hacer, demasiado que colocar en su sitio o en un sitio aproximado. Cuando llegamos esa tarde, todo había encontrado un lugar, y daba la imagen de cierta vida íntima aunque interrumpida, de un espacio familiar. Pero era sólo una imagen. No podía borrar de la mente la actividad febril de esa mañana, antes del show. Algo faltaba. Faltaba Lezama y quien hubiera querido ese espacio durante los años.

Como me dijo en esa época un amigo cubano, «Lezama está mucho más muerto ahora que hace uno o dos años», y el museo ayudó, irónicamente, en este homicidio progresivo. La casa como espectáculo había matado la casa como hogar. La pregunta para nosotros hoy es: ¿en qué consiste la vida de un poeta muerto o un grupo de poetas cuyo momento histórico ya ha pasado? ¿Quién puede juntar los fragmentos dispersos para que el cuenco pueda contener, si no sangre, por lo menos agua o aire? ¿A través de que tipo de repetición nace lo nuevo?

❧

Salimos juntos de Cuba muchos de nosotros, desde el aeropuerto José Martí. Después de pasar por la aduana y antes de llegar a la puerta de salida, las autoridades cubanas me condujeron a un cuarto y un joven uniformado comenzó a revisar mis cosas, una por una. Mi diario, mi ponencia, libros que había comprado o recibido de regalo, cartas de amigos cubanos con destinatarios en los Estados Unidos, todo. Y yo ayudando, explicando cada papelito, en un rito absurdo de vigilancia que demandaba mi cooperación y que repetía la interrogación de todo aquel que quiera entrar o salir de una comunidad. Luego, en el avión, escribí lo siguiente, llorando de furia:

>His concern is whether I have any letters from Cubans for the exterior. I tell him, «Mostly what I have are books». He pulls out several books, each of which has letters in them, and simply places them on the table, as he goes through all my folders. (Why is it I feel like he is pawing me? No one can tell you this so you understand. I am being wasted somehow, emptied out.) I'm worrying already about Y's letter. Will he find it? Did she sign it with her full name? What did she say exactly? She had asked me to read the letter but I hadn't. So he comes to my own manuscript of poetry and there, in among empty envelopes I brought with me and small chapbooks of poetry, Y's letter comes to light. He plucks it out and shows me the address. «Who is this?» I have no idea what to say –this process seems inevitable, unstoppable. How did he know it was there? It was as if he knew it was there. I say «It's to a friend of mine». «In Miami?» «Yes». (I know how inadequate, how truly stupid this sounds.) He pulls the letter out and calmly –always calm– unfolds it and begins to read. «It's from a young poet», I say. «Look, I have other letters from poets», as I point to other innocuous missives, but he reads on. «Well this young poet seems to want to leave», he says. «She wouldn't be the only one», I say. «These people are against the system», he says. «Esta gente está contra el sistema». I begin to protest –and as I do so I know this game has very specific moves, we're repeating decades old steps I never thought to dance. I talk about my work for the conference, mention the names of Vitier and Retamar, «if you need someone to vouch for me… This is my fourth trip to Cuba and I've never been inspected before…». God knows what I said, but the tone was such, did I raise my voice?, that suddenly two other smiling guards were in the room, one of them a superior obviously, pacifying me. «This is routine. You've never been inspected before? This is totally random», while the guard finishes folding the letter, puts it back in its

envelope and into my manuscript. He slowly begins to pack my books back into my bag. He looks directly at me, and classic, says: «I never said you were doing anything illegal».

¿Gran cosa? No creo. Mi propia ingenuidad lo hizo más importante de lo que era. Pero llevo presente lo que dijo: «Esta gente está contra el sistema». Con esto pluralizaba a mi amiga, insistiendo en su pertenencia a un grupo que excluiría si pudiera. Excepto que esta condena a una pertenencia es una repetición ignorante y sin sentido: mediocridad. Su olfato era increíblemente preciso, induciendo en mí una paranoia que reconocí como la repetición de la paranoia en *La mala memoria* de Padilla. Es esencial reconocer que el azar (de revisar esta y no aquella maleta) en un sistema como el suyo llega a ser clarividente, una vigilancia absoluta. Estos dos, el azar y la vigilancia, se entretejen y estimulan una paranoia sofocante. ¿Es esto privativo de Cuba? Cuando pasé por Toronto y los aduaneros norteamericanos me revisaron las cosas, y me detuvieron por veinte minutos extrayendo explicaciones de mi presencia en Cuba, me di cuenta que era yo un grano de arena infinitamente pequeño en la maquinaria de sospecha entre los dos países.

¿Qué tiene que ver este pequeño incidente con Orígenes? Tal vez muy poco, pero nos puede servir como marco para la época. 1994: en medio del Período Especial, época de grandes esperanzas para el cambio, y grandes frustraciones. Estamos ahora en otra época seguramente. El 17 de diciembre de 2014 abrió una brecha y de repente se puede vislumbrar otro futuro. Simultáneamente el pasado se ve diferente, transicional, en paréntesis tal vez.

☙

Cuatro años antes, durante mi primer viaje a Cuba, tuve la suerte de encontrar en uno de los libros de la biblioteca de Lezama almacenada en la Biblioteca Nacional de Cuba una carta personal de Virgilio

Piñera a Lezama fechada el 29 de mayo de 1941[1]. Esta carta pone de manifiesto la postura crítica de Piñera y la discordia entre él y Lezama que debió haber causado en parte la desaparición de *Espuela de Plata* (1939-1941). Para Piñera, la base de la polémica se reduce a las dos acepciones de la palabra *católico*, es decir, «universal» o «relativo a la religión católica». Cuando incluyen al poeta y sacerdote Ángel Gaztelu en la junta editorial de la revista, Piñera se siente «arrojado, ignorado, desoído» (Lezama Lima 1993: 269). La afrenta se intensifica cuando alguien (tal vez el mismo Gaztelu, tal vez el crítico de arte, Guy Pérez Cisneros, también en la junta editorial) le comunica a Piñera que *Espuela de Plata* «era una revista católica y que se había tomado el acuerdo de elegir al buen presbítero porque todos ustedes (ustedes son el poeta, el pintor y él) eran católicos, no ya sólo en el sentido universal del término sino como cuestión dogmática, de grupo religioso que se inspira en las enseñanzas de la Santa Madre Iglesia» (1993: 270)[2]. Para Piñera, la sumisión al dogma parece clausurar toda posibilidad de creación crítica, e incluso más: eclipsa la definición de «católico» como «universal». En palabras de Piñera, esta postura era más una «cuestión de catoliquería que de catolicismo y esto porque catoliquería significa lo mismo que alcahuetería o sanguinolenta disentería de unas pobres palabras» (1993: 270). A pesar de la virulencia de la carta, Piñera no rompe con la revista, aunque sí pierde fe en su amigo Lezama: «Yo no soy católico al uso o católico para ocultar lo repugnante de ciertos concilios, pero amo a *Espuela*

---

[1] La carta fue hallada entre las páginas 200 y 201 del libro *De Leibniz a Goethe* de Wilhelm Dilthey (México: Fondo de Cultura Económica, 1945). Fue publicada por primera vez en 1993 (Lezama Lima 1993: 268-270) y de nuevo en 2011 (Piñera 2011: 31-34).

[2] Anderson (2006: 26) analiza esta parte de la carta y concluye que quien habló con Piñera fue el mismo Gaztelu, aunque Machado Vento (2015: 20) y otros afirman que fue Guy Pérez Cisneros. Tal vez valdría la pena examinar el uso de epítetos ambiguos en la epístola originista (ver también las deliciosas cartas entre Lezama Lima y Rodríguez Feo, recopiladas por este último).

de Plata como para salvaguardar y contribuir a su preciosa salud. Por ella me quedo en ella; con mis derechos por trabajo y amor a sostener la posición de aconsejador de la misma. Y como todo retorna a su principio y tú eres el principio y el fin de esta carta puedo decirte que ahora sólo creo en Espuela de Plata y no en su admirable director José Lezama Lima» (1993: 270). De todos modos, el próximo número de la revista, con el nombre de Gaztelu en la lista de los que la «dirigen» y Piñera todavía en la lista de los que «aconsejan», sería el último. La revista cederá espacio a cuatro revistas de corta duración: *Poeta* de Virgilio Piñera, *Clavileño* de Cintio Vitier y Gastón Baquero, y *Nadie Parecía* de Lezama Lima y Ángel Gaztelu.

Esta carta no fue desconocida en vida de Lezama y de Piñera. Aunque Lezama parece haberla escondido en un libro de su colección y nunca se refirió a ella por escrito, el mismo Piñera cita un fragmento en su ensayo «Cada cosa en su lugar», publicado en *Lunes de Revolución* en diciembre de 1959 (Piñera 2015: 153). Allí, contra una crítica de Heberto Padilla, Piñera se defiende de acusaciones de sumisión a Lezama, aduciendo como apoyo la carta y su ruptura con Lezama y *Espuela de Plata* en 1941. Desde mi rescate en 1990 la carta ha sido publicada dos veces y comentada por varios críticos (Heller 1997: 32-33, Anderson 2006: 24-27, Machado Vento 2015, etcétera). La carta es densa y rica en materia de análisis, pero no quiero repetirme o repetir a otros. Mi propósito aquí no es desentrañar la relación ambivalente de Lezama con el catolicismo, o los orígenes de Piñera disidente o Piñera polemista o Piñera ateo. Lo que pretendo es precisar por lo menos una de las condiciones de posibilidad de *Orígenes*. La disensión de Piñera y sus consecuencias –la desaparición de *Espuela de Plata*, la proliferación y sucesiva extinción de los «hijos» de *Espuela de Plata* (*Poeta*, *Clavileño*, y *Nadie Parecía*)– crean tanto el espacio para *Orígenes* como su *necesidad*. Pero ¿cuál es la naturaleza de esta disensión? Primero, la disensión se basa en una crítica de dogma y lecciones religiosas, no de religiosidad en sí. Segundo, es una crítica de conservadurismo familiar o genealógico (Lezama no se arriesga porque viene de familia conservadora y se ha movido en ese ambiente). Tercero, es irónica y heteroglósica, y de allí deriva su poder retórico. Al final de la carta Piñera recurre a un lenguaje religioso para decir que no puede seguir *creyendo* en Lezama, aunque sí en *Espuela de Plata*[3]. ¡Y esto en una carta declarando su oposición al nombramiento de un sacerdote a ser uno de los directores de la revista! Cuarto, es complicada, no blanco y negro. Piñera se distancia de Lezama pero reclama su posición como consejero y contribuidor a la revista. Luego, incluirá textos de Lezama en su propia revista, *Poeta*.

Se ha dicho que Piñera jugó un papel mínimo en la vida de *Orígenes*; juró en una carta a Lezama de 1945 no publicar en la revista y luego publicó sólo cinco obras en los doce años de vida de la misma (Anderson 2006: 40). Sin embargo, la presencia/no presencia de Piñera en las páginas de la revista no es el dato clave. La disensión de Piñera en la época de *Espuela de Plata*, su crítica del grupo en las páginas de *Poeta*, su tenue colaboración con la revista durante su estancia en Argentina y luego su trabajo con Rodríguez Feo en la producción de *Ciclón* enmarcan *Orígenes*, dándole forma, parámetros, bordes. No importa si Piñera fue o no fue origenista. Sin él, *Orígenes* no habría sido la revista que fue.

☙

Rememorar. Recordar de nuevo, sin imponer una coherencia que termine en abolir distancias, diferencias, disensiones. Escuchar… las voces que hablan y las voces ausentes o las que hablan desde los márgenes. Esta será la tarea.

---

[3] Curiosamente Piñera vuelve a este tipo de lenguaje en su nota en *Lunes de Revolución* del 9 septiembre 1959, «Exhortación a Rodríguez Feo», acerca de la necesidad de continuar con *Ciclón*: «Pero cuando nos faltan ciertos resortes y uno quiere a su obra como a su propia vida, o más acaso, entonces se llega a eso que se llama sacrificio. Como yo creo en Rodríguez Feo, desde aquí le digo que se sacrifique. Él, mejor que nadie, sabe que *Ciclón* es una necesidad…» (Piñera 2015: 146).

Bibliografía

Anderson, Thomas F. (2006): *Everything in its place: the life and works of Virgilio Piñera*. Lewisburg: Bucknell University Press.

Heller, Ben A. (1997): *Assimilation/Generation/Resurrection: contrapuntal readings in the poetry of José Lezama Lima*. Lewisburg: Bucknell University Press.

Lezama Lima, José (1993): *Fascinación de la memoria: textos inéditos*. La Habana: Letras Cubanas.

Machado Vento, Dainerys (2015): «El disentir piñeriano». En *Cuadernos Americanos* 3: 11-28.

Piñera, Virgilio (2011): *Virgilio Piñera, de vuelta y vuelta. Correspondencia 1932-1978*. La Habana: Unión.

— (2015): *Ensayos selectos*. Madrid: Verbum.

La emergencia del origenismo en *Diez poetas cubanos* (1948) y *Cincuenta años de poesía cubana* (1952)

César A. Salgado | *The University of Texas at Austin*

I.

Varias paradojas agobian y enriquecen los parámetros de análisis en los estudios más recientes de *Orígenes* como fenómeno letrado en la historia cultural cubana. ¿Nos referimos a una empresa editorial centrada en la revista como vehículo literario para un minoría intelectual de avanzada? ¿O más bien estamos abordando el saldo expresivo de un grupo de poetas afines, congregado para resistir las corruptelas de la seudorepública en medio de procesos globales de polarización geopolítica? ¿Se trata de una empresa cultural cubana, caribeña, transatlántica, hispana o eurocéntrica o americanista? ¿Un espacio de encuentro entre grandes figuras, centros y ciudades de Occidente o un mapa naciente de resistencia cultural en la periferia? ¿Un sistema de planetas que orbitan sobre dos soles (José Lezama Lima y Virgilio Piñera), una constelación de astros que brillan con luz propia, o una galaxia de significantes culturales en constante expansión?

Reflexionaré en lo que sigue sobre las contradicciones contenidas en un término que abunda en la crítica contemporánea pero que no es para nada originario y que aún no se ha documentado del todo: el de *origenismo*. Si nos aferramos a una rigurosa historización de las ideas, podríamos decir que no hubo *origenismo* en los orígenes de *Orígenes*. En el diseño y la constitución de las revistas codirigidas por Lezama Lima o José Rodríguez Feo que componen los ejes del proyecto Orígenes siempre operó un rechazo al reduccionismo de un programa estético delimitado que solicitase la adición de un *-ismo* como sufijo. Mientras que en la *revista de avance* y otros órganos de la vanguardia latinoamericana vemos una fijación con el *-ismo* como signo de innovación, disciplina, cohesión y adelanto cultural, en los editoriales escritos por Lezama se evidencia una renuncia a asumir estrictos códigos estéticos como consignas para adelantar una milicia creativa. Si la generación de Avance asumió el *-ismo* rupturista como norte de su brújula, el proyecto Orígenes tomaría el rumbo contrario: gravitaría hacia los comienzos, los mitos, la tradición, la memoria creadora, la inclusividad, la apertura, la fundamentación en el paisaje.

El aborrecimiento de los «ismos», visible en editoriales como «Razón que sea» (*Espuela de Plata*) o el editorial del primer número de *Orígenes*, ha inspirado a estudiosos como Irlemar Chiampi a ver al grupo Orígenes como una manifestación muy ajena al antagonismo activista, la disidencia programática, la agresión retórica y el nihilismo que Renato Pogglioli diagnosticó en los movimientos vanguardistas de entreguerras. Chiampi considera al grupo como «los últimos modernos de América Latina» (Chiampi 2003: 134) y como los iniciadores de una anti- o posvanguardia que empata con tendencias posmodernas por su rechazo a la novedad, el progreso o la *tabula rasa* como última razon de ser literaria. Aun así, Chiampi homogeniza las diversas poéticas de estos escritores al agruparlos bajo la categoría de «origenistas», como si constituyeran una suerte de escuela. Por otra parte, Remedios Mataix reconoce en Orígenes conductas ripostativas que, aun sin manifestar «las dogmáticas exclusiones vanguardista», les resultan afines hasta el punto de ver el fenómeno como «una atípica vanguardia sin vanguardismo, cuyo proyecto renovador, sin la recepción militante de ningún *ismo,* asume sus conquistas en un equilibrio conjugador de tradición y renovación, con la dosis correspondiente de *parricidio* generacional» (Mataix 1997: 52). Aun así, Mataix propone que un programa poético común, centrado en la recuperación de la palabra y la eticidad de José Martí como una especie de evangelio profético y sustanciador, reúne esta producción bajo lo que bien podría considerarse un movimiento merecedor del adjetivo «origenista». Duanel Díaz (2005) ha sido quien más ferozmente ha suscrito y caracterizado el «origenismo» como una ideología estético-dogmática tal cual se articula, según él, en la producción lírica y ensayística de Cintio Vitier y Fina García Marruz bajo la Revolución cubana. Díaz denuncia como «origenista» lo que considera una postura anti-moderna, fundada en la noción fideísta de lo poético como una doxología que rechaza la razón –y, por ende, la libertad– crítica. Por otra parte, Jorge Luis Arcos (1999) ha recurrido al concepto eclesiástico de «ecumenismo» para caracterizar la multiplicidad de poéticas contenidas en el proyecto Orígenes. Esto le permite a Arcos desestimar tanto el reductivismo y la negación agresiva que asociamos con las vanguardias como la atribución de un dogmatismo fideísta en el caso de Orígenes. Aun con esos matices, tal concepto también alude a los desempeños de la iglesia institucional en Occidente –fuente de tantos otros «-ismos»– como modelo para caracterizar el proceder de estos poetas.

Es indiscutible que en tanto expresión de un *grupo* de poetas el proyecto Orígenes derivó eventualmente hacia la conformación de una propuesta lo suficientemente sistemática y consistente para justificar el acuñamiento crítico del término *origenismo*. Es decir, existió y existe el origenismo como doctrina estética aglutinadora y excluyente a la vez, pero este no se encuentra en los inicios de la empresa sino que *emerge* como una suerte de consecuencia inesperada pero inexorable. ¿Qué permite la aparición de esta categoría? ¿Qué condiciones y circunstancias activan su emergencia? En este trabajo consideraré uno de los dispositivos discursivos e institucionales que permitieron la emergencia del «origenismo» ya no como una aleatoria «razón que sea» sino como una razón particular de ser, un programa coherente de creación según principios reproducibles: el de la antología literaria. En concreto, veré cómo el efecto de mutua validación entre las dos antologías que Cintio Vitier editó y publicó durante el lustro de mayor ascenso de la revista –*Diez poetas cubanos* (1948) y *Cincuenta años de poesía cubana* (1952)– consolidó la atribución del *-ismo*. Aquí es importante destacar el diferendo entre la cristalización vertical y exclusiva que logra la edición de una antología y la fluidez horizontal y expansiva a la que aspira la publicación de una revista como procedimientos letrados en la posvanguardia. En este contexto, será el antólogo –que hace un juicio o corte ultraselectivo a nivel local– en vez del editor semestral –que busca ensanchar criterios y horizontes al pasar o «hacer revista» a nivel regional y mundial– el que rinda una nueva y potente doctrina estética que pueda reordenar el canon y la historia literaria del país. Veremos cómo fue que, a través de estas antologías y no del proyecto de la revista *Orígenes* según la dirigieron Lezama Lima y Rodríguez Feo, Vitier logró entronizar la identificación de Orígenes como *grupo* poético. En la conclusión planteo cómo el impacto que surtieron estas antologías en conjunto contribuyeron a liquidar y cerrar el proyecto de Orígenes en cuanto revista.

II.

En varios estudios sobre la creciente preponderancia de la antología literaria como género y empresa editorial en Francia y los Estados Unidos, los autores destacan la función pedagógica de la misma a partir de la Ilustración. Desde entonces la antología literaria sirve para consolidar un canon o panteón cultural que interpele, instruya y oriente la preferencias estéticas de las amplias comunidades demarcadas dentro de la constitucionalidad del estado-nación tras las revoluciones modernas. Si bien los florilegios helénicos, los romanceros medievales, los ramilletes renacentistas y los parnasos barrocos sirvieron para normalizar cánones de gusto entre aristócratas, cortesanos y clérigos, a partir del siglo XVIII la antología literaria opera de acuerdo a nuevas prácticas institucionales de alfabetización, escolarización, capacitación y acceso de las masas al campo de las letras. Tanto Emmanuel Fraisse en su libro *Les anthologies en France* (1997) como los investigadores que participan en el volumen *On anthologies. Politics and pedagogy*

(2010), dirigido y prologado por Jeffrey R. Di Leo, dan cuenta de cómo, respondiendo a paradigmas de soberanía popular, progreso social e integridad nacional propuestos por el romanticismo y la Ilustración, el formato de la antología literaria adopta un riguroso aparato didáctico-paratextual. Con la venia conjunta del sistema de educación y el mercado editorial, académicos y especialistas compilan selecciones bajo principios ya no meramente personales, subjetivos o estéticos, sino bajo criterios informativos que involucran la anotación profusa de los materiales. Con sus prólogos, encabezados, notas aclaratorias, biografías y bibliografías, estas antologías tienen el propósito de hacer la producción de una minoría letrada más asequible y trascendente a un público lector más amplio, muchas veces recién alfabetizado. La antología se reinstrumenta como un *texto de divulgación* de una noción cívica y selecta de la literatura para consumo en escuelas, universidades, bibliotecas y otras entidades de la esfera pública. A través de la antología comentada, el público lector deja ya de ser uno de entendidos; se trata de la literatura al servicio del mayor número.

La antología se vuelve entonces un gran manual de instrucción para educar y conformar una ciudadanía nacional acrecentada por la institucionalidad democrática. A la noción aristocrática de la antología como olimpo cualitativo –lo mejor de lo mejor por los mejores– se añade el imperativo cuantitativo de representar el *demos* y, sobre todo, el aporte transformador de la novedad. Surge entonces lo que Fraisse llama la aporía nocional de la antología literaria moderna: sirve a la vez como *museo* para preservar un canon conocido y como *manifiesto* para introducir y justificar estéticas aún extrañas. Escribe Fraisse:

> l'anthologie est soumise à la tension constante de deux poles qui ne se parviennent jamais á se exclure absolument: sa fonction de conservation et de preservation d'une part et, de l'autre, sa tendance au manifeste. Elle peut chercher à maintenir la tradition d'un canon litteráire [...] comme tendre à proclamer l'existence d'une littérature *autre* [...] ou d'une conception différente de la littérature (Fraisse 1997: 8).

Es decir, por una parte, al ejercer una curadoría textual, el antólogo es un agente conservador que preserva lo mejor de lo histórico por encima de la novedad efímera. Por otra, es un agente radical al querer también dar cuenta de la más recientes tendencias para instanciar el último horizonte artístico de una modernidad mutante y motivar expansiones en el gusto y los cánones culturales.

Las antologías son, por lo tanto, resultado de grandes contigencias y pueden lucir como esfuerzos demasiado provisionales ante las veloces reconfiguraciones de lo actual, pero esta vulnerabilidad no cancela su afán monumentalizador. A pesar de su interés por la extrañeza o por la novedad, la antología moderna perdura como un ente de normalización y de adecuación hegemónica. Según el decir de James J. Sonoski, citado por Di Leo (2004: 1), funciona como un «aparato de ortodoxia» para apuntalar una autoridad letrada que a veces, según Sarah Lewall, busca «disuadir nuevas pesquisas y especulaciones críticas» (Di Leo 2004: 48). Feministas como Laurie Finke ven que el formato de las antologías «rutiniza, de acuerdo a un currículo subrepticio [*a hidden curriculum*], las normas y valores» de sociedades de consumo que suscriben el patriarcalismo y el individualismo liberal (Di Leo 2004: 396). Podríamos decir entonces que, como ningún otro género, la antología moderna aboga a la vez por la continuidad y por la ruptura, por el olimpo y por el *demos*, por la permanencia y por la contingencia. Museo de lo viejo que permite que lo nuevo se manifieste, la antología moderna es, sobre todo, un documento de época que registra la emergencia de nuevos movimientos y tendencias al ubicarlos y justificarlos como parte de una constante reconfiguración de la tradición.

Estas aporías están evidenciadas en el furor antológico mostrado por los letrados en los nuevas repúblicas latinoamericanas tras los procesos de independencia (piénsese en la compulsión compiladora de Andrés Bello con su Repertorio Americano) y en aquellos países que aún luchaban por consolidar su soberanía en el siglo XX (Cuba y Puerto Rico). En un ensayo sobre los avatares de la antología literaria en el mundo iberoamericano, Jorge Fornet repasa juicios de Alfonso Reyes, Ariel Dorfman, Mario Benedetti y otros intelectuales sobre cómo las presunciones, inclusiones y exclusiones de estas selecciones van parejas con otras disputas por el poder en órdenes más allá del estético. En su «Teoría de la antología», por ejemplo, Reyes la describe como una suerte de meta-género que «en sí a todos los demás abarca», y que se arma de acuerdo a una correspondencia directa, «en relaciones de mutua causación», con los parámetros y cánones que rigen la historia literaria diseminada o por diseminarse en los manuales escolares y universitarios a nivel nacional. Dada la magnitud de los intereses intelectuales, editoriales, ministeriales y presupuestarios en disputa que involucra su publicación, para Reyes «las antologías marcan hitos de las grandes controversias críticas, sea que las provoquen o que aparezcan como consecuencia» (Reyes 1962: 139). Fornet va más allá al considerar que las antologías no deben estudiarse y evaluarse sólo según criterios de gusto sino como parte «de un proceso de historia intelectual» en el que «revelan confrontaciones, imponen modos de leer, asumen la condición de manifiestos, y de hecho pueden llegar a convertirse en pequeños campos de batalla donde se disputan nociones que exceden lo puramente literario» (Fornet 2014: 76). Para Fornet esta función de las antologías literarias más notables, como teatros de guerras o escenarios bélicos para enfrentamientos político-intelectuales en Iberoamérica, tiene que ver con que, aparte de ser «el producto claro de una época», también «ayudan a perfilar un proyecto de nación o de cultura» (2014: 76) con grandes implicaciones extraliterarias.

III.

En efecto, podríamos decir que las antologías «origenistas» de Vitier demarcan «pequeños campos de batalla» en los que se enfrentan como contrincantes sectores e intereses letrados más allá de los del antólogo y los antologados —cuadros generacionales, empresarios mediáticos, periodistas culturales, instructores escolares y funcionarios gubernamentales, entre otros. Estas disputas toman lugar en el complejo escenario del segundo y último cuatrenio de gobierno del Partido Auténtico en la historia de la política cubana. Estos años son los que ven el fin de la Constitución de 1940 con el golpe militar del 10 de marzo de 1952, que reimpuso la dictadura de Fulgencio Batista en plena celebración nacional del cincuentenario de la República. En medio de esas confrontaciones las antologías de Vitier cumplen con el doble carácter que destaca Fraisse: sirven para poner de manifiesto un nuevo movimiento literario a la vez que llevan a cabo una curaduría del acervo poético de la república, seleccionando lo que, según el antólogo, merece preservarse como canon expresivo de la nación. Tal vez lo más notable de este caso es que la emergencia o reconocimiento público del origenismo como programa estético efectivo de un grupo particular de poetas ocurre gracias al efecto combinado –el empate, la mutua validación– de estas *dos* antologías y de la coherencia y continuidad de las disputas que ambas inspiran durante este período.

No se trata, sin embargo, de proyectos gemelos de compilación en los que rijan criterios idénticos. Cada antología opera de acuerdo a variables y exigencias exegéticas, financieras, institucionales y editoriales muy distintas, pero que se complementan tácita y tácticamente. Podríamos decir que ocurre entre ellas una división de funciones de acuerdo a diferentes perímetros de influencia y diseminación. La antología de 1948 cumple mejor con los propósitos de ser un manifiesto de un nuevo programa estético para ser recibido por un círculo reducido de lectores enterados; probablemente tuvo una tirada de trescientos ejemplares máximo, típica de los libros publicados por Ediciones Orígenes. En cambio, la de 1952 opera dentro de un proyecto mucho más amplio y didáctico de promoción y preservación que le reserva y legitima un lugar a tal programa en el canon nacional; tuvo, con el auspicio de la Dirección de Cultura del Ministerio de Educación, una tirada de cinco mil ejemplares en la serie Ediciones del Centenario. Aun así, en la confección de la primera antología ya se vislumbra la posibilidad de la segunda. Vitier comienza el prólogo de *Diez poetas* aclarando: «La intención de *este* libro [...] no es realizar un estudio y una selección exhaustivos de toda la poesía cubana contemporánea» (Vitier 1948: 9; énfasis mío). Es decir, arranca implicando que un próximo libro suyo bien podría tener tal intención. Vitier notifica al lector que ha estudiado con cuidado las ambiciosas antologías *Laurel* (1941) y *La poesía moderna en Cuba* (1926) como precedentes «insuperables» de colecciones de «mayor amplitud», para entonces explicitar que, por el contrario, el «sentido rector» de la selección de *Diez poetas* recaerá «por modo exclusivo, sobre un grupo que, además de constituir lo realmente distinto de nuestra poesía después de consumadas las mejores consecuencias de la *revista de avance* (1927-1930), ha realizado y realiza una obra casi totalmente desconocida fuera y aun dentro del país» (1948: 9).

Los párrafos siguientes del prólogo a *Diez poetas* reflejan en buena medida el rupturismo declamativo de un manifiesto proto-vanguardista en tono menor, muy acorde con las estimaciones de Mataix sobre la continuidad y proximidad del fenómeno «origenista» con el comportamiento avancista. Primero, Vitier declara «consumadas» –es decir, ya inoperantes– las propuestas de la generación anterior para abrirle campo a la contribución y vigencia de un nuevo movimiento. Luego, le atribuye a la propuesta poética de *Diez poetas* una importancia continental de forma proclamativa: «la más secreta y penetradora señal de nuestra cultura en los últimos años» (1948: 9), «el *corpus* de mayor logro de nuestra poesía» (1948: 10), «uno de los movimientos espirituales más intensos y ocultos de nuestra América» (1948: 10), «la expresión más perfecta, el cuerpo más trascendente y puro, en su angustia o su alegría, de nuestra patria» (1948: 11). Finalmente, especula sobre la «homogeneidad» de la poética conjunta de los diez poetas, quienes, si bien cada cual va en «la búsqueda de su propio canon, de su propia y distinta perfección» (1948: 10), comparten todos «una especial visión de mundo poetizable» (1948: 10), opuesta no sólo a la de los avancistas sino también a la «sugestión, necesariamente tiránica, de los maestros españoles e hispanoamericanos inmediatos» (1948: 11). Vitier se refiere en concreto aquí a Juan Ramón Jiménez y Pablo Neruda; mientras la de aquellos es «un poesía de deliquio» –esto es, los desmayos declamativos de un yo centrado en sí mismo, herencia del romanticismo tanto en la poesía pura como en la social–, la de los diez es «una poesía de penetración» –un intento de abordar de forma más voraz y absoluta la realidad exterior que trasciende ese yo (1948: 10)–. Es decir, entre ambos momentos, ocurre un enorme «salto», de cierta noción más bien superficial, esteticista, anecdótica y ensimismada del quehacer poético, a una mucho más sustancial, «que se abre a la aventura metafísica o mística [...] a veces hermética», de «más compleja melodía o alterado contrapunto» (1948: 10). Aunque lo dice con mesura y sin bravuconadas vanguardistas, Vitier propone que estos diez poetas representan una magnitud tectónica de transformación y trascendencia en el panorama de las letras cubanas y americanas. Por eso Vitier destaca lo provisional e inacabado de la «labor preliminar» de esta antología, hecha con «falta de adecuada distancia» y de «objetividad suficiente», con «brevísimas notas [...] dentro de la mayor económica y precisión verbal», tratándose de «una antología de poesía en marcha» (1948: 12). Se hace latente así la postulación de una futura antología más rigurosa y abarcadora, que ayude a corroborar los reclamos histórico-canónicos de ésta.

En las páginas que siguen haremos un repaso de la recepción crítica y las controversias públicas que inspiraron ambas antologías en 1949 y 1952 para evidenciar cómo se da entre ellas una simbiosis o complementaridad operativa que logra recartografiar la topología y recalibrar la historiografía de la poesía cubana. Mostraremos cómo las objeciones y denuncias de las que fue objeto *Cincuenta años* tras su aparición en 1952 no fueron sino reiteraciones o variaciones de las que inspiró la salida de *Diez años* en 1948. En ambos casos se trata del mismo campo de batalla: uno en el que se enfrentan los intereses de los intelectuales y funcionarios del grupo Avance, que para entonces ocupaban un sitial en la institucionalidad político-cultural que surge con la Constitución de 1940, y los de los poetas de Orígenes, según fueron representados por Cintio Vitier y José Lezama Lima y por la pensadora española y colaboradora de *Orígenes* María Zambrano.

IV.

Una confluencia importante entre la celebración del Cincuentenario de la República y lo que vino a ser el grupo Orígenes fue la publicación en julio de 1952 de la antología *Cincuenta años de poesía cubana* preparada por Cintio Vitier para las Ediciones del Cincuentenario de la Dirección de Cultura. Es en el prólogo de esta antología donde se acuña el adjetivo «origenista» y, por consiguiente, el reconocimiento público del proyecto de Orígenes como un fenómeno cultural lo suficientemente dinámico y precipitador para merecer el sufijo de «ismo». Desde sus primeras páginas descubrimos que la designación de Vitier como editor a cargo de la antología había sido objeto de una sonada polémica. Carlos González Palacios, el nuevo director de cultura a cargo de las Ediciones del Cincuentenario tras el golpe batistiano del 11 de marzo, comenta sobre la controversia en el prólogo: «Habrá quejas y protestas por presencias y ausencias. Ya antes de salir de prensa este volumen, un periodista anticipó la turbonada [...] Entonces –preguntará alguno– ¿por qué no se ha escogido para esta faena a otro escritor menos propenso a provocar la polémica? ¿No es eso darle demasiada plaza al grupo "origenista" y deprimir otras tendencias?» (Vitier 1952: ix).

Un repaso de la prensa cultural del período confirma que la publicación de *Cincuenta años* fue, en efecto, el evento cultural más controvertido de 1952. En una entrevista con Angel Lázaro publicada en *Carteles* en septiembre, González Palacios comenta el «estruendoso comento provocado por la antología» (Lázaro 1952: 64)[1]. En un nota

---

[1] «El libro de Cintio Vitier ha elevado la temperatura habitual de nuestro medio literario. No sé si la coincidencia de su publicación con lo más encendido

periodística de noviembre en el mismo semanario, Salvador Bueno la declara «posiblemente la obra más notable y también la más discutida del año» (Bueno 1952a: 81). Un vistazo a otras publicaciones conectadas con la celebración del Cincuentenario de 1952 revelan que la pauta anti-origenista indicada por González Palacios –la de condenar la antología por haber sido editada de forma tendenciosa por el representante de un grupo a costa de otros– fue la norma entre los intelectuales establecidos. El reconocimiento del origenismo emergente, tal como se plasma en la selección de Vitier (quien identifica a los que fueron «diez poetas cubanos» en 1948 como «los poetas de Orígenes» en 1952), no fue entonces, en sus principios, laudatorio. Al escribir su recuento de las generaciones literarias del medio siglo para la *Historia de la Nación Cubana*, Raimundo Lazo denigra al «grupo Orígenes», refiriéndose a él como un círculo no de poetas sino de «iniciados», y describiéndolo como un culto esotérico alejado de la comunicación o la militancia social: «es evidente que el grupo forma una apretada comunidad lírica que, tras un estilo que se reitera, se aísla y actúa en un mundo de puro arte [...] La poesía, por esta razón, deja de ser arte de minorías y se convierte de arte de iniciados» (Lazo 1952: 23-24). En su repaso de *Cincuenta años de poesía cubana* en el *Álbum* que publica la Asociación de Reporters ese año, Adela Jaume critica al grupo por «su lírica conservadora [y] arbitraria [...] de un hermetismo y oscuridad de árida traducción y aun más árido estilo [...] que dificultan la fácil y directa comprensión» (Jaume 1952: 216).

---

del verano ha tenido parte en el asunto. Pero le aseguro que la polémica –como todas, incitadora y fértil– ha desbordado la norma de lo usual y es acaso el libro más jugoso y vivo que se imprimiera en Cuba en los últimos años [...] Yo, y sobre todo Cintio Vitier, hemos tenido que resistir impávidos la marejada. En mí no tiene gracia. Después de todo soy un viejo peleador. Ese es casi mi oficio. Pero a Cintio lo declaro desde aquí, el héroe de este momento en la cultura cubana» (Lázaro 1952: 64-65).

Lo que evidencian las cautelas de González Palacios en su prólogo y la recepción adversa de *Cincuenta años* por estos críticos es la impopularidad que mantenían los diez poetas como grupo estético ante el sector letrado avancista. Este sector era el que había coordinado y estaba regentando los eventos conmemorativos del Cincuentenario, y el que en el verano de 1952 se encontraba renegociando su liderazgo cultural dentro del nuevo orden batistiano. Más aun, estas reacciones no ocurren en el vacío. Todas remiten elípticamente a la famosa polémica de 1949 que sostuvo Lezama Lima con uno de los jerarcas de la generación de Avance, Jorge Mañach, en una serie de cartas públicas que aparecieron en las páginas de la revista *Bohemia*. En la carta abierta de 1949 que inicia la polémica con Lezama, Mañach articuló los recelos y reparos del sector avancista hacia la indiferencia que mostraban «los poetas de Orígenes» ante el afán de transparencia o comunicabilidad discursiva en el ágora o foro público, por el que, según Mañach, habían militado los intelectuales de Avance en su disputa vanguardista contra y por el poder. Mañach caracteriza sus años de vanguardismo en la *revista de avance* como un período necesario, pero ya superado, de «insolente» y «anárquica» experimentación literaria que buscó «despejar el campo» y reformar la cultura política y cívica del país rindiendo, sin embargo, poco saldo en lo estético: «Más que batalla estética, para mí fue todo aquello una batalla cultural» (Mañach 1949: 78). Si bien Mañach al comenzar la carta parece dirigirse sólo a Lezama –diagnostica su poesía de incomprensible y le reprocha no procurar comunicarse claramente en beneficio de un mayor bien público–, en verdad se trata de una acusación totalizante a todo *un grupo*, a un «ustedes» que incluye a aquellos que fraternizan y publican con Lezama, como si se tratara de un mismo proyecto de escritura: «esta experiencia difícil, de momentos de fruición formal aislados como islotes en arcanos mares espumeantes de palabras [...]es [todo lo] que me queda de toda la poesía de ustedes. La admiro a trechos; pero no la entiendo» (1949: 90).

Es decir, esta carta abierta debe también interpretarse como una reseña negativa de su lectura de *Diez poetas* –Mañach identifica «la

Antología reciente de Cintio Vitier» (1949: 78) como uno de sus referentes–, y sobre todo como una réplica en sordina, pero sistemática y deliberada, a una reseña positiva del libro: la profunda apreciación que hizo María Zambrano de la importancia trascendental de la antología para las letras cubanas en su ensayo «La Cuba secreta». En su deslumbrante escrito filosófico-oracular, Zambrano le atribuye a la poesía de los diez poetas, que, según ella, «forman unidad de aliento, más que grupo» (Zambrano 1948: 5), la capacidad génesica de darle a Cuba, vista como patria o recinto sagrado de una comunidad emergente, una sustancia o gravedad creacional que la haga *nacer* finalmente a la historia tras años de estar «en silencio», «dormida», «en secreto»: «¿Será que Cuba no haya nacido todavía y viva a solas tendida en su pura realidad solitaria? Los "Diez poetas cubanos" nos dicen diferentemente la misma cosa: que la isla dormida comienza a despertar como han despertado un día todas las tierras que han sido después historia» (1948: 4); «una tierra dormida despierta a la vida de la conciencia y del espíritu por la poesía» (1948: 4); «[e]s el instante en que van a producirse las imágenes que fijan el contorno y el destino de un país» (1948: 4). En contraste con la visibilidad y la popularidad de los poetas precedentes de la generación de Avance (los «conocidos y aun más gustados» Brull, Ballagas, Florit y Guillén), Zambrano destaca la importancia del abnegado «curso inapercibido», la «fidelidad secreta» de los diez poetas para lograr una mayor autenticidad originaria de lo cubano a partir de lo que podríamos llamar un nacer-definitivo-por-la-imagen sin falsos padres o procedencias. La reseña de Zambrano devaluaba el esfuerzo de los avancistas para servir como gestadores culturales e intelectuales de la nación de manera todavía más absoluta que como lo hizo Vitier en su prólogo a *Diez poetas*. En su carta a Lezama y en escritos subsiguientes como «Final sobre la comunicación poética», y en su debate con Vitier sobre la poesía como creación inmanente o trascendente, Mañach quiso contradecir tanto el elogio oracular de Zambrano de la función génesica de este trabajo «oculto» como la salutación de esta obra como gestión grupal posavancista que había hecho Vitier en su prólogo. Al llamar a los origenistas «nuestros descendientes» Mañach reclama el estatus de fértiles progenitores culturales que Zambrano les había negado en su reseña, a la vez que niega la calificación de «consumados» o infértiles que Vitier le atribuía a los avancistas en su prólogo. Mañach les reprocha *a todos los secretivos* el que no agradezcan ni aprovechen el mayor espacio para la expresión cívica abierta y transparente, gestionado por los «esfuerzos de batalla» de la generación de Avance. Si los diez poetas se reconocieran como sucesores de su generación y herederos responsables del legado avancista, implica Mañach, tanto ellos como sus apologistas reconceptualizarían la poesía «como idioma comunicativo» en vez de como lenguaje cerrado y críptico de «pequeñas fratrias» y «capillas poéticas» (Mañach 1949: 78)[2]. Es decir, que en este campo de batalla los enfrentados no fueron únicamente Mañach y Lezama.

En resumen, para los letrados avancistas capitaneados por Mañach que se hubiera puesto a Vitier a cargo de la recapitulación poética del medio siglo significaba darle a los *diez poetas* que conformarían luego el grupo Orígenes más prestigio del que merecían en el horizonte de las letras cubanas. Era ratificar su poética, convalidar el mito redentista en el que se recluían y aplaudir la ingratitud histórica que Lezama había ostentado contra el sector capitaneado por Mañach en su respuesta a la polémica de 1949 (Lezama Lima 1981). Estos intelectuales temían que, dada la preeminencia que asumían en la antología del cincuentenario, los recién acuñados *origenistas* amenazaran con salirse del margen para pasar a ocupar el escenario central de la literatura cubana sin ajustarse a las exigencias programáticas de sus predecesores. Parafraseando a Zambrano, podría decirse que

---

[2] «Cierto es que nosotros abrimos esa vía, como antes dije, pero fue para apartarnos de la letra muerta o gastada y posibilitar el acceso a nuevos paisajes de expresión y comunicación, no para que la poesía se nos fuera a encerrar en criptas» (Mañach 1949: 78).

con la publicación de esta antología la Cuba secreta, representada por un grupo «casi inapercibible de poetas», cuyos libros «apenas han sido anotado en los libros de los que escuchan poesía», dejaba de ser secreta y «empezaba a despertar» (Zambrano 1948: 7).

V.

No era para menos. Además de ser un enjundioso panorama de la poesía cubana desde 1902, la antología de Vitier le daba un contundente saldo mayor a la creación del grupo «origenista» en el proceso de evolución literaria que planteaban sus criterios de antologización. En ese sentido *Cincuenta años* fue más que una antología. Con ella Vitier enarboló una atrevidísimo reto al concepto sucesivo de la «generación literaria» que había regido la historiografía cultural hasta aquel momento. En vez de proceder siguiendo una secuencia rigurosa de grupos generacionales (generación del 23 o minorista, generación del 27 o de *Avance*, del 39 o de *Espuela de plata*), Vitier organiza la antología de acuerdo a cuatro fases evolutivas –1. modernismo disperso, 2. posmodernismo, 3. la «poesía nueva», y 4. «los poetas de *Orígenes*». Hay una quinta sección, dedicada a cuatro «poetas de aparición más reciente» –dos de estos, Fayad Jamís y Roberto Fernández Retamar, habían publicado poemas en *Orígenes*–, pero que es más bien una coda o apéndice al libro.

Más allá de la audacia de situar a «los poetas de Orígenes» como una fase equiparable al posmodernismo y la vanguardia, en su introducción Vitier justifica su esquema exponiendo lo que yo veo como un nuevo modelo triangular de constitución poética, distanciado del de generación literaria. Este modelo opera a través de la conjugación de tres principios que podríamos denominar de la siguiente forma: 1. *Coralidad*. Los poetas debían participar regularmente en algún tipo de asociación, cenáculo o reunión en vez de estar definidos por mera contiguidad temática, domiciliaria o natal. 2. *Periodicidad*. Debían presentar su obra en una revista aglutinadora, un órgano de publicación regular según un ritmo que permitiera resonancias mutuas y decantaciones individuales. 3. *Constelatoriedad*. Las diversas tendencias y aptitudes aisladas, tras converger en la asociación y la revista, pasaban a concretar, más que una escuela o un estilo, una suerte de constelación o coordinación de órbitas cristalizada en una antología de época. Podemos sintetizar estos tres principios según tres términos: grupo, revista y antología. Con este método, más que la aparición de poemarios célebres –*Ala* (1915) de Agustín Acosta, *Sóngoro cosongo* (1931) de Nicolás Guillén, o *Enemigo rumor* (1941) de Lezama Lima, por ejemplo– Vitier prefiere destacar la publicación de antologías como el mejor agente catalizador de una nueva tendencia. Casi pareciera que para Vitier la medida principal de un poema es que sea «antologable», es decir, que sea *partícipe*, no en un libro particular, sino de una obra colectiva. Así lo declara él mismo: «Precisamente la madurez de una literatura se mide en buena parte por la necesariedad de sus textos antológicos» (Vitier 1952: 6).

Vitier destaca, por ejemplo, la importancia de la antología de Féliz Lizaso y José Antonio Fernández Castro, *La Poesía Moderna en Cuba* (1926), para la consolidación de las vertientes vanguardistas de la poesía que el grupo minorista publica en la revista *Social* y luego en la de *avance*. La tríada grupo, revista y antología instala así, dice Vitier, «un nuevo período en nuestras letras» (1952: 2) y un considerable «saldo poético de sensibilidad» (1952: 3), que él ubica en la fase de poesía nueva. En el esquema histórico propuesto en *Cincuenta años* el grupo Orígenes representa la cúspide de este modelo tripartito. Tras años de publicación consistente en *Verbum, Espuela de Plata, Nadie Parecía* y *Orígenes*, y de celebrar grupalmente lo que hoy conocemos como el ceremonial origenista, la aparición en 1948 de la antología *Diez poetas cubanos* completa la tríada. Con este modelo Viter descarrila la linealidad del modelo generacional, en el que un escuela sucesora desplaza horizontalmente a la precedente, y dibuja en su lugar una parábola o espiral ascendente dominada, en el medio siglo, por la solvente consolidación del «grupo-revista-antología» de Orígenes.

Desde esa perspectiva gestional de Cintio Vitier, la *antología* origenista adquiere mayor magnitud fundacional que la de los otros dos términos, ya que representa la culminación del proyecto. El fenómeno *origenista* asume así el puesto de mayor categoría en el recuento del cincuentenario, al cumplir con máxima cabalidad el triángulo de coordenadas para una nueva poética y constituir el «cambio más efectivo en la sensibilidad lírica» del país (1952: 4).

En *Cincuenta años*, Orígenes representa una fase superior y ulterior a las previas: la poesía del grupo no se fragmenta en tendencias o facciones antagónicas, dispersas o aisladas, como ocurría en las fases anteriores. Vitier tiende a subdividir aquellas fases en subcategorías: el momento posmodernista se dispersa entre seis de estas, como «esteticismo», «sencillez lírica», «prosaísmo», «tendencias parnasiano-simbolistas» e «intimismo»; el de la poesía nueva entre «juego y decantación», «poesía negra», «poesía social» y figuras aisladas. En la fase de «los poetas de *Orígenes*», en cambio, no hay tales acápites. Cada poeta aparece singularmente, bajo ninguna subcategoría, cada nombre constituyendo su propia órbita sin desestabilizar, más bien reforzando, el equilibrio de la constelación poética que forma el conjunto. La única concesión que Vitier hace a una cronologismo convencional es la de ordenar los poetas del grupo según una serie descendiente de acuerdo al natalicio de cada cual, subrayando así la distancia que media entre la edad del mayor (Lezama, con 40 años) y la del menor (García Vega, con 26). Esta distancia, sin embargo, lejos de negarla más bien suscribe la advertencia que formuló el propio Lezama en varias de las notas publicadas en *Orígenes* contra interpretar el programa y la obra de los origenistas según un paradigma generacional definido por fechas de nacimiento[3]. Aquí el historicismo de la edad no cuenta.

---

[3] Por ejemplo, en la nota «Generaciones fueron y generaciones vinieron», Lezama discrepa de la noción sucesiva y rupturista de las generaciones: «Quizás somáticamente cada generación rompe con la anterior, pero desde el punto de

VI.

Lezama suscribe con entusiasmo la centralidad que Vitier le adjudica al evento antológico para lograr el despertar o nacimiento de la nación a través de la poesía, tal como lo plantea Zambrano. La prueba es su extraordinaria nota «Alrededores de una antología», publicada en el mismo número de *Orígenes*. Sobresalen aquí la vehemencia con la que Lezama celebra el trabajo de Vitier y la furia irónica con la que parodia los resentimientos provocados por su eficacia. En la nota editorial, publicada en la sección «Señales», Lezama arremete, con una suerte de furor bíblico, contra los acólitos del sector de Mañach que, como comentaba González Palacios en su prólogo, habían atacado la selección de Vitier y protestado contra los criterios de la antología. Los apelativos caricaturescos que esgrime Lezama contra ellos –«quejosos barbados de encefalitis letárgica», «sonámbulos irritados por el reloj y la conciencia crítica», «contumaces letargíricos» (Lezama Lima 1952: 63)– esbozan la imagen de un sector literario que, por estar dormido, enfermo o inactivo por mucho tiempo, ha envejecido en su letargo. Ese sector ancianizado, sin embargo, tiene aún capacidad para la envidia y puede arremeter violentamente contra el triunfo literario de otro sector con «un frenético rencor, [un] chapucero resentimiento de endemoniados jabatos» (1952: 65).

Los arranques de vehemencia que despliega aquí Lezama son tan teatrales como las afectaciones cortesanas de su repuesta a Mañach. No obstante, en ambos textos se perfila una denuncia contra los acomodos de los intelectuales minoristas de Avance, que habían optado por participar en la oficialización y masificación estatal de la cultura— «las vastas demostraciones del periodismo o la ganga mundana de la política positiva» (Lezama 1948: 188). Al «adquirir la *sede*, a trueque por la *fede*» (1948: 189), según Lezama, estos *se habían dormido*, es

vista del *germa*, del protoplasma histórico, cada generación son todas las generaciones; las dadas, las que se disfrutan, y las que se desconocen y nos interrogan despiadadamente» (1947: 46).

decir, habían perdido su vitalidad creadora al no ejercer «la entrega decisiva a una obra» (1948: 188). De esta forma proclama exaltado y profético lo que Vitier sugiere de forma más bien asordinada en la introducción y la organización de *Cincuenta años*: *Orígenes* es la plasmación más genuina de la *poiesis* cubana. Para Lezama, la polémica suscitada alrededor de la antología es síntoma y evidencia de que «las imágenes generadas por su grupo» están ya germinando, participando y encarnando en la historia cubana. Nótese que, siguiendo el principio vitierano de que la antología-de-grupo es la evidencia más contundente de plasmación poemática en la historia, en la nota de Lezama ocurre un desplazamiento referencial de la antología *Cincuenta años* a la de *Diez poetas cubanos*. Así, sostiene Lezama que en el espacio epocal que media entre estas dos obras (de 1948 a 1952) se ha precipitado una intensificación de la «actuante forma poética» convenida por el grupo. Sugiere así que, con la publicación de *Cincuenta años*, el complejo y emergente paisaje simbólico engendrado a partir de la publicación de *Diez poetas* ha irrumpido portentosamente en la actualidad cubana, casi como una hipóstasis, en el momento del cincuentenario. La dinámica complementariedad entre ambas antologías adquiere desde esta perspectiva visos proféticos y hasta mesiánicos:

> Se encontraba en ese momento que un largo e inquietante ejercicio de la poesía, va decantando un pulso seguro y rápido en la apreciación de lo visible y moviente de la creación. Un ejercicio anterior, en el que [Vitier] captaba agudamente el remolino de lo generacional y amistoso, *Diez poetas cubanos*, libro que en su misteriosa oportunidad, fijaba un impulso y una realización, una histórica ensoñación y una actuante forma poética. El concéntrico, la ovillada fuerza histórica de *Diez poetas cubanos*, iba a cobrar su relevancia al verificar la súmula de esos cincuenta años de poesía, no como centón o fría súmula inoperante, sino, por el contrario, procurando vivazmente y en relumbre, participar en el proceso creador de la nación. Es así que nos ha parecido admirable que hombres de veinte años, que comienzan a tejer los enigmas poéticos, y que esta justicia poética está en la obligación de descubrir y potenciar,

aparezcan ya en esa antología, pues se vislumbra de inmediato que forman parte de la mejor corriente de poesía que estructura la marcha de la imaginación como historia, la imaginación encarnando en otra clase de actos y de hechos. (1952: 63)

«Largo e inquietante ejercicio», «pulso seguro y rápido», «creación visible y moviente», «impulso fijado», «remolino de lo generacional», «ovillada fuerza concéntrica», «marcha de la corriente potenciada»: este dinamismo incremental y expansivo sugiere la espiral de un huracán arreciador cuya activación ocurre en «el concéntrico» de *Diez poetas*. En su «actuante forma poética» habían convergido coyunturalmente los vientos para armar la súmula, la tormenta y el escándalo: el meteoro vivaz y relumbrante emergente en *Cincuenta años*. Al analogar a Orígenes con el huracán (imagen que luego se apropiará Rodríguez Feo para *Ciclón*) Lezama invoca una de las intersecciones más conmocionadas del paisaje con la circunstancia. En ésta, el *tiempo-del-paisaje* sobrecoge al de la circunstancia y la Historia se doblega ante la Creación. Hay, en este imaginario, un eco de la leyenda de Quetzalcóalt-Kukulcán, el dios-tormenta que vuelve para reparar una usurpación.

Dentro de esta densa mitologización del programa origenista Lezama también se ocupa de señalar y defender la obra de Lorenzo García Vega, «hombre de veintitantos años» cuando se publica *Diez poetas* y cuya «corta edad» motiva protestas sobre su inclusión en *Cincuenta años* a expensas de otros poetas «mayores». La premiación de *Espirales del cuje* ese mismo año venía a ser otra comprobación profética de esta huracanada «marcha de la imaginación como historia» (véase, al respecto, Salgado 2004).

VII.

Con *Cincuenta años de poesía cubana*, Vitier quizo mostrar que «los poetas de Orígenes» eran parte de una espiral creadora que redimiría el *tiempo-de-la-nación* a través de «la imagen operante en la historia, con tal fuerza creadora como el semen en los dominios del surgimiento de la criatura», según la cita de Lezama. En tal imaginario, la ocasión del Cincuentenario de la República lucía como el término de un demorado período incubatorio. Era el saldo embrionario de un paisaje creado y crecido por la poesía; era la sobrenaturaleza a punto del parto, *rompiendo fuente*. Con esta suerte de *emergencia* de una nueva imagen, según lo definió Vitier, estuvo comprometido el grupo Orígenes. Aun cuando a veces actuaron bajo la égida gubernamental antes de 1959, las desavenencias de sus miembros con el programa del regimen batistiano se traslucieron en las disonancias y fricciones que mantuvieron con el discurso oficial los «origenistas», recién reconocidos por las ramas del estado dedicadas a la cultura. No sólo inscriben su oposición en su correspondencia privada (como en las críticas a las medidas del gobierno que despuntan en las cartas entre Lezama y Rodríguez Feo), sino que también la exponen a plena luz en textos publicados después del 11 de marzo de 1952. Por ejemplo, en la introducción a *Cincuenta años*, Vitier censura directamente al regimen batistiano al comentar el desinterés que muestran los origenistas ante «la comedia política posmachadista» (1952: 4). También contradice redondamente el prólogo de González Palacios, cuando hace constar que la idea de la antología se había originado «*largos* meses» atrás (1952: 6; énfasis mío) por iniciativa de Félix Lizaso –es decir, mucho antes del golpe; como hemos visto, se trata de un proyecto en cierto sentido ya previsto desde 1948–. En su prólogo y con cierta duplicidad, González Palacios atribuye la idea de la antología a «la vigilante rectoría intelectual del Dr. Andrés Rivero Agüero», el nuevo Secretario de Educación (Vitier 1952: ix). De seguro estas mutuas refutaciones propulsaron gran parte de la polémica y las asperezas que surgieron después de la publicación.

Todo esto ocurría también a contrapelo de la concepción original de *Orígenes* –al fundarla Lezama con José Rodríguez Feo– como revista cosmopolita y universal en un fervoroso intercambio cultural con el mundo. Desde esta perspectiva tal vez resulte que no fue sólo la décima de Jorge Guillén contra Juan Ramón Jiménez lo que desató las ripostas y peleas que provocaron el cierre de la revista. Fue también la entusiasta suscripción que Lezama hizo en «Alrededores de una antología» a la noción vitierana de Orígenes como *grupo* poético, finalmente partícipe resuelto en la redención de lo nacional al lograr el estatuto que le confería la antología, lo que precipita, en parte, la defunción de Orígenes como *revista*. Al romper con Lezama en 1953, Rodríguez Feo lo hacía también con el «grupo poético» que Vitier había definido en *Diez poetas* y en *Cincuenta años*. Es decir, los reparos de Rodríguez Feo tal vez no estuvieron circunscritos al *affair* Jiménez, sino que respondían también a la nueva orientación «grupo-céntrica» desplegada por Vitier en sus trabajos antológicos de 1948 y 1952, una orientación a la que Lezama, en su editorial para «Señales» de 1952, ofrecía su aval. En este sentido parece manifestarse Rodríguez Feo, en testimonio anterior a su muerte en 1993, donde aclara algunos puntos sobre «la fundación, desenvolvimiento y desaparición» de la revista. Sobre la relación dispar que hubo entre revista y grupo y el rol que fue asumiendo Vitier como «vocero de Lezama» en la contienda entre Jiménez y Guillén, declara lo siguiente:

> [Q]uiero destacar que el llamado grupo Orígenes nunca tuvo nada que ver con la publicación de la revista, como algunos mal informados siguen repitiendo. Basta leer los testimonios de Cintio Vitier, Fina García Marruz y Eliseo Diego [...] donde Eliseo Diego escribe «La dirección de *Orígenes* correspondió a ellos». (Es decir, refiriéndose a Lezama y a mí.) Nosotros simplemente nos limitamos a colaborar» [...] [En la correspondencia de Jorge Guillén con Lezama] Cintio Vitier aparece como el vocero de Lezama al querer justificar la publicación del texto de Juan Ramón [...] Si Cintio Vitier estuvo de acuerdo con Lezama en publicar la colaboración de Juan Ramón, eso sólo puede calificarse como una injerencia suya en una decisión que era exclusivamente responsabilidad de Lezama y mía. (Perez León 1995: 71, 73-74)

«El *llamado* grupo Orígenes»: tendríamos que ver cómo lo decía. Es notable cómo, con este testimonio, el mismo Rodíguez Feo, uno de los fundadores de la revista *Orígenes*, editor, animador y mecenas de la misma, pone en cuestión la idea de que un cenáculo de poetas asumió desde sus inicios este proyecto para encaminar, de forma resguardada o «secreta», un movimiento de renovación poética y nacional desde sus páginas. Desde la perspectiva de Rodríguez Feo el grupo Orígenes realmente no existió en los albores de la revista porque fue, como grupo, un hecho posterior. Según él la revista, en sus comienzos, nunca pretendió promover bajo su dirección un «origenismo», es decir, el programa o ideario estético-trascendental que la crítica eventualmente ha asociado a la producción poética del grupo, según lo definió y codificó Vitier en sus antologías de 1948 y 1952, y suscribió Lezama Lima en sus notas editoriales durante ese período. Tanto el grupo Orígenes como el «origenismo» fueron entidades ajenas o inadvertidas al proyecto inicial de la revista; aprovechando sus páginas como vehículo para su constitución eventual, estas entidades fueron emergiendo a través de los años cuarenta y lograron su consolidación fundacional a través de otro género letrado con un poder canónico quizás mayor que el de la propia revista en los espacios culturales e institucionales de la Cuba de entonces: el de la antología literaria. El recelo en la palabras de Rodríguez Feo debe inspirarnos la sospecha de que la enorme validación de un grupo poético origenista, lograda por la producción estratégica de dos antologías –una centrada en servir de manifiesto para un joven grupo poético, la otra en asegurarle un sitial en el canon literario de la nación– haya contribuido indirectamente al cierre de la revista como proyecto.

Bibliografía

Bueno, Salvador (1952): «Cincuenta años de poesía cubana». En *Carteles* 33, 24 de agosto: 32.

— (1952): «Notas a unos premios literarios». En *Carteles* 33 (44), 2 de noviembre: 81.

— (1954): «*Orígenes* cumple diez años». En *Carteles* 35 (21), 23 de mayo: 45, 88, 98.

Chiampi, Irlemar (2003): «La revista *Orígenes* ante la crisis de la modernidad en la América Latina». En *Casa de las Americas* 232: 127-135.

Di Leo, Jeffrey R. (ed.) (2004): *On anthologies. Politics and pedagogy*. Lincoln: University of Nebraska Press.

Díaz Infante, Duanel (2005): *Los límites de origenismo*. Barcelona: Colibrí.

Fernández Retamar, Roberto (1994): «*Orígenes* como revista». En *Thesaurus: Boletín del Instituto Caro y Cuervo* 49 (2): 293-322.

Fornet, Jorge (2014): *Elogio de la incertidumbre*. La Habana: Unión.

Fraisse, Emmanuel (1997): *Les anthologies en France*. Paris: Presses Universitaries de France.

García Marruz, Fina (1997). *La familia de Orígenes*. La Habana: Unión.

Jaume, Adela (1952): «Los grandes poetas cubanos de este medio siglo». En *Álbum del Cincuentenario de la Asociación de Reporters de la Habana 1902-1952*. La Habana: Lex, 213-216.

Lázaro, Angel (1952): «"El Palacio de Bellas Artes estará terminado para el Centenario de Martí". Entrevista con González Palacios». En *Carteles* 33 (28 de septiembre): 64-65.

Lazo, Raimundo (1952): «La literatura cubana en el siglo xx». En Guerra y Sánchez, Ramiro & Pérez Cabrera, José M. & Remos, Juan J. & Santovenia, Emeterio S. (eds): *Historia de la Nación Cubana. Tomo X. Consolidación de la República*. La Habana: Historia de la Nación Cubana, 3-52.

Lezama Lima, José (1948): «La otra desintegración». En *Orígenes* 21: 60-61.

— (1952): «Señales: Alrededores de un antología». En *Orígenes* 2: 63-68.

— (1953). «Secularidad de José Martí». En *Orígenes* 33: 3-4.

— (1981): «Respuestas y nuevas interrogaciones. Carta abierta a Jorge Mañach». En *Imagen y posibilidad*. La Habana: Letras Cubanas, 184-190.

— (1998): *Cartas a Eloísa y otra correspondencia*. Madrid: Verbum.

Mañach, José (1949): «El arcano de cierta poesía nueva. Carta abierta al poeta José Lezama Lima». En *Bohemia* 41 (25 de septiembre): 78, 90.

Mataix, Remedios (1997): «*Orígenes*: una vanguardia sin vanguardismo». En *Pliegos de la Insula Barataria: revista de creación literaria y de filología* 4: 51-70.

Pérez León, Roberto (1995): *Tiempo de Ciclón*. La Habana: Unión.

Ripoll, Carlos (1968): *La generación del 23 en Cuba y otros apuntes sobre el vanguardismo*. New York: Las Américas Publishing Co.

Reyes, Alfonso (1962). «Teoría de la antología». En Mejía Sánchez, Ernesto (ed.): *Obras completas de Alfonso Reyes* XIV. México, D.F.: Fondo de Cultura Económica, 138-141.

Rodríguez Feo, José (1989): *Mi correspondencia con Lezama Lima*. La Habana: Unión.

Salgado, César A. (2002): «The novels of *Orígenes*». En *New Centennial Review* 2 (2): 201-230.

— (2004): «Orígenes ante el Cincuentenario de la República». En González Echevarría, Roberto & Birkenmaier, Anke (eds.): *Cuba: Cien años de literatura, un siglo de independencia*. Barcelona: Colibrí, 165-189.

Uribe, Marcelo (1998): «Introducción». En *Orígenes. Revista de arte y literatura. La Habana, 1944-1956. Edición Facsimilar. Vol. I*. México / Madrid: Ediciones del Equilibrista / Turner, ix-lxx.

Vitier, Cintio (ed.) (1948): *Diez poetas cubanos*. La Habana: Ediciones Orígenes.

— (ed.) (1952): *Cincuenta años de poesía cubana (1902-1952)*. La Habana: Dirección de Cultura del Ministerio de Educación.

— (1994): «La aventura de *Orígenes*». En *Para llegar a Orígenes*. La Habana: Letras Cubanas, 66-96.

— (1997): *Poética*. La Habana: Letras Cubanas.

Zambrano, María (1948): «La Cuba secreta». En *Orígenes* 20: 3-9.

Translation as consecration:
Saint-John Perse in *Orígenes*

Tom Boll | *University of East Anglia*

In *Mi correspondencia con Lezama Lima*, José Rodríguez Feo recalls the proposal of *Consagración de la Habana* as a title for the magazine that would eventually become *Orígenes*. «¡Qué profético se me antoja ahora!» (1991: 8) he reflects, regretting the loss of a name that so aptly summed up the destiny of his collaboration with José Lezama Lima. Through translation, *Orígenes* brought a wide variety of intellectual and literary figures to Havana, consecrating the Cuban capital as a participant in the international avant-garde. Lezama Lima has commented on the importance of Juan Ramón Jiménez's residence in Cuba, the encouragement that the physical presence of a literary figure anointed in Europe gave to aspirants at the margins of the international scene: «la cercanía de un gran poeta es del orden numinoso, nos acerca al milagro» (1981: 67). *Orígenes* assembled a translated canon of figures more distant in time and place, which included Stéphane Mallarmé, Arthur Rimbaud, Paul Valéry, Saint-John Perse, Henri Michaux, Martin Heidegger, T. S. Eliot, W. H. Auden, Wallace Stevens, Elizabeth Bishop and Dylan Thomas. I will focus on one of those figures, Saint-John Perse, whose *Pluies* appeared as «Lluvias» in *Orígenes* in 1946 in a translation by José Lezama Lima, which was subsequently published as a pamphlet in Havana by Ediciones La Tertulia in 1961. I wish to enquire more deeply into the ways that translation performs acts of consecration and to ask what writing practice is then consecrated in «Lluvias».

Born and raised in Guadeloupe in the French Caribbean, rather like the Montevidean Lautréamont, Perse legitimized participation in the European literary scene for inhabitants of its transatlantic periphery. Octavio Paz, a keen reader of Perse, described him as a «profoundly American» writer (1968: 1283). Perse's work received its own consecration in Paris where he was published in the *Nouvelle Revue Française*, the model for Latin American publications such as *Sur*, *Contemporáneos* and *Orígenes*. As Laurence Breysse-Chanet (2010: 382) notes, the French text of *Pluies* was first published in Buenos Aires by *Lettres Françaises*, which was edited by *Sur*'s Victoria Ocampo. When José Lezama Lima published his translation of *Pluies* in *Orígenes* he was performing an act of literary legitimation that had notable precedents. Havana could claim a consecration not only from Paris and the *Nouvelle Revue Française* but also from Buenos Aires and other literary centres such as London, where T. S. Eliot, and Mexico City, where Octavio G. Barreda, had translated Perse previously[1].

The concept of consecration is commonly used in two ways, which reflect the potential for both deference and assertion in the translation process. An act of consecration can set aside a particular community or location as sacred, conferring a right to participate in the devotions of a wider congregation with the implication that this right is granted by some regulating authority. Consecration also carries a more assertive meaning of dedicating to some sacred purpose, an idea that has expanded metaphorically to encompass any purpose, sacred or otherwise. Here there is scope for devotees to choose their own purpose rather than deferring to a scheme that has been formulated elsewhere. By publishing European authors, *Orígenes* no doubt hoped that some of the aura of a distant literary scene would rub off on it. Yet the process of translation also allowed Cuban authors

---

[1] A translation by José Rodríguez Feo of Eliot's own «East Coker» appeared in the same edition of *Orígenes* as «Lluvias».

to rewrite the European avant-garde, forging their own particular interpretation of the longer historical traditions that had given rise to it. This *consagración de la Habana* was a consecration both of and by Havana; the Cuban capital not only the object but also the agent of consecration. Like Sigismondo Malatesta, who served as emblem for Ezra Pound's early *Cantos*, pilfering «marble, porphyry, serpentine» (1975: 36) from one church for the construction in Rimini of his own Tempio Malatestiano, Lezama Lima's «Lluvias» draws on a previously consecrated work to legitimate a practice that is related but distinct. As a form of re-writing that is directed towards the interests and comprehensibilities of the target culture, translation is a particularly effective vehicle for such revisionary gestures of association. It articulates points where international modernism responds to local preoccupations as it extends its reach. The translation-as-consecration thus affords a view of the mutating character of modern poetic tradition. It also presents challenges to literary history, however, which must seek appropriately supple characterizations of periods, movements and individual trajectories to account for the changing configurations of global influence.

Saint-John Perse has been called on to consecrate diverse ramifications of modern poetic tradition. The responses to his work in London, Mexico City and Havana indicate the ways that peripheral participants in the Parisian avant-garde adapted it to their own purposes. T. S. Eliot displayed ambivalent attitudes to modern French poetic tradition. He had moved to Paris in 1910 with the intention of becoming a French poet and he was clearly fascinated by *symboliste* poetics, writing repeatedly about Mallarmé and Paul Valéry, including a «Note sur Mallarmé et Poe», which was published in the *Nouvelle Revue Française* in 1926. He also expressed mistrust, however, of a writing practice that abandoned a systematic proposition of belief in favour of suggestion and «la jouissance du poème» (Mallarmé 2003: 700). In «Swinburne as poet» (1920), he condemned a language which «uprooted, has adapted itself to an independent life of atmospheric nourishment» (Eliot 1997: 127); and in «Ulysses, order, and myth» (1923), he sought an alternative in Joyce's mythic method as «a way of controlling and ordering, of giving a shape and a significance to the immense panorama of futility and anarchy which is contemporary history» (Eliot 1923: 483). Eliot's retreat from the psychological and linguistic waywardness of nineteenth-century idealism and Symbolism seemed secure when he converted to the Anglican Church in 1927. Yet his translation of Perse's *Anabase* of 1930 showed that earlier and later enthusiasms were still at play. His introduction praised a «logic of the imagination» (Eliot 1930: 8) as the poem's organizing principle, eschewing the demand for an ordering myth, or belief, that he made elsewhere. At the same time, he introduced a mythical connotation through use of Biblical language. Roger Little complains that «Eliot indulged in a kind of King James version of it [*Anabase*], imposing abundant archaisms where there are few in the French and narrowing its broad cultural references to primitive civilisations down to specifically Old Testament terms» (1973: 96). Eliot's biblification of the poem was not endorsed by Perse, who wrote advising him that he should «Éviter autant que possible toute allusion biblique: il n'y en a aucune, pas plus ici qu'ailleurs» (1972: 1145). Eliot's translation demonstrates a form of consecration that is not endorsed by the source author; nor is it entirely clear in its own purpose. One can detect both the Symbolist aesthetic of suggestion at work and an attempt to introduce a mythical, Biblical register which, far from imposing order, merely adds a further layer of suggestion to the poem's «ambiguïté spirituelle» (Perse 1972: 1145). Eliot's translation of Perse's poem consecrates a practice that is provisional, ambivalent.

Octavio G. Barreda's translation of *Anabase*, published in the Mexican periodical *Contemporáneos* in 1931, inspired further appropriation. The publication of Perse was part of a sustained attempt to introduce international literary figures to Mexico. Enrique Munguía Jr.'s translation of *The Waste Land* had appeared in *Contemporáneos* six months earlier and Barreda refers to Eliot's «lógica de la imaginación» (Perse 1931: 2) in the introduction to his translation of *Anabase*. A young Octavio Paz misremembered reading both *The Waste Land* and *Anabase* in the same edition of *Contemporáneos* as an epiphanic introduction to modern poetry (Ferguson 1972: 8). Like Eliot, Paz used Perse to explore different possibilities of the avant-garde. Paz was attracted to what Alain Bosquet describes as «un discours qui convient à la célébration perpétuelle» (Bosquet 1963: 12), an outpouring of the poetic imagination that could be aligned with the *creacionismo* of Vicente Huidobro and its chief Mexican exponent, Carlos Pellicer. Paz praised Perse's «palabra de la energía creadora», admiring the «exclamación ante la vida, aprobación del existir, elogio» that he found in his poems (1994: 149). Paz gave this celebration a political inflection, reading it as a utopian response to the horrors of contemporary history: «aquello que la historia separa, lo une la poesía» (1994: 149). He attempted to combine disparate aspects of the avant-garde: a celebration of the poetic imagination and a Marxian injunction for social efficacy. As with Eliot, Perse was made to answer conflicting exigencies that he would not necessarily endorse.

Both Eliot and Paz used Perse to consecrate diverse configurations of avant-garde preoccupations in London and Mexico City. Their readings play out debates about the role of poetry that are aesthetic, philosophical, psychological, religious and political. They reveal the transmission of literary tradition as discontinuous, moving through specific debates and reception histories. José Lezama Lima's translation of Perse's *Pluies* in *Orígenes* provides a later example of this transmission as the earlier modernist experiment of Eliot and Paz moves to Havana.

Like his predecessors, Lezama Lima translates Perse in what are often alarmingly revisionary ways. When he renders «Ô fumées que voilà sur la pierre de l'âtre» (Perse 1972: 142) (Oh smoke there on the hearth-stone) as «Oh humaredas que voláis sobre la piedra del atrio» (Perse 1946: 4) one begins to wonder about his competence. Ernesto

Hernández Busto describes «Lluvias» as a «macarrónica traducción» (2009: 2) and he enumerates a catalogue of errors both grammatical and lexical. Yet one should approach errors in Lezama Lima's work with caution. As César A. Salgado's discussion (2001) of Julio Cortázar and Cintio Vitier's corrected editions of *Paradiso* demonstrates, any approach to Lezama Lima's errors quickly opens onto wider debates about cultural politics and the generation of meaning in literary texts. In a response to critics such as Vitier, Emilio Bejel, José Prats Sariol and Gustavo Pellón, who read Lezama Lima in terms of Catholicism and/or a nationalist Cuban discourse, Brett Levinson asserts the value of literary practices that threaten a «primordial perfection» (1992: 198) of meaning: translation, mis-transciption, interpolation and errant proliferation. Citing Lezama Lima's poem «Recuerdo de lo Semejante» –«Sólo nos acompaña la imperfecta copia» (Lezama Lima 1975, 1: 227)– Levinson draws attention to Lezama Lima's own fascination with the possibilities of anomalous reproduction: «However much man attempts the copy of signs and writings, the residue of never anticipated interpolations surface; the slow sweat of enigmas however much we attempt to reproduce with unerring exactitude» (cited in Levinson 1992: 205). According to Levinson, Lezama Lima offers a version of intellectual history that affords a productive role to error:

> [His] works assimilate, overwrite, and miscite a historical, philosophical, and literary tradition that, for Lezama, extends roughly from the Egyptians to Castro, from Heraclitus to Heidegger […] Lezama rereads the tradition in order to track down possibilities previously closed off, but also harboured by that same tradition. (1992: 205)

For Severo Sarduy, «hablar de los errores de Lezama es ya no haberlo leído» (1968: 7). Levinson counters that, on the contrary, to silence his errors is to miss the «infinite possibility» (1992: 205) that he discovers in available tradition. I propose to read Lezama

Lima's translation of *Pluies* in this light, viewing his manipulation and reworking of Perse's text as a productive intervention in longer historical debates about selfhood and language. Whether the errors of his translation arise from a conscious rewriting of Perse or they are the inadvertent consequence of mis-transcription, misreading or faulty linguistic knowledge is ultimately impossible to determine. Whatever their origin, the resulting text of «Lluvias» offers a distinctive contribution to a tradition in which he and Perse participated. One might lament the apparent errors of his translation on behalf of Perse; from the point of view of Lezama's poetry, however, and the longer historical questions it poses about the possibilities of modern poetic tradition, his novel and, it has to be admitted, at times alarming reworking of Perse's poem is a significant document.

While «Lluvias» clearly manipulates the grammatical structures and meanings of Perse's text, it does so in ways that are not simply arbitrary. There are persistent patterns of figuration in the translation that raise questions about the relation between language and selfhood. Readings of Perse in London and Mexico City were similarly revisionary, using translation to consecrate activity that was a provisional engagement with literary tradition rather than conformity to a single orthodoxy. I have proposed to account for the writing practice that was consecrated in «Lluvias». In order to do so, I will first consider Lezama Lima's manipulation of Perse's poem before discussing the questions that manipulation raises about the longer historical traditions with which they were both associated.

☙

At the time of the composition of *Pluies* in 1943, Perse was in exile from wartime France living in the United States. The anecdotal source of the poem is a tropical storm that Perse witnessed in Savannah, Georgia, on a trip to the South with friends. One can read a return to scenes of Perse's tropical childhood in his response to the rains as a manifestation of a New World sublime, as a creative but also a destructive force; one can also detect the vulnerability of his exiled state in a sense of threat, to both self and society, which pervades the poem.

In *Pluies*, the rains are progressively metaphorized from outer event to the correlative of an inner creative force. Lezama Lima's introduction to the pamphlet edition of his translation, published fifteen years after its appearance in *Orígenes*, suggests that he felt an affinity with the metaphorical abundance he found in Perse: «La lluvia, en el poema de Saint-John Perse, para contemplarlo pronto en sus dominios, estrella de mar, medusa en el oído, acordeón líquido, poema, la lluvia es como la prueba acompañante de los reinos» (Lezama Lima 1961, 2: 1183). This is more a form of rewriting in the manner of Perse's poem than a description. Lezama clearly responded to the figurative effusion of Perse's poem but his translation nudges it in novel directions, opening up distinctive expressive implications.

The opening of Perse's poem describes the rain that he had witnessed through a series of metaphorical transformations. In I.A. Richards's terms, the rain is the tenor for metaphorical vehicles which imply a quickening of imaginative response to an external stimulus:

> Le banyan de la pluie prend ses assises sur la Ville,
> Un polypier hâtif monte à ses noces de corail dans tout ce lait d'eau vive,
> Et l'Idée nue comme un rétiaire peigne aux jardins du peuple sa crinière de fille. (Perse 1972: 141)

> El árbol Banyan de la lluvia saca sus cimientos de la Ciudad,
> Un polípero precoz muestra sus bodas de coral en toda esta leche de agua viva,
> Y la idea desnuda como un peleador en sus redes peina en los jardines del pueblo su cabellera de doncella. (Perse 1946: 3)

This sequence provides the kind of enumerative metaphorical practice that one associates with Lezama Lima: the rain is figured as a banyan tree, a polyp (a type of coral in its pre-sexual stage, like a sea anemone) and milk; there is also an involved sequence of figuration as the abstraction of *la idea desnuda* is assumed into expansive similes of gladiator, gardens and girl's hair. Such a dense proliferation of metaphorical vehicles provides ample scope for nudging meaning in novel directions. «Saca sus cimientos» reverses the process of Perse's «prend ses assises», which sees the falling rain figured as multiple stems of a banyan tree, establishing their foundation, or taking root, over the city. Lezama Lima's «sacar… de» suggests that the banyan-rain instead extracts its foundation from the city or, rather, that it reveals the foundation. His use of the term «cimientos» also favours one of the meanings of the French «assises». Various critics, such as Roger Little (1973: 24) and Henri Peyre (1964: 97), detect a legal implication in «assises», which can mean a type of court or tribunal. The rain is figured as a natural object, a banyan tree, but it is also involved in a formal relation of governance or control with the town on which it descends. This legal implication is picked up in the ceremonial «polypier hâtif monte à ses noces de corail»: the polyp rises to its wedding. The translation removes that legal and ceremonial aspect of Perse's metaphorical frame: «muestra sus bodas de coral» is more openly sexual than «monte à ses noces», ritual giving way to erotic display.

Perse's metaphors assume the natural event of rain into a meaning that is social. While these metaphors represent an imaginative awakening, they can also be read as a more cautious gesture of controlling wildness, an attempt to view potentially destructive natural processes as reassuringly structured and socially imbricated. The more openly erotic cast of Lezama Lima's «muestra sus bodas de coral» suggests a merging, a sexual interaction which cuts through the separation of human, social and natural that Perse implies. This world is more available to the creative designs of the poet: it is fecundating rather than threatening. The adjustment is slight, but it suggests a difference of conception about poet and creation which emerges as the poem's speaker launches into an invocation of creative inspiration:

> Chante, poème, à la criée des eaux l'imminence du thème,
> Chante, poème, à la foulée des eaux l'évasion du thème. (Perse 1972: 141)

Perse calls on the poem either to sing to the rains or in their presence: the rains are interlocutor or witness to the poem's actions. They are still an object out there in the world, separate from the poet and his imagination. In Lezama Lima's translation, however, a switch of preposition makes them the means through which the poem will be expressed.

> Canta, poema, con pregones de agua la inminencia del tema,
> Canta, poema, con huellas de agua la evasión del tema. (Perse 1946: 3)

The rains thus move from being the object of metaphorical action, its tenor, to the vehicle of the poem's figuration. This process of the rains moving from being an object in the world to the means of poetic expression will happen in Perse's poem but Lezama Lima pre-empts it. He is more confident about the passage from a descriptive to a metaphorical vocabulary. He is less certain, however, about the meaning that metaphorical vocabulary can carry. «Huellas», or traces, is a hazier, more attenuated vehicle than «foulée», which figures the rains as physically striding across the landscape.

Lezama Lima is quicker to assimilate the rains to his poetic design. Once Perse's poem starts to put the rains to metaphorical use, the translation continues to suggest a closer relation of merging between the poet's self and the material of his poem. In the second section of the poem Perse attempts to find «l'étincelle qui vaille», the valid spark of inspiration. He declares to the rain:

> Je porterai ma cause devant vous: à la pointe de vos lances le plus clair de mon bien. (Perse 1972 : 142)

The rains are subject to a complex figurative sequence. As an army threatening the poet at lance-point, they are the object of metaphorical transformation; yet they have themselves become a metaphorical vehicle for the potentially destructive sources of poetic inspiration, the untamed forces of the id. Lezama translates:

> Llevaré mi angustia delante de vosotros: en la punta de nuestras lanzas el más claro de mis bienes! (Perse 1946: 4)

As before, the translation of «cause» as «angustia» removes the legal connotation of Perse's language and the opposition that it sets up between human, social action and the natural world. While the preservation of Perse's reference to goods or property in «mis bienes» may appear to reinstate a legal scenario, as those «bienes» are the poet's «angustia» any legal substance is evacuated, leaving him in a state of destitution. Even more startlingly, however, he changes «vos lances» to «nuestras lanzas». Perse divides the self into warring factions, but Lezama Lima incorporates that hostility. I argued earlier that the translation erased the divisions that Perse sets up between self and world. Here that action of merging and assimilation continues as he erases the divisions within the self that Perse would establish.

While it is distinct from Perse's *Pluies*, Lezama Lima's «Lluvias» offers a portrait of self, world and language that is consistent: in the translation the rains are assimilated more quickly by the poetic imagination as they move from outer event to metaphorical vehicle. Lezama Lima's introduction to the book edition of his translation effectively suppresses the anecdotal source of *Pluies*, drawing on a line from the first section of the poem: «Entre las arañas acorraladas por la lluvia salta: *El reverso del sueño sobre la tierra*. No parte de la realidad, de lo inmediato apresable, visible, enjaulado, sino del sueño a la realidad» (1975, 2: 1184). His translation suggests a merging of self and natural world where Perse is at pains to imply some differentiation between the natural and social realms; even as the rains come to act as a correlative of the poet's self, Perse continues to connote legal procedures, subjecting the id-like forces of the imagination to a form of social imbrication.

Yet how does one account for these distinctions? Laurence Breysse-Chanet declares herself «reticente» about Hernández Busto's criticisms of «Lluvias» although she agrees with his suggestion that, carried away with a «fervor creado por un diluvio poético, [Lezama] creyó descifrar las imágenes más allá de los significados» (2011: 81). Elsewhere she sees the translation adopting Lezama Lima's own voice while maintaining a «fidelidad extraña» to Perse's poem (Breysse-Chanet 2010: 386 & 405). While Breysse-Chanet acknowledges the distinctiveness of Lezama Lima's translation, she is reluctant to explore the implications of the revisionary gestures it performs, preferring to assume an underlying fidelity that is not fully demonstrated. I have proposed to account for the writing practice that is consecrated in «Lluvias», the ways that Lezama Lima's translation claims an association with Perse's writing but also sets out its own purpose. In order to do so, I will broaden my discussion to take in the longer historical debates in which their writing participated, turning to the late eighteenth century and Romantic period where many of the questions about language and selfhood that are raised by poem and translation first acquired general currency. I am not proposing Romanticism as a direct influence, although Roberto González Echevarría describes Lezama Lima as «an assiduous reader» (2010: 555) of German thinkers through the *Revista de Occidente* and its associated publishing house. Rather, I will consider ideas that passed through influential nineteenth-century poets, such as Stéphane Mallarmé (Todorov 1982: 272), to establish the terms on which later debates would be conducted. For Tzvetan Todorov the Romantic period «announces and inaugurates our modernity» (1982: 147) while for Charles Taylor it produced «one of the constituent streams of modern culture» (1989: 368).

In his *Sources of the self*, Taylor traces modern conceptions of selfhood back to a family of views that took shape in the German

Sturm und Drang and Romantic period. Thinkers such as Herder, Goethe and Hegel drew on Rousseau's conception of nature as «an inner source» (Taylor 1989: 368). For Rousseau, the human heart is guided by «les premiers mouvements de la nature» and conscience «nous parle la langue de la nature» (1964: 81 & 355). The inner source is thus conceived as a form of impulse (*mouvements*) and an oral articulation of that impulse. These metaphors gained a wider extension among German thinkers at the turn of the eighteenth and nineteenth centuries. For Goethe, «A perfect work of art is a work of the human soul, and in this sense, also, a work of nature» (1921: 57) while Herder declared that «the more we thoughtfully observe the great drama of effective forces in nature, the less we can avoid everywhere feeling *similarity with ourselves*» (2012: 187; emphasis in original).

Taylor summarizes these accounts of «inner, obscure forces» (Herder 2012: 189) with the concept of the «inner élan» which he sees replacing the formulations of selfhood that had previously been accounted for by organized religion. As belief in a cosmic order gives way, the self can no longer attach itself to an exoteric scheme. Instead, «we must open ourselves up to the élan of nature within, as we had to open ourselves up to God's grace in the orthodox theory» (Taylor 1989: 370). That opening up of the self is not a straightforward process. Theology and devotional practice had provided centuries of guidance on ways of becoming susceptible to God's grace. New ways had to be found of gaining access to a nature within. Awareness of this problem leads to what he describes as «the expressivist turn» (Taylor 1989: 368):

> If access to nature is through an inner voice or impulse, then we can only fully know this nature through articulating what we find within us. This connects to another crucial feature of this new philosophy of nature, the idea that its realization in each of us is also a form of expression. (Taylor 1989: 374)

Ideas of selfhood thus became intimately linked to artistic questions and Taylor notes that the concept of nature as an inner source delivered a new importance to art (1989: 376).

What poetic form did the expression of an inner nature then take? Herder referred to «the great analogy of creation» (2012: 214) and the equation of self with nature provided a ready series of metaphors from the natural world to figure the inner voice. It is a move that Ramón Xirau identifies in the work of Vicente Huidobro, which acted as an important bridge between Romantic ideas of imitation and the early Latin American avant-garde. Xirau describes a process of metaphorization in which the outer world becomes a correlative of the inner:

> Alas, pájaros, vuelos, tienen un sentido preciso: responden a sensaciones claras y claramente perceptibles. Poco a poco, pájaros, vuelos, alas levan anclas, pierden cuerpo, se desrealizan para contagiar el mundo poético entero [...] Son no tanto expresiones del mundo real como manifestaciones objetivadas del mundo interior. El mundo real se convierte en metáfora de la conciencia. Y el ala del pájaro es tan sólo la proyección del carácter alado y aéreo del alma. (2001: 425-26)

In this process of *desrealización* the world becomes so much grist to the metaphorical mill. Evacuated of their quiddity, objects are pressed in to the service of representing the self. Xirau's account also reveals the limitations of this artistic method: the self that is figured by these natural metaphors is vaguely delineated. Xirau employs a diverse series of terms –*mundo interior, conciencia,* and *alma*– as if they were synonyms. Yet most theories of selfhood would categorize consciousness as more restricted than either soul or interior world. Each term has distinct implications and distinct associations with different schemes. Xirau's uncertainty is not a result of carelessness, however; he is responding instead to an indeterminacy in the conceptualization of nature as an inner source.

That indeterminacy is in part generated by the lack of an exoteric scheme that either author or readership might apply to the work, whether that be the religious concept of soul or the conscious and unconscious of the psychologies that emerged in the nineteenth and twentieth centuries. In the absence of such a scheme, Huidobro's use of metaphor is suggestive rather than definitive. The indeterminacy also arises from an ambiguity that hovers around the function of nature as an inner source. Tzvetan Todorov has shown how changing ideas about artistic imitation brought a new conception of the self's creative power in the Romantic period. Rather than imitating the products of nature (trees, streams, mountains and so on), the artist came to imitate nature as «a *productive* principle» (Todorov 1982: 153; emphasis in original). He finds an early formulation of what would become a mainstay of Romantic thought in Karl Philipp Moritz's «On the artistic imitation of the beautiful» (1788):

> Whoever has been impressed by nature with a sense of the creative power in his whole being, and has received the impression of the *measure* of the beautiful in his eye and soul, cannot content himself merely to observe it; he must imitate it, strive after it, eavesdrop on nature in its secret workshop and make and create with blazing flames in his heart, as nature itself does. (2002: 139; emphasis in original)

This creative power is implicit in Taylor's reference to an inner «source», a rising or beginning, and it is made more explicit in his concept of the élan of nature within, a proto-biological «force» (Herder 2012: 194) that delivers «depth» and «vibrancy» to the self (Taylor 1989: 383). The nature within is thus not simply an entity to be articulated by the art work; it is also the creative power that produces that articulation. This dual function complicates the expressivist turn which is called on to account for both the revelation and deployment of a natural inner impulse.

The identification of the self with nature as a productive principle, which is proposed by the conception of the inner élan, confers tremendous powers on the poet. Herder declared that «the artist is become a creator God» (cited in Todorov 1982: 153), a move that would be repeated over a century later by Huidobro, who described the poet as «un pequeño Dios», calling on him to create «realidades propias, como ella [la naturaleza] lo hace» (1976: 219 & 715). Yet for all the aggrandizement of the poet's role there is also a cost to the clarity of artistic representation. For according to this scheme, the inner élan is conceived as both an object of representation and the motive force that produces the representation. If the inner élan is generating the poem, what role is there for a conscious, analytical perspective in the creative process that might provide the inner élan with satisfactory definition? There is a plausible narrative in Xirau's account of Huidobro that would see the inner élan as generating the poem narcissistically out of metaphors taken from an outer nature that reflect the inner élan's own characteristics, leaving the conscious poet to one side as a powerless bystander. Xirau's uncertainty about the aspects of selfhood that are represented by this poetry, switching between *mundo interior*, *conciencia* and *alma*, would then reflect a writing practice that has erased such distinctions. While the idea of nature as a form of generative inner élan has bequeathed the modern belief in a deep self, linked to the unfathomable energies of cosmic process, it can also be regarded as a threat to any meaningful expression of selfhood as the poet becomes overwhelmed by an undifferentiated creative force. Indeed, Taylor warns that «the view of nature as a source can't ignore the point that mere sinking into unity with nature would be a negation of human autonomy» (1989: 385).

Taylor indicates an ambivalence in the concept of the inner élan, which can lead in one direction to a view of deep selfhood but in another to the erasure of self. One can see this ambivalence played out in Saint-John Perse's *Pluies* and Lezama Lima's «Lluvias» where the idea of nature as a source is readily detectable in their representation of the rains. There is a metaphorical abundance in both poem and translation that suggests a constant interplay between the outer natural world and the poet's own creative impetus. Arthur Knodel describes creative élan as the defining characteristic of Perse's work: «Pour Saint-John Perse, l'oeuvre d'art est un sous-produit accidental; ce qui compte c'est l'élan créateur et non le résultat de cet élan» (1969: 84). Yet in *Pluies*, Perse's expression of an affinity between natural outer event and creative impetus is not as straightforward as Knodel's account implies. His use of legal connotation in *Pluies* implies an aspect of the self that is distinct from the nature within, and perhaps mistrustful of it, attached to the regulated exchanges of a social sphere, albeit a social sphere which in 1943 was under serious threat. Lezama Lima's removal, or simple neglect, of that connotation erases the distinction between social and natural. Indeed, the erotic «muestra sus bodas de coral» suggest a more open acceptance of the fecundating power of nature as an inner source of creative impetus. The subsequent incorporation of Perse's «vos lances» as «nuestras lanzas» in the second section of the poem is not simply a grammatical error but a move that further erases any distinction between the awareness of the speaking subject and an inner source of creative, and potentially destructive, power.

One could simply read Lezama Lima's translation as presenting a self that has become overwhelmed by the force of the inner élan, succumbing to an effective form of erasure while Perse's text provides a more vigilant differentiation of self. However, one should be cautious about rushing to hard distinctions. As Taylor argues, the concepts of nature as a source, the inner élan and the expressivist turn emerged from a loosely associated family of ideas rather than as components of a rigorously worked out system. As terms, they are not free of ambiguity and clear distinctions between this or that articulation are therefore liable to slide under close examination. Taylor's own attempts to articulate the function of these terms indicate how readily one implication can give way to another.

Taylor employs a range of metaphors that suggest different relations between self and artistic product. In his initial exposition of the concept of nature as a source, we have simply to «open ourselves up» to the inner élan, suggesting a scenario in which the self could easily be overwhelmed. As he confronts Herder's crude version of this scenario, however, in which «the artist is become a creator God», he attempts a more careful formulation, viewing the artist's role as closer to a soothsayer in its «blend of making and revealing» (Taylor 1989: 378). Rather than collapsing the artist's identity with the productive principle of the inner élan, he wishes to see something revealed, a component of the self that is not entirely commensurate with the self doing the revealing. A further attempt to articulate this differentiation of the self introduces a new implication of the expressivist turn:

> Fulfilling my nature means espousing the inner élan, the voice or impulse. And this makes what was hidden manifest for both myself and others. But this manifestation also helps to define what is to be realized. The direction of this élan wasn't and couldn't be clear prior to this manifestation. (Taylor 1989: 374-5)

Here we must «espouse» the inner élan; yet it is a strange marriage as we cannot be sure precisely what or whom we are marrying before the ceremony is enacted. The art work that performs the espousal is constitutive of the entity being espoused. The process is not then a revelation of an inner source of creative power but a manifestation of it. We are thus left with the product of the inner élan, in the case of poetry, language, but its origin is absent. It is a short step to question whether in fact the inner élan exists in a meaningful capacity. Rather than the poem being a by-product of the inner élan, the inner élan itself becomes a mere suggestion created by the means of expression, language. Indeed, Taylor's equation, following Rousseau, of «voice» with the terms «inner élan» and «impulse» suggests just such an elision between a force that is subject to articulation and a force that is already itself a form of articulation.

This alternative conceptualization of language and creative élan was already being contemplated in the Romantic period by Novalis. In his «Monologue» he proposed that writing is «just a game with words» and that «a writer is only someone inspired by language» (Novalis 2002: 214 & 215). His use of the term «inspired», literally «in-spirited» (*sprachbegeisterter*), transposes the god-like, creative characteristics of the inner élan to language. Language itself provides the source of animation, or élan, rather than articulating a prior élan that originates in the self. In Mallarmé's later version of this insight, «l'oeuvre pure implique la disparition élocutoire du poète, qui cède l'initiative aux mots» (2003: 211). Novalis reveals the ambivalence of the expressivist turn. As one attempts to bring the concepts of inner élan and form of expression into contact, it is easy to give one term priority to the detriment of the other: either the inner élan makes the poem an accidental by-product of its creative impetus or the language of the poem takes on the function of the inner élan, evacuating the self.

One can detect an attempt to differentiate the self in Perse's *Pluies*, a separation of inner élan and a socially imbricated consciousness. Lezama Lima's «Lluvias» hovers troublingly between one implication, that the inner élan has overwhelmed the conscious self, merging with the outer world; and another, that any sense of self has disappeared as language itself provides the poem's impetus. This latter implication draws Lezama Lima into the orbit of readings of his work in terms of the baroque. Juan Pablo Lupi cites baroque theorists such as Matteo Peregrini and Emanuele Tesauro for articulating a practice in which expression is viewed as «the "legamento artificioso di parole con parole" [artificious linkage of words with words]» and an ability «to produce entities out of non-entities ["l'ingegno, di *non Ente*, fa *Ente*"]» (2012: 46). Lupi does not insist on the baroque as a historical framework but sees these theorists as intuiting a use of metaphor that he finds more fully articulated in Paul Ricoeur's concept of the *travail du sens*: «metaphor is not the repetition or re-presentation of some fixed, pre-existing, transcendental and extra-linguistic set of relationships between entities; rather, the writer and the reader produce meaningful expressions by actively conceiving and speculating about possible contexts and connotations associated with the metaphorical expression» (Lupi 2012: 46). For Lupi, Lezama Lima moves beyond the Aristotelian view of metaphor as the perception of analogies between objects out in the world to one in which new connections are created at a discursive level.

I have chosen to view Lezama Lima's practice in terms of Romantic debates about the relation between self and language. In part, I have sought a historical perspective that can account for the shared assumptions as well as the divergences of Perse and Lezama Lima's texts. I wished to demonstrate that Lezama Lima's revisions of Perse's poem are not merely attributable to incompetence (although a limited knowledge of French must play its part); they are a manifestation of different artistic options produced by a common family of insights, which arose in the Romantic period and still has currency in contemporary debate.

Charles Taylor reveals the ways that, in Romantic thought, art came to assume functions that had previously been taken care of by theology and religious devotion. Lezama Lima's prose writings reveal a strong theological conception of art; Ramón Xirau describes a Romantic subjectivity in his work that leads neither to «solipsismo ni ensimismamiento», acting rather as the «sentimiento fundamental» of a «poeta cristiano y más precisamente, poeta católico» (2001: 474). For Xirau, Lezama Lima's poetry is a form of knowledge, of intuition in which «la palabra "intuición" recupera su sentido original: el de ir hacia adentro, el de penetrar, tanto por los sentidos como por la imagen o el intelecto» (2001: 473). Consideration of the ways that his translation of Perse relates to the terms of the *sistema poético* belongs to another discussion. What I wish to underline here is the way that in Romantic thought residual theological questions about selfhood are manifested in ambiguous form. *Pluies* and «Lluvias» present an inner élan that can overwhelm consciousness but also itself be reduced to a by-product of the means of expression.

In this tradition, the transmission of literary influence becomes a form of consecration. When Lezama Lima describes the presence of Juan Ramón Jiménez as «numinoso» and a form of «milagro», there is clearly more at stake than art alone. Poetry is conceived as a conduit for spiritual exploration. Yet this realm is unknowable in any definitive sense, the inner élan and expressivist turn ambiguous concepts that permit various manifestations. They allow for acts of translation that consecrate diverse expressive purposes. It is in this context that one can account for Lezama Lima's translation of Saint-John Perse's *Pluies*, not only his apparent disregard for correctness, but also his distinctive contribution to questions about self and language.

BIBLIOGRAPHY

Bosquet, Alain (1963): «Deux formes épiques: Saint-John Perse et l'Aragon du "Fou d'Elsa"». In *Le Monde*, 21 Dec: 12.

Breysse-Chanet, Laurence (2010): «"La otra orilla de las lluvias". Sobre la traducción de *Pluies* de Saint-John Perse (1943) por Lezama Lima en *Orígenes* (1946)». In Breysse-Chanet, Laurence & Salazar, Ina (eds.): *Gravitaciones en torno a la obra de José Lezama Lima (La Habana, 1910-1976)*. Paris: Éditions Le Manuscrit, 375-408.

— (2011): «Los ceremoniales llovidos de José Lezama Lima, traductor de Saint-John Perse». In Areta Marigó, Gema (ed.): *José Lezama Lima: la palabra extensiva*. Madrid: Verbum, 57-86.

Eliot, T. S. (1923): «*Ulysses*, order and myth». In *Dial* 75 (5): 480-483.

— (1997): *The sacred wood: essays on poetry and criticism*. London: Faber and Faber.

Ferguson, William (1972): «La evolución poética de Octavio Paz». In *Diorama de la Cultura* (supl. of *Excélsior*), 2 July: 7-9.

Goethe, Johann Wolfgang von (1921): «On truth and probability in works of art». In *Goethe's Literary Essays*. New York: Harcourt, Brace and Company, 57-58.

González Echevarría, Roberto (2010): «Góngora's and Lezama's appetites». In Parkinson Zamora, Lois & Kaup, Monika (eds): *Baroque New Worlds: representation, transculturation, counterconquest*. Durham / London: Duke University Press.

Herder, Johann Gottfried von (2012): *Philosophical writings*. Cambridge: Cambridge University Press.

Hernández Busto, Ernesto (2009): «Releyendo a Saint-John Perse a propósito de una (mala) traducción de Lezama». In *Penúltimos Días*, 9 April: <http://www.penultimosdias.com/2009/04/09/releyendo-a-saint-john-perse-a-proposito-de-una-traduccion-de-lezama/>.

Huidobro, Vicente (1976): *Obras completas*, vol. 1. Santiago: Editorial Andrés Bello.

Knodel, Arthur J. (1969): «Marcel Proust et Saint-John Perse: le fossé infranchissable». In *Revue de Paris* 76 (12): 80-92.

Levinson, Brett (1992): «"Summas críticas/Restas erratas": Strange notes on Lezama's miscues». In *Cuban Studies* 22: 195-215.

Lezama Lima, José (1975): *Obras completas*, 2 vols. México: Aguilar.

— (1981): «Momento cubano de Juan Ramón Jiménez». In *Imagen y posibilidad*. La Habana: Letras Cubanas, 66-71.

Little, Roger (1973): *Saint-John Perse*. London: Athlone.

Lupi, Juan Pablo (2012): *Reading anew: José Lezama Lima's rhetorical investigations*. Madrid / Frankfurt: Iberoamericana / Vervuert.

Mallarmé, Stéphane (2003): *Oeuvres complètes*, vol. 2. Paris: Gallimard.

Moritz, Karl Phillip (2002): «On the artistic imitation of the beautiful». In Bernstein, J. M. (ed.): *Classic and Romantic German aesthetics*. Cambridge: Cambridge University Press, 131-144.

Novalis (2002): «Monologue». In Bernstein, J. M. (ed.): *Classic and romantic German aesthetics*. Cambridge: Cambridge University Press, 214-215.

Paz, Octavio (1968): «The word as foundation». In *Times Literary Supplement*, 14 November: 1283-1284.

— (1994): *Obras completas*, vol. 2. Barcelona / México: Círculo de Lectores / Fondo de Cultura Económica.

Perse, Saint-John (1930): *Anabasis*. London: Faber and Faber.

— (1931): «Anábasis». In *Contemporáneos* 33, febrero: 1-37.

— (1946): «Lluvias». In *Orígenes*, 3 (9): 3-10.

— (1972): *Oeuvres complètes*. Paris: Gallimard.

PEYRE, Henri (1964): «Saint-John Perse: Pluies VIII». In Burnshaw, Stanley (ed.): *The poem itself*. Harmondsworth: Pelican, 96-97.

POUND, Ezra (1975): *The cantos of Ezra Pound*. London: Faber and Faber.

RODRÍGUEZ Feo, José (1991): *Mi correspondencia con Lezama Lima*. México: Ediciones Era.

ROUSSEAU, Jean-Jacques (1964): *Émile ou de l'éducation*. Paris: Éditions Garnier Frères.

SALGADO, César A. (2001): «Joyce wars, Lezama wars: The scandals of *Ulysses* and *Paradiso* as "corrected" texts». In *From modernism to neobaroque: Joyce and Lezama Lima*. Lewisburg: Bucknell University Press, 181-206.

SARDUY, Severo (1968): «Dispersión/falsas notas: homenaje a Lezama». In *Mundo Nuevo* 24: 5-17.

TAYLOR, Charles (1989): *Sources of the self: the making of modern identity*. Cambridge: Harvard University Press.

TODOROV, Tzvetan (1982): *Theories of the symbol*. Ithaca: Cornell University Press.

XIRAU, Ramón (2001): *Entre la poesía y el conocimiento: antología de ensayos críticos sobre poetas y poesía iberoamericanos*. México: Fondo de Cultura Económica.

La lengua agónica de José Lezama Lima

Marta Hernández Salván | *University of California, Riverside*

> En una ocasión dije que la poesía era un caracol nocturno en un rectángulo de agua, pero desde luego, se le ve la raíz irónica a esa definición. Un caracol nocturno no se diferencia gran cosa de uno diurno y un rectángulo de agua es algo tan ilusorio como una aporía eleática.
>
> J. Lezama Lima

La conocida afirmación de José Lezama Lima de que «sólo lo difícil es estimulante» adquiere más sentido cuando leemos el epígrafe anterior, proveniente de una entrevista con Ciro Bianchi Ross realizada en 1970[1]. En ella aparecen dos de los elementos fundamentales de su poética. ¿Cuáles son estos dos elementos? Primero, la pregunta acerca de la naturaleza de la poesía sólo puede ser contestada a través de la poesía misma; y segundo, la poética es un arte que se define a partir de una contradicción interna irresoluble. La ironía de la afirmación lezamiana es doble: primero, porque provee información y luego porque niega el acercamiento inteligible a la poética, a pesar de que gran parte de la obra de Lezama es, precisamente, una reflexión sobre la poética. En este trabajo me interesa plantear que se trata de una poética asistemática y enigmática, a lo que se añade otra

---

[1] Esta entrevista se añadió como apéndice a los *Diarios de Lezama*, compilados y anotados por el mismo Bianchi Ross. «Sólo lo difícil es estimulante» es la oración que introduce *La expresión americana*.

complejidad: poética y lenguaje forman parte de un mismo universo ontológico donde poesía, política e historia son interdependientes y, por lo tanto, el mundo de la realidad social se vuelve tan difícil de desentrañar como el mundo poético.

La relación gnoseológica entre poesía y política explica el valor utilitario que ha tenido el origenismo en Cuba para el discurso oficial estatal. La crítica oficial, representada por Cintio Vitier entre otros, vio en su obra la posibilidad de redención del falso causalismo histórico de la República. Para Vitier la obra de Lezama hipostasiaba una apertura utópica fundada en lo cubano como signo aglutinador de la identidad nacional, a la que se podría llegar a través de la llamada «teleología insular» (1986: 396). Fue la vertiente más críptica de la obra lezamiana, como de todo el grupo Orígenes, la que rechazó el aparato cultural de la Revolución, que la tachó de hermética, formalista, vacua, inefectiva y anestesiada (Salgado 2002: 201). Dos décadas más tarde, el mismo grupo sería recuperado como símbolo precursor del proyecto nacional revolucionario de 1959. Según César A. Salgado, la nueva enmienda corrigió el silenciamiento del grupo, que había sido organizada desde importantes revistas como *Ciclón* (1956-1959), *Lunes de Revolución* (1959-1961) y *Casa de las Américas* (1960-1970) en su década inicial. El problema de esta crítica más reciente, como apunta Enrico Mario Santí, es que: «La Revolución inventa [...] a José Lezama Lima, en la medida en que es durante ella que su obra adquiere una proyección que no había tenido antes [...] no sólo a la difusión de esa obra [...] sino a la creación de Lezama como institución» (Santí 1985: 45). La crítica oficial cubana sometió la obra lezamiana al olvido durante los primeros años de la Revolución, y décadas después críticos como Cintio Vitier la interpretaron como alegoría nacional revolucionaria (Ponte 2002: 7-8).

Ahora bien, ninguna de esas lecturas ha tenido en cuenta la importancia de la carencia y la negatividad en la poética lezamiana, dos elementos presentes en toda su obra que se vuelven incluso más evidentes hacia el final, en títulos como *Fragmentos a su imán*. Como se verá en lo que sigue, la negatividad y la carencia no surgen simplemente como resultado de la situación afectiva en la que se encontró Lezama al final de su vida[2]. No es que me interese soslayar esas circunstancias vitales, sino que quiero demostrar que estos dos elementos –carencia y negatividad– están presentes a lo largo de toda su obra, y que su manifestación nos lleva irremediablemente hacia la poética de su última época.

En «La dignidad de la poesía» (1956), Lezama afirma que el período católico produce la poesía más plena porque en esta época se encuentra la raíz de toda poesía, es decir, «la gravitación metafórica de la sustancia de lo inexistente y la más grande imagen que tal vez pueda existir: la resurrección» (1977: 774). Lo inexistente puede representar una carencia, pero también puede ser un elemento de carácter místico y generador de sentido, como veremos que sucede en el caso del Tao. El concepto de negatividad tiene dos connotaciones distintas pero simultáneas. En términos lezamianos, la negatividad es primero la «contrarréplica de una afirmación», como la que se produce en cualquier operación dialéctica. Según Lezama, el acto simbólico es indescifrable, y por lo tanto sólo puede representarse a través de la intervención ética y metafórica del poeta, quien sólo puede interpretarlo, pero no descifrarlo. Por eso la interpretación del acto simbólico se define siempre como un contrasentido o una contrarréplica –es decir, como lo que Lezama denomina «vivencia oblicua»–. Por ejemplo, en «La dignidad de la poesía» afirma Lezama que

> Esa gravedad que cobra la contrarréplica, como si tuviese que ser esperada en la propia imposibilidad de su arribada, encuentra en esa propia línea de vivencias oblicuas, que el genio de Napoleón no actuaba en el mar, sino paradójicamente se destapaba terrenalmente, es decir, sus batallas terrestres estaban regidas por movimientos de escuadras navales. (1977: 766)

---

[2] Para una interpretación de *Fragmentos a su imán* como obra aislada, cuya estética responde a las condiciones vitales de Lezama, véase por ejemplo Prieto 1984.

A su vez, me interesa explorar el concepto de negación en su acepción de destrucción, esto es, la negación de una afirmación entendida como desaparición o destrucción de esta última. En el sistema poético lezamiano estos dos movimientos ocurren sucesivamente, de manera que lo negativo existe de manera paradójica como un movimiento que genera lo poético y que, simultáneamente, lo define como su límite. Es decir, por una suerte de dialéctica negativa, lo inexistente genera lo poético: «En ese mundo paulino la sustancia de lo inexistente es siempre la nueva sustancia, la enemiga feliz de toda síntesis» (1977: 775). Y produce, por otra parte, una obligación ética sacrificial (la destrucción de un concepto o de un sujeto como único acto generador posible), que Lezama compara con los atributos de Saturno.

La obra surge de la carencia y para existir tiene que destruirse a sí misma. Para Lezama, la destrucción por sí sola es una práctica sin significado alguno, pero que se vuelve generadora cuando el poeta se destruye a sí mismo: un nuevo acto poético sólo puede surgir a partir de la destrucción completa del acto anterior. Lo que denomino aquí una lengua agónica atañe a la naturaleza de esta destrucción con relación al lenguaje poético. La naturaleza aporética de la poesía, que Lezama discute una y otra vez en su ensayística, en lo que él denomina su sistema poético, lleva la poética lezamiana irremediablemente hacia la puesta en cuestión de la condición barroca de su lengua para revelar su naturaleza agónica. Es decir, una lengua que al manifestarse revela la carencia que la constituye y que, como el caracol, se oculta y se manifiesta simultáneamente.

La interpretación católica de la obra lezamiana

Lezama refuta la epistemología dualista de Kant y su trascendentalismo racional porque, en su opinión, la verdad no es racional, no es producto de un razonamiento dialéctico. Lo irracional ha sido interpretado por la crítica como una instancia trascendental, ya se trate de Dios o cualquier otra figura absoluta. Fernández Retamar, por ejemplo, ha caracterizado de trascendentalista la poética lezamiana «en cuanto no se detiene morosamente en el deleite verbal, o considera al poema intermediario de una exposición afectivo-conceptual, sino como posible apoderamiento de la realidad» (1954: 86-87). Como Fernández Retamar, los origenistas identifican lo irracional con la fe religiosa. Tanto los poetas de Orígenes, en especial Cintio Vitier y Fina García Marruz, como los intelectuales que desde las páginas de *Lunes de Revolución* o *Ciclón* criticaron a principios de los sesenta su estilo por su hermetismo y orientación católica, afirmaron que la poética lezamiana gravitaba en torno a un idealismo de corte religioso. Así, para Vitier, la obra poética lezamiana produce «un dinamismo trascendente y teleológico que abraza el sueño y la videncia, de una inmotivada y profunda alegría anunciadora» (2001: 327). Según Vitier, el proceso poético es teleológico desde un punto de vista trascendental –y también desde un punto de vista histórico, como veremos más adelante–. García Marruz caracteriza la creación poética lezamiana como acto místico, puramente espiritual: «El deleitoso gongorismo de Lezama tiene que pasar por la difícil prueba de un riguroso ejercicio que lo acerca a la "noche oscura" de San Juan de la Cruz, ya que busca el ser conducido, por vía iluminativa, a una unidad primordial, si bien saltándose la vía purgativa de los sentidos, o más bien haciendo de lo frutal, anticipo paradisíaco [...]» (1984: 253).

Retomando la interpretación de Vitier, Jorge Luis Arcos sostiene que la imagen poética lezamiana está emparentada con la fe católica:

> De ahí que la mayor imagen que pueda concebir el hombre, para Lezama, sea la imagen de la resurrección, es decir, la unidad de la materia y el espíritu en la sobrenaturaleza, concepto esencial de su sistema poético del mundo que encuentra su apoyo en la categoría paulina de la fe en «la sustancia de lo inexistente» como ejemplo de superación de toda estética materialista, o bien de todo idealismo subjetivo. (Arcos 1990: 11)

Según Arcos, la metáfora continúa en la temporalidad, en el mundo de lo condicionado, pero funciona como sustancia transformadora para el surgimiento de la imagen. Por eso el estudio de Arcos se propone analizar el rechazo de Lezama a pensar de manera dualista y acogerse a lo que llama *solución unitiva*: la imagen deviene encarnación, y juega por lo tanto un papel unitivo entre lo temporal y lo trascendental, tal y como sugiere el catolicismo ortodoxo. Arcos argumenta que no hay dialéctica en Lezama porque al ser trascendental, la imagen siempre impera sobre la metáfora. Por eso, según él, se produce una solución unitiva y no una síntesis: «Es conveniente precisar cómo Lezama se opone a la concepción idealista de la dialéctica entendida como síntesis de opuestos, a la que opone la dialéctica como unidad, de estirpe platónica» (1990: 41). También hace una interpretación del mito del pecado original del cristianismo:

> Es decir, el hombre fue creado a imagen y semejanza de Dios, pero al sobrevenir la «caída», el pecado original, perdió la semejanza y se quedó sólo con la posibilidad de la imagen [...] Lezama le otorga a la poesía al encarnar la imagen la posibilidad de reencontrar la semejanza, la unidad perdida, idea que deriva hacia la imagen de la resurrección dentro de su sistema poético del mundo [...] De ahí su confianza en que la poesía «lo unificará todo» [...] De ahí su «solución unitiva» frente a todo dualismo (1990: 41-42).

Arcos quiere demostrar que el sistema poético lezamiano se asienta esencialmente en un pensamiento católico de naturaleza tomista; el objetivo fundamental de esta poética sería el de conseguir una unión entre lo temporal y lo trascendente (la metáfora y la imagen), para lograr así la encarnación en la imagen como unidad que trasciende a la metáfora. Por eso Arcos aclara que el pensamiento de Lezama, a pesar de no ser dialéctico, no es dualista. Sostiene, al contrario, que no se trata de superar dos ideas contrapuestas con una síntesis que resuelva el problema. Como una idea trasciende a la otra, estas no son contradictorias, sino complementarias. El objetivo es unirlas para recobrar un elemento primigenio:

> Esta relación entre la metáfora y la imagen, entre lo condicionado y lo incondicionado, entre lo temporal y lo eterno, explica a su vez las relaciones entre la caridad y la gracia, entre la vivencia oblicua y el súbito, como categorías centrales […] La apetencia lezamiana por la unidad, por la "católica tomista solución unitiva" (Lezama 1953: 109), tratará de establecer una unidad, una encarnación, entre estos dos reinos. Por un lado, la metáfora, la vivencia oblicua, la caridad; por otro, el descendimiento órfico de la imagen, el súbito, la gracia. Ahora bien, […] estas *categorías de relación* no se orientan en el pensamiento poético de Lezama hacia una síntesis de contrarios, sino que acoge una unidad en la poesía, pero esa unidad supondrá siempre la relación de trascendencia de la imagen, del súbito, de la gracia, por sobre la metáfora. (Arcos 1990: 13; énfasis en el original)

No creo que en el sistema lezamiano esta aprehensión de la realidad sea únicamente *unitiva*, para expresarlo en palabras de Arcos. En este sentido concuerdo con Brett Levinson cuando sostiene que en el sistema poético lezamiano no existe necesariamente una noción de lo absoluto hegeliano, tal y como ésta se entiende en la tradición metafísica de Occidente (Levinson 1996: 13). Creo además que no existe tampoco ese impulso cristiano por recobrar una unidad perdida y originaria. No se puede negar que el pensamiento lezamiano esté influenciado por la retórica y la doctrina católicas, pero esto no quiere decir que su sistema poético sea un proyecto teológico. Es decir, que sus creencias religiosas se representen de manera poética no quiere decir que su concepción de la poesía sea teológica. Al igual que muchas otras referencias culturales, el lenguaje religioso tiene un poder fundamentalmente metafórico, cuyo fin es la representación de una poética. En última instancia, esta semántica demuestra además la imposibilidad de conceptualizar o sistematizar un proceso definido precisamente por su carácter irracional. En este sentido, la identificación entre lo poético y lo religioso no debe ser interpretada de manera literal –como, por ejemplo, cuando en su ensayo «Exámenes» Lezama afirma que «un sistema poético del mundo puede reemplazar a la religión, se constituye en religión» (1977: 227)–. «Exámenes» es una reflexión acerca de la creación del poema con respecto a la relación entre la poesía como *technē* (el aspecto técnico, las reglas del *ars*) y su aspecto irracional o espiritual: «[…] el súbito de un verso mantiene su irradiación para propiciar los innumerables enlaces de significados» (1977: 225). Como se verá, Lezama no representa necesariamente este aspecto espiritual o irracional como momento trascendental, o no al menos de una manera tan clara como han afirmado Vitier y Arcos, entre otros críticos. No creo, además, que la visión religiosa de Lezama sea estrictamente católica; es mucho más heterodoxa, al punto de lo herético. No tener esto en cuenta simplifica un pensamiento que es mucho más complejo y sobre todo más asistemático de lo que ha sostenido la crítica.

La palabra poética como acontecimiento

La poesía surge de la tensión dialéctica entre lo causal y lo incondicionado, que Lezama describe como un doble movimiento de asombro en el que las metáforas discurren, la una hacia la otra, hasta producir una imagen. El procedimiento poético es, asimismo, un proceso gnoseológico en el que el poeta genera metáforas para conocer y alcanzar la «imago». ¿Pero cómo se desarrolla exactamente este procedimiento gnoseológico? Se llega a la imagen a través de un doble movimiento dialéctico cuyo motor es el asombro. La imagen aparece en el transcurso de una cadena cíclica de producción, de incorporación y devolución al final de la cual se engendra «un posible en la infinidad». ¿Cómo se alcanza el conocimiento y cómo se llega a la verdad? Mientras que la mímesis griega, tal y como la define Lezama, se sustrae a la posibilidad de la singularidad, sosteniendo así la metaforología aristotélica que ha permanecido en la tradición retórica, el proceso metafórico lezamiano funciona como el *Ereignis* o el *acontecimiento* heideggeriano (Heidegger 2002: 56)[3].

El *Ereignis* es un término difícil de explicar racionalmente, porque es una forma no metafísica de concebir al ser[4]. En la última etapa de su obra, Heidegger trata sobre la apertura extática del ser en el lenguaje. El lenguaje es para Heidegger *Ereignis* o acontecimiento que expone al ser y permite que el ser del hombre se muestre a partir de una relación entre ocultamiento y descubrimiento, o en la relación entre incorporación y pérdida de sentido que se da en la metáfora: «Language is not a tool at man's disposal, but that primal event which disposes of the highest possibility of man's being» (2002: 56)[5]. Por eso decir que lenguaje y *Ereignis* son equivalentes es también afirmar que el lenguaje no es un instrumento cuyo control dependa del ser humano. Por el contrario, el lenguaje produce sólo en determinadas circunstancias ciertos efectos de sentido que, al igual que el *Ereignis* conducen al simultáneo desvelamiento y encubrimiento del ser. El pensamiento de Lezama está recorrido por el advenimiento de una promesa que en su obra, como en la de Heidegger, está ligada con el

---

[3] El concepto heideggeriano de *Ereignis* ha sido asimilado a nociones similares en la filosofía budista zen y con los conceptos de escucha y conocimiento que tanta influencia tuvieron en la ensayística lezamiana. Para más referencia: «[...] what Heidegger speaks about is a "dialog" between the languages of the East and the West, an inquiry into the different ways in which they speak. A good example [...] is an article by the Japanese philosopher Hajime Tanabe entitled "Todesdialektik". Taube approaches Heidegger's philosophy from the point of view of Mahāyāna Buddhism, especially Zen, and interprets Heidegger's analysis of death and his conception of *Ereignis* from that point of view» (Mehta 1976: 97).

[4] Heidegger analiza el concepto más en profundidad en *Contributions to philosophy*, escrito entre 1936-1938. Otto Pögeler dice al respecto: «These *Beiträge* follow the new point of departure to which Heidegger found his way in 1929-30; they seek to experience the truth of Being as *Ereignis*, as that clearing for the self-concealing which can then become a "pathmark" [...]» (1993: 224).

[5] En una nota a pie de página, Heidegger aclara que el *evento* hace referencia al *Ereignis*.

lenguaje. Para Lezama la imagen se forma gracias a que «lo imposible al actuar sobre lo posible engendra un *potens*, que es lo posible en la infinidad» (1977: 839). Por eso la imagen se crea a partir de la interacción entre lo causal y lo incondicionado, es decir, lo inaccesible[6].

El caracter hiperbólico de la poesía

Para Lezama la poesía tiene la cualidad de ser hiperbólica. Lo hiperbólico es lo que en sentido etimológico –que es como Lezama entiende el vocablo– se refiere a lo excesivo; en tanto excede la medida o la regla, «La poesía pura es hiperbólica, como la duda primera de Descartes ha sido llamada por él *hyperbolique*: ideal lanzado más allá de toda posibilidad práctica» (Lezama Lima 2001: 60). La poesía es hiperbólica porque es excesiva y, en su monstruosidad, no puede existir. Según Mallarmé, como recuerda Lezama, la poesía es «le Monstre qui ne peut être» (2001: 60). Lo hiperbólico es también lo que no admite ser comprobado a través de un contraste experimental. La poesía, según Lezama, se da siempre como exceso, como suplemento y, paradójicamente, como lo que se resiste a una explicación o desciframiento. El mundo, sin embargo, sólo puede comprenderse «a partir de la poesía», y de ahí que, en la compleja cosmovisión lezamiana, no se pueda desligar lo histórico, o lo político, de lo poético. La pregunta fundamental en torno a la cual gira el pensamiento de la obra lezamiana es la búsqueda de la verdad, que en esa acepción conviene distinguir de su acepción realista y naturalista, y ante todo de su versión materialista y marxista. Para Lezama la verdad no existe de manera objetiva, como sucede en el realismo. Sólo se puede acceder a la verdad mediante el lenguaje poético, entonces lenguaje lógico

---

[6] Según Juan Pablo Lupi, Lezama entiende *lo incondicionado* [*das Unbedingte*] en su acepción kantiana como fundamento del ser, es decir, lo que carece de causa externa (2012: 218). Como explica Lupi, a Lezama no le interesa tanto la acepción kantiana de este término como su recreación metafórica en el contexto de su teoría poética (2012: 59).

resulta suficiente para aprehender la realidad, que no es reductible al *logos* o al concepto. Al igual que el caracol nocturno, lo poético no puede definirse a partir de lo que se le opone, pues la diferencia entre ambos es simplemente parcial. La poesía, por lo tanto, no tiene esencia y no es una verdad. En términos heideggerianos se podría decir que el lenguaje lezamiano no busca expresar un pensamiento representativo o calculativo.

La insuficiencia de cualquier lógica es también lo que nos hace afirmar que su metodología inquisitiva no se basa en un idealismo ortodoxo[7]:

> El argumento en que se barajaban San Agustín, San Anselmo y Gaunilo, de la existencia o no de las Islas Perdidas, más allá de las Afortunadas, porque fueron concebidas por el *eidos*, porque fueron pensadas, negado por aquellos que no aceptan que el pensamiento pueda crear una realidad, pero que aceptan, lo que es más desafortunadamente monstruoso, que la realidad pueda crear un pensamiento, negándose a aceptar lo que ellos creen que es la primera absurdidad, pero afincándose sonriente en la aceptación de la segunda, es decir, la realidad creando su percepción, su nombre y su definición. (Lezama Lima 1977: 789).

Lezama se refiere aquí a la prueba anselmiana y a la refutación que hace de ella Gaunilo. Partiendo de la premisa idealista de que Dios existe porque puede ser pensado, la prueba anselmiana demuestra la existencia de Dios a partir de una negación, es decir, la premisa de que no es pensable un ser mayor que un ser divino. Por lo tanto, se niega que haya un ser superior a él que sea pensable. La tercera premisa anselmiana establece que todo ser pensable existe en la realidad y que un ser que exista en la mente y en la realidad siempre será superior a un ser que sólo exista en la mente. A partir de estas tres premisas se deduce que si no existe un ser pensable mayor al ser superior, entonces

---

[7] Lupi ha hecho un brillante y exhaustivo análisis de la influencia del idealismo del temprano romanticismo alemán en la obra de Lezama.

este último tiene que existir. De no ser así, tendría que haber otro ser superior a él que, existiendo en la mente como el mayor que se puede pensar, existiese también en la realidad. Como explica Salvador Delgado Antolín: «suponiendo la no existencia necesaria de Dios se llega a una contradicción por la cual hay que negar lo supuesto y, por tanto, el argumento concluye su existencia necesaria» (1987: 4). La prueba anselmiana había sido refutada por Gaunilo, quien afirmaba que si sólo existe lo perfecto, entonces el mundo debe estar lleno de cosas perfectas.

Lezama rechaza la proposición del idealismo subjetivo según la cual las ideas sólo existen en la mente del sujeto, pero además piensa que la afirmación materialista inversa –que sólo la realidad puede crear un pensamiento– es igualmente errada. A pesar de esto, Lezama piensa que la lógica de la prueba anselmiana puede generar «una posibilidad infinita del pensamiento»: «Si el *eidos* [idea] anselmiano parecía al ponerse bajo la adoración de pólemos, que al ser negado fortalecía la razón profunda de su existencia, visto desde la *imago oblicua* cobraba una prodigiosa fuerza de creación» (1977: 789). Esto le da pie para afirmar que la imagen proviene siempre de lo inexistente, concepto que parte de la crítica interpreta como un símbolo únicamente religioso. Para ello se apoyan en este fragmento de «Sobre la poesía», entre otros ensayos, como por ejemplo «Existencias», para demostrar el carácter intrínsecamente religioso de su poética: «la peculiar conformación de su "sistema poético" sobre la base de una "lógica poética" y de una visión religiosa del mundo, fundamentalmente católica, ofrece la clave para la comprensión de su pensamiento, el cual subordina la propia teología a la esencial cualidad poética de aquel» (Arcos 1990: 11).

La fascinación de Lezama con la prueba anselmiana radica, sin embargo, en su potencial para generar metáforas de un modo indefinido. Para Lezama todo lo que se puede pensar tiene un análogo o una metáfora, porque el pensamiento funciona a partir de la representación. «El cuerpo del *eidos* y de la *imago*» coinciden porque la realidad material y su representación no se pueden desligar. Como afirma Jacques Derrida, es imposible interrumpir la presencia de la metáfora (1987: 64). Desde un punto de vista etimológico, la metáfora alude al vehículo y al transporte. Como vehículo, la metáfora nos transporta al espacio de la representación, y por eso no se puede hablar de la metáfora sin hablar a través de ella: la lengua es por definición metafórica. Como la lengua es metáfora, esta última no tiene nombre propio. Por eso la realidad no se nos aparece nunca de manera directa, sino que lo hace a través de la representación, es decir, de la metáfora.

La pobreza poética y mística

La mayor parte de la obra ensayística lezamiana se encuentra determinada por la dialéctica entre lo incondicionado y lo condicionado. Para Lezama lo incondicionado es el azar o el accidente, que visto desde un punto de vista psicoanalítico sería también lo inconsciente (o lo no simbolizable), como lo fue para los surrealistas. Desde un punto de vista kantiano, Lezama compara lo condicionado con la ley y lo incondicionado con la libertad. Ahora bien, el sistema de Lezama rechaza las dualidades y la causalidad entre la esencia y el accidente (Lezama Lima 1977: 800). Para Lezama el acto primigenio es lo más misterioso de la creación poética puesto que no tiene causa en sí. La poesía deviene en el mundo lezamiano acto constitutivo que le da sentido de ser a la realidad, pero nunca con otro fin que el de ser finalidad en sí misma, venciendo así todo determinismo. De ahí que la poesía –o por lo menos la de Lezama– sea indescifrable o al menos *difícil*, y por lo tanto, *estimulante*. Por eso dice que la poesía es hipertélica, porque «en la *poiesis* se enraiza el acto primigenio, pero de una manera hipertélica, es decir, rompe la concepción de cualquier finalidad [...]» (1977: 764). Esto aleja a la poesía de cualquier tipo de pragmatismo y la empareja con un acto improductivo, pero dicha hipertelia no es óbice para que el *ethos* del poeta brote a través del acto poético. El hombre es el único que puede prolongar su ser hasta la infinitud, por medio de la imagen, para lograr así la resurrección, última gran dimensión de la poesía o la historia, donde lo incondicionado actúa sobre lo causal, resignificando el mundo, dotándolo de sentido. Los actos primigenios suscitan un apetito de desciframiento y de dificultad que estimula. Al mismo tiempo, dichos actos se conforman como realidades indescifrables. A través de la metáfora el sujeto interpreta los actos primigenios situándose entre el espacio de encantamiento y una situación simbólica. El acto primigenio es también la situación simbólica que el hombre transforma en imagen a través de la metáfora. El espacio simbólico y la metáfora no están mutuamente determinados, ya que esta última surge en «un espacio de encantamiento», es decir, que se produce de forma azarosa. Esta interpretación del sujeto se constituye como acto ético por excelencia, pues se trata de la manera en la que el hombre participa de la realidad para transformarla. Por lo tanto, según Lezama, el *ethos* del hombre o la constitución del sujeto político se realizan a través del surgimiento de la metáfora, lo que Lezama llama también «la vivencia oblicua», como variante de lo incondicionado o del azar. En la cosmovisión lezamiana el surgimiento de un acto transformador del lenguaje puede ser y de hecho es, a su vez, un acto histórico: crea una realidad en la que lo político y lo poético se determinan mutuamente. Pero esta penetración de lo incondicionado sobre lo causal de la imagen en la Naturaleza o en la Historia no ocurre por medio de absolutos como la plenitud, la abundancia o la positividad, sino a partir de la falta, de la carencia, de la ausencia. Sólo se puede penetrar en lo desconocido a través de lo que Lezama instituye como relación a la pobreza. Una pobreza, sin embargo, como sentido múltiple de ausencia, ya sea poética (Mallarmé) o mística (tao)[8].

---

[8] Lupi, en el libro ya mencionado, hace un análisis detallado acerca de las referencias mallarmeanas de Lezama, y en particular un extenso análisis sobre

El tao, cuya interpretación evoluciona a lo largo de la obra lezamiana, es un tema constante en todos los géneros que practicó. «La biblioteca como dragón» (1963), por ejemplo, es un ensayo de *La cantidad hechizada* que elabora el tema en profundidad a través del análisis de la literatura clásica china. El ensayo versa sobre la interpretación y evolución del Tao a lo largo de la historia. En términos generales, el tao es una corriente de pensamiento y una práctica espiritual basada en los conceptos del vacío y lo inapresable, dos ideas que Lezama prefiere definir de manera espiritual y no intelectual: «¿Por qué ese afán de definir lo indefinible? ¿De expresar lo inexpresable? ¿De apresar lo inapresable?» (1977: 891). El título del ensayo, de hecho, se refiere precisamente a esta idea. El dragón simboliza lo inapresable, que relacionado con la biblioteca (lo intelectual), alude a los distintos modos interpretativos del tao. Es decir, que mientras intelectuales como Lao-Tse hablan del vacío a través de lo inapresable, otros como Kung-Tse (Confucio) dedican su vida a investigar los clásicos para descifrar el significado del «dragón» (lo inapresable) y codificarlo. Tanto es así que para Lao-Tse lo real y el nombre son equivalentes en un movimiento en el que el Tao y el hombre se unifican. A Lezama le interesa sobre todo el *Yi King* o *Libro de las mutaciones*, que tanto Lao-Tse como Confucio estudiaron en profundidad, y que él define de la manera siguiente:

> Una enorme parábola es *tao*, con momentos *ying* y *yang*, primero y después, aquí y allá, un tiempo y otro tiempo, un lado y otro lado, [...] el embrión y su expansión, [...] postración y resurrección, [...] Pero no se trata de una antítesis, sino de un vaivén de lo informe y creador a lo informe creador. (1977: 920)

Para Lezama el tao no es una metafísica, sino que opera como lo hace su propio sistema poético. En el tao la ausencia crea una

---

el ensayo «X y XX» y la apropiación *sui generis* que hace Lezama del poema de Mallarmé «Prose (pour des Esseintes)» (2012: 124-128).

presencia que liberada de la ausencia actúa como imagen. Por eso dice Lezama que se crea un movimiento de vaivén del que surge una creación, que a su vez produce una nueva oposición y otra imagen, *ad infinitum*, como en la teoría anselmiana.

Con respecto a la pobreza dice Lezama en «A partir de la poesía»[9]:

> Sentirse más pobre es penetrar en lo desconocido, donde la certeza consejera se extinguió, donde el hallazgo de una luz o de una vacilante intuición se paga con la muerte y la desolación primera. Ser más pobre es estar más rodeado por el milagro, es precisar el animismo de cada forma; es la espera, hasta que se hace creadora, de la distancia entre las cosas. (1977: 839)

Por tanto, el poder de lo incondicionado reside en su negatividad y el poeta ha de ser el garante de esa negatividad: «El poeta como guardián de la sustancia de lo inexistente como *posibiliter*. No como en el mundo griego donde se corporaliza la nada del ser como ser la nada, por eso no necesitó la formulación del cero, sino la del no ser parmenídeo» (1977: 774). Para Pármenides no puede existir el pensamiento desvinculado al ser; para Lezama, en cambio, como en el tao, el silencio y la nada pueden producir conocimiento.

---

[9] Este ensayo se escribe en enero de 1960 y es parte de *La cantidad hechizada*. Ese año Lezama ha sido nominado como uno de los seis vicepresidentes de la UNEAC (Unión de Escritores y Artistas de Cuba), y es además asesor del Centro Cubano de Investigaciones Literarias. En esta época es posible que Lezama todavía estuviera entusiasmado con una revolución que prometía acabar con la corrupción y la desigualdad económica de la República. En este sentido, reivindicar «la pobreza» tiene también una connotación política a la que se alude en «El ángel de la jiribilla», un pasaje del mismo ensayo que demuestra su apoyo a la Revolución cubana y ha sido luego fundamental para la creación del discurso de institucionalización de la figura de Lezama como escritor revolucionario. La revista cultural electrónica *La jiribilla* retoma, por ejemplo, la metáfora que da título al ensayo de Lezama.

En la concepción lezamiana el poeta es como el mago Wang Lung, personaje de su extraño relato «Juego de las decapitaciones» (1977: 1231-1246). Cuando un mandarín arruinado le pregunta a Wang Lung «por qué no emplea el arte de la magia en darle vida a los muertos», Wang Lung responde: «porque puedo sacar de las entrañas de los muertos una paloma, dos faisanes, una larga hilera de gansos» (1977: 1233). La magia, por oposición a la poesía, siempre persigue algún fin y Wang Lung opta por transformar la magia en poesía. En lugar de hacer magia con el propósito de hacer revivir a los muertos, Wang Lung opta por hacer un acto improductivo, sin fin ni motivo. Como la poesía, su gesto es hipertélico; no persigue ningún fin, y por eso no anhela revivir a los muertos. La poesía debe poner al descubierto las entrañas de la realidad, su más recóndito espacio gnoseológico; ese es precisamente el rol del poeta. Ahora bien, esta exploración surge en la carencia. La pobreza lezamiana demanda una exploración del ser que no parta del ser sino del no-ser, es decir, una búsqueda que esté mediada por la poesía y su falta de finalidad, no por la magia. De ahí que Wang Lung considere que el truco de la decapitación, y por extensión la magia, están basados en un arte ordinario, un correlato del idealismo vulgar que crea la ilusión, no ya de que la idea pueda crear una realidad, sino de que la realidad se asemeja a la razón. Para Wang Lung la realidad se asemejaría a la razón si nos hiciera creer que, como la magia, la razón lo puede todo. Tanto la razón como la magia están determinadas por una finalidad que han de cumplir. Sin embargo, la poesía debe poder crear una realidad a partir de una idea, y esto debe surgir de la negatividad, es decir de la falta de logos y de la falta de finalidad, como el faisán que surge de las entrañas de los muertos.

El carácter saturniano de la poesía

Donde más claramente se percibe el engranaje de la dialéctica lezamiana es durante la teorización sobre la creación de la obra de arte, ya que es en este caso donde se resuelve el conflicto de hacer de la obra de arte una realidad no mimética, no restituible, pero que al mismo tiempo pueda ser simbolizable. «La identidad gusta de asemejarse a lo saturniano», dice Lezama, «pero en esa aparente semejanza, se entroniza la perdurabilidad de lo idéntico» (1977: 805). Para Lezama, la obra es constitutivamente saturniana o melancólica, ya que para que se constituya como tal debe someterse a los principios de semejanza y de diferencia. En otras palabras, en toda *poiesis* no puede sino haber una restitución melancólica del objeto, pero al mismo tiempo debe darse su destrucción. De ahí la analogía con Saturno, el dios que devora a su progenie para lograr su supervivencia. La creación surge a partir de esta paradoja que le es inherente, ya que no puede existir sin destruir su propia singularidad. Esto es lo que Lezama denomina el carácter saturniano de la obra; pero paralelamente, la poesía sólo puede darse a través del principio de semejanza, de la repetición. Como se ha visto ya, la poesía surge a partir de la relación dialéctica entre lo que Lezama llama lo incondicionado y la causalidad. En otras palabras, la *poiesis* actúa en el plano de lo simbólico, de una manera irrecuperable, intraducible. Pero para que este momento pueda ser reconstituido tiene que ser representable, es decir, tiene que poder someterse al principio de semejanza, y por lo tanto debe poder hacerse repetible.

Permitir que la poesía pueda ser representada a través de la repetición es destruirla, puesto que equivale a anular el principio de su singularidad. ¿Cómo sustraerse a esta gran paradoja? Para Lezama la única manera de superar esta contradicción aparece gracias a la resurrección de la imagen. A través de esta resurrección se anula el principio de causalidad y se hace desaparecer lo semejante. La resurrección es la única posibilidad de eliminar la muerte de la poesía. Este quiebre de lo semejante hace que la poesía pierda la cualidad mimética y representacional que para Lezama tiene la metamorfosis griega: «La imagen extrae del enigma una vislumbre, con cuyo rayo podemos penetrar, o al menos vivir en la espera de la resurrección»

(1977: 848). Durante el proceso saturniano la obra no desaparece por completo, sino que deja unos restos (cenizas) a partir de los cuales surge la imagen a través de la resurrección: «De esa incomprensible derrota de la identidad saturniana frente al desierto, queda como un residuo de los retos anteriores en *el uno*» (1977: 807). Sin embargo, la resurrección también representa el límite de la literatura, porque aunque queden los restos de la obra destruida, estos permanecen ocultos, o simplemente aparecen de manera indiferenciada como sucede en el barroco.

La imagen barroca como verdad

En «Éxtasis de la sustancia destruida» hay un camino que es el que está al borde de la boca de la ballena, y que conduce la metáfora hasta el continuo de la imagen. Ese es el instante en el que, como en la elevación mística, se llega a la iluminación: «La violenta sustitución seguida de una ráfaga hueca prepara el vacío, la ballena y el frasco, por donde se sale y entra como originario principal [...] Ahora ciego estoy [...] Ciego estoy, mi casa es la ballena» (1977: 856). Este momento de ceguera crea una experiencia que se resiste a la interpretación lingüística, y por ende al conocimiento. Pero este camino conduce a la revelación de la verdad que surge en forma de imagen. Paradójicamente la imagen sólo puede formarse a través de la lengua, y por lo tanto su surgimiento está necesariamente ligado a ella. Sin embargo sólo puede llegarse al momento de la revelación a través de una lengua poética, o más específicamente a través de lo que yo denominaría como una lengua agónica. Esta lengua es agónica porque, como hemos explicado ya, también es hipertélica, es decir, un acto sin finalidad.

Ahondemos más en el concepto de la hipertelia, característica fundamental para entender el carácter agónico de la lengua lezamiana. Cuenta Severo Sarduy que determinados animales ciliados huyen hacia el interior de la tierra cuando llega la marea, y después, incapaces de volver, mueren lejos de las aguas a las que pertenecen. Estos animales entregan su vida al cometer un exceso que está por encima de sus capacidades (Sarduy 1999b: 1293). Son animales hipertélicos, porque han ido más allá de sus fines. Han excedido su límite y lo han pagado con su vida. En la hipertelia el fin es el exceso, el suplemento, pero a la vez es el término, la consumación. Por lo tanto este suplemento es también el término, la consecución, pero al mismo tiempo representa la destrucción. Carácter paradójico de la hipertelia: el suplemento es necesario para el ser de la obra, pero también produce su destrucción. Esto es porque en realidad la obra sólo puede llegar a alcanzar su ser a partir de su propia destrucción, de su propia muerte. En otras palabras, la literatura sólo puede alcanzar su verdad a través de su propia muerte. Como los animales ciliados, la literatura sólo puede llegar a su propio ser, a su propia verdad tras haber excedido su propio límite. Su verdad es también el término, el fin de la literatura, y al mismo tiempo es su muerte. Si la verdad de la literatura se encuentra necesariamente supeditada a su muerte, entonces la verdad sólo puede surgir en el momento en el que la lengua alcance su término, que es también el instante en el que alcanza su propio exceso. ¿Cuál sería este momento de suplementariedad o de exceso de la lengua? ¿Cómo nombrar este momento en el que la lengua deviene agónica?

En su improductividad, la cualidad hiperbólica de la poesía lezamiana se relaciona también con el lenguaje barroco en la acepción que le da Severo Sarduy. Precisamente por esto se puede decir que la cualidad hiperbólica de la poesía explica en parte el hermetismo del lenguaje lezamiano y su ser barroco. En el análisis estructuralista que Sarduy hace sobre el barroco, una de las características fundamentales de este estilo es la pérdida de referencialidad del significante y su capacidad de funcionar como significante vacío (Sarduy 1999a: 1203). En la argumentación de Sarduy el proceso metafórico lezamiano se forma a través de una acumulación de sentidos, que lo que hace es no privilegiar ninguno de los múltiples significados que se generan.

Así, por ejemplo, se muestra cuando, en *Oppiano Licario*, Fronesis conoce al joven que define la esencia de la poesía como fuente de la verdad. Para este último la poesía debe poder leerse de múltiples maneras, como un jeroglífico:

> También la vuelta al *jeroglífico*, o sea a la sagrada escultura. En lugar de la letra, que llega a ser muy aburrida, se puede emplear el jeroglífico. Así, el simple dibujo de una palma, por la comparación de sus hojas con los rayos del sol, significa un planeta cercano; porque no entrega su fibra a su pesadumbre significa el himno de victoria. Alude también a la Judea por ser muy germinativa por esos lugares. (Lezama Lima 1997: 404)

La metáfora barroca, de acuerdo con la interpretación de Sarduy, hace que el significado se traslade, que pase de un significante a otro, y que por lo tanto ni el sentido ni el logos desaparezcan. El sentido simplemente transita, muda de lugar, pero el significante sigue funcionando dentro de un sistema logocéntrico y por eso no se desvanece. Por lo tanto hay acumulación de significados, pero este proceso acumulativo no se produce de manera aislada. En el proceso de la descentralización del significado el centro vacante no vuelve a totalizar alternativamente al resto del sistema. Lo que se produce por el contrario es un vaciamiento del centro, y este vaciamiento apunta necesariamente a la carencia constitutiva del sistema, como se vislumbra en «Recuerdo de lo semejante»: «El *omphalos* huye de nosotros y nos deja el sabor / de comenzar por un retroceso» (1977: 1070).

Jacques Lacan argumenta que el barroco es una manifestación que representa el deseo del sujeto cuyo cuerpo habla a través del lenguaje barroco. En este sentido, el barroco representaría con su materialidad física el alma humana. Lacan observa así la imposibilidad que tiene el discurso racionalista y analítico científico para desvelar al sujeto y la satisfacción paradójica que surge con este tipo de discursos, que, de acuerdo con Lacan, nada tienen que ver con el conocimiento (1975: 141). Por eso el lenguaje tiene que ver con la satisfacción, pero no con el conocimiento. En el barroco todo es exhibición de cuerpos evocando satisfacción. Según Lacan, el barroco tiene la misma economía libidinal que la religión cristiana a la que representa, y además persigue el mismo objetivo, que es alcanzar la verdad. En el cristianismo, la verdad se alcanza mediante la incorporación del cuerpo de Cristo. Lacan argumenta que los exégetas de Aristóteles se aterraron con la revelación de que el goce, bajo la forma de verdad incorporada como cuerpo, es placer sexual. De ahí que Lacan argumente que la profusión de cuerpos en el barroco tenga la función de ocultar la existencia de este placer sexual: «Le baroque, c'est la régulation de l'âme par la scopie corporelle» [El barroco es la regulación del alma por la pasión corporal de la visión] (1975: 147). Por eso el lenguaje y la satisfacción están marcados por la ausencia de lo que produce placer.

La lengua agónica representa la herida abierta de una expresión barroca abocada por sus características intrínsecas a su propio límite expresivo. Si el barroco satura el espacio, la lengua agónica revela la carencia del sistema que el barroco oculta. Recordemos que el carácter saturniano de la obra crea una paradoja: la obra surge a través de la resurrección de la imagen que se forma cuando la obra pierde su singularidad y su semejanza. En la poesía lezamiana esta destrucción de la obra deja un resto sobre el cual se forma la nueva creación. Ese resto espectral es lo que se pone al desnudo en la última poesía lezamiana y es también lo que constituye la lengua agónica. Cuando este resto se desvela, se hace visible la carencia constitutiva de la lengua que el barroco lezamiano trata de ocultar, así como la imposibilidad de alcanzar el conocimiento gnoseológico al que aspira. El objetivo del barroco es el exceso, que es a su vez el término y la consumación de la lengua, como denota su carácter hipertélico. Por eso, la monumentalidad del barroco, como afirma Wölfflin, es un síntoma de su declive: «Increasing size is a common symptom of art in decline» (1964: 39). De ahí que el sentimiento de goce y éxtasis que produce el barroco oculten en realidad la ansiedad que causa una carencia:

Baroque [...] wants to carry us away with the force of its impact, immediate and overwhelming. It gives us not a generally enhanced vitality, but excitement, ecstasy, intoxication [...] This momentary impact of the Baroque is powerful, but soon leaves us with a certain sense of desolation. It does not convey a state of present happiness, but a feeling of anticipation, of something yet to come, of dissatisfaction and restlessness rather than fulfilment. (Wölfflin 1964: 38)

Esto es precisamente lo que sucede en algunos poemas lezamianos en los que se acaba privilegiando el elemento creador o afirmativo, haciendo que la carencia se quede sin representación. Podemos observar esto en «La sustancia adhererente», uno de los poemas de la segunda parte de *La fijeza* (1949). Desde el punto de vista metaliterario, el poema representa la creación de la imagen barroca, pero simboliza además la relación simbiótica entre el hombre, la naturaleza y el arte. El irónico título del poema se refiere sorpresivamente a una caracola, un molusco. El molusco se adhiere a una superficie para protegerse, de ahí que la sustancia (o el molusco) sea «adherente»: «se incrusta en aquella porción, carne y tierra». La ambigüedad del título se debe a la doble connotación de la palabra «sustancia», como esencia de algo y como líquido que se extrae de una materia[10]. Es decir que la sustancia se refiere tanto al molusco en tanto ser, que a un líquido adherente. Esta ambigüedad es parte de la estrategia discursiva que consiste en igualar lo sublime con lo terrenal; es decir, en última instancia, el poema habla de «una sustancia que se sabe y reconoce como tiempo» (Lezama Lima 1977: 179)[11]:

---

[10] La sustancia adherente aparece como expresión equivalente al logos en «Exámenes»: «Que existe la piedra heráclea que abre los comunicantes y que el poema ofrece hacia su centro los imanes que sumergen al verbo, ya por un impulso hacia la ley de los torbellinos o por la sustancia adherente» (Lezama Lima 1977: 226.)

[11] Así define Lezama la naturaleza del acto poético en «Las imágenes posibles», ensayo publicado en *Analecta del reloj* (1948): «Si es posible que el hombre haya podido elaborar una criatura donde puedan coincidir la imagen y la metáfora,

> [...] el brazo sumergido dignifica sus calambres y su blanco ausente; soporta el sueño de las mareas primero, y las miserables joyas que van taladrando su carne hasta quedar bendecidas por un róseo rocío doblador, para hacer tal vez con ellas una región de arenas como ojos, donde la pinza hueca, el pie vergonzoso son transportados con natural ligereza de aire espesado por luz dura de plata. (Lezama Lima 1977: 845)

La incrustación de piedrecitas u otras conchas va embelleciendo el brazo desnudo a través de varias capas de transformaciones estéticas, que pasan de ser joyas a arenas, y de arenas a ojos que van cubriendo «el blanco ausente» del brazo, hasta que su naturaleza primera queda oculta. La imagen se va creando progresivamente a través de este simbolismo metaliterario, de ahí que el título se refiera también a lo incondicionado (la sustancia o ser) y al azar, a lo causal que la hace adherente. El molusco representa así al ser (lo incondicionado), como metáfora de la representación barroca, con sus incrustaciones embellecedoras que saturan la concha.

Así, con su predilección por el *chiaroscuro*, la indefinición de las formas, y su carácter grandilocuente, el brazo, como el barroco, transido por la naturaleza y el tiempo, se convierte en un animal cuya muerte produce la resurrección del cuerpo como obra de arte: «Al pasar los años, el brazo sumergido no se convierte en árbol marino; por el contrario devuelve una estatua mayor, de improbable cuerpo tocable, cuerpo semejante para ese brazo sumergido. Lentísimo como de la vida al sueño; como del sueño a la vida, blanquísimo» (1977: 845). Esta obra de arte carece de vida, ha ido perdiendo el ropaje barroco que le insuflaba vida a través de la naturaleza, hasta quedarse desnuda y recobrar la forma del brazo desnudo y sin vida. Esta metamorfosis indefinida representa la vida que paradójicamente tanto el brazo como el molusco han perdido y simboliza además la transformación constante del barroco. Su color es además la síntesis

---

viene a resolver no la sustantividad en lo temporal, sino una sustancia que se sabe y reconoce como tiempo» (1977: 179).

perfecta y la conjugación de todas esas fuerzas: «blanquísima», esto es, obra de arte que representa la pureza, la elegancia, pero sobre todo lo sublime: la luz de la creación infinita. El blanco representa así lo divino, la forma de las formas que aúna todas las metamorfosis que el barroco revela y a la vez eclipsa de manera sublime la carencia, la naturaleza perdida que renace con la imagen[12].

Fragmentos a su imán

Como se explicó ya, Lacan argumenta que el barroco tiende a expresar una indeterminación semántica que tiene que ver con el *horror vacui* que una profusión metafórica intenta suplementar. De nuevo esto parece relacionarse con un determinado exceso o suplemento de la lengua, pero sin embargo no llega a identificarse con la muerte de la lengua, con una lengua agónica. En realidad, la casi infinita heterogeneidad léxica del lenguaje lezamiano es un síntoma de que faltan palabras o sobran palabras para expresar la realidad. Pero esta angustia se cubre con un exceso lingüístico, se cubre con una lengua afásica. Una lengua que a pesar de su afasia, o precisamente a causa de ella, habla mucho y por lo tanto manifiesta mucho goce, aunque, como nos dice Lacan, sea en realidad una lengua que no sabe nada. El texto que mejor expresa esta idea es precisamente *Fragmentos a su imán*, la última obra poética de Lezama, escrita en la década del setenta, y que prueba que esta década no fue tan gris como arguyen Ambrosio Fornet y tantos otros intelectuales, y que

---

[12] En «Confluencias», ensayo publicado en *La cantidad hechizada*, dice Lezama: «La penetración de la imagen en la naturaleza engendra la sobrenaturaleza. En esa dimensión no me canso de repetir la frase de Pascal [...] "como la verdadera naturaleza se ha perdido, todo puede ser naturaleza"; la terrible fuerza afirmativa de esa frase, me decidió a colocar la imagen en el sitio de la naturaleza perdida de esa manera frente al determinismo de la naturaleza, el hombre responde con el total arbitrio de la imagen» (1977: 1213)

además constituyó uno de los referentes más importantes para la poética de los años noventa[13].

En «José Lezama Lima en La Habana», uno de los ensayos inspirados por su viaje a La Habana y su encuentro con Lezama, María Zambrano dice de Lezama:

> Mientras le ofrecían la ortiga, Lezama era el imán que convoca a lo que ha de convocar siempre el imán, a prosternarse y a alzarse rítmicamente ante la luz naciente. La luz que despierta de los sueños más tercos, de los más lóbregos, aunque sean «pour cause», la luz que llama a cantar, a entonar, a entonarse con ella y por ella (2007: 213).

El imán, como su naturaleza bipolar indica, atrae ciertos objetos y repele otros. Sin embargo, la crítica sostiene que «tanto Zambrano como Lezama lo que hacen es valerse de las interpretaciones que hacen del imán un símbolo solar del dios egipcio Horus, cuyas representaciones más conocidas son la de un ojo o la de un disco solar con alas de gavilán» (Valdés Zamora 2010: 255). Según esta simbología, el imán representa, como la luz solar, la fuente que genera energía con más potencia. Al compararlo a un dios, Lezama representa la plenitud y perfección espiritual que ilumina el mundo. Es el imán el que, como el de Apolonio de Tiana al que Lezama se refiere en su discurso «Ningún honor prefiero al que yo me gané», atrae un flujo de eventos y afirma el camino de la humanidad:

> Nuestro pueblo de Dios había contemplado los veinte años de ausencia y el punto en la muerte, ley de José Martí, como si las extensiones de

---

[13] La primera edición de *Fragmentos a su imán* se publicó en La Habana (Arte y Literatura) en 1977 con un prólogo de Cintio Vitier. Un año más tarde se reeditó en Barcelona (Lumen) con un prólogo de José Agustín Goytisolo y Cintio Vitier, y también apareció en México (Ediciones Era) con un prólogo de Octavio Paz. A raíz de la reinvención de Lezama en los noventa la obra se reedita en La Habana en dos ocasiones más: en 1993 (reimpresa en 1995) y 2002. La edición de 1995, con el mismo primer prólogo de Vitier, es la que se cita en este ensayo.

la ausencia se contrajesen en un remolino para la recepción del caballero, que posee en los bordes finos del tafetán de su levita de cobre insular, el imán de Apolonio de Tiana, que hace nacer el árbol en cualquier región del hechizo. (Álvarez Bravo 1966: 16)

Claros del bosque, cuya escritura inicia Zambrano en 1972, se publica en 1977 como libro de ensayos. Suponemos que *Fragmentos a su imán*, o al menos algunos de sus poemas, comienzan a escribirse alrededor de 1970. Dada la intensa relación intelectual que Zambrano y Lezama cultivaron, la proximidad temporal de ambas obras y el vocabulario lezamiano que Zambrano adopta, sería muy posible especular que el título de *Fragmentos a su imán* y su contenido, en general, esté inspirado por el pensamiento de Zambrano y sobre todo por *Claros del bosque*. Para Lezama, el imán representa la potencia absoluta y la singularidad de la expresión poética o de la postura ética, y los *fragmentos* representan el saber discontinuo de Zambrano: «Y lo entrevisto puede encontrar su figura, o lo fragmentario quedarse así como nota de un orden remoto que nos tiende una órbita» (Zambrano 1977: 14). Para Zambrano, como para Heidegger, el claro del bosque no representa el lugar que buscamos, sino el que se nos aparece y que produce el conocimiento *discontinuo*. Esta expresión es además símbolo de un conocimiento y una espiritualidad que sólo «entrevemos de manera fragmentaria». En «Exámenes», ensayo perteneciente a *Analecta de reloj* y publicado en 1950, Lezama se refiere ya a «lo discontinuo» y también a «los fragmentos». A este respecto, dice Lezama:

> Pues aquel poema construido en el momento en que la poesía le era coincidente y lo penetraba, estableciendo así entre poesía y poema un simultáneo encuentro donde lo discontinuo puede brindarse como mansión y estado, se diferencia por esencia de aquel otro espectador que tiene que marchar reconstruyendo los *fragmentos*. (1977: 223; énfasis mío)

Una vez que ha creado su obra, el poeta ya no la reconoce porque esta ha adquirido su propia autonomía significativa, pero siempre existe el temor a que la metáfora sea producto de una asociación mimética (es decir, su fragmento). Esto es inevitable porque el arte es mimético por definición, pero por eso debe existir otro elemento que se resista a la codificación simbólica (la imagen): «Si la metáfora como fragmento y la imagen como incesante evaporación, logran establecer las coordenadas entre su absurdo y su gravitación, tendríamos el nuevo sistema poético [...]» (Lezama Lima 1977: 227).

Volviendo a la frase que sirve de título, «Fragmentos a su imán», observamos que las primeras incógnitas son de tipo sintáctico y gramatical. ¿Cuál es la acción? ¿A qué o a quién se refiere el pronombre posesivo? Obviamente, estas ausencias son deliberadas; más que una invitación a la hermenéutica, están más bien indicando el límite de la lengua y el «conocimiento discontinuo» al que se refería Zambrano. Por eso lo que podemos entrever son sólo «fragmentos». Sin embargo, estos fragmentos no representan un espacio caótico, sino todo lo contrario. La preposición «a», que indica dirección o término y que se refiere al sustantivo «fragmentos», nos da a entender que estos se encaminan hacia algún lugar representado probablemente por el sustantivo «imán». Hay que señalar que la posesión no se encuentra entre ambos sustantivos (fragmentos de su imán), como cabría esperar, sino que se refiere a un sujeto ausente o a los mismos fragmentos (los fragmentos se dirigen hacia sus imanes). Pero como dije antes, esta especulación es baldía porque la ambigüedad es deliberada e indescifrable. Lo importante es indicar que los «fragmentos» avanzan, se encaminan a entablar una relación con un «imán» que, a pesar de pertenecerles, está siempre por venir (porvenir).

Fragmentos a su imán representa un conocimiento (una lengua) que a pesar de ser discontinuo todavía no se ha constituido como tal y que en realidad está siempre por venir. Aun siendo discontinuo el conocimiento nunca se muestra como tal, sino que esta «discontinuidad» siempre está trasladándose y siendo repelida y atraída por el imán (el conocimiento). Hay que señalar además que es la «discontinuidad» la que se dirige hacia el conocimiento y no al contrario, lo cual la convierte en el tema fundamental de la obra. Es este espacio de lo que se encamina hacia un porvenir y que a pesar de pertenecerle no se materializa nunca, el que se narra con la lengua agónica. En el estilo barroco la lengua agónica no se manifiesta, sino que se deniega y se oculta, y por eso el barroco representa los fragmentos de un anti-barroco que está siempre por venir pero que se deniega, como sucede en las poéticas que anteceden a esta obra. Por eso el barroco crea desolación, como argumenta Wölfflin. La lengua agónica representa este espacio denegado que se encuentra entre la ausencia y la presencia, la carencia y la plenitud, y finalmente, la repulsión y la atracción.

Mi tesis es que *Fragmentos a su imán* representa la traslación de una lengua barroca hacia otra lengua por-venir, como consecuencia del agotamiento de la búsqueda de una singularidad cuya condición contradictoria es constitutiva del barroco. Esta singularidad es de naturaleza contradictoria porque está abocada a ser entendida simultáneamente como causa primera y como realidad ontológica. Concebida como causa primera, esta realidad no puede ser cognoscible; sin embargo, es objeto de conocimiento cuando la concebimos como realidad ontológica. En otras palabras, el *horror vacui* del barroco se produce a partir de una búsqueda incesante de una singularidad imposible de concebir. Como ya hemos visto, el sistema poético lezamiano está basado en una paradoja irresoluble. Recordemos que según Lezama la obra de arte posee una condición saturniana: para constituirse como tal una obra debe ser singular y a la vez semejante o repetitiva, pero según Lezama la obra sólo puede existir a partir de la destrucción de su propia singularidad a fin de poder semejarse a las demás. La paradoja es que si la obra se destruye, pierde entonces su singularidad y su carácter de obra. Lezama resuelve esta paradoja con el concepto de la resurrección y la creación de la imagen, operaciones que según él anulan la causalidad y la semejanza.

Pienso, sin embargo, que con los conceptos de «imagen» y «resurrección» Lezama llega al límite de la representación y de la literatura.

Es decir, que sin los procesos de causalidad y de semejanza la obra no puede existir, porque la escritura, para existir, debe ajustarse al principio de la diferencia. Mi tesis es que este «vacío» produce un horror que el barroco trata incesantemente de ocultar. Como sabemos ya por Lacan, no existe nada peor que un vacío. Mientras que el barroco oculta este vacío, la lengua agónica de *Fragmentos a su imán* lo desvela y lo hace presente, convirtiéndolo así en la naturaleza de la obra, es decir, en un conocimiento discontinuo. El resultado de esto, como indicaba antes, es que el «vacío» se convierte en el tema fundamental de la obra y también de la lengua, pero no lo hace de manera única o simple. Es decir, no es que la lengua muestre su límite o negatividad, sino que, por lo contrario, los pone a funcionar y los desvela. De ahí que este trabajo haga hincapié en el hecho de que la carencia o la negatividad no son elementos que aparezcan repentinamente al final de su obra, sino que simplemente se «trasladan» y se desvelan.

Quizás uno de los poemas que con más claridad muestra esta transformación epistemológica y expresiva sea «¿Y mi cuerpo?» (1974), uno de los últimos de la obra:

> Me acerco
> y no veo ninguna ventana.
> Ni aproximación ni cerrazón,
> ni el ojo que se extiende,
> ni la pared que lo detiene.
> Me alejo
> y no siento lo que me persigue.
> Mi sombra
> es la sombra de un saco de harina.
> No viene a abrazarse con mi cuerpo
> ni logro quitármela como una capota.
> La noche está partida por una lanza,
> que no viene a buscar mi costado.
> Ningún perro esmalta
> el farol sudoroso.

> La lanza sólo me indica
> las órdenes de la luna
> haciendo detener la marea.
> Es la triada del colchón,
> la marea y la noche.
> Siento que nado dormido
> dentro de un tonel de vino
> Nado con las dos manos amarradas. (1995: 102)

Este poema lúdicamente lorquiano establece una serie de oposiciones que giran en torno a visibilidad/invisibilidad, movimiento/inmovilidad y restricción/libertad. En realidad, el sujeto se encuentra siempre atrapado entre las dos opciones sin poder realmente acogerse a ninguna de las dos. El poema se desarrolla a través de la perspectiva de un sujeto inmerso en la noche que todo lo torna invisible: «Me acerco y no veo ninguna ventana»; al alejarse de la oscuridad, no ve sino una sombra con la cual no se puede identificar: «Me alejo / y no siento lo que me persigue. / Mi sombra / es la sombra de un saco de harina». El sujeto no se reconoce a sí mismo, pero simultáneamente no puede deshacerse de su sombra y de esta figura que no reconoce como suya: «No viene a abrazarse con mi cuerpo / ni logro quitármela como una capota». Cuando dice que «la noche está partida por una lanza» puede estar refiriéndose a la estela de luz del reflejo de los faros en el mar ya que: «La lanza sólo me indica las órdenes de la luna / haciendo detener la marea». La serie de oposiciones se rompe con la «triada del colchón, / la marea y la noche», que obviamente hacen referencia a su vigilia en el espacio inmóvil de una cama, desde la que sin embargo se puede observar con una visibilidad dudosa el movimiento del mar. Todas estas condiciones adversas sumen al sujeto en un estado de «ebriedad» que le impide moverse: «Nado con las dos manos amarradas».

A pesar de su comicidad, el poema alude también al espacio intersticial al que nos referimos con anterioridad. El poema está basado en un movimiento traslaticio en el espacio y en el tiempo. Durante este movimiento el sujeto no logra identificarse ni situarse en el mundo, a pesar de su incesante búsqueda. Aunque es un poema no estrófico, está formado por versos eneasílabos, alejandrinos y trisílabos ordenados por rimas asonantes. Esto es importante porque los versos trisílabos se destacan del conjunto formado por versos mucho más extensos: «Me acerco / y no veo [...] / Me alejo / y no siento [...] / Mi sombra / es la sombra de un saco de harina». En estos versos la visión, el movimiento, las experiencias sensoriales y finalmente la materialidad del cuerpo son definidas de manera negativa. El poema finaliza además con la palabra «amarradas», que hace rima con «marea», indicando que la naturaleza se representa de manera opresiva. Todo es negatividad y carencia, sin embargo, lo que no se ha perdido es la posibilidad de reflexión y de representación. El poema dista de ser barroco, de manera que estamos ante un nuevo modo de representación que produce ebriedad, inestabilidad y carencia. El poema se desarrolla en la oscuridad absoluta, pero aunque no se vea, el cuerpo sigue presente a través de su representación como sombra. De manera que existe una lengua agónica (o precaria) no barroca, que puede sin embargo indicar la existencia de una lengua por-venir, es decir, una lengua cuya llegada se encuentra infinitamente diferida.

En «El cuello», la profusión barroca de la lengua y la opresión que esta produce se evidencian con la representación del ciclo vital a través de la descripción de una botella que en realidad representa el útero maternal:

>   El cuello de la botella
>   incitación arco iris,
>   es como la garganta del diablo.
>   No pasa un dedo
>   y la mirada tropieza con las culebras
>   del fondo profundizado por la borraja.
>   Yo, como una rana,

dentro de la botella, mi cuerpo
es un Atlas entre el tapón
y el anca que lentamente recorre
todo su fundamento maternal.
La uva emparienta con el cristal,
un equilibrio indescifrable,
como el aire en la balanza de Osiris.
El rocío sobre la uva en la mañana
se iguala con la respiración del pájaro,
bulto, después cuerpo de niebla
que comienza a respirar.
Descorchar, los ojos de vidrio de un indio sioux,
el instante del pelillo ante la luz,
y después la cascada ceñida de anillos
y de gritos que rodean el cuerpo dictando
los nuevos cuerpos que tropiezan
en la carnalidad rocosa del ombligo.
Dentro de la botella,
un tercio de año en la humedad de la cueva,
un esqueleto, un molino, las bodas:
el barroco carcelario. (1995: 41)

La descripción de la botella se lleva a cabo mediante una progresión ascensional de tamaño que muestra asimismo la progresión del proceso de producción del vino y de los paralelismos vitales que van suscitando la representación de cada uno de estos momentos. Así, por ejemplo, mientras que el nacimiento del niño se representa a través de la sensación de constricción que tiene el cuello de la botella, la uva se representa de una manera bucólica y a la vez liberadora: «El rocío sobre la uva en la mañana / se iguala con la respiración del pájaro, / bulto, después cuerpo de niebla / que empieza a respirar». Tras esto viene la celebración que coincide con el pasaje a la pubertad y que se representa mediante el descorche de la botella: «Descorchan los ojos de vidrio de un indio sioux, / el instante del pelillo ante la luz, /

y después de la cascada ceñida de anillos y de gritos que rodean el cuerpo dictando / los nuevos cuerpos que tropiezan en la carnalidad rocosa del ombligo». Estos cuerpos que se tropiezan con el ombligo (*omphalos*) o el falo son también los que representan el deseo. Este deseo que no puede colmarse, porque va siempre en búsqueda del objeto del deseo, no puede tampoco convertirse en ley, de ahí que en el último verso citado el cuerpo tropiece con el ombligo o el falo pero que nunca se convierta en centro. Los últimos versos del poema se refieren al envejecimiento del vino y del ser humano: «Dentro de la botella, un tercio de año en la humedad de la cueva, / un esqueleto, un molino, las bodas: / el barroco carcelario». De manera metalingüística, estos versos están apuntando al barroco como exceso o suplemento y al mismo tiempo como límite. Nos hablan de una lengua que no puede dar cuenta de la carencia y el *horror vacui* que produce, y que por lo tanto se da siempre como exceso de la lengua y a la vez su término.

Fragmentos a su imán se cierra con «El pabellón del vacío», un poema que se centra en el *tokonoma*, que a su vez aparece en el primer capítulo de *Oppiano Licario*, enfatizando así su importante simbolismo en esta última etapa de su obra[14]. En la tradición cultural japonesa, el *tokonoma* es un espacio de la casa reservado para la exhibición de objetos pictóricos o florales. Sin embargo, cuando se reciben invitados, el anfitrión no debe hacer alarde de ellos; por eso no debe mirarlos directamente y debe, además, sentar al invitado de espaldas al *tokonoma*. En *Oppiano Licario*, el personaje irónicamente llamado Margaret McLearn recuerda a su madre al asociarla con unas flores que está pintando, y después de haber comentado el fuerte valor

---

[14] En su repaso por la historia de la cultura taoísta, Lezama refiere en «La biblioteca como dragón» que el pabellón del vacío es uno de los salones donde se hacía la ceremonia del té según el *Chuking* o *Libro del té*. Por extensión, el pabellón del vacío es también el *tokonoma*, que marca a su vez el origen de la imagen: «El Pabellón de la Imagen coincidía con el Pabellón de la Vacuidad y ambos con el Pabellón de lo Informe» (1977: 907).

sentimental de las flores en el Japón, el narrador dice: «En el recuerdo del *tokonoma*, donde se coloca una flor para avivar el vacío, se había cumplido la justicia de esa asociación, en su apariencia traída por las rotas semejanzas de la embriaguez» (1997: 151). Al igual que en «La biblioteca como dragón», este espacio es un referente vacío en el que se crea una imago a partir de la falta, convirtiendo así el *tokonoma* en un lugar de germinación de lo poético.

En «El pabellón del vacío» el *tokonoma*, y por extensión, el lenguaje, poseen características mucho más ambiguas. En el poema la metáfora de «la pobreza irradiante» o de lo precario ha sido sustituida por la metáfora del vacío o del *tokonoma*: «Necesito un pequeño vacío, / allí me voy reduciendo / para reaparecer de nuevo, / palparme y poner la frente en su lugar. / Un pequeño vacío en la pared» (1995: 119). Según Lezama, el *horror vacui* es el miedo a quedarse sin imágenes, pero en mi opinión la angustia no se produce tanto por la carencia de imágenes como por la carencia en sí (1977: 1215). Por eso, como observamos en este poema, el vacío que bajo forma de *tokonoma* actúa como suplemento posee un misterio fascinante y a la vez sobrecogedor. En el poema el vacío no crea angustia, sino que como suplemento se convierte en un espacio de recogimiento en el que la lengua y el ser se repliegan: «Me voy reduciendo, / soy un punto que desaparece y vuelve / y quepo entero en el *tokonoma*» (1995: 120). En lugar del éxtasis ante la potencia generadora de la lengua, la mirada se sitúa ahora en el ángulo anverso, es decir, en el espacio del vacío y su poder de producción: «Me hago invisible / y en el reverso recobro mi cuerpo / nadando en una playa, / [...]» (1995: 120).

Por lo tanto, el *tokonoma* no sólo representa una clausura de la voracidad lingüística, sino que también es una apertura hacia una degradación de la lengua que se simboliza por unos arañazos que no llegan todavía a producir una destrucción total: «De pronto, recuerdo, / con las uñas voy abriendo / el *tokonoma* en la pared. / [...] De pronto, con la uña / trazo un pequeño hueco en la mesa» (1995: 119). De ahí que la lengua barroca sea una lengua agónica, porque el espacio simbólico de la lengua es el *tokonoma*, es decir, el ámbito donde la lengua va desnudándose gradualmente: «Me voy reduciendo, / soy un punto que desaparece y vuelve / y quepo entero en el *tokonoma*» (1995: 120). Nunca llega a haber una destrucción total del espacio simbólico porque el vacío siempre hace germinar la palabra de nuevo: «Me hago invisible / y en el reverso recobro mi cuerpo / nadando en una playa, / [...]» Por eso, a pesar de que la lengua se repliega en el vacío, no pierde del todo su naturaleza alegórica: «Ya tengo el *tokonoma*, el vacío, / la compañía insuperable, / la conversación en una esquina de Alejandría. / Estoy con él en una ronda / de patinadores por el Prado. / Era un niño que respiraba / todo el rocío tenaz del cielo» (1995: 119). En el poema se va dando una alternancia entre lo gélido, que paradójicamente representa la realidad que surge del *tokonoma* (estandartes de nieve, helado de mamey, bosque congelado), y la falta de agua (lo árido y lo que se evapora), que da inicio a la producción metafórica de la infertilidad: «¿La aridez en el vacío / es el primer y último camino? / Me duermo, en el *tokonoma* / evaporo el otro que sigue caminando» (1995: 120). La ausencia de agua hace que el vacío ya no sea fértil y que por lo tanto el *tokonoma* represente dos realidades opuestas, pero no irreconciliables. Por una parte simboliza la presencia de una ausencia que, como imagen, es a su vez generadora de sentido. Pero también es la lengua estéril del bosque congelado, que sin embargo deja una traza o resto de agua que evapora la imagen (el otro) y que nos deja simplemente con el silencio: «Me duermo».

Conclusión

La poesía es monstruosa e indescifrable y por lo tanto no puede existir. Sin embargo, sólo se puede acceder a la verdad a través de la poesía, aunque al no tener una esencia esta última no sea una verdad. El sistema poético lezamiano está basado en la creación de una ontología a partir de un sistema poético cuya naturaleza lo impide.

Esta imposibilidad es lo que crea una carencia o vacío al interior de un sistema cuyo objetivo es la creación de una epistemología a través de la unión entre lo ontológico y lo poético. La premisa fundamental del sistema poético lezamiano consiste en afirmar que todo acto poético es una combinación entre el azar, lo inexplicable o la diferencia (como lo incondicionado) y la ley, la razón o lo semejante (como lo condicionado). Para él la imagen poética surge a partir de esta combinación entre lo incondicionado y lo condicionado. Sin embargo, la obra de arte sólo puede producirse a partir de su propia destrucción. Como Saturno, la obra de arte debe destruir a su progenie para poder constituirse como tal.

Como el dragón de la literatura clásica china, la poesía actúa de una manera irrecuperable, intraducible. Ahora bien, para que este momento pueda ser reconstituido, tiene que ser representable, es decir, tiene que poder someterse al principio de semejanza. La obra debe destruir su singularidad para adquirir la semejanza, pero simultáneamente debe destruir la semejanza para adquirir su propia singularidad. Lezama resuelve esta aporía con la resurrección de la imagen, que se convierte en la única posibilidad de eliminar la muerte de la poesía. Algunos origenistas han argumentado que la resurrección representa la poesía como epistemología trascendental e idealista. Para Vitier, entre otros, el concepto de la resurrección representa una verdad trascendental que supera la carencia ontológica del sistema poético lezamiano: «Lo que ahora me interesa destacar es el sentido de superación de un vacío que en todo pensamiento poético de Lezama se descubre, y que está en consonancia con lo que llevamos dicho acerca de su creación poética en el período anterior al triunfo revolucionario» (2001: 328).

Mi argumento no niega la religiosidad de la poesía lezamiana, sino que más bien demuestra que, dada su falta de sistematicidad, el pensamiento lezamiano no es necesariamente idealista, ni trascendental, ni católico. Si bien la carencia es parte constitutiva de su sistema poético, la negatividad lezamiana no consiste en la afirmación del «no-ser», sino en su ausencia. ¿Qué quiere decir esto? Según Parménides, la esencia del ser es permanente y por lo tanto se diferencia de cualquier otro organismo que se defina por su evolución y cambio. Sin embargo, el ser no se opone al «no ser», porque eso quiere decir que este último evolucionaría y eso es imposible porque el «no-ser» no existe. Para Lezama, en cambio, ni la ausencia ni la presencia son categorías esenciales; no son Ideas desde el punto de vista platónico. Son categorías cuyos significantes varían y se desplazan constantemente. La poética lezamiana está precisamente basada en esta movilidad: la metáfora se crea indefinidamente a partir de otra metáfora. La lengua es metafórica y crea una relación entre la incorporación y pérdida de sentido que Lezama denomina como «un continuo incorporar y devolver». Este proceso finaliza como una dialéctica negativa de la que surge lo inexistente y que, a través de la resurrección, se convierte a su vez en una fuerza que produce significantes, y así sucesivamente: «Los versículos privativos o negativos, llevados a esta solución visible del *ethos* de la poesía, en su doble refracción, a medida que se hacen más terminantemente negativos cobran una gravitación inversa. Llegan por la negación al posible y por el posible a la gravitación de lo inexistente» (Lezama Lima 1977: 771-72).

La aporía de esta operación reside en la condición saturnina de la obra: la obra sólo puede surgir a partir de su propia destrucción, y una de las funciones de la lengua barroca lezamiana es la de ocultar esta paradoja creando metáforas *ad infinitum* a través de un desplazamiento constante del significante. Pero esta operación no resuelve la paradoja y, en vez de crear singularidad, lo que hace es producir, para decirlo en palabras de Lezama, el «recuerdo» de lo semejante. Como hemos explicado, la ausencia y la presencia no son categorías plenas o esenciales. Por lo tanto, la poesía nace de una carencia que a su vez se convierte en presencia, y la destrucción de esta última vuelve a convertirse en obra. Sin embargo, ninguna de estas categorías es plena, y por lo tanto la destrucción y la construcción coexisten. Esto quiere decir que cuando la obra (la presencia) se destruye, no lo hace completamente, sino que deja un resto presencial o fantasmático (la presencia de una ausencia) a partir del cual puede reconstruirse la nueva obra. Sin esta presencia fantasmal o resto no podría surgir la obra de nuevo, porque habría pura negatividad o pura presencia. En el primer caso no podría surgir una obra desde la pura negatividad (esta es la paradoja saturnina). Pero si hubiese pura presencia, no habría carencia a partir de la cual producir una nueva obra. La presencia constante del significante del barroco es una constante denegación de este resto fantasmal y convierte a este estilo en el límite de la lengua. Esto es precisamente lo que muestra *Fragmentos a su imán*, obra en la que surge una lengua agónica que está siempre entre la vida y la muerte, a la espera de una lengua por venir. En esa medida, este último poemario del autor muestra que el barroco oculta la paradoja irresoluble de su condición saturnina.

La secuoya, árbol milenario y originario de California, se caracteriza, entre otras cosas, por un inusitado modo de crecimiento. Este árbol es intemporal porque no muere nunca, pero su evolución es constante y paradójica, porque para crecer y renovarse el árbol ha de ser incendiado. Una vez que el fuego ha carbonizado su corteza, el árbol comienza a reproducirse de nuevo y a convertirse en un secuoya diferente. El árbol anterior no muere porque es intemporal, pero de su destrucción surge un árbol nuevo. La obra de arte es intemporal también porque nunca muere, pero su evolución, como la de la secuoya, también requiere de la destrucción. La negatividad y la carencia incendian la obra de arte porque la llevan a su destrucción y a su límite, pero por otra parte son la condición necesaria para su evolución. Esta destrucción de la lengua barroca es lo que vemos en la última etapa de la poesía lezamiana, y es lo único que permite su evolución. Es en esta etapa intermedia entre la destrucción de la lengua y su nacimiento donde se encuentra la poesía de *Fragmentos a su imán*. La carencia ya existía antes, pero el barroco la ocultaba y esto es lo que impedía su destrucción. Cuando la carencia se hace visible, el barroco se destruye, y esta destrucción apunta a su vez hacia una lengua por venir.

Bibliografía

Álvarez Bravo, Armando (1966): *Órbita de José Lezama Lima*. La Habana: Unión.

Arcos, Jorge Luis (1990): *La solución unitiva. Sobre el pensamiento poético de José Lezama Lima*. La Habana: Academia.

Delgado Antolín, Salvador M. (1987): «El argumento anselmiano en la obra de San Buenaventura». En *Thémata revista de filosofía* 4: 15-26.

Derrida, Jacques (1987): «Le retrait de la métaphore». En *Psyché. Inventions de l'autre*. Paris: Galilée, 63-92.

Fernández Retamar, Roberto (1954): *La poesía contemporánea en Cuba (1927-1953)*. La Habana: Orígenes.

García Marruz, Fina (1984): «La poesía es un caracol nocturno». En *Coloquio internacional sobre la obra de José Lezama Lima, vol. 1, Poesía*. Madrid: Fundamentos, 243-275.

Heidegger, Martin (2002): *On Time and Being*. Chicago: University of Chicago Press.

Koch, Dolores M. (1984): «Dos poemas de Lezama Lima: el primero y el postrero». En Vizcaíno, Cristina & Suárez Galván, Eugenio (eds.): *Coloquio internacional sobre la obra de José Lezama Lima*. Madrid: Fundamentos, 143-155.

Lacan, Jacques (1975): *Le séminaire de Jacques Lacan, livre XX. Encore 1972-1973*. Paris: Seuil.

Laclau, Ernesto (1990): *New reflections on the revolution of our time*. London: Verso.

Levinson, Brett (1996): *Secondary moderns. Mimesis, history and revolution in Lezama Lima's American Expression*. Lewisburg: Bucknell University Press.

Lezama Lima, José (1977): *Obras Completas*. México: Aguilar.

— (1995): *Fragmentos a su imán*. La Habana: Letras cubanas.

— (1997): *Oppiano Licario*. Madrid: Cátedra.

— (2001): *Diarios (1939-1949/1956-1958)*. La Habana: Unión.
Lupi, Juan Pablo (2012): *Reading anew: José Lezama's rhetorical investigations*. Madrid / Franfurt: Iberoamericana / Vervuert.
Mehta, Jarava Lal (1976): *Heidegger, hermeneutics, and Indian tradition*. Honololu: University Press of Hawai.
Pöggeler, Otto (1993): «Heidegger's political self-understanding». En Wollin, Richard (ed.): *The Heidegger controversy: a critical reader*. Cambridge: MIT Press.
Ponte, Antonio José (2002): *El libro de los origenistas*. México: Aldus.
Prieto, Abel (1984): «*Fragmentos a su imán*. Notas sobre la poesía póstuma de Lezama». En Vizcaíno, Cristina & Suárez Galván, Eugenio (ed.): *Coloquio internacional sobre la obra de José Lezama Lima*. Madrid: Fundamentos, 209-223.
Salgado, César A. (2002): «The Novels of Orígenes». En *The New Centennial Review* 2 (2): 201-230.
Santí, Enrico M. (1985): «La invención de Lezama Lima». En *Vuelta* 9 (102): 45-49.
Sarduy, Severo (1999a): «Barroco». En *Obra completa*. Vol. II. Paris: Alca XX, 1195-1262.
— (1999b): «La simulación». En *Obra completa*. Vol. II. Paris: Alca XX, 1263-1344.
Valdés Zamora, Armando (2010): «*Fragmentos a su imán*: un modelo de espacio interior en la imaginación literaria cubana». En Breysse-Chanet, Laurence & Salazar, Ina María (eds.): *Gravitaciones en torno a la obra poética de José Lezama Lima*. Paris: Éditions Le Manuscript.
Vitier, Cintio (1986): *Lo cubano en la poesía*. La Habana: Letras Cubanas.
— (2001): *Obras 4. Crítica 2*. La Habana: Letras Cubanas.
Wölfflin, Heinrich (1964): *Renaissance and baroque*. Ithaca: Cornell University Press.
Zambrano, María (1977): *Claros del bosque* Barcelona: Seix Barral.
— (2007): «José Lezama Lima en La Habana». En Arcos, Jorge Luis (ed.): *Islas*. Madrid: Verbum.

LANGUE, *PAROLE* Y TRASERO EN «LOS SIERVOS» DE VIRGILIO PIÑERA

Alan West-Durán | *Northeastern University*

> El arma más importante en mi arsenal es el diccionario.
>
> Stalin
>
> Nada sabemos de lo que puede un cuerpo.
>
> Spinoza

El teatro de Virgilio Piñera resulta tan mordaz, absurdo y satírico como su poesía y su narrativa. «Los siervos», obra de 1955, apareció originalmente en la revista *Ciclón* (Vol. 1, No. 6, noviembre 1955), y es un supremo ejemplo de la mordacidad de Virgilio. Se le hizo una lectura dramática en febrero de 1958 por El Teatro del Sótano, dirigida por Juan Guerra, en España. No se estrenó en Cuba hasta septiembre de 1999, dirigida por Raúl Martín. Su tema es algo controversial por su contexto político: tiene lugar en la Rusia después de la muerte de Stalin (1953), y es una crítica cómica e implacable del comunismo de corte soviético. Aunque la obra en ningún momento alude a Cuba, no hay manera de evitar que los temas tratados parezcan aún vigentes en la Cuba revolucionaria, en particular a partir del Período Especial. Cuando Piñera publicó su *Teatro* en 1960, incluyó siete de sus obras, pero «Los siervos» no estaba entre ellas. Muchos piensan que fue inteligente no hacerlo, pero aun así no evitó su marginalización por parte de la burocracia cultural, que se hizo más pronunciada en la última década de su vida (1969-79), en la que no se publicó su obra dentro de la isla. En un texto publicado en *Lunes de Revolución* (Piñera 1960) donde entabla una entrevista imaginaria con Sartre, Piñera rechaza su obra y se muestra de acuerdo con aquellos que la habían criticado; sus «deficiencias», sostiene, se deben a que se trata de especulaciones sobre un país muy lejano (la URSS), pero ahora la Revolución cubana le ha permitido ver la dinámica revolucionaria desde una perspectiva que supera lo teórico (Espinosa 2003: 180-181). Curiosamente, la antología editada en Cuba, *Órbita de Virgilio Piñera* (2011), a cargo de David Leyva, tiene como única muestra de su teatro «Los siervos».

La obra es, entre otras cosas, una indagación sobre el lenguaje político en todas sus manifestaciones, que abarcan desde pronunciamientos filosóficos, eslóganes, tácticas y estrategias de coyuntura hasta la torcida lógica del poder, sin olvidar dichos, bromas y cierto regodeo ofuscador. Piñera nos sitúa en un mundo donde el lenguaje aspira a ser transparente y estar libre de ambigüedades, pero en cada frase hay un pliegue que se desdobla en (di)simulaciones. No obstante la lejanía del referente, la obra logró diagnosticar algunas de las debilidades ideológicas del pensamiento soviético y atisbar el eventual desplome del bloque socialista unos treinta y cinco años después. Piñera desmitifica las rigideces del pensar dialéctico –especialmente su aplicación mecánica en cuanto al análisis político o la comprensión histórica (en exceso teleológica)– y genialmente combina lo filosófico con lo absurdo en una especie de *slapstick* discursivo que en otro ensayo he descrito como «qué pasa cuando Hegel se topa con los Keystone Cops» (West-Durán 1997: 58). Matías Montes Huidobro describe el bufonesco ritmo de «Los siervos» como «cantinflismo dialéctico» (2002: 191).

Antes de emprender el análisis conviene hacer un pequeño recorrido de la trama. El protagonista, Nikita, el filósofo del partido, va a ser recibido por tres importantes figuras del régimen: Orloff, el Primer Ministro; Fiodor, el Secretario del Partido; y Kirianin, un general del Ejército Rojo. La obra comienza con la sorprendente revelación de Nikita: ha declarado que quiere ser siervo, y esto en un contexto donde el comunismo ha triunfado a nivel mundial. Orloff, Fiodor y Kirianin, además de sorprendidos, están completamente confundidos con la declaración de servidumbre de Nikita. Discuten varias opciones sobre cómo tratar la «desviación» de Nikita –desde no hacerle caso hasta liquidarlo– y terminan reconociendo que es un enemigo, pero un enemigo que no pueden atacar.

En la segunda escena confrontan por fin a Nikita en persona y discuten con él asuntos de filosofía y asuntos de forma. Nikita aparenta llevar la ventaja; sus argumentos dejan a los tres funcionarios algo desorientados y a la defensiva. En el segundo acto, Stepachenko, un espía que es un amo encubierto, quiere declararse amo y obtener a Nikita como siervo. Nikita está de acuerdo, pero con condiciones, y afirma que que después de declararse siervo vendrá la rebelión de los siervos. En la próxima escena un nuevo personaje (Adamov) viene a negociar con Stepachenko por el destino de Nikita. Éste, otro amo encubierto, con 400 siervos bajo su dominio, quiere tener también a Nikita para que los ayude a declarar su servidumbre abiertamente, y luego degollarlo como escarmiento que instale el terror entre sus súbditos.

En el acto final, Kolia, un obrero, viene a advertirle a Nikita que Stepachenko es un espía, algo que Nikita ya sabía. Antes de la entrada en escena de Kolia, Nikita y Stepachenko hablan sobre la dialéctica de la historia entre esclavos y amos, que implica, claro, la rebelión de los siervos. Kolia le informa a Nikita que se avecinan huelgas de los obreros siderúrgicos, de transporte y calzado, y que al día siguiente habrá una huelga de brazos caídos donde 25.000 obreros se declararán siervos. Sintiendo la proximidad de la victoria, Kolia proclama que los obreros en huelga y los siervos van a rebelarse y triunfar; Nikita le recuerda que un siervo triunfante se convierte en el nuevo amo, lo que da lugar a un nuevo Nikita, y así sucesivamente.

La obra termina con los tres oficiales –Orloff, Kirianin y Fiodor–, Nikita y Stepachenko en escena. Los tres funcionarios, tratando de evitar un desenlace infeliz, interrogan a Nikita, que se mantiene firme y hasta llega a declarar que los 25.000 obreros se han declarado siervos. Finalmente, a Nikita y Stepachenko se los lleva un funcionario, Nikita a ser ejecutado, el espía a «desintoxicarle la pata apestada» (infectada por haber pateado a Nikita en el trasero). Concluye la obra con referencias al nikitismo y el eterno retorno.

Las tres figuras del comienzo, Orloff, Fiodor y Kirianin –que bien podrían representar las figuras de Beria, Malenkov y Molotov, en pugna con Jrushchov por el poder tras la muerte de Stalin– están atónitos con la declaración de Nikita. El capitalismo se ha desvanecido y el mundo entero vive una utopía comunista, libre de clases sociales. ¿Cómo es posible, entonces, que el filósofo del partido haya declarado su servidumbre? Peor, su declaración no le provoca vergüenza, sino que la proclama con orgullo.

Los tres funcionarios analizan las ramificaciones de la declaración de Nikita y cómo detener sus posibles efectos corrosivos. Todos están de acuerdo que hay que pararlo en seco, porque, como dice Kirianin, «De Nikita a nikitismo sólo hay un paso. Y entonces… ¡la debacle!» (Piñera 1955: 9). Con destreza, Piñera reúne dos elementos de la realidad soviética del momento: primero, Nikita alude a Jrushchov y sus esfuerzos para desestalinizar el país y consolidar su posición como Primer Ministro. Segundo, las luchas ideológicas del momento en el movimiento comunista a nivel internacional subyacen a la trama de la obra, en particular el distanciamiento de la Yugoslavia de Tito (expulsado del movimiento comunista internacional y considerado revisionista en 1948) y las purgas a principios de los cincuenta en Polonia, Hungría, Bulgaria y Checoslovaquia. Al año siguiente, 1956, llegaría el famoso discurso de Jrushchov en el vigésimo congreso del PCUS, por no hablar de la insurrección de Hungría y las revueltas en Polonia. Pocos años después tendría lugar el rompimiento sino-soviético, con acusaciones maoístas de que la URSS había tomado el camino de los revisionistas y capitalistas, y el vocablo «jrushchovismo» se haría sinónimo de revisionismo.

La frase de Kirianin remite a ese mundo de las desviaciones doctrinarias, que tanto obsesionaba al mundo comunista y donde los vocablos se podían multiplicar con facilidad asombrosa como sinónimos de la palabra debacle: revisionista, titoísta, trotskista, maoísta, cosmopolita, ultra-izquierdista, claque anti-partido, contrarrevolucionario, traidor a la causa proletaria, y así sucesivamente. En un fascinante libro, Boris Groys ha argumentado que la desviación en la sociedad comunista no sólo está prohibida, sino que resulta impensable:

> la desviación en una sociedad utópica es impensable, porque en dicha sociedad todos sus miembros son igualmente iluminados; todos piensan lógicamente; todos son capaces de llegar a un entendimiento de la necesidad racionalmente determinada de actuar en esta forma y en ninguna otra. En la sociedad utópica no hay coerción salvo la coerción de la lógica –y por esta razón no hay motivo racional para desviarse del programa social. (2009: 77; todas las citas de Groys aparecen en traducción mía)

Este es el mundo que habitan Kirianin, Orloff y Fiodor, y por eso lo que proclama Nikita resulta no sólo inaceptable o políticamente errado, sino inconcebible e insólito, impensable.

En su análisis del mundo comunista Groys sostiene que dichos regímenes fueron sistemas regidos por el lenguaje, en contraste con las sociedades capitalistas. En el mundo capitalista, regido por la mercancía y la utilidad, el destino humano está fuera de sus manos por estar sometido a las fuerzas del mercado. «En el capitalismo, la confirmación o refutación concluyente de la acción humana no es lingüística sino económica: no se expresa con palabras sino con números. La fuerza del lenguaje como tal es anulada» (2009: xvi). Las condiciones bajo una economía de mercado son mudas; el lenguaje se hace mercancía y, como tal, pierde su fuerza retórica (2009: xvii). En contraste, la sociedad comunista –al poner la política al mando de la economía– opera con las palabras: «La revolución comunista es la transcripción de la sociedad desde el medio del dinero al medio del lenguaje. Es un giro lingüístico a nivel de la praxis social» (2009: xv)[1]. La trama y el discurso de «Los siervos» confirman la aseveración de Groys. No hay que estar completamente de acuerdo con él (de verdad, ¿toda mercancía es muda?) para no ver que lo que dice sobre el mundo comunista tiene relevancia para la obra de Piñera.

Por un lado, el discurso que manejan Orloff, Kirianin y Fiodor, y hasta hacía poco el propio Nikita, es una especie de *langue* comunista que aparentemente es «interrumpida» o «refractada» por la *parole* de Nikita. En un mundo que ha liquidado el capitalismo, la palabra «siervo» es una reliquia de un pasado opresor y vergonzoso. No puede tener lugar la servidumbre en una utopía donde ha triunfado la revolución comunista; la existencia de clases –y por ende, la explotación– ha sido abolida. Como dice Kirianin: «¿Rebelarse? ¿Pero quién tomaría armas contra la felicidad?» (Piñera 1955: 13). El comentario recuerda un cartel de 1935, «¡Que Viva Nuestra Feliz Patria Socialista!», con las caras del pueblo en la Plaza Roja mirando hacia Stalin y Voroshilov en la tarima, sus sonrisas beatíficas protegidas por un escuadrón de aviones que sobrevuelan el lugar. O el discurso de Stalin del mismo año, cuando proclama que «la vida se ha hecho más alegre, camaradas».

---

[1] Groys no es el primero en señalar la importancia del lenguaje en los socialismos de Estado del siglo xx; basta recordar *1984* de Orwell, con su apéndice sobre la neolengua: «La intención de la neolengua no era solamente proveer un medio de expresión a la cosmovisión y hábitos mentales propios de los devotos del Ingsoc, sino también imposibilitar otras formas de pensamiento» (Orwell 2002: 328). No obstante el precedente de Orwell, Groys destaca el carácter nivelador del lenguaje, que contiene un valor crítico, mientras que Orwell subraya el aspecto amenazante y coercitivo de la neolengua.

Es mediante el lenguaje que Piñera indaga sobre los elementos del poder, valiéndose de términos políticos (la felicidad del mayor número posible, comunismo-nikitismo), filosóficos (cuestiones de fondo y forma, el eterno retorno), sociales (siervo-amo, romántico) y religiosos (santo, mártir, Creador). En el mundo semiocomunista que describe Groys coexisten tres tipos de discursos: el científico (que dice usar un lenguaje libre de contradicción y lógicamente válido), el artístico (que maneja un lenguaje estético que nos reta), y el filosófico (cuyo lenguaje se remite a toda la lengua). El lenguaje filosófico implica un reclamo a la sociedad y su gobernabilidad. Groys concluye: «Es en ese sentido que el comunismo se ubica en la tradición platónica: es una forma moderna del platonismo en práctica» (2009: 2)[2].

No obstante esta «lingüistificación» de la sociedad entera en el mundo comunista, Groys señala una diferencia notable con el modelo platónico:

> El lenguaje puede triunfar sobre la economía sólo cuando comienza desde el todo, con la totalidad. El estado soviético fue en este sentido una forma del reino de la filosofía. Pero el estado comunista se distingue del estado platónico en tanto que en el estado comunista era el deber de cada individuo ser un filósofo, y no sólo el deber de la clase gobernante. El ciudadano soviético sólo podía satisfacer sus necesidades básicas si era reconocido por el estado como pensador filosófico. Esto implicaba que todos los días, el ciudadano tenía que tomarle el pulso a la totalidad del lenguaje para sobrevivir ese día y la noche siguiente. (2009: 69)

---

[2] En esto quizás coincida Groys con Badiou, que no obstante su maoísmo –hoy en día algo anarquizante, que rechaza cualquier centralidad del Estado–, sigue siendo fiel a ciertos temas de Platón (la universalidad de la verdad, la importancia de la matemática para la filosofía, las causas externas como elementos que irrumpen en el pensamiento para provocar y poner en marcha el pensamiento filosófico). Véase Hallward 2003: 5-6.

El único filósofo de «Los siervos» es Nikita, pero es curioso que casi todos los personajes terminan tomando ese pulso a la lengua soviética para poder conversar o persuadirse unos a otros. Lo anterior se observa muy bien en el vaivén entre lo encubierto y lo descubierto en cuanto a quién es señor o siervo (declarado abiertamente o no) entre personajes como Nikita (siervo declarado), Stepachenko (amo declarado, pero espía), Adamov (señor declarado) y los tres oficiales (amos encubiertos).

La obra de Piñera alude, también, a una cierta filosofía del lenguaje que Jean Jacques Lecercle (2006) ha tratado de definir en su análisis de Stalin, Chomsky, Voloshinov (Bajtín), Pasolini y Deleuze-Guattari. Stalin publicó *Marxismo y problemas de lingüística* en 1950, un tema que le interesaba sobre todo por la importancia que tiene la lengua en definir la nacionalidad, más todavía en un estado multinacional y multilingüe como lo fue la URSS. Según Lecercle, la filosofía del lenguaje de Stalin se puede resumir en seis características principales: 1) inmanencia; 2) funcionalidad; 3) transparencia; 4) idealidad; 5) sistematicidad; y 6) sincronía (2006: 67-69).

El principio de inmanencia implica que el lenguaje está separado de otros fenómenos y abstraído del mundo, incluso que es independiente de las clase sociales. El de funcionalidad, que éste es un modo de comunicación para toda la sociedad con cierto énfasis en la función referencial (Jakobson), esto es, proporcionar información. La transparencia ve el lenguaje como instrumento de expresión sin la opacidad de las contradicciones sociales. La idealidad se refiere al lenguaje fetichizado, independientemente de quién lo hable; o sea, un ideal abstracto realizado en el habla (*parole*). El principio de sistematicidad se refiere a la lengua (*langue*) como conjunto de reglas y sus distintos niveles (fonología, morfología, sintaxis, semántica). Finalmente, la sincronía implica que el lenguaje no es afectado en lo principal por la historia, aunque haya cambios en vocablos y en algunas expresiones a través del tiempo.

Lecercle retoma la obra de Voloshinov, Pasolini y Deleuze-Guattari para abogar por una filosofía marxista del lenguaje contraria a la concepción «estaliniana» esbozada en el párrafo anterior. Lo no inmanente implica que hablar es discurrir sobre la sociedad y desde ella –no sólo se trata de un sujeto ideal que enuncia–; no se puede separar lengua y mundo, ya que el lenguaje habita en los cuerpos, los hablantes y las instituciones. Lo no-funcional quiere decir que no sólo hablamos el lenguaje, sino que el lenguaje habla también por medio de nosotros. La opacidad significa que el habla plantea contradicciones, que hay una disyunción entre lo que queremos decir y lo que decimos. La materialidad se refiere a que el lenguaje se encarna y se relaciona con el poder. El principio de sistematicidad parcial indica que el lenguaje no es un sistema sino un conjunto de subsistemas (o sistemas parciales) en variación constante. Finalmente, el lenguaje es histórico, lleva dentro de sí procesos, reglas, convenciones que evolucionan a través del tiempo (Lecercle 2009: 70-72; Pasolini 2005: 50-76). Lecercle atribuye a Stalin –y a Chomsky– una visión del lenguaje que combina idealismo subjetivo (heredado de Herder y Humboldt) y objetivismo abstracto[3]. No cabe duda de que Piñera cae en el campo de una filosofía del lenguaje material-opaca frente a la ideal-transparente que suscriben Orloff, Kirianin, y Fiodor y Stalin. Ante la transparencia del lenguaje como mero instrumento de comunicación, Piñera, mediante el personaje de Nikita, va complicando, refractando los diálogos. Ante la visión de que la sociedad es una utopía, un mundo feliz compartido por todos, Nikita proclama que esa transparencia es realmente una deformación, lo que Barthes (1999) llamaría un mito.

En la frase anterior no usé la palabra «mentira» porque el mito y la ideología no tienen una relación unívoca con nociones de verdad,

---

[3] Esto no quiere decir, por supuesto, que a nivel político Lecercle los equipare. Lecercle subraya la naturaleza antiautoritaria y democrática del pensamiento político de Chomsky, muy distante de las prácticas que gobernaron a la URSS durante treinta años (verticalismo, terror, rigidez ideológica y economismo) bajo Stalin.

realidad y mentira. Barthes argumenta que el mito es «un tipo de habla» (*parole*) (1999: 115), «un metalenguaje» (1970: 116, 140), «un habla despolitizada» (1999: 137), y que «no esconde nada, que deforma pero no hace desaparecer» (1999: 123). Cuando dice que el mito es un tipo de habla (*parole*) se refiere a que su «mensaje» debe ser supremamente claro, igual a la función referencial de Jakobson –o sea, que tenga inmediatez y garantice la comprensión del receptor–. Más interesante es que el mito sea «un habla despolitizada». ¿Cómo es esto posible cuando el mito es mito político? Barthes alega que el mito naturaliza todo lo contingente, todo lo histórico, para que aparezca eterno, un «armonioso despliegue de esencias» (1999: 137). Y añade que la izquierda no puede tener mitos, pero la historia no le ha dado la razón.

Kirianin, Orloff y Fiodor operan en ese mundo del mito que se verbaliza mediante un discurso que naturaliza el mundo comunista. No es de extrañarse, ya que en la pieza supuestamente el planeta entero vive bajo la utopía sin clases. El discurso mítico de ellos no es el mito de Stalin; aunque había muerto dos años antes de la obra de Piñera, no forma parte de la trama –únicamente aparece su retrato, al lado del de Lenin, en la pared del despacho cuando empieza la obra. Curiosamente, ninguno de los comunistas de la obra mencionan a los grandes del socialismo: Marx, Engels, Lenin o Stalin no se citan en las discusiones políticas o filosóficas –y mucho menos Luxemburgo, Gramsci, Trotsky u otros menos ortodoxos.

El mito que sostienen los funcionarios es el de la igualdad social, la abolición de las clases (y otras divisiones sociales de género, raza, educación) y «la felicidad del mayor número posible». Si «la función del mito es eliminar lo real; [que] es estrictamente, un derrame incesante, una hemorragia» (Barthes 1999: 143), entonces los deseos de Nikita son una suerte de restauración de lo real, una forma de zurcir la herida y parar el derrame de lo real, salvo que sus consecuencias van a ser desastrosas para sus camaradas comunistas. En el caso de los leales funcionarios tal vez lo real (en el sentido común de la palabra) coincida con lo Real en el sentido lacaniano. Es decir, lo Real viene siendo el trauma de una sociedad dividida, y tal cosa no cabe en la cadena simbólica (e ideológica) de su discurso, no es reconocido por ellos porque todas las divisiones sociales han sido superadas.

El escándalo de Nikita no consiste sólo en declararse siervo, sino además en lo performativo de su enunciación: cae de rodillas y ofrece su trasero para que sea pateado, encarnando así una filosofía del lenguaje materialista-opaco, donde lengua y cuerpo ponen de manifiesto sus significados. Nada más lejos del lenguaje abstracto e inmanente propuesto por Stalin, que los tres funcionarios perpetúan. Este lenguaje corporal desarticula la retórica de igualdad, libertad y hermandad proletaria. El diálogo entre Orloff y Nikita capta brillantemente la disyuntiva de los discursos. Orloff dice: «Un comunista jamás se arrodilla ante nadie. Por eso suprimimos a Dios» (Piñera 1955: 15). El público entiende que hay una tercera frase no dicha pero sobreentendida: «Sí, pero los comunistas deben arrodillarse ante el Partido». Nikita mantiene su postura y responde sereno que no es comunista sino «servilista». Orloff, Kirianin y Fiodor tratan de controlar la situación:

> ORLOFF (*a Kirianin*): Tiene el siervo metido en el cuerpo.
> KIRIANIN: Torturémosle.
> FIODOR: Nikita te lo pediría de rodillas. ¡Qué mejor cosa para un siervo que ser torturado por su señor!
> KIRIANIN: ¡Diablos! No hay por donde agarrar a este hombre.
> ORLOFF: Di mejor a este siervo. Su servilismo nos domina. (1955: 15)

Piñera une el discurso religioso y el político y no por azar; no son pocos los que han señalado la analogía entre fervor religioso y político, entre ellos Arthur Koestler y Czesław Miłosz –fue el Nobel polaco quién tildó de Nueva Fe al comunismo. Un poco más adelante, en la conversación donde hablan de los siervos históricos, es decir, bajo los tiempos del Zar, Orloff responde categóricamente: «Esos siervos son los santos de nuestra religión. Murieron para que no hubiese más siervos sobre la tierra» (1995: 15). Piñera no sólo oscila entre los dos discursos sino que hace que se critiquen mutuamente. Cada uno tiene su utopía (Reino de Dios; comunismo), sus feligreses (los creyentes; las masas), sus mártires (santos; siervos y revolucionarios), sus adversarios (ateísmo, paganismo; capitalismo, burguesía, revisionistas, renegados), sus textos (Biblia; Marx, Lenin y los manuales) sus propagadores (curas; cuadros), sus ideólogos (teólogos, curas; filósofos), sus brazos ejecutores (Inquisición; policía secreta) y sus herejes (desde el arianismo hasta el protestantismo; trotskistas, titoístas, etcétera).

¿Revela «Los siervos» lo que Peter Sloterdijk llama «la falsa conciencia iluminada»? (1988: 5). En vez de ver el asunto como algo relacionado con verdad y mentira, transparencia y decepción, Piñera sugiere que las cosas son más complejas. La dicotomía propuesta por Havel sobre los socialismos de Estado, «vivir en la verdad» y «vivir en la mentira», es un poco esquemática a pesar de su poder evocativo y metafórico. La frase que sintetiza esa «falsa conciencia iluminada» es: «Ellos saben muy bien lo que hacen, pero aun así lo hacen». Sloterdijk denomina este comportamiento como «razón cínica»: es distinta a nociones convencionales de falsa conciencia porque no es ingenua; está consciente de su falsedad, pero no renuncia a ella (Žižek 1989: 29). Piñera navega por una frontera borrosa entre lo constatativo y lo performativo de la enunciación, tomando ese carácter performativo como signo corporal (material) de la razón cínica, encarnado en Orloff, Kirianin y Fiodor[4].

Nikita es sincero pero no es ingenuo; habría que recordar aquí la frase de Oscar Wilde de que «un poco de sinceridad es una cosa peligrosa, pero en cantidad es absolutamente fatal» (Wilde 1989: 1048). Su sinceridad, que a veces raya en lo bufo, irrumpe en la ideología del poder. Nikita nunca explica a plenitud por qué quiere

---

[4] Sloterdijk distingue el cinismo del *quinicismo* (*kynicism*), el discurso plebeyo que ridiculiza el discurso oficial, lo que en buen cubano se diría *choteo*.

ser siervo, aunque en algún momento dice que no está contento con la felicidad colectiva.

Los tres funcionarios sospechan de Nikita, que ha escrito cuarenta tomos de filosofía defendiendo la igualdad humana y la armonía colectiva, es el filósofo del Partido, y a pesar de todo eso se ha declarado siervo. Como defensores de la línea del Partido, están de acuerdo en que Nikita se ha convertido en enemigo del pueblo y de la causa proletaria, pero su caso resulta insólito porque ser enemigo significa pasarse al bando del enemigo, uno que ya no existe: no hay ya burgueses ni capitalistas ni países capitalistas e imperialistas ni CIA que puedan impedir el progreso del socialismo-comunismo. Por eso están en jaque, porque Nikita no es un enemigo tradicional. Kirianin dice: «Un enemigo inatacable. Nos impide gritar contra él, escribir contra él y meterle unas balas en el pellejo» (1955: 11). Y como reconocen que Nikita ha maniobrado mejor que ellos, deciden enfrascarlo en un diálogo sobre asuntos de forma.

Si como afirma Groys «la revolución comunista es la transcripción de la sociedad del medio del dinero al medio del lenguaje», todas las maniobras políticas se van a dar en los discursos que manejan los personajes. Según Groys, tanto el poder como la crítica del poder funcionan en el mismo medio, es decir, en el lenguaje (2009: xviii). Esa relación tan estrecha entre lenguaje y poder explica la obsesión de los regímenes comunistas en definir y nombrar, su esmero en manejar las palabras de manera oficial:

> Cuando se considera la violencia del estado en estados comunistas, no puede olvidarse que esa violencia se lleva a cabo mediante el lenguaje –a través de mandatos, decretos con los cuales uno podría cumplir o no. El liderazgo de los países comunistas entendía esto mucho mejor que sus opositores. Es por esta razón que el liderazgo invirtió tanta fuerza y energía en formar y mantener el lenguaje de la ideología oficial y reaccionaban con tanta crespa por las más mínima desviación del mismo. Ellos sabían que fuera del lenguaje no tenían nada y si perdían control sobre el lenguaje, lo perdían todo. (Groys 2009: xxiii)

«Los siervos» presenta una sociedad saturada de lenguaje, donde el poder de las palabras adquiere extraordinaria fuerza y se convierte, a la vez, en crítica del poder. Los interlocutores de Nikita ven las contradicciones que surgen de sus pronunciamientos, pero no las confrontan con entereza; se podría decir que no manejan las herramientas del materialismo dialéctico con suficiente destreza. Si la lógica dialéctica (materialista o hegeliana) se define por la unión y conflicto de opuestos, entonces los tres funcionarios no lo han entendido bien, ya que es un pensamiento que trabaja continuamente con lo paradójico. Quiero decir, es la contradicción y la paradoja lo que rige en el materialismo dialéctico, ya que alega ser un pensamiento abierto (y total) que admite la negación. Igual es un pensamiento que rechaza la lógica formal (universalista, unidimensional, que no acepta contradicciones) y la dialéctica hegeliana (que supera y disuelve la contradicción); se articula como un pensar que mantiene un vivo diálogo entre afirmación y negación (A y no-A) y, por ende, una lógica total, que no debe confundirse con una lógica totalitaria:

> La lógica total asevera que la paradoja es el principio de la vida que toma en cuenta la muerte también —es decir el ícono de lo entero, de la totalidad. La lógica total es total porque permite que lo total aparezca en su luminosidad, porque piensa y afirma la totalidad de todas las posibles proposiciones simultáneamente. La lógica total es una lógica política genuina: es a la vez paradoja y ortodoxia. (Groys 2009: 43)

Los tres funcionarios no están manejando esta lógica total en sus conversaciones (o interrogatorios) con Nikita: a veces pecan de lógica formal —al no querer admitir que las contradicciones todavía existen— y a veces de hegelianos —al pensar que las contradicciones se han resuelto.

Fuera de Nietzsche, es Hegel —y la reelaboración de Hegel hecha por Marx, el «ponerlo de cabeza»— el filósofo que subyace a esta obra de Piñera. Nociones de libertad y cautiverio, señorío y servidumbre, verdad y mentira, utopía y distopía, lo cubierto y descubierto, apariencia e ilusión, simulacro y original van imbricadas con el discurso hegeliano[5]. Piñera nos coloca en unos de los dilemas de lo político bajo el comunismo, tratado por Claude Lefort en diversos escritos. Según Lefort lo político es «abierto, indefinido, plural y compuesto por esferas de actividad diferenciadas» (Lefort 2007: 15). En los sistemas políticos modernos que se distinguen por la separación de poderes, la representación de distintos actores, fuerzas e ideologías y la transferencia de la autoridad por medios pacíficos, ese lugar del poder es vacío en el sentido de que ninguna persona, partido, fuerza o movimiento puede ocupar todo el lugar del poder. Las sociedades comunistas tratan de llenar ese espacio del poder completamente, con el Partido y/o el máximo líder como su figura cumbre.

Lefort sostiene que los sistemas comunistas de partido único repudian (*foreclose*) lo político. El uso de un término con connotaciones psicoanalíticas no es casual. Hay tres términos que se manejan para indicar ciertas relaciones con la realidad en el discurso psicoanalítico: repudio o *forclusion*, neologismo de Lacan tomado del inglés (*Verwerfung* en alemán), renegación (*déni, disavowal, Verleugnung*) y represión (*refoulement, repression, Verdrängung*). El repudio es diferente a la represión en que los significantes no están integrados al inconsciente del sujeto; no provienen de adentro sino que re emergen desde fuera, de lo Real, en forma de voces, de alucinaciones. En la represión estos significantes están sumergidos en el inconsciente. No son eliminados sino que se quedan allí hasta que irrumpen en distintas formas: síntomas, sueños, deslices verbales –de ahí que se hable del retorno de lo reprimido–. La renegación es un punto medio en que se reconocen y rechazan a la vez los significantes del deseo o de la realidad: es, a la vez, el fracaso en aceptar que la falta causa el deseo y la creencia de que el deseo es causado por una presencia. Por

---
[5] Para una discusión sobre Hegel y la dialéctica amo-esclavo en relación a «Los siervos», veáse West-Durán 1997: 62-65 y 74-77.

lo tanto, su solución es el fetiche. Para Lacan, entonces, el mecanismo operativo del repudio es la psicosis, el de la represión la neurosis, y el de la renegación la perversión (Laplanche & Pontalis 1996: 380-383, 375-379, 363-365).

El caso Nikita puede entenderse como ejemplo clásico de la represión y del retorno de lo reprimido, y el eterno retorno nietzscheano que circula por la obra parecería apoyar ese argumento. Los tres funcionarios dicen en un momento que Nikita quiere empezar de nuevo, como si estuvieran confirmando que hay algo muy enterrado en el inconsciente comunista (los siervos, el tiempo de la explotación y la miseria) que vuelve a brotar en sus palabras (el famoso desliz verbal, el «Freudian slip»). Eso explica su discurso como discurso neurótico que quiere evitar síntomas de malestar, sueños que dan a otras realidades o deslices lingüísticos que reflejen desviaciones ideológicas. Por otro lado, entender lo de Nikita como repudio tiene un poder explicativo innegable: ver el significante «siervo» emerger de lo externo tiene lógica desde el punto de vista «oficial» en el sentido en que representa el trauma de la división social (lo Real) que supuestamente ha quedado abolida en el comunismo. Desde esta perspectiva, la enunciación de Nikita es una alucinación, un episodio psicótico para los tres funcionarios. Esta lectura, entonces, sería distinta a la de renegación, que tal vez sea la que más se asemeja a la definición del materialismo dialéctico según Groys, en tanto es capaz de manejar la paradoja al reconocer y negar a la vez la realidad.

En cuanto a lo político, los socialismos de Estado serían sociedades antipolíticas en la medida en que tratan de llenar ese vacío (abierto, plural, indefinido, diferenciado) que define lo político. «Si todo es político, nada lo es» (Lefort 2007: 15-16; mi traducción). Los estados comunistas del siglo XX hasta cierto punto querían cuadrar el círculo; al decir de Bourg, «La originalidad del comunismo fue su habilidad en excluir lo político en práctica bajo la cobertura de una retórica e ideología revolucionaria que, en apariencias, parecía cumplir con una política igualitaria» (en Lefort 2007: 16). Por lo tanto, el poder estaba en todas partes (ley, Partido, cuadros, líder máximo, el proletariado) pero no era localizable en ninguna (Lefort 2007: 17).

Esta ubicuidad elusiva del poder se deja sentir en los diálogos de «Los siervos» con un efecto que aturde y desorienta. Por un lado, tenemos el mundo y lenguaje hermético (¿a prueba de balas?) de los funcionarios que acechan a Nikita; por otro, los discursos de Nikita, que son vistos como amenazantes, una verdadera profanación, salpicados de observaciones y gestos absurdos y farsantes. Piñera comparte esto con el padre de la patafísica, Alfred Jarry, quién definió así esta «ciencia nueva»: «La patafísica examinará las leyes que gobiernan las excepciones, y explicará el universo que suplementa al que habitamos; o en tono menos ambicioso, describirá el universo que podría ser –y tal vez debiera ser– imaginado en lugar del tradicional...» (en Botchie 2011: 30). Sin duda las leyes tradicionales, en particular las del marxismo-leninismo, se vuelcan hacia un «cantinflismo dialéctico»; la dialéctica hegeliana (o marxista) termina patas arriba, y el eterno retorno como una vuelta a la noria. Es obvio, pero vale la pena subrayarlo, que el vocablo patafísica leído en español –la pata(da) física en el trasero– tiene su analogía en la patada metafórica que propina Piñera a la filosofía y la política a lo largo de la obra.

Este mundo patafísico también suspende las leyes del tiempo: la obra da la sensación de estar en una cápsula de tiempo, en un museo de la historia, en una burbuja. Son muchos los que han observado que las sociedades comunistas –o los socialismos de Estado, si se prefiere– parecen estar suspendidos en el tiempo. Groys lo atribuye a que el comunismo quiere construir sociedades-museo con el deseo de vivir en una especie de eternidad (Debray 1983), sociedades-isla con rasgos ahistóricos. La visión de Groys es estética, el comunismo opera como una gran obra de arte:

> El comunismo soviético era un museo, una instalación, una exhibición. Stalin lo lanzó como tal cuando dijo: 'Tenemos que coleccionar, realizar y construir todo lo mejor que la humanidad ha creado a través

de su larga historia». Es decir, el comunismo como el Louvre, o como un British Museum [...] creo que ese sueño de retraerse del tiempo y vivir en la eternidad –que tanto entusiasma la comunidad budista, la iglesia– es un sueño imperecedero. No puede desaparecer, así no más. (Groys en Abdullah & Benzer 2011: 84)

Debray, con más ironía, dice:

La impotencia de lo utópico es la inhabilidad de pensar lo universal como una singularidad concreta; disuelve lo particular en lo universal, y, por lo tanto, produce sólo generalidades huecas [...] De la misma manera que cualquier construcción política que no deja lugar para el mito y la imaginación tiene que describirse como no realista (impracticable). (1983: 299)

En la primera cita Groys ofrece una versión artística del mundo comunista, una especie de *Gesamtkunstwerk* de la utopía[6]. Según Stalin, la construcción del comunismo sería una culminación en tanto realización de una nueva sociedad, una nueva cultura y un hombre nuevo. Al usar la metáfora del museo Groys destaca elementos positivos y negativos. Lo positivo es la parte estética, lo bello; en eso recuerda a Arendt, que veía la acción política como construcción de lo bello (Arendt 1989: 13), también con raíces aristotélicas –*eudaimonia* (vivir bien, hacer bien en la *polis*), que para Arendt va más allá de la *fronesis* (lo prudente, la sabiduría práctica). En lo negativo el museo evoca cosas muertas, lo pasado, lo no contemporáneo. Además, ¿de qué clase de museo se trata? ¿Histórico, científico, cultural, económico? ¿Quién decide el contenido del museo? ¿Qué cantidad de tiempo debiera pasar antes de «actualizar» el museo? En el caso de Cuba la sociedad-museo se ha convertido en una atracción turís-

---

[6] El término es de Wagner, referente a las ambiciones totalizantes de la ópera. No es casual que un libro anterior de Groys se titulara *Gesamtkunstwerk Stalin* (*Obra de Arte Total Stalin*, 2009).

tica, con un extraña combinación de arquitectura colonial, alegría criolla y comunismo guevarista a ritmo de guaguancó. No es que el turista desprecie los encantos tropicales de la isla, pero casi siempre se les oye decir «Quiero ir a Cuba antes de que cambie aquello». ¿Es la eternidad de la utopía lo que piensan encontrar? Nunca se oyeron esos comentarios referidos al antiguo campo socialista; la idea de hacer turismo en Bulgaria, digamos, antes de 1989, hubiera parecido disparatada. Cuba sí tuvo su turismo político, que duró hasta el Período Especial y que aún no ha desaparecido por completo, pero ya parece una reliquia de otros tiempos. De aquí a veinte años ¿habrá necesidad de crear museos sobre los «tiempos revolucionarios»? Pero ¿cómo captar la eternidad en un museo? Hay que vivirla.

Lo que dice Debray, en cambio, versa sobre el pensamiento y la imaginación. Si en la cita de Groys se congela el tiempo, son el pensamiento y el lenguaje los que se congelan y forman parte del circuito ideológico tradicional del marxismo en Debray; es decir, ve la ideología como «falsa conciencia», «una ilusión» que se liquida frente a los avances de la «fría» comprensión científica (marxismo-leninismo). Ese congelamiento se revela en el mundo al revés que señala Martin Malia: «El sistema soviético fue un "mundo invertido", un mundo "parado de cabeza". Quiere decir que era un mundo (contrario a la sociología de Marx) donde la ideología y la política formaba la "base" del sistema en vez de su "superestructura", donde el orden socioeconómico se derivaba secundariamente de esa base partidaria» (en Lefort 2007: 112). Piñera ilustra este mundo de espejismos con las referencias a la cabeza y al trasero: «El nikitismo es la filosofía del trasero»(Piñera 1955: 28).

El mundo de espejismos desemboca en un espejismo de valores, que se capta perfectamente en el siguiente chiste:

> Un miembro del Partido Comunista le pregunta a un conocido, que no es miembro del partido:

—¿No estás de acuerdo que nosotros los comunistas poseemos tres cualidades: inteligencia, honestidad, y lealtad al Partido?
—Bueno —dice el no miembro—, yo sólo encuentro que en un momento dado los comunistas tienen dos de esas cualidades.
—¿Qué quieres decir con eso?
—Si es honesto y leal no es inteligente. Si es inteligente y leal, no es honesto. Y si es honesto e inteligente, no puede ser leal al partido. (Corten 1992: 39; mi traducción)

La broma resuena con los diálogos entre Nikita y los tres funcionarios y con el «cantiflismo dialéctico» con que van invirtiendo, rebotando y demoliendo significados, valores, ideas e ideologías.

La obra de Piñera es alegórica en extremo, si bien hay algunas alusiones al mundo después de la muerte de Stalin. No hay referencia al mundo económico del comunismo: nada sobre planes quinquenales, racionamiento, escasez de productos o artículos de pobre calidad, ni tampoco sobre los logros de la industrialización, comunidades nuevas o avances científicos. En cuanto al contexto internacional tampoco se menciona nada sobre la Guerra Fría ni la Gran Guerra Patria (la Segunda Guerra Mundial), la guerra de Corea o las luchas anticoloniales de la época. Y no obstante la dimensión política de las escenas de la obra, lo político carece de especificidad histórica: fuera de la mención del nikitismo, no hay nada sobre Stalin y el culto a la personalidad, ni sobre la liberación de millones de prisioneros del gulag después de 1953, ni sobre las luchas internas para encaminar la sociedad soviética hacia la superación del estalinismo. La alegoría de Piñera está ubicada en un futuro donde supuestamente todas las dificultades se han superado; sin embargo las estructuras del poder, el lenguaje, las instituciones, todavía parecen de los años cincuenta.

Tampoco pretende Piñera ofrecer un análisis de la sociedad soviética, definirla como totalitaria (o no), o como colectivismo oligárquico. Varios teóricos de la izquierda trataron de caracterizarla de varias formas: un Estado obrero degenerado, capitalismo de Estado, colectivismo burocrático, nuevo modo de producción pero sin la consolidación de una clase gobernante...⁷ Todos estos análisis compartían varias premisas: que dichos sistemas crearon una sociedad distinta, que eran esfuerzos por lograr la modernidad y que sus aspiraciones de cambio entroncaban con los valores y visiones de la Ilustración. Aun las perspectivas que destacaron los aspectos no-democráticos o dictatoriales del sistema argumentaban que no eran dictaduras de corte tradicional (Arendt o Brzezinski, por ejemplo).

¿Qué ofrece «Los siervos» en cuanto a la Cuba contemporánea? El interregno entre Fidel y Raúl se ha manejado sin mayores percances ni crisis abierta. De igual forma la muy real crisis del Período Especial se manejó ideológicamente, poniendo el pensamiento martiano a la par del marxismo-leninismo, al punto que algunos dirían que el marxismo se ha puesto al servicio del nacionalismo. En el contexto internacional Cuba sigue manejando un discurso anti-imperialista y anti-capitalista, y ha conseguido una serie de amigos latinoamericanos (Venezuela, Bolivia, Ecuador, Uruguay y otros) que, si bien no han adoptado el modelo de los socialismos estatales del siglo XX, sí han rechazado algunas de la políticas del neoliberalismo.

«Los siervos» y su crítica al totalitarismo siguen vigentes para la realidad de Cuba. La arquitectura ideológica del sistema está sufriendo las embestidas del tiempo igual que los muchos edificios en ruinas de La Habana, si bien la resistencia ideológica ha sido más perdurable e insistente.

El desgaste ideológico no es sólo temporal sino de significación, una desnaturalización del discurso mítico. El mito de la Revolución se presenta como una esencia que trasciende lo contingente de cualquier determinante histórico (Debray 1983: 132); eso implica que tiene que luchar incesantemente contra el tiempo y el cambio cuando ya ha decidido instaurar todos los mecanismos e instituciones del socialismo estatal. Nikita, por lo tanto, no sólo desnaturaliza el mito (el de la igualdad social) sino que lo politiza, con palabras (al declararse

---

[7] Para los análisis marxistas sobre la URSS, véase Linden 2009.

«siervo») y a nivel performativo (se tira a los pies de Kirianin para que le patee el trasero).

«Los siervos» nos reta a reexaminar el lenguaje político de nuestros tiempos; invita, incluso, a elaborar un léxico de la Revolución cubana con toda una gama de palabras o expresiones. Ese léxico incluiría vocablos que han caído en desuso (criada, escuela privada, senado), neologismos (cederista, diplobabalao), palabras resemantizadas (revolución, compañero, emulación, libreta), préstamos de otros idiomas (mitin, friquis, pitusa), terminología marxista-leninista (lucha de clases, imperialismo, modos de producción), y de la jerga popular (invento, resolver). No importa lo exitoso que haya sido o no el proceso revolucionario; crear una nueva sociedad y una nueva persona requiere de un nuevo lenguaje y el estudio de su manejo nos puede ayudar a comprender mejor la Cuba posterior a 1959[8].

«Los siervos», con todos sus reveses y payasadas, emblematiza lo que Yurchak llamaba la «paradoja» de Lefort:

> [La paradoja] tiene que ver con el hecho de que [...] para cumplir con su función de reproducir el poder, el discurso ideológico debe sostener que representa una «verdad objetiva» que existe fuera de ese discurso; sin embargo, la naturaleza externa de esta «verdad objetiva» hace que ese discurso ideológico carezca inherentemente de los medios para describirlo en su totalidad, lo que socava la legitimidad de ese discurso y el poder que apoya. Esta contradicción inherente de cualquier versión de la ideología moderna, argumenta Lefort, sólo puede encubrirse por la figura del «maestro», quien, al situarse fuera de ese discurso y poseyendo

---

[8] Los estudiosos de la URSS han estudiado el fenómeno y lo han descrito de varias maneras: «hablar bolchevique» (Stephen Kotkin), «lingüística prometea» (Katerina Clark), «hablar en lenguas soviéticas» (Michael Gorham) y «hablar soviético» (Karen Petrone). También hay vocabularios o diccionarios que recogen esta terminología (Laird & Laird 1988; Zemstov 1984; Corten 1992; Sleeper1983). El trabajo de Nancy Ries (1997) se enfoca en los años de la perestroika.

conocimiento de esa verdad objetiva, momentáneamente disimula la contradicción, haciendo que aparezca por sí misma. (Yurchak 2005: 10; mi traducción)

En «Los siervos» el maestro, no mencionado pero sí muy presente por las circunstancias de su escritura, es Stalin. La ausencia del maestro como anclaje metadiscursivo del discurso (y la sociedad) es lo que le permite a Piñera explorar las inquietudes soviéticas después de la muerte de una figura que dominó el país por treinta años. Tras esa muerte le correspondería al Partido asumir ese papel de «maestro» (o en términos lacanianos, el Significante Amo), y lógicamente una figura clave sería el Filósofo del Partido, Nikita. Pero como Nikita se declara nikitista y servilista el Significante Amo parece desarticularse.

En el caso de Cuba, ¿seguirá operando el Significante Amo tras la muerte de Fidel Castro en noviembre de 2016? El gobierno de Raúl no representó el abandono del socialismo ni mucho menos un repudio del legado de Fidel. Incluso, se podría decir que desde el Período Especial en Cuba se ha manejado a Martí como una especie de Significante Amo en conjunto con el de Fidel. No es nada nuevo que los gobernantes en Cuba usaran el manto de Martí para justificar su ideología y sus acciones. Pero, como señala Žižek, toda creación de un Significante Amo es una imposición, e incluso su acto inicial es violento. «Los siervos» desenmascara esa violencia (real, simbólica) y nos recuerda que los sistemas comunistas no son los únicos en manejar la violencia a su favor (y que la historia de Cuba, por encima de ideologías, ha sido violenta como pocas).

Cuba ha buscado siempre redentores, desde Martí hasta Fidel, y muchos siguen buscando uno nuevo, acorde con el siglo XXI. «Los siervos», en este sentido, ofrece una advertencia. Cuando hacia el final de la obra un obrero (Kolia) le dice a Nikita «Eres nuestro salvador, Nikita», él responde: «No, Kolia, no soy un salvador, soy un declarador. Ni me salvo ni salvo a los siervos; sólo declaro el servilismo» (Piñera 1955: 25). Kolia insiste: «Pero una vez seamos siervos declarados podremos rebelarnos y triunfar». Nikita, con una lucidez pasmosa, contesta: «Entonces seremos señores y otro Nikita será el declarador de turno. No hay otra verdad» (1955: 25). Aquí Piñera recuerda al Carpentier de *El reino de este mundo*, con sus ciclos de opresión y liberación, seguidos siempre por nuevos despotismos que conducen a otras luchas emancipatorias y así sucesivamente. Los procesos revolucionarios que pretenden instaurar un mundo nuevo de igualdad y felicidad fracasan cuando piensan que pueden poner final al ciclo de dominación social en todas sus potencialidades (y disfraces).

Ver a Nikita con su declaración de servilismo como a un disidente es una lectura parcial de la obra de Piñera. Por más seductora que sea, una lectura de Nikita como el «heroico individuo» frente a las «depredaciones del Estado» no basta para la comprensión cabal de «Los siervos», y sería una lectura parcial del deseo de Nikita. Si pensamos el deseo de Nikita en términos deleuzo-guattarianos, habría que rechazar el modelo lacaniano de la falta (o carencia) como explicación de su deseo (Parr 2010: 65-67). Nikita es terco en afirmar que quiere ser siervo, pero es cuidadoso en nunca darle una explicación filosófica (salvo decir que «El servilismo es la filosofía del trasero»). Para Deleuze y Guattari el deseo es positivo, no-individualista y social. Es parte de un «ensamblaje» que huye de los modelos edípicos del sujeto. El caso de Nikita está vinculado a procesos sociales; rechaza un rebelión estrictamente individualista, y rechaza, como hemos visto, el papel de convertirse en Significante Amo-redentor, con sus connotaciones asociadas a la ley del Padre.

«Los siervos» es una trampa y una advertencia. Trampa porque invita a leer lo que Piñera escribió en 1955 como una profecía de la realidad cubana actual –algo no sólo inexacto sino absurdo, porque la Cuba de 2018 dista mucho de la URSS de 1955. Advertencia porque nos recuerda que los modelos de socialismo de Estado del siglo XX encierran problemáticas que todavía estamos tratando de resolver en cuanto a justicia social, igualitarismo y democracia, algo que el propio Oscar Wilde señaló: «Un mapa del mundo que no incluya la Utopía no vale la pena ni ojearlo, ya que deja fuera el único país en el cual la humanidad aterriza. Y cuando la humanidad aterriza allí, mira a su alrededor, y viendo un mejor país, prende vuelo. El progreso es la realización de las utopías» (Wilde 1989: 1089; mi traducción). Virgilio era consciente que ese mapa era elusivo, y lo que es más importante, de que el cuerpo –con su pensar y su deseo– dibujaba su propio mapa y su propia liberación, porque «nada sabemos lo que puede un cuerpo».

Bibliografía

Abrahams, Harlan & López-Levy, Arturo (2011): *Raúl Castro and the new Cuba. A close-up view of change.* Jefferson: McFarland & Co.

Abdullah, Hannah & Benzer, Mathias (2011): "Our fate as a living corpse…". An interview with Boris Groys». En *Theory Culture and Society* 28 (2): 69-93.

Arendt, Hannah (1989): *The human condition.* Chicago: Chicago University Press.

Barthes, Roland (1970): «Elementos de semiología». En Verón, E. (ed.): *La semiología.* Buenos Aires: Tiempo Contemporáneo, 15-71.

— (1999): *Mitologías.* Mexico, D.F.: Siglo xxi.

Brotchie, Alastair (2011): *Alfred Jarry, a pataphysical life.* Cambridge: MIT Press.

Brown, Archie, (2009): *The rise and fall of communism.* New York: Random House.

Corten, Irina H. (1992): *Vocabulary of Soviet society and culture (1953-1991).* Durham: Duke University Press.

Debray, Regis (1983): *Critique of political reason.* New York: Verso.

Ducrot, Oswald & Todorov, Tzevtan (2003/1972): *Diccionario enciclopédico de las ciencias del lenguaje.* México, D.F.: Siglo xxi.

Espinosa, Carlos (ed.) (2003): *Virgilio Piñera en persona.* La Habana: Unión.

Groys, Boris (2009): *The communist postscript.* London: Verso.

HALLWARD, Peter (2003): *Badiou. A subject of truth*. Minneapolis: University of Minnesota Press.
LAPLANCHE, Jean & PONTALIS, J. B. (1996): *Diccionario de psicoanálisis*. Buenos Aires: Paidós.
LECERCLE, Jean-Jacques (2006): *A Marxist philosophy of language*. Leiden: Brill.
LEFORT, Claude (2007): *Complications: communism and the dilemmas of democracy*. New York: Columbia University Press.
LINDEN, Marcel Van (2009): *Western Marxism and the Soviet Union*. Chicago: Haymarket Books.
MEDVEDEV, Roy & MEDVEDEV, Zhores (1978): *Khruschev, the years in power*. New York: W.W. Norton.
MIŁOSZ, Czesław (1990): *The captive mind*. New York: Random House.
MOLINERO, Rita (ed.) (2002): *Virgilio Piñera, la memoria del cuerpo*. San Juan: Plaza Mayor.
MONTES HUIDOBRO, Matías (2002): «Siervos cubanos». En Molinero, Rita (ed.): *Virgilio Piñera, la memoria del cuerpo*, 183-197.
ORWELL, George (2002): *1984*. México, D.F.: Lectorum.
PARR, Adrian (2010): *The Deleuze dictionary*. Edinburgh: Edinburgh University Press.
PASOLINI, Pier Paolo (2005): *Heretical empiricism*. Washington: New Academia Publishing.
PIÑERA, Virgilio (1955): *Los siervos*. En *Ciclón* 1 (6): 9-29.
— (1956): «El pensamiento cautivo». En *Ciclón* 2 (4): 64-66.
— (1960): «Diálogo imaginario». En *Lunes de Revolución* 51, 21 de marzo: 38-40.
— (2011): *Órbita de Virgilio Piñera*. La Habana: Unión.
SLOTERDIJK, Peter (1988): *Critique of cynical reason*. Minneapolis: University of Minnesota Press.
TRÍAS, Eugenio (1977): *Meditación sobre el poder*. Barcelona: Anagrama.
WEST, Alan (1997): «History and its doubles: the master-slave dialectic, or What happens when Hegel meets the Keystone Cops». En *Tropics of history: Cuba imagined*. Westport: Bergin and Garvey, 58-83.
WILDE, Oscar (1989): *The complete works of Oscar Wilde*. New York: Harper & Row.

Yurchak, Alexei (2005): *Everything was forever, until it was no more. The last Soviet generation*. Princeton: Princeton University Press.
Žižek, Slavoj (1989): *The sublime object of ideology*. New York: Verso.

En la lente de Julio Berestein
«Lo que puede usted ver en el Museo Nacional» y las (más)caras de la cámara en Virgilio Piñera

Pilar Cabrera Fonte | *Augustana University*

El fotógrafo Julio Berestein (1915-68) y Virgilio Piñera (1912-79) compartieron una amistad de varias décadas que dejó huellas en la obra de ambos. Las vemos en algunos magníficos retratos de Piñera, de los que suele desconocerse la autoría de Berestein –por ejemplo, la foto del joven Virgilio, vestido de cuello y corbata, que con la vista baja se apunta una pistola de juguete a la sien– así como en la presencia a menudo inquietante que tiene la fotografía a lo largo de la obra del escritor. Las páginas que siguen exploran las conexiones entre ambos creadores.

Piñera escribió *Pequeñas maniobras* entre 1956-57, justo en los años en los que las fotografías de Berestein ilustraban la columna «Lo que puede usted ver en el Museo Nacional» en el *Diario de la Marina*. Las maniobras de Sebastián, el protagonista, en mucho reflejan la actividad del fotógrafo Berestein. Confesión, escritura e identidad se entrelazan en esa novela en una reflexión en la que la fotografía constituye la otra fibra esencial. A contraluz del trabajo de Berestein podemos situar las reflexiones de Virgilio sobre el poder de la imagen fotográfica, tanto para cimentar el proyecto nacional mediante la construcción y difusión del patrimonio cultural como para desestabilizar y revelar lados ocultos de la realidad social e individual.

La escritura de Piñera tiene una afinidad con el arte fotográfico que ha sido bien notada por algunos críticos y de la que él mismo era muy consciente[1]. Antón Arrufat ha comentado lo novedoso que resultaba en su momento el estilo de las narraciones breves de Piñera, cuentos «concentrados en la situación, carentes de información descriptiva o sicológica [...] donde el desarrollo de la ficción es como un relámpago, o mejor, como Piñera diría, un fogonazo, palabra que alude a la mirada, a la cámara fotográfica, al flashazo» (2012: 102). Un «cuento en su máxima saturación» es como Piñera describió ese estilo, que Arrufat denomina «ficción súbita» (2012: 102-103). Esa forma concentrada y certera, *fotográfica*, característica de los cuentos de *Poesía y prosa* (1944), se afinca en una noción que para Piñera iba más allá de la narrativa. Según Arrufat, «aunque no era dado a la teorización literaria, [Piñera] tuvo un concepto de la poética que fundamenta la ficción súbita» (2012: 103).

La rapidez y el carácter definitivo del disparo fotográfico guardan relación, además de la brevedad, con la violencia que encontramos en la escritura de Piñera. Según Susan Sontag, «Just as the camera is a sublimation of the gun, to photograph someone is a sublimated murder» (1977: 14-15). La concepción poética de Piñera que resulta en la ficción súbita nace de una comparación tácita con la fotografía como acto de violencia dirigido al cuerpo: el disparo que se convierte en instante fijo e irrevocable. Al revisar el prólogo a su *Teatro completo* (1960) puede hallarse una evidente correlación entre la súbita violencia que une al fotógrafo y el sujeto retratado y la sacudida que representa para Piñera la «salida teatral», esto es, una acción que convierte al sujeto-actor en «el eje, el punto de mira» (Piñera 1960: 7; nótese cómo en esta expresión la mirada del espectador se dirige al actor como una línea de disparo). Por si quedara duda de la implícita violencia entre ambos (actor y espectador o fotógrafo y sujeto retratado), Piñera escribe que como resultado de una de esas

---

[1] Dan Russek le dedica una sección en su libro *Textual exposures: photography in twentieth-century Spanish American narrative fiction*. Véase también Cabrera Fonte 2012.

salidas teatrales, «la multitud lo mismo puede aclamarnos que lapidarnos» (1960: 7)[2].

El *fogonazo* que como relámpago ilumina tanto la *ficción súbita* narrativa como la «salida teatral» es de una violencia que perfora, como una bala, y como «El enemigo» del cuento del mismo nombre. En ese cuento-confesión acerca de la escritura, fechado en 1955, Piñera describe la obra literaria como la perforación que queda sobre el escudo al ser traspasado por el miedo, «guerrero de horrenda cara» (1999: 167). El fondo del alma o la psique del personaje se describe hipotéticamente como accesible a una cámara:

> Ahora bien, aquí en la bañadera ocurre lo que en la cama: ya no soy más ni yo mismo ni mi miedo, he pasado a ser una suerte de objeto. Si un fotógrafo especial con una cámara especial lograse captar esa «especialidad», mostraría a los asombrados ojos de la muchedumbre un pez singular jamás entrevisto por los pescadores, nunca registrado en los tratados de ictiología. (Piñera 1999: 169)

El pasaje anterior ilustra bien la observación de Rita Martin cuando, a propósito de la poética de Piñera, afirma que «la imagen por sorpresa[3] se encuentra no sólo en los múltiples cuerpos dobles y/o fragmentados que recorren su obra, sino en la conciencia de que la literatura se iguala a una cámara que enfoca su lente dentro de lo real que ha sido marginado o reprimido» (Martin 2009: 42). Martin relaciona acertadamente la visión de la cámara como puerta al inconsciente con la idea de lo *Unheimlich* o *siniestro* de Sigmund Freud.

Pese a la importancia de la fotografía en la obra de Piñera, él mismo nunca cultivó un interés práctico en esa actividad. Según

---

[2] A propósito de la «salida teatral» véase Cabrera 2012b.
[3] «La imagen por sorpresa», elemento central del análisis de Martin, es una idea que Piñera discute en «El secreto de Kafka». Afirma allí que «el único móvil del artista es producir, a través de una *expresión nueva*, ese imponderable que espera todo lector y que se llama "la sorpresa literaria"» (1994: 186).

Arrufat, Piñera «nunca tuvo cámara fotográfica» (2011). Sin embargo, «tuvo una gran amistad con Julio Berestein, un excelente fotógrafo cubano que murió en la cárcel, después de la Revolución [...] él fue fotógrafo de Alicia Alonso y retrató mucho escritor cubano. Era un fotógrafo interesante y entonces, Virgilio tenía esa amistad con él. Yo también tuve esa amistad. O sea que veíamos cómo se retrataba» (2011). A través del trabajo de Berestein, Piñera tuvo oportunidad de observar de cerca el trabajo de un fotógrafo profesional.

El trabajo de Berestein constituyó importante materia de observación y reflexión para Piñera; en lo que sigue busco iluminar referencias a la fotografía en su escritura que se basan no sólo en aspectos abstractos, sino en la carrera específica de un fotógrafo sujeto a las demandas y realidades de su tiempo. Además de hacer fotografía de estudio y retratar comercialmente, Berestein se distinguió por promover la danza y las artes plásticas de Cuba, de manera que su trabajo tiene dos vertientes de especial interés en relación con el tema de la fotografía en la obra del escritor. Primero, como retratista, se vincula al poder de la fotografía de captar gestos significativos, de hablar con el «intraducible lenguaje» del silencio —como dice el narrador de «Un fogonazo,» otro cuento de Piñera que tiene que ver con la fotografía (1999: 329). Además, el trabajo de Berestein resulta relevante para el estudio de la obra de Piñera en la medida que se centra en la interpretación y difusión del patrimonio cultural, a menudo trazando la dudosa línea que separa lo artístico de lo que no lo es.

Julio Berestein, maniobras en la fotografía

Julio López Berestein nació bajo un signo trágico. El día de su nacimiento, su padre, trabajador ferroviario, murió en un accidente. Julio creció en la casa de sus abuelos maternos cuyo apellido, llevado a Cuba por judíos austriacos, adoptaría luego como nombre artístico. Aunque conocían su origen, los abuelos de Julio ya no practicaban la religión judía (Berestein 2011). Dos de sus primos hermanos describen a Julio como un hombre tranquilo y muy dedicado a su trabajo, a quien le gustaban las artes y que, como Virgilio, tocaba el piano[4]. También como Virgilio, Berestein sufrió el clima homofóbico de los sesenta en Cuba. Su prematura muerte en prisión está directamente vinculada a persecuciones de esa índole (Berestein 2011; López-Berestein 2014).

Entre lo poco lo que se ha escrito sobre Berestein no se encuentran referencias a su formación como fotógrafo. Los autores de *Memoria: Cuban art of the twentieth century* lo califican como «one of the most creative "studio photographers" of Cuba in the 1940s», y de entrada señalan la dificultad del estudio de su obra:

> The work of Julio López Berestein, like that of many other photographers under the Republic, remains for us one of a number of «hidden zones» in the history of Cuban art. If we want to follow its development we have to turn to the periodicals that published his creations in a fragmented and incomplete fashion. (Veigas 2002: 228)

En una interesante semblanza del fotógrafo, Isachi Durruthy Peñalver señala que «Berestein podría ser catalogado como el "gran descubridor" de los fundadores de la escuela cubana de ballet: Alicia, Fernando y Alberto Alonso» (2013: en línea). En numerosas fotografías dispersas en publicaciones electrónicas e impresas sobre estos bailarines aparece claramente visible la firma de Berestein[5]. En el terreno de las artes plásticas, Berestein realizó una doble tarea. Dejó a la posteridad una colección de retratos de artistas de la vanguardia

---

[4] En el libro de Carlos Espinosa Domínguez *Virgilio Piñera en persona* encontramos este testimonio de Luisa Piñera, la hermana del escritor: «A él [Virgilio] siempre le gustó el piano; cuando vivimos en Cárdenas quiso aprenderlo, pero papá se opuso. Yo insistí mucho y finalmente accedió» (2003: 40).

[5] Por ejemplo, en Toba Singer 2013: 60. El artículo de Durruthy Peñalver incluye una buena selección de esas fotografías.

cubana, y desde la década del cuarenta y hasta el fin de su vida fotografió obras de arte en una intensa labor de organización y difusión.

Cuando Berestein sobresale como fotógrafo vinculado a la pintura, a principios de los años cuarenta, Cuba estaba en un momento de expansión de la plástica. Desde la década anterior, figuras como Víctor Manuel, Amelia Peláez, Carlos Enríquez, Fidelio Ponce y Wifredo Lam estaban renovando la plástica con obras que conjugaban el lenguaje artístico de la vanguardia y la afirmación de una identidad y expresión cubanas. En 1935 y 1938 tuvieron lugar el Primer y Segundo Salones de Pintura y Escultura, en los que descollaron los artistas de vanguardia al punto de que el segundo, según el crítico Juan A. Martínez, «signaled the beginning of the end of academic art as the official representative of Cuban high culture» (1994: 21). El nuevo lenguaje artístico representaba lo mejor de la pintura nacional, por encima del estilo académico que había conseguido superar.

En 1942 abrió sus puertas la Galería del Prado, dirigida por el crítico de arte José Gómez Sicre y patrocinada por la heredera y mecenas María Luisa Gómez Mena junto a su esposo, el pintor Mario Carreño. El trabajo de este grupo fue de enorme importancia en la promoción del arte moderno cubano. Berestein estuvo vinculado a esta exitosa aunque breve empresa desde sus comienzos. Una fotografía de Berestein de esta época –reproducida por José Ramón Alonso Lorea en su artículo sobre la galerista– muestra a Gómez Mena, Sicre y Carreño junto a varios de los artistas vinculados a la Galería.

En 1943, Berestein tuvo una exposición individual de retratos en el Lyceum y Lawn Tennis Club de La Habana, donde presentó al público los rostros del nuevo arte cubano. Las palabras al catálogo fueron escritas por Gómez Sicre. Vale la pena reproducirlas aquí:

> Seguir el propósito subjetivo de crear ha hecho devenir de esta exposición de Berestein una exhibición artística más que una muestra documental. Estos retratos suyos en que los modelos son casi todos pintores, nuestros pintores de hoy, definen la posición de independen-

cia de Berestein con respecto a las demás artes. Sus retratos son, ante todo, fotográficos en el más cabal sentido. Berestein demuestra a los que pintan que él no apetece más que un resultado estético fotográfico. (en Durruthy 2013: en línea)

En el catálogo a la exposición de Berestein, Gómez Sicre parece apuntar específicamente al título del libro que publicaría un año después, *Pintura cubana de hoy*, editado por Gómez Mena. El libro estuvo a la venta en el Museum of Modern Art de Nueva York mientras tenía lugar la exposición *Modern Cuban painters*, patrocinada por Gómez Mena en 1944. *Pintura cubana de hoy* incluye a veintiún artistas y tiene catorce secciones dedicadas individualmente a un solo artista (los trece de la exhibición en el MoMA más Wifredo Lam[6]). Gracias a esa edición de mil quinientos ejemplares, varios de los retratos de pintores tomados por Berestein gozan hoy de una circulación relativamente amplia, pues todas las secciones individuales (salvo la de Gattorno) abren con una fotografía suya.

Parece paradójico que a Berestein, que según Gómez Sicre «no apetece más que un resultado estético fotográfico», se le haya catalogado como *pictorialista*[7]. Pero este hecho habla de la sintonía de Berestein con el lenguaje pictórico y la búsqueda expresiva de los artistas que retrató. Según la fotógrafa e historiadora María Elena Haya, Marucha, «fotógrafos como Berestein y Ángel de Moya […] fueron la culmina-

---

[6] En el orden en que aparecen en *Pintura cubana de hoy* (1944), Víctor Manuel, Eduardo Abela, Antonio Gattorno, Amelia Peláez, Fidelio Ponce, Carlos Enríquez, Mario Carreño, René Portocarrero, Felipe Orlando, Mariano Rodríguez, Cundo Bermúdez, Jorge Arche y Luis Martínez Pedro. Según Alejandro Anreus (2014), Lam decidió no participar en esa exposición, entre otras razones, porque no tenía muy buenas relaciones con Gómez Sicre.

[7] *Pictorialismo* es un término usado desde finales del siglo XIX que refleja la aspiración de muy diversos fotógrafos «[to] produce art with their photography» (Heuvel 2010: 146). Los *pictorialistas* experimentaron con elementos de las más variadas corrientes pictóricas, incluyendo efectos de luz y atmósfera, claroscuros, simbolismo y alegorías (2010: 149).

ción del "pictorialismo" fotográfico: hacían literalmente pintura con la cámara» (1980: 52). En los retratos que acompañan *Pintura cubana de hoy* es evidente el cuidadoso manejo de luz y atmósfera, así como el interés de Berestein en la personalidad de sus modelos. En el caso de las fotos de estudio el énfasis cae en el gesto y la pose, subrayados por el uso de luz artificial. En fotos exteriores se aprecian elementos reveladores del paisaje habanero y el entorno de los artistas[8].

En el mismo texto del catálogo de 1943, Gómez Sicre describe la aproximación del fotógrafo a los rostros:

> Al pulsar el dispositivo la lente se adueña de lo que la vista no percibe y busca caras como planetas los telescopios, para aumentarlas y hallarles cráteres y sinuosidades fantásticas. Quedan en el papel, con la definición honda del gesto, una luz que atraviesa el cristalino, sudor o saliva, y una cara ampliada, vista, a distancia que no solemos mirar acostumbradamente. [...] Con esta exposición se reafirma la existencia de un arte fotográfico en Cuba. (en Michelena 2008)

La descripción de Gómez Sicre evoca una suerte de «inconsciente óptico» afín al que Walter Benjamin (1972) describiera por primera vez en 1931[9]. La cámara revela «lo que la vista no percibe» –a la

---

[8] El retrato de Cundo Bermúdez es un buen ejemplo en ese sentido: tomado en un balcón, la luz que entra por la balaustrada proyecta sombras sobre el caballete que se extienden por todo el espacio. Unas páginas después, la pintura «Romeo y Julieta», del propio Cundo Bermúdez, recrea una escena erótica en un balcón cuya expansiva vegetación de líneas ondulantes es muy similar a las sombras de la foto. También el retrato de Mariano está tomado en un balcón, desde el que el pintor observa las calles de La Habana. Un pedazo de rejilla de alambre rota en la esquina superior del balcón parece querer evocar el corral de uno de los famosos gallos del pintor.

[9] En el ensayo «A short history of photography», Walter Benjamin equipara la habilidad de la cámara fotográfica de escudriñar el movimiento a nivel de instantes (por ejemplo, el momento exacto en que alguien comienza a caminar) a la revelación de un inconsciente visual: «Photography with its various aids (lenses, enlargements) can reveal this moment. Photography makes aware

manera que lo hace aquel «fotógrafo especial» en «El enemigo». En el cuento, el sujeto retratado es una mezcla de pez y objeto (Piñera 1999: 169). Gómez Sicre también evoca una realidad no humana al hablar de «caras como planetas» y «sinuosidades fantásticas». Ambos discursos sitúan al retrato fotográfico en el terreno de lo que Sigmund Freud describió como *das Unheimlich* –que ha sido traducido al inglés como «the uncanny» y al castellano como «lo ominoso», «lo sinestro», «lo extraño». En el ensayo de ese nombre de 1919, Freud examina cómo la sensación de lo *Unheimlich* (experiencia que para Freud indica el retorno de lo reprimido) se relaciona con la duda sobre «whether something is animate or inanimate, and whether the lifeless bears an excessive likeness to the living» (2003: 140). En la discusión sobre *Pequeñas maniobras* volveremos sobre la importancia de la cámara fotográfica como instrumento para la revelación de lo oculto en el sujeto.

Los pintores cuyos retratos toma Berestein no sólo son innovadores. Son también personalidades fascinantes en virtud de lo que implica su dedicación al arte en una sociedad en la que prácticamente no se pagaba por él, en la que «even in the best cases [...] artists barely made a living from the selling of their work» (Martínez 1994: 28). Entre estos retratos hay que resaltar la expresión dolorida de Fidelio Ponce, la pose desafiante de Portocarrero, tomada en contrapicado, y el gesto escéptico y de ceja enarcada de Carlos Enríquez. Ponce, que padeció por años y sucumbió finalmente a la tuberculosis, es uno de los ejemplos más extremos de la penuria impuesta a los artistas.

---

for the first time the optical unconscious, just as psychoanalysis discloses the instinctual unconscious» (1972: 7). Cinco años después, en «The work of art in the age of its mechanical reproduction», Benjamin retoma la idea del inconsciente óptico: «With the close-up, space expands; with slow motion, movement is extended. The enlargement of a snapshot [...] reveals entirely new structural formations of the subject» (1969: 236). Para Gómez Sicre y Piñera, como para Benjamin, el retrato fotográfico abre un nuevo horizonte de exploración del sujeto al mostrar lo que está oculto a la mirada desnuda.

Berestein logra captar gestos que retratan la experiencia de los artistas de vanguardia.

Además de los retratos para *Pintura cubana de hoy*, Berestein tiene parte del crédito por las fotografías de las obras de arte. En las décadas siguientes se especializará en ese tipo de trabajo, tras convertirse en 1955 en fotógrafo del recién inaugurado Instituto Nacional de Cultura, y por tanto del Museo Nacional en su nueva sede en el Palacio de Bellas Artes. Durruthy Peñalver comenta lo que implica ese cambio para Berestein: «inventariar los copiosos fondos del museo marcó un giro categórico en su discurso visual al prescindir de la brillantez, la emotividad y la sofisticación de muchas de sus composiciones para concentrarse en una documentación fidedigna de las obras de arte» (2013: en línea). Es posible especular que el interés del fotógrafo por el arte lo llevó a adoptar el trabajo, o que lo hizo movido por el deseo de tener una entrada estable de ingresos.

La inauguración del Instituto Nacional de Cultura y del flamante nuevo edificio para el Museo Nacional[10] ocurre en un clima caldeado por el golpe de estado de Fulgencio Batista tres años antes. El nuevo gobierno busca legitimarse con el avance de obras y proyectos. Jorgelina Guzmán Moré señala que al funcionar a través de patronatos autónomos, como el del Museo, el INC logró impulsar avances notables: «al estudiar el Boletín Informativo del INC, su Revista y los diversos folletos que editó se percibe toda esta gran variedad de actividades en favor de la cultura» (2010: 5). Berestein participó de lleno en ellas. Mario Carreño estaba a cargo de la dirección artística de la *Revista del Instituto Nacional de Cultura*. José Antonio Michelena comenta la calidad de esa publicación de corta vida, pero que durante dos de sus números cuenta con «la audacia, originalidad y talento de Carreño y Berestein confabulados» (2008: en línea).

---

[10] Fundado en 1913, el Museo Nacional había pasado por tres inapropiadas ubicaciones, además de haber estado cerrado por falta de edificio entre 1915 y 1917. Para una historia del Museo véase el libro de Linares 2003.

El domingo 19 de agosto de 1956 aparece por primera vez la columna semanal «Lo que puede usted ver en el Museo Nacional» en el *Diario de la Marina*. Suele ocupar media página en la sección del «suplemento diario en rotograbado», la misma de la «Crónica Habanera», con sus clásicas narraciones y fotos de eventos de la alta sociedad, y de la página dedicada a viajes, con lugares atractivos para soñadores o turistas potenciales (ese domingo contaba con un reportaje sobre Rajputana). A través de esta publicación Berestein se convierte súbitamente en mediador entre la gran institución de la alta cultura de la nación y el público en general. Sus fotos dan testimonio de los tesoros albergados en el Palacio a la vez que contribuyen al lustre de sus propietarios o donadores, que siempre son mencionados –entre ellos, con gran frecuencia, el magnate Julio Lobo, y en una ocasión hasta el mismo «Honorable señor Presidente de la República, Mayor General Fulgencio Batista y Zaldívar» (3 de febrero de 1957).

Como antes junto a José Gómez Sicre, Berestein sigue promocionando el nuevo arte cubano, ahora para un público masivo, pero sólo como una fracción del acervo museístico. La columna en el *Diario* abole las distancias de tiempo y lugar, y puesto que cada semana se comentan dos obras, en una sola edición pueden juntarse fantásticamente una «Cabeza de mujer» griega del siglo IV a.C. y una «Naturaleza muerta» de Amelia Peláez. En sus primeras apariciones la publicación anuncia: «Todas las semanas ofreceremos una o más fotos de las obras de arte notables que usted puede admirar en el Museo de Bellas Artes», un propósito que cumple por cerca de año y medio. Mientras que el reconocimiento a Berestein se mantiene constante, los autores de los comentarios varían dependiendo de las obras mostradas[11]. El primero y más frecuente es Rafael Fernández

---

[11] Los colaboradores habituales de la columna son Rafael Fernández Villa-Urrutia, María Julia Rodríguez, Teresita Bertot, Estela López Oña, Ada Martínez Mederos, Margarita Fernández Villa-Urrutia, Tamara Diago, Pura Vega de Miyar, y Maruja Rodríguez López.

Villa-Urrutia, quien el mismo año de 1956 contribuyó con unas «Notas para una interpretación teológica de Caravaggio» al número 40 de la revista *Orígenes*.

La columna promociona al Museo y sus actividades anunciando visitas guiadas y conferencias, y varias ediciones llaman la atención a trabajos de restauración[12]. Hay un claro interés en vincular las obras en exhibición tanto a un presente de indagaciones históricas como al desarrollo del sentimiento y expresión de lo cubano. Sin embargo, la visión de Cuba que emerge a través de los relatos e imágenes del patrimonio del Museo es marcadamente eurocéntrica. En los setenta y seis días de emisión de la columna[13], en cada uno de los cuales se discuten usualmente dos obras, hay una sola mención de la sala de etnografía afrocubana y cuatro de objetos de colecciones prehispánicas.

Para Berestein sería de especial interés la promoción de los pintores de vanguardia. Sin embargo, los espacios reservados al arte moderno cubano son escasos (ocho menciones en total)[14] comparados con los que tienen pintores cubanos de períodos anteriores (dieciocho). Y el grueso de los reportajes se dedica a obras de artistas europeos del siglo

---

[12] Un buen ejemplo lo encontramos cuando Fernández Villa-Urrutia explica el descubrimiento de la autoría del «Retrato de Don Antonio de la Luz y Poveda con su hijo»: «Por mucho tiempo se tuvo por obra de un autor anónimo. En una restauración reciente, debajo de una gruesa capa de barniz, surgió una leyenda: "Juan del Río lo pintó en La Havana en 1802". En esta forma pudo reivindicarse para Juan del Río, el más oscuro de nuestros pintores coloniales, una verdadera obra maestra de colorido y gracia» (2 sept. 1956).

[13] Mis cálculos excluyen dos números faltantes del *Diario de la Marina* en los archivos de *Digital Library of the Caribbean*: los de noviembre 10 y 17 de 1957. También hay algunos días en los que la columna por alguna razón no se publica: diciembre 9 de 1956, diciembre 1 y 15 de 1957, y febrero 16 de 1958.

[14] El 23 de diciembre de 1956, el *Diario de la Marina* anuncia los premios del VIII Salón Nacional de Pintura y Escultura. En los meses siguientes, aparecen algunos reportajes de cuadros en exhibición de los artistas premiados: «Naturaleza muerta», de Amelia Peláez; «Homenaje a Palestina», de Felipe Orlando; y «Gallo», de Mariano. Otros artistas de vanguardia cuyas obras se comentan en la columna son Carlos Enríquez, Jorge Arche y Fidelio Ponce de León.

XIX o anteriores (treinta y cuatro). Completan el panorama veinticuatro reportajes repartidos entre la colección de arte antiguo del Conde de Lagunillas, donada al Museo el mismo año de la aparición de la columna, la Sección de Historia y la Sala de Arquitectura.

El aumento de la violencia y las tensiones políticas durante la insurrección contra Batista sin duda influyeron en la no anunciada desaparición de la columna a mediados de marzo de 1958. Para entonces quedaba ya una colección significativa, polifacética y heterogénea de vistas al Museo Nacional tomadas por Berestein. Después del triunfo de la Revolución, Berestein permaneció en su puesto de fotógrafo del Museo. Durruthy Peñalver se pregunta con razón sobre las causas que lo llevaron «a quedarse en la isla después de 1959, siendo uno de los fotógrafos cubanos más reconocidos en el exterior» (2013: en línea). Posiblemente, como para Piñera, la Revolución representaba para Berestein la promesa de fortalecer el ámbito cultural cubano. En los años sesenta Berestein colaboró en la *Revista Artes Plásticas* y la *Revista Nacional de Teatro*, ambas bajo la Dirección de Cultura del Ministerio de Educación (Michelena 2008). En *Lunes de Revolución*, el suplemento cultural dirigido por Guillermo Cabrera Infante y en el que participó activamente Piñera, encontramos fotografías de Berestein acompañando artículos de Severo Sarduy: «La revolución de un pintor» (1959a), dedicado a Víctor Manuel, y «El Salón Nacional de Pintura y Escultura» (1959b). Además, Berestein contribuyó a *Lunes* con una traducción del italiano de dos poemas de Salvatore Quasimodo, «Viento de Tindari» y «Duermen las cimas de los montes», en octubre de 1959[15]. Esta contribución nos permite vislumbrar una faceta muy poco conocida de sus intereses.

En el libro *Pintores cubanos*, publicado por Ediciones R –entonces bajo la dirección de Virgilio Piñera– se reprodujeron varios de los retratos de pintores por Berestein que aparecieron en *Pintura cubana*

---

[15] La traducción de los poemas está firmada por L. B. y J. B. En su libro sobre *Lunes de Revolución*, William Luis (2003) indica que J. B. es Julio Berestein.

de hoy, como los de Ponce, Pogolotti y Arche (Piñera 1962)[16]. Llama la atención la omisión del nombre de Berestein entre los créditos a fotógrafos, quizá debida a que esos retratos fueran parte del archivo del Museo Nacional.

La vida y la carrera de Berestein terminaron abruptamente cuando un huésped alojado en su casa de la calle Calzada, posiblemente movido por el interés de quedarse con la mansión, lo acusó de llevar a cabo tertulias contrarrevolucionarias. «Entonces, sin más explicaciones, llegaron, se lo llevaron, y fue poco tiempo que él estuvo [preso] porque de ahí se fue para la funeraria... ¿Que qué hizo? Bueno, él era homosexual», afirma su prima Rafaela Berestein (2011). Aquí es oportuno recordar un pasaje de las memorias de Juan Goytisolo –referido también por Thomas F. Anderson (2006: 108-109)– que captura el ambiente de homofobia institucionalizada en el que ocurre la delación y detención de Berestein. El recuento de Goytisolo corresponde a 1967, más o menos la fecha en que Berestein fue encarcelado:

> Durante mi estancia en La Habana pude conversar extensamente con Franqui, Padilla, y otros compañeros que no cito porque residen todavía en el país: por ellos me enteré de los problemas y obstáculos con que tropezaban, de la omnipresencia policial, de los estragos de la autocensura. En el Hotel Nacional recibí igualmente la visita de Virgilio Piñera: su deterioro físico, el estado de angustia y pánico en el que vivía se notaban a simple vista. Receloso, como un hombre acosado, quiso que saliéramos al jardín para conversar libremente. Me contó con detalle la persecución que sufrían los homosexuales, las denuncias y redadas de que eran objeto, la existencia de los campos de la UMAP. Pese a sus repetidas y conmovedoras pruebas de apego a la revolución, Virgilio vivía en temor constante a la delación y el chantaje; su voz era trémula y

---

[16] En esa edición colaboraron Piñera, Antón Arrufat, Vicente Báez y Calvert Casey. Los créditos fotográficos están atribuidos a Buznego, Korda, Ernesto R. Martínez y al Archivo. Arrufat ha descrito la intensa actividad que él y Virgilio dedicaron a ese libro, incluyendo su trabajo junto a fotógrafos como Buznego para capturar las imágenes de las obras de arte (2012: 75-76).

aun recorriendo los bellos y bien cuidados arriates del hotel se expresaba mediante susurros. Cuando nos despedimos, la impresión de soledad y miseria moral que emanaba de su persona me resultó insoportable. (Goytisolo 2002: 478)

Berestein murió en 1968, en prisión. Según recuerda Rafaela Berestein, mientras estuvo en el hospital «lo tenían con la policía en la puerta [...] [nadie] podía entrar, no recibía visitas ni nada» (2011).

Julio Berestein y Virgilio Piñera

La amistad entre Julio Berestein y Virgilio Piñera data al menos de los años cuarenta. Como amigo de Berestein, según Arrufat, Piñera era «íntimo –íntimo de la calle, como se era entonces, de andar p'arriba y p'abajo» (2011). Rafaela Berestein recuerda que Virgilio y Julio «fueron muy amigos... no sé desde cuándo... sé que siempre en la casa lo conocí» (2011). Carlos Espinosa Domínguez recoge un testimonio en el que Juan Enrique Piñera recuerda su casa en Gervasio 121, entre 1941 y 1944. Dice que fue allí «donde más actividad intelectual tuvo mi hermano» (Espinosa 2003: 90). Entre los habituales a las tertulias en ese lugar, Juan Enrique menciona a figuras del mundo de las artes plásticas en el que se movía también Berestein: Guy Pérez Cisneros, Mariano y Portocarrero.

De esos años han quedado algunas fotos de Virgilio por Berestein. Durante nuestra conversación en el 2011, Arrufat pudo fácilmente identificar una de ellas, reproducida en el libro de Anderson (2006: 18). Se trata de una foto de estudio fechada en La Habana, en 1948. Llama la atención allí la expresión taciturna de Virgilio, quien aparece sentado y descansando las manos sobre las piernas. La inclusión de sus manos es acertada; Arrufat escribe sobre Piñera que «en su cuerpo había tres partes hermosas: los ojos, las manos y los pies» (2012: 19). Y cuenta que una vez, a propósito de la gesticulación de esas manos, dotadas de «una afectación singular y completamente afeminada», Virgilio le pregunta: «"¿Te parecen libélulas, no?"» (2012:19). Esas manos, de hecho, han cobrado nueva vida literaria en la novela *Fumando espero*, de Jorge Ángel Pérez (2003), donde el personaje Virgilio busca la inmortalidad mediante el embalsamamiento de sus hermosas manos. Como en las memorias de Arrufat, las manos elegantes y de libre gesticular de Virgilio constituyen en esa novela parte importante de la teatralidad con la que el personaje afirma su carácter de *pájaro*.

Otra foto de Virgilio tomada por Berestein –que a juzgar por su juventud debe ser también de esa década–, lo presenta en el trance de dispararse en la sien con una pistola[17]. Este supuesto disparo letal que coincide con el disparo de la cámara trae a la mente a la protagonista del poema «María Viván» de Piñera, posando «en el jardín donde el fotógrafo / *la mortalizó para siempre*» (1969: 124)[18]. Y también recuerda, por supuesto, el cuento «Un fogonazo», donde el disparo del fotógrafo termina simbólicamente con las vidas de los tres personajes secuestrados (Piñera 1999). Este retrato con la pistola evidentemente está tomado en la misma sesión que la fotografía reproducida en la cubierta de *La memoria del cuerpo*, la compilación de ensayos sobre Piñera editada por Rita Molinero (2002). En ambas fotografías aparece el mismo fondo de rayos oblicuos, especie de dibujo de un sol de juguete o un reflector teatral. La foto en la cubierta del libro muestra a Piñera con una gran sonrisa, las manos en alto manipulando algo que no alcanzamos a distinguir, en actitud de juego. Todas estas fotografías son muestras perfectas de la agudeza del retratista: despliegan distintas facetas del sentido teatral, lúdico y macabro de Virgilio.

---

[17] La información sobre la autoría de esa fotografía, así como una copia digital, me fueron proporcionadas por José Antonio Michelena y su esposa, Ana María de Rojas Berestein.

[18] Cito por la primera edición, de 1969. En ediciones posteriores de este poema el verso se ha cambiado a «inmortalizó para siempre». El poema pierde con ese cambio.

También de este período es «Tres elegidos», un breve ensayo fechado en 1945 que resulta tristemente profético. En este ensayo, reproducido en el tomo de *Poesía y crítica*, Piñera se refiere a tres figuras de elegidos: el judío, el artista y el homosexual. Julio Berestein, aun cuando no era judío practicante, entra en las tres categorías. Su injusta muerte parece reflejarse en la imagen final del ensayo: «cuando el judío, el artista y el homosexual se reúnen en una sola persona, se puede hablar del horror absoluto: el cordero tricéfalo» (1994: 276). Lo más notable en esta reflexión es que Piñera ilustra la categoría «artista» precisamente con la persona de un fotógrafo: «Aunque este elegido participa de la mente universal, tiene la infinita desgracia de presentarse como un ente particular. Y para expresar a la masa, se ve obligado a ser el artista particular. No se negará, sin duda, que entre el fotógrafo y el grupo existe una tierra de nadie» (1994: 275).

La distancia que lo coloca al margen, que lo convierte en espectador en el corazón mismo del acto creativo, hace del fotógrafo el prototipo del artista como testigo. Es bien conocida la afirmación de Piñera en «El secreto de Kafka» de que «el mundo se divide en dos grandes mitades [...] el de los que tienen fe y el de los "que dan fe" [...] Los primeros reciben el nombre de seres humanos; los segundos el de artistas» (2011: 185). Rita Martin relaciona esas ideas de Piñera con el ensayo de María Zambrano «Franz Kafka, mártir de la miseria humana», donde Zambrano describe a un tipo de escritores, como Kafka, que «son los mártires, los llamados a dar testimonio [...] no de una revelación, sino de una destrucción siniestra» (en Martin 2009: 38). Protagonistas de Piñera como René y Sebastián son mártires, testigos de escenarios de indecible violencia, tácita o explícita. No son precisamente artistas, pero conducen la narración a través de reflexiones que constantemente involucran al arte y la escritura.

Sebastián y *Las Maravillas del Mundo al alcance de todos*

En las aproximaciones críticas a *Pequeñas maniobras* ha quedado por analizarse la importancia temática de la fotografía como práctica y como producto comercial. Las siguientes páginas se centran en dos momentos de la carrera, o mejor dicho, de la fuga, del narrador-protagonista de la novela, Sebastián: su trabajo como vendedor a domicilio de la colección ilustrada *Las Maravillas del Mundo al alcance de todos* y su posterior empleo como fotógrafo callejero.

Según cuenta Piñera en una entrevista, *Pequeñas maniobras* fue escrita en Buenos Aires entre 1956 y 1957 (Rodríguez Herrera 1963: 15). Reinaldo Arenas la llama «joya de la antinovela, donde nada significativo ocurre y el único personaje que realmente existe y campea es el miedo» (Arenas 2002: 37). Sebastián es el autor de unas memorias que Rita Molinero describe más bien como «antimemorias» (2002: 325). Los términos «antinovela» y «antimemorias», como el de *anticonfesión*, son adecuados. Sebastián es, a decir de Arenas, «la cucaracha más perfecta» entre todos los personajes de Virgilio porque es el que mejor logra esconderse del poder en sus manifestaciones piñerianas características: los curas, los esbirros, los hombres prepotentes y las «mujeres pulpo» —representantes todos de un sistema patriarcal y represivo que tiene a «la madre abnegada» como «el eje sentimental» (Arenas 2002: 33). Así como la narración se teje en torno a las evasiones de Sebastián de distintas formas de compromiso, la escritura en primera persona evade un autoanálisis de carácter psicológico. Sebastián, sin embargo, enfatiza ser un tránsfuga de la virilidad establecida; repetidamente declara *no ser* «hombre de pelo en pecho» (Piñera 2002: 178). Su falta de conformidad con las normas de la masculinidad hegemónica lo convierten en blanco necesario de sospechas de transgresión sexual. Esta forma específica del miedo se calla en la novela, es decir, se anticonfiesa.

Cuando el narrador se convierte en vendedor de libros ha pasado ya por otros trabajos: maestro de escuela, contador, y criado. También ha dejado plantada a su novia el día de la boda. La analogía que sugiero aquí entre la colección ilustrada *Las Maravillas del Mundo al alcance de todos* y la columna «Lo que usted puede ver en el Museo Nacional» busca mostrar en un sentido amplio que el episodio de la venta de libros funciona como una reflexión acerca de los procesos de difusión, comercialización y legitimación de la cultura en un contexto, específicamente cubano, en el que estos temas son especialmente relevantes. Sebastián, como el fotógrafo del Museo, funciona como intermediario entre el público y los grandes valores del patrimonio cultural.

Daniel Balderston ha destacado la inquietante centralidad de la sustitución de la vida por el arte en la obra de este escritor: «el arte es para Piñera esa puerta falsa, esa puerta desasosegante porque promete una apertura que no se produce» (Balderston 1986: 177). *Las Maravillas...* son otra esplendente puerta falsa, una que promete abolir la chata realidad cotidiana de unas «mujeres desgreñadas, legañosas, acabadas de levantar» o de hombres «*cuasi* analfabeto[s]» (Piñera 2002: 284). Los «clientes» están, por lo general, apenas un peldaño más arriba que Sebastián en la escala socioeconómica. La colección pone ante ellos la «tantálica» posibilidad de transportarlos a un mundo distinto, maravilloso, lleno de riquezas:

> *Las Maravillas...* excitan la imaginación del cliente [...] Presienten oscuramente que más allá de su mundo cotidiano hay otro mundo feérico que la barrera del dinero impide traspasar. De pronto "cae" en sus casas un tipo que dice que las pondrá al alcance de todos. Ni por un momento han pensado seriamente adquirir la colección [...] En cambio, esa media hora de conversación, ese pasar páginas y páginas hablando de lo maravilloso, aquí mismo, en la casa de uno, sin tener que moverse... (2002: 283)

El interés de algunas posibles compradoras es blanco de la ironía de Sebastián, quien describe a «otras [mujeres], como esta de ahora, salvajemente excitada con *Las Maravillas...*, que al mismo tiempo que se erotiza con la Torre Inclinada o con el Faro de Alejandría, "hacía hora" en espera del amante» (2002: 284). Rafael Rojas señala que «la erótica de Virgilio Piñera está asociada a una desvalorización de la cultura cubana. Sus textos son burlas punzantes al espíritu poético y moral de la nación. De ahí que pueda hablarse de un *eros irónico* que, desde su escritura, mortifica el metarrelato de la identidad cubana» (2008: 334). Se trata en el caso de *Las Maravillas* de un ataque a la cultura universal, pero desde esta perspectiva Virgilio mortifica aún más acerbamente al nacionalismo cubano: Sebastián se lamenta de haber estado frente «a un señor *cuasi* analfabeto […] cuarenta y cinco minutos tratando de convencerme de que en *Las Maravillas*… olvidaron incluir El Morro…» (2002: 284). La fortaleza cubana queda así representada como un falo de modestas proporciones comparado con la Torre inclinada de Pisa y el Faro de Alejandría.

Es importante poner en perspectiva el entusiasmo del jefe de Sebastián por las «láminas en "glorioso technicolor"» de las que está «materialmente cuajado» cada libro de *Las Maravillas* (2002: 292). Mientras que ciertas imágenes mencionadas –como «la cronotipia [*sic*][19] de la Giralda o… esa tan efectiva del cambio de Guardia en el Palacio de Buckingham» (2002: 290)– podrían ser directamente fotografías, otras –como «la conocida lámina que muestra a los cristianos en la arena del circo dejándose devorar tranquilamente por los leones» (2002: 293)– serían reproducciones fotográficas de grabados o dibujos. En ambos casos, su impresión en los libros depende de técnicas de fotografía a color, a mediados del siglo XX en pleno proceso de perfeccionamiento[20], y que guardaban una relación estrecha con el cine.

---

[19] La palabra «cronotipia» que aparece en la edición mexicana de 2002 es una errata. En la primera edición de la novela se lee «cromotipia» (1963: 161). «Chromotype» es, según el *Oxford English Dictionary*, «a process for obtaining photographs by means of paper sensitized by a salt of chromium; a picture produced by this process». Según ese diccionario, la primera referencia a este proceso data de 1843.

[20] No fue sino hasta 1935 que empezaron a fabricarse películas de color con las que no era necesario realizar varias exposiciones simultáneas y que podían

La fotografía es el medio que permite que los *tesoros*, las *maravillas*, entren en los hogares de las personas comunes. El jefe, apodado «doctoracho», trata de alentar a Sebastián con una mezcla reconcentrada de religión, guerra, capitalismo y tecnología: «un vendedor de nuestra casa llega, como el Papa a sentarse en la Silla [...] armado hasta los dientes con mil doscientas láminas a todo color, con miles de palabras que saldrán por su boca como ráfagas de ametralladora» (2002: 293). Como la columna de Berestein en el *Diario de la Marina,* la enciclopedia junta los más diversos tesoros y promete ponerlos al alcance de *usted*. Hay que recordar que esa columna en el *Diario* está ubicada cerca de las fotos de alta sociedad de «La Crónica Habanera» y de la página que invita a soñar con viajes a lugares exóticos. Es decir, pertenece al espacio que invita al lector a imaginarse «más allá de su mundo cotidiano», en ese «otro mundo feérico que la barrera del dinero impide traspasar» (2002: 238).

El capítulo cierra con dos sucesos que reafirman el carácter de impostura que rodea a la colección y su venta. Primero, el encuentro con Elisa, señora de la casa en la que Sebastián había anteriormente trabajado como criado, quien le recuerda su lugar en la escala socioeconómica: «De modo que el hijo de la miseria regala maravillas... [...] Me gustaría volverlo a tener de criado» (2002: 300). Seguidamente, el suicidio del supuestamente optimista y exitoso doctoracho. Este suicidio hace ver a Sebastián que la actitud del jefe de ventas era comparable a una máscara. Ya antes había reflexionado el narrador protagonista que ciertos empleados y profesionistas no tienen un rostro propio sino «una cara compuesta por miles y miles de caras modeladas a través de cientos de años» (2002: 186).

Con todos estos antecedentes sobre las caras, el terror a la confesión y el poder de la imagen fotográfica, Sebastián llega finalmente a

---

usarse en cualquier cámara. En 1947 la Eastman Kodak Company anunció la primera película a color que podía ser revelada por los mismos fotógrafos (Newhall 1964: 193).

su posición de fotógrafo callejero. No se trata de un trabajo aleatorio más, sino de la continuidad lógica de una reflexión que Piñera desarrolla a lo largo de la novela y que, como argumenta Abderrahman Beggar, involucra «cuestionamientos metafísicos que traspasan lo coyuntural para abarcar la posición del Yo frente al Otro» (2012: 70). Armado con una cámara fotográfica y a la espera de clientes en la habanera cuadra de «San Rafael entre Águila y Amistad» (2002: 309), Sebastián descubre en el retrato fotográfico un temible poder de escrutinio.

En este nuevo papel, Sebastián se une a lo más humilde del gremio fotográfico, los «lambiones», término que viene del verbo «lamer», según María Eugenia Haya. Esa fotógrafa narra que «[l]ambiones se les llamó a los fotógrafos que, para ganarse la vida "debían hacer la calle" [...] entre esos fotógrafos la competencia tenía el carácter de batalla campal. Sus broncas y trampas conforman un rico anecdotario» (Haya 1980: 50). *Pequeñas maniobras* registra esa realidad en la competencia entre Jorge y Sebastián por ganar clientes. Jorge, con años de experiencia en la fotografía callejera, se desespera al ver que Sebastián, ignorante de la técnica fotográfica, vende bien sus retratos.

Entre la información perdida sobre los comienzos de Berestein sería interesante descubrir si ejerció alguna vez el humilde oficio de *lambión*. Lo cierto es que Sebastián, como Berestein, es un talentoso retratista. Tiene buen ojo para captar el momento adecuado y rapidez con el manejo de la cámara. Al comprender que el enojo de Jorge representa una frustración vital esencial, Sebastián siente de pronto «unas ganas locas de tomarle una foto [...] asesto la cámara en su cara y "fijo" su impotencia» (2002: 311). Jorge toma el acto como una agresión inaceptable. Sebastián, para quien «confesarse es morir» (2002: 214), y que dedica todo el espacio de la novela a huir de tal situación, comprende que ese disparo fotográfico es comparable a un asesinato. Después de obturar la cámara, lo asalta una culpa atroz: «También mi tejado o [...] mi cara es de vidrio [...] Como él soy un espécimen, un bicho raro. No *rara avis*, sino bicho raro» (2002: 312).

Justo entonces, como una proyección de ese *espécimen*, Sebastián se topa con un niño deforme y en estado de permanente convulsión, de la mano de su abuela. Aquí Sebastián siente la impotencia de su cámara para captar el estado de temblor –o de *bamboleo frenético*, para decirlo con el título de unos poemas de Virgilio–. La cara del pequeño constituye una visión obscena: «la boca, ¿con qué podría compararla? [...] Con un ano» (2002: 313).

En ese encuentro, del que Sebastián enfatiza que el pequeño está unido «a mis pensamientos monstruosos» (2002: 313), la cámara funciona como el instrumento mágico descrito en el cuento «El enemigo», que nos remite a la noción freudiana de lo *Unheimlich*. Como se ha mencionado ya, esa «cámara especial» puede revelar el lado oculto o interior del sujeto a través de una imagen extraña –y a un tiempo familiar, pues el encuentro no deja de ser un acontecimiento del todo normal y que forma parte del folklore del oficio–. María Eugenia Haya describe uno de los anuncios de los primeros fotógrafos habaneros: se retratan niños «aunque sean intranquilos» (1980: 43). Después de tomar la foto, Sebastián se imagina que la abuela irá a ponerlo amorosamente en un marco dorado en la sala de su casa (2002: 314).

La «foto movida», como la llama Sebastián, muestra tanto el carácter irrepresentable de ese sujeto en estado de temblor como el intento grotesco de domesticarlo en su opresivo marco dorado y en la sala del hogar. Tal como el niño es un «bicho raro» que está unido a los pensamientos de Sebastián, la foto funciona como un reflejo de la lucha, verdadera agonía, de Sebastián por zafarse de los compromisos sociales. En su ensayo sobre la novela, Molinero (2002) encuentra un carácter heroico en la determinación de Sebastián de vivir en sus propios términos. Rojas por su parte señala que «la literatura y la vida de Virgilio Piñera fueron siempre guerreras, agónicas, soliviantadas, en cada esquina, por la epopeya del yo [...] Hay en él un heroísmo de la autorrepresentación» (2008: 338). Mientras que el niño-monstruo representa el lado más patético de la agonía, el encuentro de Sebastián con su siguiente sujeto fotográfico refleja el lado heroico. Se trata de un viejo que acude diariamente para retratarse, siempre en la misma pose. Sebastián se cuida mucho de hacerle preguntas, pero un día el viejo le confía: «He trabajado toda mi vida como un mulo, me he visto obligado a hacer la voluntad de los demás. Pues ahora [...] me daré el gusto. [...] decidí retratarme todos los días hasta que me llegue la hora» (2002: 320). En obvia contraposición a las *Maravillas del Mundo*, Sebastián califica al viejo como «maravilloso». Y agrega también, a propósito, que como fotógrafo le «queda la esperanza de otro encuentro *maravilloso*» (2002: 321; el énfasis es mío).

La traslación que ocurre de lo *maravilloso* en la esfera de las imágenes de los grandes tesoros de la colección ilustrada a la de estas fotografías callejeras guarda una clara relación con las ideas de Piñera en su conocido ensayo «El país del arte», publicado en *Orígenes* en 1947. Allí Piñera se desespera de que «nuestro siglo [...] sólo mira del arte su valor convencional. Hoy el arte es una letra de cambio que se hace efectiva» (2011: 201). Contra esa mistificación y comercialización de la que son partícipes los mismos artistas y su público entusiasta, Piñera afirma que «el arte sólo es tal en cuanto refleja nuestro paso por la tierra [...] no es el arte quien nos hace artistas sino que somos nosotros quienes ponemos sobre un plano artístico nuestra propia existencia» (2011: 203). Esto es precisamente lo que hace el viejo de la novela con su excéntrico acto de acudir diariamente a ejecutar la pose (*salida teatral*) de su elección frente al fotógrafo.

Según Sebastián, «uno es el autor de su propia vida» (2002: 243). En esto insiste el viejo con su pose repetida, autoafirmación mediante un gesto en oposición a las «caras modeladas» (2002: 186) de quienes se ven obligados a «hacer la voluntad de los demás». El viejo le demuestra algo más a Sebastián, que responde directamente a las críticas de los lectores dentro de la novela: uno es el *lector* más competente de su propia vida. Le confía: «paso las horas metido en mi casa comparando las fotos. No vaya a creer que son todas iguales. Hay diferencias que sólo yo soy capaz de apreciar» (2002: 320).

La autoafirmación fotográfica es de una gran sutileza. No tiene una traducción simple al lenguaje verbal; es plenamente compatible, por tanto, con el lenguaje de la anticonfesión que maneja Sebastián. Sin embargo, sí expresa y articula un gesto –desafiante, descontrolado u obsceno– cuya existencia remite a múltiples e incesantes lecturas.

Conclusiones

El vínculo entre Virgilio Piñera y el extraordinario retratista y difusor de la cultura que fue Julio Berestein ofrece la oportunidad de examinar desde una nueva perspectiva el papel de la fotografía en la obra del escritor. La caracterización de la venta del patrimonio cultural en forma de «colección de maravillas» llevadas de puerta en puerta resuena con los procesos de promoción cultural, legitimación política y lustre de reputaciones en medio de las cuales se encontraba inmerso Julio Berestein en su papel de fotógrafo para la columna «Lo que puede usted ver el Museo Nacional», justo al tiempo de la escritura de la novela. Aunque Piñera se encontraba en esos años en Buenos Aires, no hay duda de que seguía de cerca los sucesos y la prensa cubanos.

La figura de Sebastián, vendedor y fotógrafo, debe ser mirada también a contraluz de lo que sabemos sobre Berestein: antes que difusor de la cultura era un notable retratista. En *Pequeñas maniobras* la fotografía ofrece la oportunidad para hallar el reverso del arte comercializado que se difunde (también por el medio fotográfico) en la colección. La pose diaria del viejo ante Sebastián es una afirmación de la idea de que el arte «refleja nuestro paso por la tierra» y nace cuando «ponemos sobre un plano artístico nuestra propia existencia», que es lo que sostiene Piñera en «El país del arte» (2011: 203).

El encarcelamiento de Berestein y su muerte en prisión hace imposible borrar la prefiguración trágica de su figura en la del fotógrafo del ensayo «Tres elegidos». La distancia entre el fotógrafo y el grupo que Piñera enfatiza allí no sólo habla de su idea del artista como testigo, sino también como sujeto al margen de la normatividad hegemónica. Dos autores que han ahondado en la dimensión icónica de Virgilio Piñera como transgresor en el ámbito de la cultura cubana, Reinaldo Arenas y Jorge Ángel Pérez, han dado buen relieve a su relación con la fotografía. Esto habla de las posibilidades del retrato fotográfico de convertirse en espacio de rearticulaciones y nuevas representaciones de la identidad individual, a la vez que en testimonio de un instante vital «mortalizado para siempre». La poética piñeriana de la saturación, cristalizada en el instante del «fogonazo» fotográfico, tiende hacia la oportunidad humana de encarar directamente a la muerte y, por ende, a la vida humana en su dimensión más plena y entera.

Bibliografía

Alonso Lorea, José Ramón (2014): «Enfoque histórico, segunda parte: María Luisa Gómez Mena». En *Cuban art news*: <http://www.cubanartnews.org/es/news/historical-close-up-part-2-spotlight-on-maria-luisa-gomez-mena/3630>.

Anderson, Thomas F. (2006): *Everything in its place: the life and works of Virgilio Piñera*. Lewisburg: Bucknell University Press.

Anreus, Alejandro (2014): «Primer plano histórico: *Modern Cuban painters* en el MoMA, 1944». En *Cuban art news*. <http://www.cubanartnews.org/es/news/historical-close-up-modern-cuban-painters-at-moma-1944/3592>.

Arenas, Reinaldo (2002): «La isla en peso con todas sus cucarachas». En Molinero, Rita (ed.): *Virgilio Piñera. La memoria del cuerpo*. San Juan: Plaza mayor, 29-48.

Arrufat, Antón (2011): Entrevista personal.

— (2012): *Virgilio Piñera entre él y yo*. La Habana: Unión.

Balderston, Daniel (1986): «Lo grotesco en Piñera: Lectura de "El álbum"». En *Texto crítico* 12 (34-35): 174-178.

Beggar, Abderrahman (2012): «El "abstraer" en *Pequeñas maniobras*». En López Cruz, Humberto (ed.): *Virgilio Piñera: El artificio del miedo*. Madrid: Editorial Hispano Cubana, 70-91.

Benjamin, Walter (1969): «The work of art in the age of mechanical reproduction». En *Illuminations. Essays and reflections*. New York: Schocken Books, 217-251.
— (1972). «A short history of photography». En *Screen* 13 (1): 5-26
Berestein, Rafaela (2011): Entrevista personal.
Cabrera Fonte, Pilar (2012a): «Entre la vida y el flash: escritura y fotografía en Virgilio Piñera». En *La Siempreviva. Revista literaria* 15: 51-55.
— (2012b): «Moldes melodramáticos y salidas teatrales: La cultura mediática en textos dramáticos de Virgilio Piñera». En López Cruz, Humberto (ed.): *Virgilio Piñera: el artificio del miedo*. Madrid: Editorial Hispano Cubana, 290-321.
Durruthy Peñalver, Isachi (2013): «En busca de Julio Berestein». En *Cuban art news*: <http://www.cubanartnews.org/es/news/43-seeking-julio-berestein-996/2536>.
Espinosa Domínguez, Carlos (2003): *Virgilio Piñera en persona*. La Habana: Unión.
Fernández Villa-Urrutia, Rafael (1956): «Notas para una interpretación teológica de Caravaggio». En *Orígenes* 40: 44-47.
Freud, Sigmund (2003): *The uncanny*. London: Penguin.
Gómez Sicre, José (1944): *Pintura cubana de hoy*. La Habana: María Luisa Gómez Mena.
Goytisolo, Juan (2002): *Memorias. Coto vedado. En los reinos de Taifa*. Barcelona: Península.
Guzmán Moré, Jorgelina (2011): «El Instituto Nacional de Cultura, organismo estatal para la cultura cubana (1955-1959)». En *Calibán. Revista cubana de pensamiento e historia* 9 (octubre 2010-marzo 2011): <http://www.revistacaliban.cu/articulo.php?numero=9&article_id=100>.
Haya, María Eugenia (1980): «Sobre la fotografía cubana». En *Revolución y cultura* 93: 41-60.
Heuvel, Maartje van den (2010): *In atmospheric light. Pictorialism in Dutch photography. 1890-1925*. Amsterdam: Waanders / Museum Het Rembrandthuis.
Linares, José (2003): *El Museo Nacional de Bellas Artes. Historia de un proyecto*. La Habana: Oficina de Publicaciones del Consejo de Estado.
López-Berestein, Gabriel (2014): Entrevista personal.

Luis, William (2003): *Lunes de Revolución. Literatura y cultura en los primeros años de la Revolución Cubana*. Madrid: Verbum.
Martin, Rita (2009): «Virgilio Piñera, contra y por la palabra». En *Revista Iberoamericana*. 75 (226): 33-53.
Martínez, Juan A. (1994): *Cuban art and national identity: The Vanguardia painters, 1927-1950*. Gainesville: University Press of Florida.
Michelena, José Antonio (2008): «Berestein atraviesa el tiempo y el silencio». En *Cultura y sociedad. Inter Press Service*: <http://www.ipscuba.net/archivo/>.
Molinero, Rita (2002): «Esquivando flechas, resistiendo furias: El arte de la fuga en *Pequeñas maniobras*». En Molinero, Rita (ed.): *Virgilio Piñera. La memoria del cuerpo*. San Juan: Plaza mayor, 323-340.
Museum of Modern Art (1944): «Museum of Modern Art Announces Exhibition of Modern Cuban Painters». En *Museum of Modern Art*: <https://www.moma.org/momaorg/shared/pdfs/docs/press_archives/924/releases/MOMA_1944_0010_1944-03-15_44315-09.pdf?2010>.
Newhall, Beaumont (1964): *The history of photography*. New York: Museum of Modern Art.
Nodal, José & Veigas Zamora, José & Vives, Cristina (2002): *Memoria: Cuban art of the twentieth century*. Los Angeles: International Arts Foundation.
Pérez, Jorge Ángel (2003): *Fumando espero*. La Habana: Letras Cubanas.
Pérez, Louis A. Jr. (2011): *Cuba between reform and revolution*. Oxford: Oxford University Press.
Piñera, Virgilio (1944): *Poesía y prosa*. La Habana: s.e..
— (1960): *Teatro completo*. La Habana: Ediciones R.
— (ed.) (1962): *Pintores cubanos*. La Habana: Ediciones R.
— (1963): *Pequeñas maniobras*. La Habana: Ediciones R.
— (1969): *La vida entera*. La Habana: UNEAC.
— (1994): *Poesía y crítica*. México: CNA.
— (1999): *Cuentos completos*. Madrid: Alfaguara.
— (2002): *Presiones y diamantes. Pequeñas maniobras*. La Habana: Unión.
— (2011): *Órbita de Virgilio Piñera*. La Habana: Unión.

Quasimodo, Salvatore (1959): «Viento de Tindari» y «Duermen las cimas de los Montes». En *Lunes de Revolución* 32: 15.
Rodríguez Herrera, Mariano (1963): «Habla Virgilio Piñera». En *Bohemia*, 6 de septiembre: 15.
Rojas, Rafael (2008): *Motivos de Anteo: Patria y nación en la historia intelectual de Cuba*. Madrid: Colibrí.
Russek, Dan (2015): *Textual exposures: Photography in twentieth-century Spanish American narrative fiction*. Calgary: University of Calgary Press.
Sarduy, Severo (1959a): «La revolución de un pintor». En *Lunes de Revolución* 29: 8-10.
— (1959b): «El Salón Nacional de Pintura y Escultura». En *Lunes de Revolución* 31: 2-4.
Singer, Toba (2013): *Fernando Alonso: The father of Cuban ballet*. Florida: University Press of Florida.
Sontag, Susan (1977): *On photography*. New York: Farrar.

Ediciones El Puente
y los vacíos del canon literario cubano
Dinámicas culturales de los sesenta y el legado origenista

María Isabel Alfonso | *St. Joseph's College*

Tras su visita a Cuba en 1960, a un año del triunfo de la Revolución cubana, Jean-Paul Sartre comenta en *Huracán sobre el azúcar*: «Esta ciudad, fácil en 1949, cuando la visité por primera vez, me ha desorientado. Estuve a punto de no entender nada» (1988: 7). Sartre intentaba desentrañar en ese momento el sentido de una situación que hasta visualmente le resultaba incoherente. Se trataba de un período único en aquella Habana en la que pugnaban por coexistir el *ethos* burgués con el nuevo espíritu revolucionario; el lujo ficticio, importado desde los Estados Unidos por la élite capitalina, con el fervor irreverente de guerrilleros barbudos y poco prolijos quienes, recién llegados de las montañas del este de Cuba, acababan de poner fin a la dictadura de Fulgencio Batista.

Es en el contexto de estas convulsas dinámicas habaneras de la primera década pos-revolucionaria que me ocuparé de la desaparición de las Ediciones El Puente (1960-1965), atendiendo también a los momentos de interconexión entre la editorial y el legado de Orígenes. No sólo porque Orígenes tuvo un peso fundamental en la definición de la estética de El Puente, sino porque comparten un rasgo de ineludible importancia: ambos grupos fueron satanizados y criticados dentro del contexto cultural de su época por haber mantenido –según los detractores respectivos– posturas «metafísicas» y de «falta de compromiso con el momento». Hermanados pues en un supuesto «torremarfilismo descomprometido», la historia de los puentistas y de los origenistas merece ser leída atendiendo a posibles paralelismos, contrastes, coincidencias y divergencias en torno a este paradigma de exclusión, reiterado en los procesos de canonicidad de la literatura cubana.

Tras el triunfo de la Revolución, se ponderó por primera vez en Cuba el arte como elemento fundamental en la formación del individuo. Este reacomodo en que artista e intelectual ganaron en prominencia y agencia vino aparejado con una serie de tensiones entre los diferentes grupos intelectuales de la cultura habanera posrevolucionaria. Y es lógico que así fuera, cuando de lo que se trataba era de definir quiénes encarnarían el nuevo rol de «artista e intelectual revolucionario». Dentro de ello, la cuestión de definir qué era el compromiso y qué se entendía por «artista comprometido» ocuparía un lugar fundamental.

Es este el escenario en que José Mario, joven vibrante y soñador, da inicio a un proyecto editorial independiente y autofinanciado, al cual dio el nombre de Ediciones El Puente. No contaba con experiencia editorial previa, pero sí con un gran impulso aglutinador, un marcado deseo por visibilizar el trabajo de otros y un incuestionable amor por la literatura. La editorial publicaría la obra de jóvenes talentos emergentes, que ocupaban un lugar de importancia menor dada su corta edad –diecisiete o dieciocho años en algunos casos– dentro del caldeado ambiente intelectual habanero de los sesenta.

Puede decirse que la borradura de El Puente fue por partida doble. Por un lado, «en vida» no se les tomó en cuenta, porque otros debates ocupaban el centro de estas dinámicas –la polémica en torno a *PM*; el cierre de *Lunes de Revolución*; los debates sobre el experimentalismo de los jóvenes cineastas, entre otros–. Y por otro lado, una vez disuelta la editorial se les satanizó a través de manifiestos y declaraciones enfiladas a demeritar su estética y denunciar su presunta falta de compromiso con la Revolución¹. Ninguna de las razones, aun dentro de la propia lógica de la Revolución, justifican su exclusión, puesto que algunos atributos que los definían, en medio de los discursos populistas de los sesenta, debían haberles asegurado un espacio de reconocimiento o al menos de expectación: venían casi todos de sectores laborales pobres y muchos eran mujeres y afrocubanos. Lejos de contrastar con el modelo de artista revolucionario, en construcción por aquellos años, portaban los rasgos ideales para encarnarlo.

A la mayoría de los miembros de El Puente no sólo se les privó de la posibilidad de ser reconocidos como tales, sino simplemente de la de ser reconocidos. ¿Cómo interpretar su borradura a la hora de describir los procesos de canonicidad literaria cubanos? Partiendo de la premisa de que todo canon, basado en procesos de exclusión, es siempre susceptible de ser deconstruido y reconstruido, argüimos que la eliminación de las Ediciones respondió a una conjunción arbitraria de factores literarios y extra literarios, que pueden resumirse en: 1) enfrentamientos entre promociones y generaciones literarias; 2) polémicas ideoestéticas combinadas muchas veces con ataques *ad hominem*; 3) tensiones raciales; 4) tensiones de género; y 5) autonomía de la editorial.

Las turbulentas aguas bajo El Puente

Lunes y su cierre en 1961 serían representativos de lo que estaba ocurriendo en el campo literario durante este primer quinquenio. Si bien comenzaban a aflorar y a validarse corrientes experimentales dentro del arte y la literatura, debido en gran parte a la visita de reconocidos artistas vanguardistas a la isla, ciertas figuras del oficialismo cultural

---

¹ Jesús Díaz, director de *El Caimán Barbudo*, protagonizaría esta cruzada, en la cual terminaría adjudicando el calificativo de «escritores de la Revolución» a los poetas de *El Caimán*, cuando desde el punto de vista generacional, cronológico y lógico, era a los miembros de El Puente a quienes hubiera correspondido el calificativo, como se verá en detalle más adelante.

no demoraban en escandalizarse y en comenzar a advertir sobre lo peligroso e improcedente de tales filiaciones creativas. Llegaron a publicarse textos que fungirían como suerte de manuales estéticos; es el caso de *La teoría de la superestructura. La literatura y el arte,* de Edith García Buchaca. Para García Buchaca, y en general, para muchos de los autores de los mencionados manuales, el artista en el capitalismo no estaba preparado políticamente para procesar la crisis de valores engendrada por este tipo de sociedad, por lo que recurría a una estética intimista, fantasiosa y desligada de lo real (García Buchaca 1961: 30).

Se articulaba así un discurso de corte clínico acerca de un «otro» («desviado» o extravagante) asociado a lo decadente-enfermo, típico de las sociedades capitalistas. Nadie que se asemejara en su estética o vida personal a este estereotipo tendría un lugar en el campo cultural de la nueva sociedad socialista. Dentro de este grupo se incluiría por igual a homosexuales –a quienes ya desde 1965 se les comienza a denominar «enfermitos» en publicaciones como la revista *Mella* y *Verde Olivo*–, delincuentes, amantes de la música norteamericana o aquellos que llevaban el pelo largo. «Desde divagaciones cretinoides, hasta contrarrevolucionarias, como las de "no existe libertad si un grupo no tiene facilidad de expresión o vehículo donde poder manifestar sus concepciones del mundo", se estiran los criterios "enfermos"» (Jane 1965: 7). Por otra parte, se publicaban textos que abordaban el tema del binomio arte-ideología desde la filosofía estética –como *Estética y Revolución* de José Antonio Portuondo (1963)–, insinuando las pautas creativas del canon revolucionario. Portuondo, quien había ya lanzado fustigadoras críticas al experimentalismo de los cineastas, ratificaba ahora su ponderación de un arte que manifestara «la realidad en su trascendencia histórica y social» (1979: 59).

Fue en 1961, en medio de estas dinámicas, que surgen las Ediciones El Puente. Y fue a partir de 1965 que dejarían de existir, no sólo por desacuerdos entre sus directores, sino por la radicalización de un campo cultural que se tornaba cada vez más intolerante hacia la experimentación.

Origen y declive

La idea de las Ediciones surgió a partir de la participación de José Mario [Rodríguez], director de la casa editorial, en los Seminarios de Dramaturgia del Teatro Nacional realizados en la Biblioteca Nacional, gracias a una invitación de Nora Badías, quien era parte del CNC (Consejo Nacional de Cultura)[2]. Es allí donde José Mario conoce a Ana María Simo (co-directora de las Ediciones), coincidiendo también con futuros autores publicados por El Puente, como Nancy Morejón, Eugenio Hernández Espinosa, José Brene, Raúl Millán, Nicolás Dorr, Gerardo Fulleda León, Héctor Santiago Ruiz, Rogelio Martínez Furé, Georgina Herrara, Manolo Granados y Ana Justina Cabrera, entre otros.

La editorial publicó un total de 37 títulos: 25 libros de poesía, 8 de cuentos y 4 de teatro, con tiradas de entre 500 y 1000 ejemplares[3].

---

[2] El Seminario de Dramaturgia Teatral fue un proyecto de particular relevancia para el teatro posrevolucionario, y también para las propias Ediciones El Puente. Fundado en 1960 y con duración aproximada de cinco años, formó a los dramaturgos de transición de aquella época, muchos de los cuales publicaron sus primeras obras en El Puente. Entre ellos, vale mencionar a Eugenio Hernández Espinosa, Nicolás Dorr, José Ramón Brene, Gerardo Fulleda León y José Milián. Osvaldo Dragún estuvo al frente del Seminario por algunos años.

[3] Entre estos 25 libros de poesía se cuentan *El grito*, de José Mario, y *La marcha de los hurones*, de Isel Rivero, textos que, aunque fueron publicados antes de la creación de las Ediciones (en una imprenta perteneciente a la Central de Trabajadores de Cuba), fueron considerados como primeras manifestaciones que marcaban la estética provocadora de la editorial. También se incluye bajo esta rúbrica el poema en prosa *Osain de un pie*. La lista de autores y títulos publicados es la siguiente: Isel Rivero: *La marcha de los hurones* [1960] [publicado bajo Imprenta C.T.C. Revolucionaria, pero antecedente de El Puente] (poesía); José Mario: *El grito* [1960] [publicado bajo Imprenta C.T.C. Revolucionaria, pero antecedente de El Puente]; *La conquista* [1961]; *De la espera y el silencio* [1961]; *Clamor agudo* [1961]; *A través* [1962]; *La torcida raíz de tanto daño* [1963]; *Muerte del amor por la soledad* [1965] (poesía todos); [Héctor] Santiago Ruiz: *Hiroshima* (poesía); Mercedes Cortázar: *El largo canto* [1961] (poesía); Silvia Barros: *27 pulgadas de vacío* [1962] (poesía); Gerardo Fulleda León: *Algo en la nada* [1961] (poesía); Ana

Durante sus primeros años de existencia, mantuvieron un carácter relativamente autónomo, recurriendo sus directores a una imprenta privada para la publicación de los textos. El último año, de 1964 a 1965, una vez nacionalizadas todas las imprentas, El Puente deja de ser un proyecto independiente y su directiva se ve obligada a acudir a la Unión de Escritores para recibir apoyo con las tiradas.

Desaparecen ya a mediados de 1965, «cuando la UNEAC cesa de responsabilizarse con ellas, en la práctica, ante la Editorial Nacional de Cuba» (Rodríguez 2002: en línea). No fueron oficialmente «canceladas», pero cesaron de tener apoyo en cuanto al papel para las tiradas, lo cual era suficiente para su declive. Además, fueron confiscados en imprenta, una vez que desaparece la editorial, cinco volúmenes pendientes de publicación: *Segunda novísima de poesía cubana*, *Primera novísima de teatro*, *El Puente. Resumen Literario I* (revista literaria), *El Puente. Resumen Literario II* (revista literaria), y *Con temor*, poemario de Manuel Ballagas[4].

Justina: *Silencio* [1962] (poesía); Reinaldo Felipe: *Acta* [1962] (poesía); Manuel Granados: *El orden presentido* [1962] (poesía); Georgina Herrera: *GH* [1962] (poesía); Joaquín G. Santana: *Poemas en Santiago* [1962] (poesía); Nancy Morejón: *Mutismos* [1962]; *Amor, ciudad atribuida* [1964] (poesía); *Novísima de Poesía Cubana I* [1962] (antología poética); Belkis Cuza Malé: *Tiempos del Sol* [1963] (poesía); Rogelio Martínez Furé: *Poesía Yoruba* [1963] (antología poética); Miguel Barnet: *Isla de güijes* [1964] (poesía); Rodolfo Hinostroza: *Consejero del lobo* [1964] (poesía); Ana Garbinski: *Osaín de un pie* [1964] (poesía); José Mario: *15 obras para niños* [dos ediciones; 1961 y 1963] (teatro); Nicolás Dorr: *Teatro de Nicolás Dorr* [1963]. José Ramón Brene: *Santa Camila de la Habana Vieja* [1963] (teatro); José Milián, *Mamico Omi Omo* [1965] (teatro); Guillermo Cuevas Carrión: *Ni un sí ni un no* [1962] (cuento); Ana María Simo: *Las fábulas* [1962] (cuento); Mariano Rodríguez Herrera: *La mutación* [1962] (cuento); Jesús Abascal: *Soroche y otros cuentos* [1963] (cuento); Ada Abdo: *Mateo y las sirenas* [1964] (cuentos); Évora Tamayo: *Cuentos para abuelas enfermas* [1964] (cuento); Ángel Luis Fernández Guerra: *La nueva noche* [año imposible de verificar] (cuento); Antonio Álvarez: *Noneto* [1964] (cuento).

[4] Así reza en nota mecanografiada añadida al manuscrito de la *Segunda novísima de poesía cubana*, proporcionado por Reinaldo García Ramos.

Cuando recibieron alguna valoración, los textos auspiciados por las Ediciones fueron, la mayoría de las veces, objeto de fustigadoras críticas que les adjudicaban una supuesta falta de compromiso político y el recurso a una estética intimista, elementos que no se avenían –argüían sus críticos– con el carácter épico de los tiempos. En otras ocasiones los reproches se centraban en la «falta de calidad» de los textos, dado su carácter experimental.

Sus principales críticos fueron autores de su propia promoción que ocuparían luego un lugar protagónico en *El Caimán Barbudo*, fundado en 1966, una vez desaparecido El Puente. Los *caimanes*[5] (Jesús Díaz, Guillermo Rodríguez Rivera, Sigifredo Álvarez Conesa, Luis Rogelio Nogueras, Víctor Casaus y Lina de Feria, entre otros) y la mayoría de los *puenteros* habían nacido en la década del cuarenta: unos y otros conforman dos grupos dentro de una misma generación. *El Caimán* desde muy temprano rompió vínculos con los *puenteros*, prefiriendo dar cobijo en sus páginas a autores pertenecientes a la llamada Generación del cincuenta[6].

Con Jesús Díaz a la cabeza, los caimanes –y los autores de la Generación del cincuenta– se darían a conocer como los «escritores de la Revolución». Fue en *El Caimán* donde tendencias estéticas como la antipoesía y la poesía conversacional sentarían escuela. Y fueron estas tendencias las que ostentaron la rúbrica de «poesía de la Revolución».

---

[5] Denominamos «caimanes» o «caimaneros» a los escritores publicados por *El Caimán Barbudo*, y «puenteros» o «puentistas» a los de El Puente.

[6] Algunos integrantes de la Generación del cincuenta habían publicado sus textos en *Ciclón* y luego en *Lunes de Revolución*. *El Caimán* sería la tercera revista literaria que los acogería. A diferencia de los escritores de la Generación del cincuenta, la gran mayoría de los publicados por El Puente había comenzado a escribir y publicar después del triunfo revolucionario.

Entre polémicas estéticas y ataques personalistas

En la «Encuesta generacional» publicada en *La Gaceta de Cuba* en 1966, un año después del cierre de las Ediciones, Jesús Díaz se refiere a El Puente como «la fracción más disoluta y negativa de la generación actuante», calificándolo además como un «fenómeno erróneo política y estéticamente» (Díaz 1966: 9)[7]. Ana María Simo responde a estas acusaciones con el argumento de que las Ediciones habían sido la primera manifestación literaria de su generación, y que en muchas ocasiones habían sacrificado hasta su propio desarrollo profesional en pos del crecimiento de la editorial; a esto añadía que «disoluto» era un calificativo de orden moral, casi religioso (1966: 4). El comentario de Díaz, en efecto, exhibía los sesgos de la homofobia que se fomentó por estos años desde revistas como *Verde Olivo*, la cual llegaría a jugar un rol de considerable importancia en la conformación de un canon literario heteronormativo, extremadamente reduccionista desde el punto de vista de lo permisible estéticamente.

Admite Simo que no constituían un grupo estructurado ni tenían una estética definida[8]. Tal comentario estaría dado acaso por los

---

[7] Comenta Jesús Díaz, más de treinta años después: «No es raro, entonces, que nuestro grupo constituyera una pequeña piedra de escándalo. Tampoco lo es que en aquella época, hace más de 34 años, yo polemizara con la narradora Ana María Simo, de las Ediciones El Puente, donde se agrupaba otro sector de la generación literaria a la que pertenezco. El Puente había publicado un buen libro de relatos de la propia Ana María, y también poemarios de Nancy Morejón y Miguel Barnet, entre otros autores, y era en cierto sentido lógico que chocáramos por motivos de autoafirmación y celos literarios. No obstante, recuerdo con desagrado mi participación en aquella polémica, que tuvo lugar en La Gaceta de la UNEAC. No porque haya sido más o menos agresivo con otros escritores, sino porque en mi requisitoria mezclé política y literatura e hice mal en ello; lo reconozco y pido excusas a Ana María Simo y a los otros autores que pudieron haberse sentido agraviados por mí en aquel entonces» (Díaz 2000: 106-119).

[8] «De ninguna manera [las Ediciones El Puente] fueron la primera manifestación "*de grupo*". Ni estética ni ideológicamente las Ediciones formaron un grupo literario definido y homogéneo» (Simo 1966: 4; énfasis de la autora).

desacuerdos entre ella y José Mario durante la última etapa de las Ediciones. Pero si en efecto El Puente no llegó a concebir un manifiesto, su producción sí exhibía un nivel apreciable de coherencia[9]. Por otra parte, desde el punto de vista personal la afinidad entre algunos de sus miembros hacía que convergieran por primera vez en un mismo círculo editorial el trabajo de mujeres, homosexuales y afrocubanos provenientes, en la mayoría de los casos, de sectores pobres, quienes, lejos de establecer la loa a la Revolución como mandato estético, se declaraban «renuentes a caer en el mero panfleto de ocasión» (García Ramos & Simo 1962: 12). Esto, más allá de cualquier desavenencia estética o personal, fue un factor aglutinador.

Otro aspecto importante que sale a relucir en la respuesta de Simo es el elemento del compromiso, dejando al descubierto la falsedad de las acusaciones de Díaz al respecto. Según Simo, en 1962 a algunos miembros de El Puente se les encargó por parte de la UNEAC la formación de la Brigada Hermanos Saíz, una responsabilidad que cumplieron, llevando a cabo la redacción de un proyecto de estatutos y el primer número del periódico de la Brigada. En general, los estatutos proponían que todos los jóvenes se incorporaran al trabajo creador, sugiriéndose incluso que pasaran parte del año trabajando en fábricas o granjas. Incluían también un taller literario de participación popular, de inspiración lorquiana, a través del cual «la literatura, en fin, saldría a la calle, pero sin ceder posiciones» (Simo 1966: 4).

También en el manifiesto «Nos pronunciamos» se hace mención de El Puente, ahora desde el propio *Caimán Barbudo*. Como en el caso de la encuesta de *La Gaceta*, el ataque se produce una vez desaparecida la editorial. Los *caimanes* lanzaban desde allí sus acerbas

---

[9] Los criterios de Simo contrastan con los de José Mario, quien en su prólogo a la *Segunda novísima*, afirma lo siguiente: «Es de destacar el desarrollo alcanzado por la casi totalidad de los que participaron en la primera *Novísima* y la necesidad de más publicaciones» (Mario 1965: 11-12).

críticas contra sus contemporáneos de El Puente, a quienes ponían, siguiendo las pautas de Díaz en su debate con Simo en *La Gaceta*, del lado del descompromiso y la indiferencia política. En contraste, se autoproclamaban como los verdaderos escritores comprometidos, autovalidándose como los portadores de la estética de la Revolución (1966: 11)[10].

En estos dos documentos –debate Díaz-Simo en *La Gaceta* y «Nos pronunciamos» en *El Caimán Barbudo*– se ponen de relieve las características supuestamente demeritorias de la poesía de El Puente: por un lado, un hermetismo *demodé* neo-origenista, del cual los propios prologuistas de la *Novísima* habían reconocido ser víctimas en ocasiones; por otro, un espíritu metafísico y existencialista que los desvinculaba, según sus detractores, del *ethos* revolucionario de los tiempos, que reclamaba manifestaciones de compromiso más explícitas.

En 1981, durante el «Coloquio sobre la literatura cubana» celebrado en el Palacio de Convenciones de La Habana, Luis Suardíaz ratificaba esta posición de enjuiciamiento crítico hacia El Puente; sus autores, sostenía, de no haber reproducido tendencias importadas e introducidas a la fuerza, hubieran podido producir una poesía «más gallarda y honda» (en Arango 2007: 33-34). El «descalabro» de El Puente contrastaba, para el crítico, con la emergencia de un «gallardo» grupo de poetas *cincuenteros* que, sin poemario publicado antes de 1959 (a saber, Francisco de Oraá, César López y el propio Suardíaz), empiezan a abrirse paso dentro del nuevo canon revolucionario gracias

---

[10] Los firmantes del manifiesto fueron Orlando Alomá, Sigifredo Álvarez Conesa, Iván Gerardo Campanioni, Víctor Casaus, Félix Contreras, Froilán Escobar, Félix Guerra, Rolen Hernández, Luis Rogelio Nogueras, Helio Orovio, Guillermo Rodríguez Rivera y José Yánez. No aluden directamente a El Puente en el manifiesto, pero Rodríguez Rivera aclarará años más tarde que el manifiesto tenía como blanco «la tendencia representada por las Ediciones El Puente» (Rodríguez Rivera 1984: 105). «Nos pronunciamos» fue publicado en 1966, el mismo año de la polémica Díaz-Simo en *La Gaceta*.

precisamente a la «hondura» política y al «airoso» espíritu poético que los caracterizaba[11]. Las críticas al supuesto intimismo y falta de compromiso de los *puenteros* no emergieron *ex nihilo*. Aunque los escritores de *El Caimán Barbudo* y de la Generación de los cincuenta se hayan considerado a sí mismos como rebeldes e iconoclastas, al descartar el experimentalismo de El Puente se hacían eco de posiciones dogmáticas como las de García Buchaca y Portuondo. Sus críticas no hacían más que responder al llamado de estos últimos, en textos como *La teoría de la superestructura. La literatura y el arte* y *Estética y Revolución*, respectivamente, a cerrar filas contra el experimentalismo en pos de una nueva «estética revolucionaria».

No es casual, por tanto, que fuera la poesía conversacional la que ocupara un lugar de visibilidad dentro del canon de «literatura de la Revolución». Si bien las «Palabras a los intelectuales» habían apuntado hacia zonas de flexibilidad en el campo de la creación, la ambigüedad de las mismas («dentro de la Revolución todo; fuera de la Revolución nada») dejaba el campo abierto para la imposición de tendencias dogmáticas, las cuales se manifestarían con mucha más fuerza a partir del Primer Congreso de Educación y Cultura en 1971, contribuyendo a un perfil reduccionista del artista revolucionario. Lo que quedara fuera del mismo estaría, a partir de 1965, con la clausura de El Puente, destinado a entrar en el limbo de las letras cubanas.

---

[11] De 1984 es la antología *La Generación de los Años 50*, preparada por el propio Suardíaz y David Chericián, con prólogo de Eduardo López Morales. Tanto el prólogo como la nota de presentación de los autores enfatizan esa condición «gallarda» aplaudida por Suardíaz en el coloquio de 1981: cada vez que es pertinente se exalta la participación de algunos de estos autores en el Ejército Rebelde, en las luchas del Escambray o en Playa Girón, así como las condecoraciones que les había otorgado la Revolución.

«Existencialismo revolucionario» y estética de El Puente

Pero, ¿qué significaba, después de todo, ser un escritor «gallardo» (Suardíaz) y «comprometido»? ¿En base a qué criterios se definía esta categoría que marcaba las pautas para la demonización de El Puente? Las reflexiones de Theodor W. Adorno en torno a la autonomía estética y el compromiso, recogidas en su *Teoría estética*, pueden ayudarnos a inscribir el caso de El Puente en un nuevo nivel de análisis. Adorno establece que una obra de arte no puede ser concebida como totalmente autónoma, puesto que existe en virtud de un vínculo objetivo con lo real, más allá de las intenciones del creador. En este sentido, afirma:

> Aun la más sublime obra de arte ocupa un lugar determinado en relación con la realidad empírica al salirse de su camino no de una vez para siempre, sino en forma concreta [...]. La fuerza de la producción estética es la misma que la del trabajo útil y tiene en sí la misma teleología; y lo que podemos llamar relaciones estéticas de producción, todo aquello en lo que se hallan encuadradas las fuerzas productivas y sobre lo que trabajan, no son sino sedimentos y huellas de los niveles sociales de las fuerzas de producción. (Adorno 1971: 14)

Pero el hecho de que el arte sea en sí un fenómeno social no significa que no reclame un espacio de autonomía para subsistir. Posee, por tanto, ese «doble carácter», como evento autónomo y como «*fait social* [...] sin abandonar la zona de autonomía» (Adorno 1971: 15).

Esta relación del arte con su contexto no debe verse en función de la exclusión o inclusión de momentos sociales en su contenido, sino en los antagonismos de la sociedad reflejados en la forma, puesto que «la forma es el lugar del contenido en las obras de arte» (1971: 302). En la forma cristalizan las contradicciones sociales, de modo que resulta impensable concebir un hecho artístico desconectado de lo social. Desde este punto de vista, la inclusión consciente del referente social en una obra no la hace necesariamente más o menos socialmente comprometida. «El concepto de compromiso», arguye Adorno, «no hay que tomarlo demasiado al pie de la letra. Si se lo convierte en norma de censura, entonces reaparece aquel momento del control dominante respecto a las obras de arte, al que ellas ya se oponían antes de cualquier compromiso controlable» (1971: 321).

Si coincidimos con Adorno en que el arte está en irremediable diálogo con lo social –y que, por lo tanto, el compromiso no debe entenderse literalmente– el hecho de que el núcleo rector de El Puente no estableciera como línea editorial la referencia explícita a la Revolución no implicaba ni estimulaba necesariamente una falta de compromiso. Con ello, más bien, dejaban la puerta abierta a otras variantes de la responsabilidad intelectual.

En sentido contrario, los *caimanes* y otros actores del campo literario cubano de entonces secuestraban la noción de compromiso revolucionario al circunscribirla a los estrechos perímetros de lo explícito, sin entender –u optando por no entender– que no era exclusivamente en uno u otro lado del péndulo donde necesariamente se manifestaba el compromiso, sino en su trayectoria de oscilación. Es en estos trazos, en este *continuum* entre autonomía estética y concreción social, que propongo una nueva mirada al concepto de compromiso en relación con el vacío canónico que la cancelación de El Puente implicó. Es desde esta amplitud de criterios que sugiero entender el término, y no de acuerdo con el grado de intencionalidad crítica de un autor o grupo literario.

El prólogo a la *Novísima de poesía cubana I* fungió como una suerte de manifiesto de grupo donde se intentaba definir una línea editorial. Comienzan por declararse no deudores de la poesía de Orígenes, la cual consideran «monumental y contemplativa»: «Mediante la adición de palabras, únicamente se llegó a una expresión críptica, a un caos exuberante», aseguran los editores[12] (García Ramos & Simo 1962: 9).

---

[12] Los poetas del grupo Orígenes compartían una estética más bien intimista, metafísica, con evidentes influencias de la filosofía y la literatura europeas. La revista fue considerada por muchos como «torremarfilesca», dadas las recreaciones culteranas ensayadas por sus miembros, especialmente por Lezama Lima. A esto

Más adelante resumen las coordenadas para una estética propia, alejada de lo que consideran dos «extremos estériles»: una poesía vuelta hacia sí misma que renuncia a toda contaminación, a la más leve objetividad, la cual provocaría como reacción una poesía propagandística, de ocasión (1962: 13). Su *ars poetica* persigue incorporar las referencias al momento desde una perspectiva antipanfletaria y antipropagandística, pero no antirrevolucionaria[13].

Era justamente con respecto a Orígenes que los autores de El Puente pretendían delinear su presunta rebeldía. Establecen que el antiorigenismo culmina en Rolando Escardó, poeta de la Generación de los años cincuenta; sin embargo, anteriormente, en el mismo párrafo, definen la médula de su hacer poético como antiorigenista. En su obra, en ocasiones, se contradecían con respecto a una ruptura supuestamente definitiva con Orígenes. Habían captado el espíritu antiorigenista de la Generación de los cincuenta y a éste se sumaban en su búsqueda de un lenguaje propio.

Esto lo confirma el puentista Gerardo Fulleda León, en respuesta a mi pregunta de si se consideraban antiorigenistas:

> Mira, yo no creo que podíamos ser antiorigenistas, porque Nancy y Reinaldo le deben mucho a Orígenes... La capacidad, cómo te puedo decir, de cincelado de la palabra que tiene Reinaldo, quien creo que es un excelente poeta, Reinaldo García Ramos, y la sonoridad que tiene Nancy, eso, ¿de donde viene? Viene de Orígenes... Nosotros leíamos Hölderlin, y éramos fanáticos de la poesía francesa. Lo que ocurre es

---

respondería Lezama con su divisa de que «un país frustrado en lo esencial político puede hallar virtudes y expresiones por otros cotos de mayor realeza» (1949: 60).

[13] En su debate con Díaz, Simo explica este énfasis del grupo contra el panfleto: «A principios de 1962 aparece ante nosotros la conciencia literaria. Al mismo tiempo, se hace crítico en el país el fenómeno del sectarismo, que luego denuncia Fidel. Creo que esto fue una coincidencia clave. Ello determinó que nos replegáramos intelectualmente sobre nosotros mismos en un justificado exceso de protección hacia nuestra obra y que desconfiásemos sistemáticamente de ciertos aspectos de la realidad, por miedo al panfleto» (1966: 4).

que hay algo que sí molestaba un poco, y era ese afán de Orígenes, por ejemplo, con Juan Ramón Jiménez. En todo caso, sí una oposición al origenismo juanramoniano. Preferíamos al Orígenes inspirado en Cernuda». (en Alfonso 2016: 189)

Y más adelante, comenta que también eran «antiorigenistas en cuanto a esa actitud de estar de espaldas, aparentemente, a la realidad» (en Alfonso 2016: 190). Curiosamente, los de El Puente no se consideraban a sí mismos de espaldas a la realidad, aun cuando esa fue una de las principales impugnaciones en su contra.

Es posible que los poetas de El Puente, en pleno proceso de autodefinición, se sintieran atrapados entre el legado de Orígenes y la deuda post-origenista de *Ciclón*. Los origenistas se preocuparon por dilemas estéticos pero desde una búsqueda ontológica y existencial, y no, según sus propios postulados, desde la irreverencia iconoclasta. Sobre esto, diría Vitier:

> La última generación de poetas y artistas cubanos está empeñada en el replanteamiento radical de nuestros materiales y medios expresivos [...] Lo que aquí y ahora cada cual está intentando, según sus medios y registros, es la imprescindible y fértil tabla rasa, sin que esto tenga que ver con ninguna especie de irreverencia ni de iconoclasticismo. (Vitier 1945: 47)

Ciclón, posterior a *Orígenes*, encarnaba una vertiente mucho más iconoclasta y experimental. Es de notar que fue la ruptura de Virgilio Piñera y Rodríguez Feo con el origenismo lo que llevó a la creación de *Ciclón*, donde ensayan cierto experimentalismo a través de ismos muy criticados por el binomio católico, «juanramoniano» y «paulclaudeano», que conformaban José Lezama Lima y Cintio Vitier.

Entre esas dos aguas se levanta El Puente. Por un lado, el hermetismo origenista –que trataban de eludir no siempre con éxito los puenteros, como reconoce Fulleda León–; el «cincelado» de la palabra; la visión hölderlineana de la poesía como acto de salvación.

Del otro, el existencialismo[14] (¿piñeriano, quizás?) que los propios puentistas exaltan en su prólogo a la *Novísima*, y que se puede apreciar en muchos de sus poemas; incluso el absurdo, también de raigambre piñeriana, que se percibe en muchos de los cuentos publicados por la editorial[15].

La marcha de los hurones, de Isel Rivero[16], inaugura tal cuestionamiento existencial dentro de la poesía publicada por las Ediciones. El yo lírico de *La marcha* confiesa la angustia implicada en la existencia cotidiana: «Es como si [las tareas más elementales] las lleváramos de ciclo en ciclo / arrastrando un cúmulo de dolor que nos impone la época anterior» (Rivero 1960: 14). Y llevando al lector hacia una dolorosa zona de interrogación, añade: «se resiste diariamente la opresión de la angustia / donde pretendemos olvidar que no existimos / y mantenemos la máscara exhausta con firmeza de sobreviviente» (1960: 17).

Por su parte, Nancy Morejón, al darle a su libro el sugestivo título de *Mutismos* en un período en que la oficialidad comienza a reclamar de los intelectuales una posición explícita, valida otro aspecto importante del cuestionamiento existencial de los autores de El Puente: el derecho al silencio, pero no a un silencio que sea

---

[14] El término «existencialismo» aparece varias veces a lo largo de este trabajo («existencialismo piñeriano»; «existencialismo revolucionario»; acusaciones a los de El Puente de ser «escritores existencialistas»). Todas estas acepciones tienen como matriz común los postulados filosóficos sistematizados por Jean-Paul Sartre, los cuales se centran en una indagación ontológica sobre la existencia humana concreta (no abstracta). Las apropiaciones aquí sugeridas no son un calco exacto del existencialismo como sistema filosófico sino un uso flexible del término, basado en su posible influencia e interconexión con estilos y estéticas literarias.

[15] Comenta al respecto Hernández Espinosa: «Existía una tendencia existencialista entre algunos estimulados por la presencia de Sartre en Cuba. En otros jóvenes había una actitud agnóstica, nihilista. Había muchas tendencias filosóficas y artísticas en ese momento. La Revolución no había proclamado su carácter socialista» (Hernández Espinosa 2005: en línea).

[16] *La marcha* se publica en 1960, antes de crearse El Puente, pero se recoge parcialmente en la *Novísima*.

negación o borradura, sino reacción ante al panfleto: «Pudiera hablar de mi país / y sus alcances / sin temblarme la voz / o sentir gotas de agua entre mis manos. / Súbitamente tengo que hablar / de mis temores a no convertirme en eco» (Morejón 1962: 21).

Denomino este gesto, tan típico de El Puente, como «existencialismo revolucionario», puesto que nada escapa a la indagación, ni siquiera la Revolución. Pero tal posicionamiento no implica una actitud de enfrentamiento a ella; constituye, más bien, una alternativa al compromiso estético entendido únicamente como adhesión explícita a un estilo único (conversacional o coloquial), como proponían los caimanes en «Nos pronunciamos». Para los puenteros, en cambio, ni la ausencia del tema de la Revolución, ni un cuestionamiento honesto de la misma, ni la opción por otros códigos estéticos significaba que se sintieran menos «comprometidos». Apostaban por un compromiso desde la reflexividad. Después de todo, «la demagogia literaria no era la única vía para alcanzar un gran radio de acción» (Simo 1966: 4).

A pesar del lado existencialista que los caracterizaba –o más bien, gracias a él–, ensayaron formas explícitas de compromiso revolucionario tanto en la letra como en la acción. Así lo atestiguan la participación de Simo y García Ramos en la elaboración de los estatutos para la Brigada Hermanos Saíz y el proyecto de teatro lorquiano callejero. El propio Hernández Espinosa comenta: «El Puente no se caracterizó únicamente por el existencialismo que nos achaca Jesús Díaz. Se caracterizó también por una proyección muy consecuente con su estética, con su pensamiento». Cuando le menciono el nombre de Simo, me interrumpe: «Simo estaba trabajando incluso en Casa de las Américas. Y muchos de nosotros trabajábamos en lugares que estaban también muy, muy comprometidos» (en Alfonso 2016: 208).

La mayoría de estos poetas compartía una genuina preocupación por la realidad del momento. Su arribo a una madurez estética y política coincide con el inicio del período revolucionario. Aunque se sentían con el derecho a temer, dudar y cuestionar el sentido de sus vidas dentro de las nuevas circunstancias, muchos se identificaban efusivamente con el mesianismo revolucionario de los nuevos tiempos. Esto explica versos como «Cuando tú pasas, Revolución, cantando / por las ventanas de mi cuarto / en hombres que son tuyos y del amor, / tuyos y del martillo que dejaron a un lado / esa única noche de los tambores y los gritos, / yo escribo estos poemas de tu alegría en Santiago», pertenecientes a *Poemas en Santiago*, de Joaquín G. Santana, publicado por las Ediciones en 1962. En especial, las antologías incluyeron numerosos textos de marcado compromiso y de afirmación revolucionaria, en contraste con la versión elaborada por sus detractores[17].

El Puente y las dinámicas raciales

Muchos de los autores publicados por El Puente, como se ha dicho, eran de ascendencia afrocubana; numerosos textos publicados por la editorial abordaban la problemática racial en relación con el nuevo contexto revolucionario. Un análisis detenido de estas dinámicas resulta de suma importancia en tanto trae a revisión la hipótesis, defendida por algunos críticos, de que el aspecto racial tuvo un peso importante con respecto al cierre de las Ediciones, y pone una vez más en entredicho la validez de las críticas a la editorial por promocionar únicamente una estética «existencialista» y «carente de compromiso».

Roberto Zurbano, en su artículo «El triángulo invisible del siglo XX cubano: raza, literatura y nación», se refiere someramente a El Puente, haciendo énfasis en la falta de atención de los colaboradores de un *dossier* a la posible agenda racial de El Puente y las confrontaciones

---

[17] Otro ejemplo es el poema «Te veremos mañana», de Francisco Díaz Triana, dedicado a su madre, con versos como «Quizás no rías tanto o la piedra de tu hígado / no te cause molestias pero lloras / de orgullo cuando habla Fidel» (Díaz Triana 1965: 21 [inédito]).

que esta puede haber suscitado[18]. Comenta Zurbano que «aunque los testimonios y análisis presentados en este *dossier* destacan la presencia de mujeres y negros entre los autores publicados, ninguno sostiene que el tema racial o de género fue parte de la agenda de la editorial ni tampoco de la confrontación que suscitó» (Zurbano 2006: 122). Al respecto, comenta Nancy Morejón en entrevista personal: «¿Por qué se va a meter nadie en este tema si el problema no fue ese? Había una gran intolerancia. Esto fue un antecedente de muchas cosas nefastas. Hubo una gran mayoría de autores negros. Tú puedes explorar eso. Pero no entrar diciendo que lo racial fue la causa» (en Alfonso 2016: 231).

Ciertas tensiones raciales fueron, como reconoce la propia Morejón, acunadas como parte de las dinámicas post-revolucionarias de los sesenta, y como tal, repercutieron en parte de la *intelligentsia* afrocubana de la época. Walterio Carbonell, etnólogo y ensayista afrocubano, llamaba la atención en 1961 sobre rasgos de racismo dentro del nuevo contexto revolucionario:

> Se hace sospechoso el silencio que ciertos escritores revolucionarios hacen con respecto al rol político o cultural de las creencias religiosas de origen africano. ¿Es que temen escarbar en estas cuestiones para no herir la sensibilidad de la población negra? Lo más que se puede saber por sus escritos, en cuanto a la religión, es que el catolicismo sirvió de instrumento a las clases dominantes. Ahora bien, en lo que se refiere a las religiones africanas no emiten un juicio; no puede saberse de ello si estas creencias jugaron un papel progresista o reaccionario en los conflictos sociales del siglo xix. ¿Acaso porque Marx dijo: «la religión es el opio de los pueblos»? (Carbonell 1961: 108)

---

[18] Se trata del *dossier* que en 2005 preparó Roberto Zurbano para *La Gaceta de Cuba*, en número dedicado al tema de la raza, con colaboraciones del propio Zurbano, Gerardo Fulleda León, Norge Espinosa, Arturo Arango y María Isabel Alfonso.

El «silencio sospechoso» era síntoma de una desaprobación implícita hacia ciertas manifestaciones de religiosidad afrocubana. Carbonell comenta, no obstante, la comprensible confusión que podía originar dentro de la emergente revolución cultural la integración de ese imaginario. Las religiones afrocubanas eran aceptadas –aunque no sin cierta dificultad– en cuanto a su componente folklórico, pero no en su aspecto ritual o litúrgico. Se fundaron instituciones como el Departamento de Folklore del Teatro Nacional de Cuba, dirigido por el compositor y musicólogo Argeliers León, quien fungió también como director del Instituto Nacional de Etnología y Folklore y de su revista, *Etnología y Folklore*. El puentista Rogelio Martínez Furé estaría al frente del Conjunto Folklórico Nacional. Pero abundaron las referencias peyorativas con respecto al componente religioso de estas manifestaciones (Fuente 2000: 399). Ya en 1968 se había consolidado un pensamiento que, si bien celebraba la igualdad racial, era incapaz de valorar lo religioso en lo afrocubano[19].

¿Cómo afectarían estas dinámicas a los autores afrocubanos publicados por El Puente? Martínez Furé, por ejemplo, en su prólogo a *Poesía Yoruba*, pone especial énfasis en el rescate de la cultura afrocubana como una forma de «hallar soluciones a muchos *conflictos de índole cultural*» (Martínez Furé 1963: 13; énfasis mío). Hay desde aquí un llamado de atención hacia «la actitud prejuiciosa de muchos» que «ha querido negarles facultades creativas» a los pueblos africanos que nos conformaron (1963: 13). La expresión «conflictos culturales» es eufemismo con que alude a actitudes racistas que se resistían a ser desterradas del nuevo orden. «Esperando romper el fuego en

---

[19] En *El Militante Comunista* podía leerse, por ejemplo, lo siguiente: «La santería es una mezcla grosera de elementos mitológicos de ciertas religiones africanas [...] Se precian de supuestos conocimientos acerca de las virtudes de las plantas, el cual es más primitivo que, por ejemplo, el que poseían los alquimistas medievales [...] Una religión es primitiva cuando no ha llegado ni siquiera a elaborar abstracciones. A nosotros nos revuelve el estómago, mas para una mentalidad primitiva tiene lógica» (en Fuente 2000: 399).

esta materia, es que publico este conjunto de poemas Yorubas [sic]» (1963: 15), comenta.

Ecos de tales paradigmas de intolerancia pueden percibirse en la recepción de ciertos libros publicados por El Puente, si bien se trató de un proceso a todas luces más complejo. Las generaciones intelectuales precedentes a El Puente estaban conformadas por sectores mayoritariamente blancos, cuyos referentes eran el pensamiento y la cultura europeos. Ya la *revista de avance* y el movimiento vanguardista cubano habían contribuido significativamente a la consolidación de un *ethos* afrocubano y a su inserción y aceptación dentro del imaginario cultural cubano. Pero algunos de aquellos intelectuales eran blancos de clase media, y era desde tal inevitable condición que se aproximaban al otro periférico/marginado. *Orígenes*, por ejemplo, y en especial Lezama, había asumido sin complejos el imaginario europeo para refundirlo con lo autóctono americano. De acuerdo a algunos críticos, esto propendió por lo general a una mezcla de sabor europeizante, donde lo autóctono podía sentirse a ratos ausente o excesivamente estilizado[20]. La Generación de los cincuenta tampoco escapó a esta influencia.

Los escritores de El Puente, por el contrario, cuya obra es contemporánea al nacimiento de la Revolución cubana, se vuelven con singular ímpetu hacia un repertorio de temas más inmediatos, alejados del legado cultural europeo. Con el surgimiento de las Ediciones se consolidan por primera vez las ansias generacionales de refundar y de cuestionar ciertos referentes culturales por parte de un número más visible de actantes de esa alteridad. No hay que perder de vista que El Puente se funda justo en 1961, un momento en que la propuesta antirracial es parte explícita de la agenda revolucionaria[21]. Al

---

[20] Zurbano se refiere al hecho de que Cintio Vitier y Gastón Baquero se mostraran críticos del regodeo antillano de Virgilio Piñera en *La isla en peso*, que consideraban ajeno al espíritu nacional cubano (Zurbano 2006: 119).

[21] Sin embargo, la campaña antirracista comenzó a perder visibilidad a partir de 1962 (Fuente 2000: 366), y fue saboteada por individuos con poco respeto

menos un cincuenta por ciento de los escritores publicados por las Ediciones eran afrocubanos, provenientes en su mayoría de sectores marginados[22]. Había también, según testimonios varios, gran fuerza aglutinadora en la figura de José Mario (véase Alfonso 2016: 215), que no vaciló en publicar textos con referencias a lo afrocubano. Dichos textos, en muchas ocasiones, aludían al impacto positivo de la Revolución en la vida de los afrocubanos.

El orden presentido (1962), de Manuel Granados, ejemplifica la interesante dimensión renovadora en que convergen el tema social –un marcado acento anticlasista– y el de lo afrocubano, en versos como «Bienaventurados los negros / que reclaman su humanidad / los guajiros que cercenan latifundios» (Granados 1962: 45). Ambos grupos, afrocubanos y campesinos, se acogen a este credo igualador que por primera vez los reivindica con singular vehemencia. A esto sigue un corolario contundente: «Bienaventurados seáis por siempre, / que de vuestras manos toscas, / de vuestros estómagos estrechos, / de vuestra génesis / es el mundo socialista» (1962: 45)[23].

El «orden presentido» es, para este sujeto lírico negro, un esperado orden de justicia social propiciado por la Revolución, el cual se hace manifiesto con una «dulce sensación de futuro adivinado» (1962: 29). Dentro de la presente dislocación temporal causada por la irrupción

---

hacia la cultura afrocubana.

[22] Según José Mario, «Eso llamó mucho la atención a Nicolás Guillén. Se fijó que en *El Puente* había muchos escritores negros, como Nancy Morejón, Ana Justina Cabrera, Gerardo Fulleda León, Eugenio Hernández, Georgina Herrera, Rogelio Martínez Furé, Pedro Pérez Sarduy y otros […] (Rodríguez 2002: en línea)

[23] Otros poemas constituyen una dolorosa autorreflexión sobre la onerosa segregación de la Cuba prerrevolucionaria, como «Desde atrás», homenaje al dirigente sindical afrocubano Jesús Menéndez, asesinado a traición en 1948, por el capitán Joaquín Casillas. Dice con sarcasmo el sujeto lírico: «¡Pobre del negro! / ¿Acaso no sabe que existen las tiendas por departamentos?» (Granados 1962: 51). Pero al lamento contrapone el regocijo, pues la «agonía del negro / tejida sobre un tambor» termina con la llegada de un orden en que el poeta va «formando [su] mundo, / ¡El nuevo mundo!» (1962: 35-37).

repentina de ese futuro añorado, el pasado es también visto desde otra óptica. El mes del triunfo revolucionario que da título a un poema, «enero», mes «que siempre era triste, / entonces fue claro, / fue tibio como un soplo de luz / para el invierno mío», pues llega con «aceras que no están prohibidas» (1962: 23). La isla, nuevo sujeto histórico que ha logrado «crecer» sin olvidar a sus muertos, protagoniza este reajuste de tiempos: «¡Oh isla! / Isla / que te naces en dos ríos, / que te creces en este orden presentido, / que te surges airosa / tomada de la mano de tus muertos» (1962: 29). La Revolución proclamaba la eliminación de las barreras raciales con el establecimiento de un nuevo orden que, de tan ausente, se presentía como anhelo.

Es cierto que en el primer quinquenio de la Revolución no se haría quizá lo suficiente por eliminar un enrarecido ambiente que no contribuía a los procesos de afirmación plena del afrocubano. Pero si bien se saboteaba (hasta cierto punto) una exploración plena de la afrocubanidad –ya no sólo en sus aspectos folklóricos, sino sobre todo religiosos–, retardando paradójicamente la posibilidad de una total reivindicación para este grupo, se aseguraban por otra parte niveles inéditos de igualdad. Es dudoso, por tanto, aun cuando sobrevivían estructuras de pensamiento racista en este período, que el tema racial haya sido el detonante de mayor peso en la desaparición de las Ediciones. Por otra parte, que muchos otros textos, además de los citados, expongan tan vehementemente una valoración de la Revolución en conexión con lo racial desacredita las impugnaciones del carácter «disoluto» y «poco comprometido» de estos jóvenes, articuladas tan descuidada o tendenciosamente por Jesús Díaz y los caimanes.

«Dentro de la Revolución, todo»: ¿incluyendo a «la generación empollada»? Tensiones de género

> Muchos de esos pepillos vagos, hijos de burgueses, andan por ahí con unos pantaloncitos demasiado estrechos; algunos de ellos con una guitarrita en acti-

tudes «elvispreslianas», y [...] han llevado su libertinaje a extremos de querer ir a algunos sitios de concurrencia pública a organizar sus shows feminoides por la libre. Que no confundan la serenidad de la Revolución y la ecuanimidad de la Revolución con las debilidades de la Revolución. Porque nuestra sociedad no puede darles cabida a esas degeneraciones.

Castro 1963: en línea

En *El socialismo y el hombre en Cuba*, Ernesto Guevara ofrece las claves para la formación de una nueva identidad que caracterizaría al hombre dentro del orden socialista en Cuba (Serra 2007: 10). El texto de Guevara se enfoca primariamente en la dimensión altruista de dicha identidad, basada en los estímulos morales y no en los materiales, y en la disposición al servicio de este nuevo tipo de individuo. Aunque no hay referencias explícitas al tema del género, el uso de metáforas viriles –como la del hombre-motor de la nueva sociedad– muestra la predilección por un modelo de hombre predecible dentro de los parámetros heteronormativos convencionales (Guevara 1971: 5).

Muchos de los escritores de El Puente, dada su condición homosexual, no cabían dentro de esa dimensión. Tampoco ayudó el hecho de que su director, José Mario, se reuniera con Allen Ginsberg durante la visita del poeta *beatnik* a La Habana, cuando este se paseaba por La Habana defendiendo públicamente la homosexualidad y haciendo declaraciones subidas de tono acerca del Che[24]. Estos incidentes no sólo le valieron su expulsión de Cuba en 1965, sino que tuvieron un

---

[24] Según Barnet, «La visita de Allen Ginsberg sí tuvo que ver. Le faltó el respeto a Haydée Santamaría y decía que soñaba acostarse con el Che. Eran los tiempos de la *beat generation*. José Mario fue enviado a las UMAP a raíz de la cancelación. El tema principal era que casi todos en El Puente eran gay. Eso fue lo que los mató» (en Alfonso 2016: 186).

impacto negativo para El Puente, ya que José Mario y otros poetas de la editorial lo acompañaron durante sus aventuras por La Habana.

Una vez expulsado Ginsberg, José Mario es enviado a las recién estrenadas UMAP como castigo por su asociación con el poeta homosexual, y como parte de los «tratamientos de virilización» y de la expresa política de eliminar la participación de homosexuales en el espacio público cubano[25]. Al respecto del clima de la época, comenta Fulleda en el dossier de *La Gaceta* dedicado a El Puente: «Más tarde, del otro lado, surgió la *camada* del primer *El Caimán Barbudo*, quienes nos declararon la guerra de exterminio no sólo desde sus páginas, donde no se le permitía publicar a nadie sobre el que hubiera alguna sospecha de homosexualidad o relación con alguien de tal signo» (Fulleda León 2005: 6). Rodríguez Rivera, parte del consejo editorial de *El Caimán*, lo confirma cuando concede que «el primer *Caimán Barbudo*, en efecto, tenía explícitamente prohibido (por el Comité Nacional de la UJC, del que dependía y que en esos tiempos tenía una política homofóbica), publicar a ningún joven escritor o artista que fuera homosexual» (Rodríguez Rivera 2006: 37).

Por entonces ya habían emergido los primeros síntomas de intolerancia y dogmatismo. Es justamente después de la clausura de las Ediciones que se recrudecen las medidas contra los homosexuales, cuyo epítome fue la creación de las UMAP en 1965. Ana María Simo, codirectora de El Puente, fue encarcelada en enero de 1964 y sometida a electrochoques en una clínica psiquiátrica. Según recuento de la autora, no se le hizo acta de acusación ni juicio, y el Director de Cárceles de la Provincia de la Habana le dijo en un interrogatorio que todo esto le pasaba «por andar con los homosexuales de El Puente» (en Alfonso 2016: 234).

---

[25] Emilio Bejel se refiere a estos «tratamientos de virilización» que vinieron de la mano de una abierta campaña anti-homosexual, cuyo objetivo era «to expel homosexuals from the armed forces, the universities, the Communist Party, and highly influential government posts, as well as from positions charged with the education of boys and young men» (Bejel 2001: 103).

La proyección peyorativa hacia el homosexual, exacerbada por ciertos círculos de poder dentro del nuevo proyecto de nación desde los primeros años del triunfo de la Revolución, llegó a politizarse y a institucionalizarse con mayor organicidad para el segundo quinquenio. La nueva versión politizada de la homofobia, además de contribuir a un ambiente de cacería de brujas dentro de los círculos intelectuales, se vio respaldada por la creación de dispositivos oficiales de control y castigo a través de los cuales se equiparaba homosexualidad con contrarrevolución. En palabras de Simo,

> Lo que se incorporó al ideario del hombre nuevo no fue la homofobia *ancien régime* sino esta mutación de ella. Cuba fue pionera en la institucionalización de la homofobia con fines políticos, un proceso que hemos visto repetirse recientemente en países como Zimbabwe y Uganda, entre otros. (en Alfonso 2016: 139-140)

Como consecuencia, el país atravesó una época de abierta persecución a los homosexuales. Se convirtieron en práctica común los arrestos, las llamadas depuraciones en las universidades y en escuelas de arte, becas e incluso secundarias[26], lo cual iba acompañado, en muchas ocasiones, de palizas y tratamientos en centros psiquiátricos, incluyendo electrochoques a los llamados «enfermitos», puesto que la homosexualidad se consideró una enfermedad (Alfonso 2016: 140). Se instituyeron las UMAP como centros de saneamiento y rehabilitación, ya no sólo de los homosexuales, sino de todos aquellos que participaran de conductas consideradas «inapropiadas» a los efectos de la conformación del nuevo paradigma social que se buscaba construir. Así, homosexuales, religiosos o amantes de la música americana, el pelo largo o la moda de los sesenta podían terminar en la misma unidad militar, en espera de ser devueltos a la sociedad socialista como ciudadanos «reformados». La violencia, los castigos

---

[26] En procesos donde muchas veces el estudiante se veía obligado a renunciar a seguir cursando estudios, dada su condición homosexual.

y las humillaciones, tanto físicas como psicológicas, eran parte del plan correctivo de esta profilaxis institucionalizada.

La prensa jugó un papel fundamental en todo ello. Por ejemplo, el periódico *Juventud Rebelde* del 12 de octubre de 1968 incluía un artículo que narra en detalle la detención de unos jóvenes que solían reunirse en La Rampa por su supuesto comportamiento delictivo. Según el autor de «Una lección moral inolvidable»,

> Lucían una excéntrica apariencia. Largas melenas y pantalones estrechísimos los hombres; faldas extremadamente cortas las mujeres; todos con el cuello adornado con extraños collares y la mente repleta de ideas fantásticas, y por ende, carentes de todo sentido. (Echarry 1968: s.p)

Junto a ello, se describen las «características exigidas» para ser parte de estas «bandas» juveniles:

> Estar de acuerdo con practicar el para ellos «amor libre» –léase liberal– que les permitía mantener relaciones con cualquier miembro del grupo –en algunos casos se habló de actos bisexuales, «cuadros», etcétera–. Aceptar la prohibición de andar con gente ajena al grupo –(como adicional hay que decir que muchos no se bañaban, lo que hacía que la apariencia fuera aún más deplorable). (Echarry 1968: s.p)

Se articula un discurso biopolítico donde colindan comportamiento sexual y Revolución. Las fotos de jóvenes con poses afeminadas junto a portadas de revistas norteamericanas hablan de esta perversa interrelación, fomentada con el ánimo de hacer confluir lo sexual y lo político, lo que garantizaba un área común de satanización. Las revistas *Mella* y *Verde Olivo* protagonizarían estos continuos ataques a los homosexuales[27].

---

[27] «Matamos dos páginas de un tiro» reza el título de una historieta publicada en *Mella* («pájaro», en Cuba, es el homosexual afeminado), donde se ridiculiza la figura del homosexual: «Tal como lo prometimos la semana anterior, en esta edición matamos dos páginas de un tiro […]» (*Mella* 1965: 4-5). Se narra después

«Vida y milagros de Florito Volandero», en *Mella*, es una historieta particularmente interesante. Florito es parte de un grupo de intelectuales que se autocalifican de «más sensibles y emotivos» que el resto (Martínez 1965: 20-21)[28]. Al sentirse incomprendido por el mundo, «Florito se rehacía... sonreía de nuevo... y escribía un poema revolucionario para *Ediciones La Fuente*» (1965: 20; énfasis mío). Obviamente, la referencia no pasa desapercibida para el lector informado. Obsérvese que la fecha de publicación es el 24 de mayo de 1965, el año en que El Puente dejan de existir. La historia de Florito culmina con su éxodo a los Estados Unidos, adonde escapa a los brazos del forzudo Johnny, a quien reclama protección porque es «perseguido por los comunistas» (1965: 21)[29].

Dos líneas llaman la atención. La primera, del narrador: «Porque hay que tener en cuenta que Florito era "revolucionario"» (1965: 20); la segunda, en voz del propio Florito: «Porque yo tendré mis debilidades, pero soy muy marxista...» (1965: 20). Con asombrosa exactitud, el cómic refleja la triste realidad de aquellos tiempos, y en particular de las Ediciones El Puente. En efecto, los puentistas no se consideraban ajenos al momento. Eran los otros –heteronormativos, machistas–, quienes decidían que no se merecían un espacio dentro de la Revolución. La historieta refleja el trágico dilema de una generación que,

---

como Perico Espasa es contratado «por ese pelo tan lindo» que tenía, a lo que sigue la moraleja: «Que eso ocurriera en la sociedad que refleja este libro, nada tiene de extraño. Pero que los Perico Espasa puedan anidar en la nuestra, vamos, hombre, no hay derecho. Por eso invertimos estas dos páginas en advertir lo dañino que resultaría a nuestra juventud, y en síntesis, a nuestra sociedad, que se forme la mentalidad de que, para llegar a determinados sectores del saber, la profesión u oficio, es necesario ser un Perico Espasa [...]» (4-5).

[28] Entre 1964 y 1965 aparecieron en el semanario *Mella* una serie de historietas satíricas, muchas de ellas expresamente centradas en el tema homosexual, realizadas por su director artístico, Virgilio Martínez. «Vida y milagros de Florito Volandero», del 24 de mayo de 1965, es una de ellas.

[29] La historieta está reproducida en los anexos de Alfonso: 2007 y Alfonso: 2016. Véase también Guerra, 2012: 250-1.

como Florito, se vio obligada a marcharse. Algunos, sin embargo, lograron quedarse; los casos y causas varían. Pero me atrevería a decir que pocos estuvieron a salvo del escarnio y el rechazo institucional por no ser parte del imaginario de hombre nuevo que se buscaba instaurar[30].

Los factores de género en el contexto de la desaparición de El Puente abarcan otro espectro que ha sido eludido por la escasa crítica que se ha ocupado de las Ediciones: el machismo interno y externo a este proyecto editorial. Se implementó, al igual que con respecto a la raza, una campaña igualitaria reivindicativa de las mujeres, aunque supeditada a la prioridad fundamental de la Revolución, asegurar su propia supervivencia (Luciak 2009: 16). El nuevo orden concedía un lugar fundamental a la dignificación de la mujer como parte integral de la nueva sociedad, dentro de la complejidad política del momento. Junto a ello, hay que considerar que las mujeres habían tenido una participación activa y crucial en la lucha contra Fulgencio Batista y que se sentían, por eso, parte de la Revolución. Por lo general, fue palpable un avance exponencial en cuanto a su posibilidad de profesionalización dentro de la Cuba post-59. No obstante, el Código de la Familia, que incluyó leyes de protección a la mujer, no apareció hasta 1975, y los roles de género basados en una concepción machista seguirían predominando. Como en el caso del racismo, el machismo podía ser combatido con decretos, pero no podía erradicarse tan fácilmente de las mentes, incluso de los recién emergidos «hombres nuevos».

---

[30] Dice Miguel Barnet: «Todos éramos defensores de Rimbaud, de Lezama, de Calderón, de Boscán y Garcilaso. Eso era visto por algunos como una actitud diversionista. Se imponía el coloquialismo. Algunos de ellos se volvieron los más dogmáticos y después los más disidentes. Los de *El Caimán*. Luis Rogelio Nogueras era amigo mío pero también se burlaba de nosotros. Guillermo Rodríguez Rivera… Para ellos todos éramos maricones. Y tortilleras. Pero con un talento del carajo» (en Alfonso 2016: 186).

La propia Simo comenta al respecto que aunque en su época dorada[31] El Puente había sido una tribu de adolescentes «queer» bastante indiferenciada en cuanto a género, esto cambiaría luego; El Puente comenzó a masculinizarse, al ser hombres casi todos los autores reclutados por José Mario, algunos de ellos heterosexuales (en Alfonso 2016: 236). Y si dentro de las propias Ediciones podían tomar forma estas tendencias, no sorprende que el machismo alimentara los ataque misóginos y homófobos de sus detractores.

El caso de Jesús Díaz es paradigmático, pues fue quien orquestó con mayor eficacia y énfasis la satanización de El Puente. Su machismo resulta evidente no sólo en la forma paternalista, derogatoria y condescendiente con que trató a Simo en el debate de *La Gaceta*, sino también en un recuento reciente de aquellos años, en entrevista concedida a Liliana Martínez Pérez, donde comenta como «jugaba con los lumpens de La Habana, profesionales, tipos que viven de eso. [...] estuviera yo con putas, estuviera bailando, lo que estuviera haciendo [...] en camino a casa [...] comía media ración de arroz frito especial y [se] iba a dormir» (en Martínez Pérez 2006: 76).

El tono de los comentarios anteriores entronca con otros de evidente sesgo machista, dirigidos a Simo. Por ejemplo: «¿Dónde reside la corresponsabilidad de Ana María Simo? Evidentemente es corresponsabilidad en el error, el silencio y la debilidad ideológica, ya que no pudo serlo en la dirección efectiva de la Editorial» (Díaz 1966b: 4). Acostumbrado a disminuir en importancia a la mujer, no podría acaso concebir que fuera una mujer gay de su propia generación quien estuviera a la cabeza (junto a un homosexual, José Mario) de un proyecto editorial de la envergadura de El Puente. Ahora bien, no es suficiente delimitar las estrategias de segregación sexual a proyecciones homófobas: aun un grupo «queer», como califica Simo a El Puente, había empezado a masculinizarse puertas adentro. Y en el

---

[31] Que terminaría con su encarcelamiento en enero de 1964 (Alfonso 2016: 235).

universo exterior a la editorial, donde el hombre nuevo protagonizaba ocupaciones «viriles» como «la artillería y los cañones antiaéreos», la mujer quedaba todavía más relegada a una posición periférica[32].

No obstante, no hay que perder de vista que fue, paradójicamente, en el contexto de la Revolución que un proyecto como El Puente pudo ser concebido, y que gracias a ella se validó un paradigma de la mujer que la veía capaz de ocupar posiciones de poder junto al hombre. Simo se refiere a ello en su entrevista, donde explica que fue la Revolución la que propició su trabajo editorial y la posibilidad de publicar un considerable corpus de textos escritos por mujeres, aun cuando la nueva bota «revolucionaria» pondría muy pronto a cada cual en su lugar, un lugar que no estaba, en palabras de Simo, muy lejos del lugar que les había asignado la vieja sociedad. No hubiera sido más fácil, ni tan siquiera posible, ser directora de El Puente, antes de 1959 (en Alfonso 2016: 240).

Derribando las barreras etnosexuales

Al explorar los vínculos entre etnicidad y sexualidad, Joane Nagel sostiene que las fronteras étnicas son también constructos sociales y performativos, manipulables y manipulados, muchas veces en conjunción con el aspecto sexual, para crear normas de aceptabilidad que conforman identidades nacionales, comunitarias, etcétera. La frontera etnosexual, que es como denomina esta función, es «vigilada y supervisada, patrullada y custodiada, regulada y restringida por individuos que forjan lazos sexuales con un otro étnico» (Nagel 2000: 113). De modo que las fronteras etnosexuales son zonas segmentadas de poder que refuerzan y privilegian ciertas áreas (y no otras) de las categorías etnosexuales, entre las cuales el hombre blanco heterosexual ocupa

---

[32] Responde Díaz a Simo en la mencionada polémica: «Es cierto que durante la Crisis de Octubre no pude entregarme al peligro de una profunda reflexión generacional: estaba dirigiendo una batería de cañones antiaéreos» (Díaz 1966b: 4).

un lugar hegemónico. Se trata de demarcaciones que se originan para reforzar las estructuras heteronormativas que han sustentado las identidades nacionales (Nagel 2000: 122).

Los autores de El Puente, tanto por sus múltiples referencias a lo afrocubano como por la mayoritaria presencia negra y homosexual entre sus miembros, se constituyeron, acaso sin saberlo, en una amenaza a la estabilidad de ciertas demarcaciones etnosexuales implementadas por el nuevo discurso fundacional, tales como la politización machista de la homofobia y un latente pensamiento racista. Ni la homosexualidad como práctica sexual/textual ni una «excesiva» recreación de lo afrocubano se concebían como aspectos integradores de la nueva agenda nacional; resultaban alternativas aparentemente perjudiciales a un poder mayoritariamente blanco y heteronormativo. La homogeneidad ideológica se había convertido en prioridad, obliterando, en muchos casos, la riqueza y la pluralidad necesarias para una real maduración y consolidación del proyecto de nación.

Por eso, aunque con el triunfo revolucionario se vehicula un pensamiento que propone la dislocación de algunas áreas de estas fronteras etnosexuales –se promulga la erradicación de la discriminación racial y de la discriminación hacia la mujer–, continúan a su vez perpetuándose (consciente o inconscientemente) las barreras de una mentalidad racista, homófoba y machista. El hombre nuevo se asociaba no sólo a la noción de hombre heterosexual sino al heterosexual desbordante de virilidad, en el caso masculino, y ateo. En el caso del hombre nuevo afrocubano se esperaba, por supuesto, que renunciara a su herencia religiosa africana. Por demás, ni el machismo ni la homofobia eran condenables dentro del nuevo modelo.

La campaña antirracista, por su parte, no contó con una agenda homogénea. Sus dos puntos más débiles parecen haber sido, primero, el silencio sobre el tema racial ante la presunta erradicación del racismo hacia 1962; y el segundo, la persistente –e ineficaz, por cierto– labor de erradicación del componente mítico-religioso del afrocubanismo, considerado como un «rezago del pasado». A la celebración de la variedad racial e ideológica en toda su extensión se opuso, ya desde los primeros años de la década de los sesenta, la predilección por una homogeneidad, no racial, pero sí étnico-social y de género. Ésta era asegurada a través de mecanismos como la estigmatización y demonización de las prácticas rituales de las religiones afrocubanas y a través de la satanización del homosexual a nivel institucional.

No puede subestimarse el impacto que criterios homófobos, machistas y masculinizantes –algunos fosilizados; otros reciclados en el nuevo imaginario colectivo– tuvieron en el truncamiento de este primer intento integrador conformado por El Puente, un grupo que implícitamente sugería la disolución de las viejas fronteras sexuales de la colonia y la república. En su lugar ganaron terreno políticas oficialistas que, implementando un viejo pensamiento viril y autoritario, dieron lugar a la institucionalización de políticas en explícita violación de los derechos humanos en cuanto a lo sexual, lo religioso y lo político, y que condujeron a hechos tan desafortunados como la implementación de las UMAP, la prohibición de publicar a escritores homosexuales o, anterior a todo esto, la prematura desaparición de El Puente.

Conclusiones

Iconoclastas y experimentales, los jóvenes revolucionarios agrupados alrededor de las Ediciones se quedarían sin poder cruzar su propio Puente. Los enfrentamientos entre promociones y generaciones literarias, las polémicas estéticas –donde se manipulaban oportunistamente los códigos estéticos del «compromiso»– combinadas con ataques personales, las tensiones raciales y de género y el carácter autónomo de la editorial condujeron al cierre de la editorial. Algunos factores quizás tuvieran más peso que otro (¿homofobia?); pero en general, ni la desaparición del proyecto ni la exclusión del grupo del canon literario cubano son explicables por ninguno de ellos de forma independiente, puesto que se trató de un proceso inserto en dinámicas muchas veces contradictorias.

De la mano de la homofobia, el machismo y la misoginia vendría la negociación de un nuevo espacio para la mujer. A la par con la satanización del imaginario afro-religioso emergería una agenda de reivindicación social del hombre negro. No puede decirse que El Puente desapareció dado el racismo prevaleciente, puesto que en estos años se implementó un genuino esfuerzo por la eliminación de las barretas raciales. Incluso, deben matizarse las generalizaciones que achaquen a cuestiones de género la muerte de la editorial. Su propia directora, Ana María Simo, reconoció que antes de 1959 habría sido imposible que ella fuera directora de un proyecto semejante, que habría sido entonces inconcebible. Fue en el quinquenio siguiente que dichas dinámicas se simplificaron, resultando de ello la implementación de un canon estático reduccionista, heteronormativo y homogéneo, no inclusivo de la riqueza de los procesos literarios y culturales que habían tenido lugar en estos primeros años.

Curiosamente, los escritores de Orígenes, a quienes los puentistas tuvieron como referente obligado –ya fuera para negarlo o para reconocer su deuda hacia ellos–, habían sido ya víctimas de similar exclusión, acusados de torremarfilismo, de estar de espaldas a la realidad y de otras «liviandades». En 1966, un año después de la desaparición de El Puente, *Paradiso* sería retirado de las librerías y Lezama tendría que esperar hasta los años ochenta para ser «rehabilitado». Dar voz a los puentistas es lo menos que puede hacerse para enmendar los onerosos silencios de una rígida historia oficial. También Ediciones El Puente merece, como Orígenes, su propio lugar dentro de la historia literaria cubana.

Bibliografía

Aa.Vv. (1966): «Nos pronunciamos». En *El Caimán barbudo* 1: 11.
Adorno, Theodor (1971): *Teoría estética*. Madrid: Taurus.
Alfonso, María Isabel (2005): «Cruzando El Puente en las encrucijadas de la historia». En *La Gaceta de Cuba* 4: 8-9.

— (2006): «Un puente, un gran puente…». En *La Habana Elegante* 10 (otoño-invierno): <http://www.habanaelegante.com/Fall-Winter2002/BarcoAmellRiveroAlfonsoMiskulin.html>.

— (2012): «Ediciones El Puente y dinámicas raciales de los años 60: un capítulo olvidado de la historia literaria cubana». En *Temas* 70: 110-118.

— (2016): *Ediciones El Puente y los vacíos del canon literario revolucionario cubano. Dinámicas culturales posrevolucionarias*. Xalapa: Ediciones Universidad Veracruzana.

ANÓNIMO (1965): «Matamos dos páginas de un tiro». En *Mella*, 3 de junio: 4-5.

BARQUET, Jesús (2011). *Ediciones El Puente en La Habana de los años 60. Lecturas críticas y libros de poesía*. Chihuahua: Ediciones del Azar.

BEJEL, Emilio (2001): *Gay Cuban nation*. Chicago: The University of Chicago Press.

CARBONELL, Walterio (1961): *Cómo surgió la cultura nacional*. La Habana: Yaka.

CASTELLANOS, Ernesto Juan (2008): «El diversionismo ideológico del rock, la moda y los enfermitos». Conferencia en el Centro Teórico Cultural Criterios, como parte del ciclo titulado «La política cultural del período revolucionario: memoria y reflexión», 31 de octubre. En línea en <https://studylib.es/doc/5939308/el-diversionismo-ideológico-del-rock--la-moda-y-los>.

CASTRO, Fidel (1963): «Discurso en la clausura del acto para conmemorar el VI aniversario del asalto al Palacio Presidencial, celebrado en la escalinata de la Universidad de La Habana, el 13 de marzo». En *Cuba.cu*: <http://www.cuba.cu/gobierno/discursos/1963/esp/f130363e.html>.

DÍAZ, Jesús (1966a): «Encuesta generacional». En *La Gaceta* 50: 9.

— (1966b): «Encuesta generacional III. Jesús Díaz responde a Ana María Simo. El último puente». En *La Gaceta* 52: 4.

— (2000): «El fin de otra ilusión. A propósito de la quiebra de *El Caimán Barbudo* y la clausura de *Pensamiento Crítico*». En *Encuentro de la Cultura Cubana* 16-17: 106-119.

DÍAZ TRIANA, Francisco (1965): «Te veremos mañana». En Mario, José (ed.): *Segunda Novísima de Poesía*. La Habana: Ediciones El Puente [inédito].

ECHARRY (1968): «Una lección moral inolvidable». En *Juventud Rebelde*, Octubre 12: s.p.

FUENTE, Alejandro de la (2000): *Una nación para todos : raza, desigualdad y política en Cuba, 1900-2000*. Madrid: Colibrí.

FULLEDA LEÓN, Gerardo (1965): En Mario, José (ed.): *Segunda Novísima de Poesía*. La Habana: Ediciones El Puente [inédito].

— (2005): «Aquella luz de La Habana».En *La Gaceta de Cuba* 4: 4-6.

GARCÍA BUCHACA, Edith (1961): *La teoría de la superestructura, la literatura y el arte*. La Habana: Consejo Nacional de Cultura.

GARCÍA RAMOS, Reinaldo & SIMO, Ana María (eds.) (1962): *Novísima poesía cubana I*. La Habana: Ediciones El Puente.

GRANADOS, Manuel (1962): *El orden presentido*. La Habana: Ediciones El Puente.

GUEVARA, Ernesto (1971): *El socialismo y el hombre en Cuba*. México D.F: Grijalbo.

GUERRA, Lillian (2012): *Visions of Power in Cuba: Revolution, Redemption, and Resistance, 1959-1971*. Chapel Hill: University of North Carolina Press.

HERNÁNDEZ, Eugenio (2005): «Somos personajes. Entrevista de Zoila Sablón a Eugenio Hernández Espinosa». En *La Jiribilla*: <http://www.lajiribilla.co.cu/2005/n205_04/proscenio.html>.

JANE, Enrique (1965): «El mundo de los diferentes». En *Mella* 340: 7-8.

LEZAMA LIMA, José (1949): «Señales. La otra desintegración». En *Orígenes* 21: 60.

LUCIAK, Ilja A (2009): *Gender and Democracy in Cuba*. Florida: University Press of Florida.

MARTÍNEZ FURÉ, Rogelio (1963): *Poesía yoruba*. La Habana: Ediciones El Puente.

MARTÍNEZ PÉREZ, Liliana (2006): *Los hijos de Saturno. Intelectuales y revolución en Cuba*. México, D.F.: Facultad Latinoamericana de Ciencias Sociales.

MARTÍNEZ, Virgilio (1965): «Vida y milagros de Florito Volandero». En *Mella*, 24 de mayo: 20-21.

MOREJÓN, Nancy (1962): *Mutismos*. La Habana: Ediciones El Puente.

— (1964): *Amor, ciudad atribuida*. La Habana: Ediciones El Puente.

NAGEL, Joane (2000): «Ethnicity and sexuality». En *Annual Review of Sociology* 26 (107): 133.

Portuondo, José Antonio (1979): *Itinerario estético de la Revolución Cubana*. La Habana: Letras Cubanas.
Rivero, Isel (1960): *La marcha de los hurones*. La Habana: Imprenta C.T.C. Revolucionaria.
Rodríguez, José Mario (ed.) (1965): *Segunda Novísima de Poesía*. La Habana: Ediciones El Puente [inédito].
— (1965): *No hablemos de la desesperación*. La Habana: Ediciones El Puente.
— (2000): *El grito y otros poemas. Antología poética*. Madrid: Betania.
— (2002): «Ese deseo permanente de libertad». En *La Habana Elegante* (otoño-invierno): <http://www.habanaelegante.com/FallWinter2002/BarcoRamosSerranoLago.html>.
Rodríguez Rivera, Guillermo (1965): En Mario, José (ed.): *Segunda Novísima de Poesía*. La Habana: Ediciones El Puente. (Inédito).
— (1984): *Ensayos voluntarios*. Ciudad de La Habana: Letras Cubanas.
— (2006): «Carta para volver a pasar El Puente». En *La Gaceta de Cuba* 1: 36-37.
Santana, Joaquín G. (1962): *Poemas en Santiago*. La Habana: Ediciones El Puente.
Sartre, Jean-Paul (1961): *Huracán sobre el azúcar*. Montevideo: Ediciones Uruguay.
— (1988): *What is Literature?* Harvard: Harvard University Press.
Serra, Ana (2007): *The New Man in Cuba. Culture and Identity in the Revolution*. Florida: University Press of Florida.
Simo, Ana María (1962): *Las fábulas*. La Habana: Ediciones El Puente.
— (1966): «Encuesta generacional II. Respuesta a Jesús Díaz». En *La Gaceta de Cuba* 51: 4.
Suardíaz, Luis & Chericián, David (eds.) (1984): *La Generación de los Años 50s*. La Habana: Letras Cubanas.
Vitier, Cintio (1945): «Virgilio Piñera: poesía y prosa». En *Orígenes* 5: 47.
Zurbano, Roberto (2005): «Re-pasar El Puente». En *La Gaceta de Cuba* 4: 2-3.
— (2006): «El triángulo invisible del siglo xx cubano: raza, literatura y nación». En *Temas* 46: 111-123.

Ruina, realidad, Exterioridad
Contradicciones y paradojas del (neo)origenismo en Antonio José Ponte y Fina García Marruz

Aída Beaupied | *Chestnut Hill College*

Entre las críticas que a través de los años se les ha venido haciendo a los escritores asociados a la revista literaria *Orígenes* (1944-1956), la más reiterada es también la más paradójica: su incapacidad para confrontar la realidad circundante. Esa pertinaz crítica surge temprano y desde dentro con la protesta de Virgilio Piñera en mayo de 1944: «*Orígenes* tiene que llenarse de realidad, y lo que es aún más importante y dramático: hacer real nuestra realidad»[1]. En agosto de ese mismo año, desde las páginas de la *Gaceta del Caribe*, Juan Marinello contrasta la literatura progresista de los miembros de su propia generación, *Avance*, con la regresiva de los origenistas, que según él dan la espalda a «la realidad dura y hermosísima [que] llama a nuestras puertas» (2005: 84)[2]. A partir de las «Palabras a los intelectuales», que en 1961 delimitaron las fronteras culturales de la Cuba

---

[1] Véase Lezama Lima 1998: 745. El comentario proviene de la carta de Virgilio Piñera con fecha del 19 de mayo de 1944, enviada a Lezama Lima desde Buenos Aires.

[2] La cita proviene un artículo cuya homofobia se sugiere ya desde el título: «La vereda desusada y las vías naturales». Marinello lo publicó en agosto de 1944 en la *Gaceta de Cuba* y Gastón Baquero le respondió casi inmediatamente en artículos que han sido reeditados por Amauri Francisco Gutiérrez Coto en *Polémica literaria entre Gastón Baquero y Juan Marinello (1944)*. La distinción que hago entre *literatura progresista* de *Avance* y la *regresiva* de los origenistas fue definida por Gutiérrez Coto cuando alude en su prólogo a «una literatura de

revolucionaria, el recrudecimiento y multiplicación de las acusaciones contra los origenistas fue en aumento, al estimarse que sus valores y creencias –elitismo, esteticismo, apoliticismo, republicanismo, catolicismo– eran contrarios a los que requería la recién inaugurada era revolucionaria.

Las persistentes censuras de los críticos son también paradójicas porque sus señalamientos contienen una ceguera: lo que ellos perciben como la falta de realidad de los origenistas delata un punto ciego que les impide, si no valorar, al menos reconocer la tremenda importancia que los origenistas conceden a la realidad. La paradoja se duplica por el hecho de que dicha ceguera crítica reaparece incluso entre los escritores que en fechas recientes asumieron el papel de defensores de los origenistas[3]. Esta doble paradoja puede ser explorada si se contrasta lo que nos dicen sobre la realidad ciertos textos críticos y poéticos de Antonio José Ponte y los de uno de los miembros de *Orígenes* a quienes Ponte reprocha, precisamente, su actitud ante la realidad: Fina García Marruz. En lo que sigue me ocuparé, en concreto, de la lectura crítica sobre la realidad de Orígenes que hace Ponte en *El libro perdido de los origenistas* (2004), en contraste con lo que García Marruz deja dicho sobre la realidad en su ensayo «Lo Exterior en la poesía» (1947), para concluir con un breve estudio comparativo sobre las muy diversas ideas de la realidad que encontramos en una selección de poemas de ambos autores.

---

regreso, perteneciente al grupo Orígenes, en contraposición con una literatura del progreso, la propia de la generación de Avance» (25).

[3] Otro tipo de aporías y contradicciones entre los defensores de los origenistas ha sido estudiado por James Buckwalter-Arias, quien analiza discursos de rescate surgidos a partir de la década de los noventa en obras de tres escritores neo-origenistas: Senel Paz, *El lobo, el bosque y el hombre nuevo* (1990); Jesús Díaz, *Las palabras perdidas* (1992); y Antonio José Ponte, *El libro perdido de los origenistas* (2002). Las contradicciones señaladas por Buckwalter-Arias se deben en parte a que los tres escritores asumen una actitud crítica hacia la meta-narrativa del totalitarismo pro-soviético que tanto oprimiera a los origenistas sin ver que ellos reproducen una meta-narrativa «liberal y post-socialista [que] es también teleológica» (2005: 64).

Aun cuando a partir de 1959 un notable número de los reproches contra Orígenes están motivados por las frecuentemente cambiantes posturas políticas de los acusadores, no todas se focalizan en razones políticas. En 1978, otro miembro del grupo, Lorenzo García Vega, describe *Los años de Orígenes* como una época y un grupo de escritores plagados de *mentiras, tapujos, tabúes* y un tóxico aferramiento al *mito familiar*. El hilo que enlaza el aluvión de críticas emitidas por García Vega es, precisamente, su censura de ese origenista modo de dar la espalda a la realidad circundante. Por ejemplo, cuando García Vega se burla de Rialta, «la madre diosa lezameana» de *Paradiso* (1978: 248), lo que está criticando es lo poco de realidad que hay en esa idealizada versión de la madre cubana. Y es indiferencia origenista ante la realidad lo que García Vega critica cuando alude a las «*ingenuas* escenas familiares de Eliseo Diego y Fina García Marruz» (1978: 248; énfasis mío).

Subrayo el adjetivo «ingenuas» en su frase para llamar la atención sobre una trayectoria que va de las censuras de García Vega hasta los juicios que hace Antonio José Ponte, veintiséis años más tarde, en *El libro perdido de los origenistas*. Y es que a pesar de que la motivación central de Ponte es su deseo de rehabilitar a los origenistas para la historia cultural cubana, su rescate no sólo repite el condescendiente término empleado por García Vega, sino que reitera la trillada noción de que los origenistas viven de espaldas a la realidad de la Cuba idealizada en sus obras:

> Que pueda ser *ingenua* la poesía podemos encontrarlo, dentro del grupo Orígenes, en poemarios de Eliseo Diego, Fina García Marruz, Octavio Smith, del propio Cintio Vitier o en los capítulos primeros de la novela *Paradiso*. Es el *sueño* origenista: los *sublimados* primeros años de la República. Diego, García Marruz y Smith tienen líneas de poemas para el mimbre del que tejieron los muebles familiares de sus quintas y casas. (Ponte 2004: 57; énfasis mío)

Algo más que llama la atención en las palabras de Ponte es su postura crítica ante el importante tema de la nostalgia; una añoranza que –por lo que hay en ella de ingenuidad, sueño y sublimación– alude una vez más a la desconexión originista de la realidad. Debido a la importancia del tema en las letras cubanas, será bueno comenzar nuestra aproximación al tratamiento de la realidad en las obras de estos escritores partiendo de unos breves comentarios sobre la añoranza, en particular la que se expresa mediante imágenes de ruina.

Orígenes y el concepto de las ruinas de Antonio José Ponte

La añoranza, desde siempre amigada con la poesía, ha sido un motivo recurrente en la literatura cubana, sobre todo la que comunica imágenes de Cuba como tiempo y lugar irrecuperables. Baste mencionar la nostalgia por la tierra y las palmas que José María Heredia evocara ante el Niágara, o la que las costas de la lejana isla provocaron en Gertrudis Gómez de Avellaneda en «Al partir», o los recuerdos de la ciudad inasequible para el «infante difunto» que fuera Guillermo Cabrera Infante: La Habana aparece, en todos los casos, como memoria y pérdida, que en fechas más recientes se representa a través de imágenes de ruina. Independientemente de lo poco o lo mucho que esos espacios se hayan transformado en el tiempo, con frecuencia las memorias evocadas por los escritores de dentro y fuera de Cuba se expresan mediante *signos* que aspiran a comunicar experiencias que no por perdidas dejan de ser inteligibles; empleo aquí el término *signo* atendiendo a la distinción jungiana entre *signo* y *símbolo*. Para Carl G. Jung el signo representa lo que fluctúa entre lo conocido y lo potencialmente cognoscible, en tanto que el *símbolo* no aspira a entender ni traducir, sino a sugerir lo que por fuerza escapa de toda representación[4]. Gabriel Marcel establece una distinción afín a ésta cuando describe las diferencias entre *lo problemático* y *lo misterioso*:

---

[4] Joseph Campbell resume así el alcance de ambos términos: «C.G. Jung, in many passages, has drawn a distinction between the terms "sign" and "symbol," as he employs them. The first, the sign, is a reference to some concept or object, definitely known: the second, the symbol, is the best possible figure by which

El problema es algo que se encuentra, que obstaculiza el camino. Se halla enteramente ante mí. Al contrario, el misterio es algo en lo que me encuentro comprometido, cuya esencia consiste, por consiguiente, en no estar enteramente en mí. Es como si en esta zona la distinción entre lo *en mí* y lo *ante mí* perdiera su significación. (2003: 93)

La idea de lo problemático para Marcel puede también ser descrita como *enigma*, y en específico como un enigma que puede o no ser resuelto por las actividades del intelecto. Incluso lo que el intelecto no puede conocer, *lo incognoscible*, cae según él dentro de los límites de lo problemático por tratarse de una actividad intelectiva. En cambio, lo misterioso no involucra el intelecto sino la *intuición*, y sólo a través de ella puede ser aprehendido. En otras palabras, para Marcel es la intuición, no el intelecto, la vía de acercamiento a la zona espiritual de lo misterioso[5].

Estas distinciones sirven para acercarnos a obras de Antonio José Ponte en las que encontramos la representación de algo añorado, perdido para siempre o incomprensible al extremo de resultar fantástico. Frecuentemente sus textos, incluso los que nos remontan a tiempos y espacios diversos, invitan a considerar la situación de quienes habitan un tiempo y lugar específicos que no pocas veces

---

allusion may be made to something relatively unknown. The symbol does not aim at being a reproduction, nor can its meaning be more adequately or lucidly rendered in other terms. Indeed, when a symbol is allegorically translated and the unknown factor in its reference rejected, it is dead» (2002: 99).

[5] «Toda confusión entre el misterio y lo incognoscible debe ser cuidadosamente evitada: lo incognoscible no es, en efecto, más que un límite de lo problemático que no puede ser actualizado sin contradicción. Por el contrario, el reconocimiento del misterio es un acto esencialmente positivo del espíritu, el acto positivo por excelencia y en función del cual quizás se defina rigurosamente toda positividad. Todo parece ocurrir aquí como si yo disfrutara de una *intuición* que poseo sin saber inmediatamente que la poseo, una *intuición* que no podría ser propiamente hablando, para sí, pero que no se aprehende a sí misma sino a través de los modos de experiencia sobre los cuales se refleja y que ella misma ilumina mediante esa reflexión» (Marcel 2003: 109; énfasis mío).

remite a La Habana en ruinas del Período Especial. En su estudio sobre el tratamiento de las ruinas en la Cuba post-soviética, Vicky Unruh comenta la afinidad que ella encuentra entre las ideas de Walter Benjamin sobre el devenir histórico como proceso creador de ruinas y la actitud «contra-nostálgica» asumida por Ponte. Unruh nota que, a lo largo de su prolífica obra –en ensayos, poemas, cuentos, novelas, y en el documental *Habana: Arte nuevo de hacer ruinas* (2006, dirigido por Florian Borchmeyer)– Ponte critica el modo en que las ruinas habaneras han sido empleadas como imágenes *fosilizadas* en servicio de diversas agendas políticas y culturales. Unruh suma su voz a la de Ponte para notar que se trata de una fosilización que les niega a esas ruinas su dinámico papel histórico de estructuras cuyo proceso de descomposición afecta las vidas de millones de personas (2009: 198)[6].

Acaso Ponte sea el escritor cubano que más ha insistido en usar imágenes de ruina para describir la devastación en la que ha quedado Cuba a partir de la caída del muro de Berlín. Aun cuando a veces sus referentes son abstractos o, como se verá enseguida, intencionalmente *falsos*, una buena parte de las imágenes de ruina que encontramos en sus textos evocan una experiencia similar al derrumbamiento de la «gran utopía», tantas veces mencionada por los escritores cubanos que publican a partir de 1989. Ese persistente motivo de la ruina ha sido también estudiado por Ivette Gómez, quien analiza cómo Ponte lo emplea para denunciar la táctica de los ideólogos del Estado cuando cambian la historia empleando signos *falsos* que no proceden de sus

---

[6] «A concept of ruination as process showcases the unfolding of history, as in Walter Benjamin's widely cited metaphor of the angel of history, propelled toward the future debris of the past [...] For Cuba, this conception of ruins undercuts stereotypes of a society supposedly frozen in time. Ponte, too, questions this image when he notes its profound "disadvantage of denying a life history to millions of individuals"» (Unruh 2009: 190).

referentes sino que los preceden hasta desaparecerlos[7]. Hay ciertamente un impulso desmitificador en el modo en que Ponte «elabora las ruinas habaneras finiseculares como simulacros depositarios de una memoria falsa que deja poco lugar para la práctica de una nostalgia que restaure o idealice el pasado» (Gómez 2010: en línea). No obstante, también es cierto que su esfuerzo por desmantelar las ruinas falsas del discurso estatal delata un deseo implícito de afirmar otra memoria que, oponiéndose a la falsa que fosiliza, se afirma como inteligible y verdadera. El resultado es una inevitable contradicción: su esfuerzo por suplantar la memoria falsa está igualmente marcado por el pasado –memoria, imágenes, discursos, conocimiento– que matiza, también fosilizándolas, las ruinas percibidas.

En consonancia con las imágenes de ruina que apuntan a la realidad como *problema* descifrable pero no por ello inmune a contradicciones o paradojas, en las obras de Ponte encontramos imágenes de ruinas construidas por signos que nos acercan a un universo enigmático, donde el entretejimiento de realidad y literatura es posible gracias a la imaginación poética. Véase el siguiente fragmento de uno de los ensayos de *El libro perdido de los origenistas*, titulado «Una ciudad para Lezama Lima»:

> En un poema de Baudelaire el hombre vaga por un bosque de símbolos, en otros por las calles de una metrópoli moderna. Al bosque pudo acarrearle el idioma de los pájaros o lo que dice un gato al cruzarse en el camino [...] Del lenguaje de las ciudades, inevitables bosques nuestros, el hombre entrevé algo, inventa un poco. Hacemos y habitamos ciudades simbólicas. (2004: 64)

---

[7] En un ensayo que se centra en «Un arte de hacer ruinas», uno de los cuentos recogidos en la antología homónima de Ponte (2005), Gómez se sirve de las ideas de Baudrillard para estudiar el papel del *simulacro* de la ruina en las obras de Ponte. Sin ignorar la presencia de «lo melancólico» en sus textos, Gómez resalta en ellos la crítica acerba a «la política de la nostalgia practicada por un Estado que insiste en hacer de las ruinas de la capital cubana recordatorios de antiguas batallas».

Cuando Ponte nos recuerda que «hacemos y habitamos ciudades simbólicas», ¿hay enigma o hay misterio en su aserción? Si hay enigma, ello quiere decir que ese *algo* que *el hombre entrevé* pertenece al orden de lo inteligible, aun cuando su destino sea la incomprensión tantas veces poetizada como silencio. En cambio, para que hubiera misterio aquí, el *algo* tendría que corresponder con lo que pensadores como Vladimir Jankélévitch y Emmanuel Levinas —incluyendo a origenistas como Lezama Lima y García Marruz— perciben como lo «absolutamente otro».

Lo que hay de contra-nostalgia en los esfuerzos de Ponte no impide que en *El libro perdido* volvamos a encontrar la añoranza, expresada aquí en imágenes que nos invitan a participar del *enigma* que hace posible el entrecruzamiento entre las calles habaneras y las de *Paradiso* (2004: 75). Insisto en llamarlo un entrecruzamiento enigmático y no misterioso porque incluso cuando Ponte nos recuerda que hacemos y habitamos ciudades simbólicas, ese cohabitar de vida y literatura no sugiere el *misterio* de una experiencia *no* condicionada por memoria o experiencia previa[8]. En otras palabras, aun cuando esa *triangulación* o entrecruzamiento entre vida y literatura es posible gracias a su imaginación poética[9], aquí *no* estamos, como tantas veces en *Paradiso*, ante el tipo de experiencia imaginativa que explícitamente

---

[8] «Creativity, reality, God, or what you will, must be a state of mind in which there is no repetition, in which there is no continuity through memory as we know it. God or truth, must be totally new, un-experienced before —something which is not the product of memory, of knowledge, of experience... Reality must surely be something unimagined, unexpressed, totally new; and the mind which would discover such a reality must be unconditioned so that it is truly individual» (Krishnamurti 1955: en línea).

[9] Empleo la palabra «triangulación» en referencia a los comentarios de Ponte sobre «Triangulación de Matanzas», la tesis del coronel José Eugenio Cemí en *Paradiso* (véase «Una ciudad para Lezama Lima» en Ponte 2004: 63-75). Una versión anterior aparece en Ponte 2001: 25-33.

le cede a la Gracia o a la Poesía el crédito de un *súbito*[10] encuentro con lo misterioso.

Esta distinción da pie para una lectura comparativa entre la manera en que Ponte regresa al viejo tema de la añoranza de lo cubano y el modo en que la trataron varios de los origenistas de los que se ocupa en su libro. La comparación nos confronta con una paradoja: la *injusticia* inocente, no malintencionada, que comete Ponte cuando escribe para hacerles *justicia* a los origenistas[11]. Y es que el deseo de justicia que lo mueve cuando denuncia los intentos

---

[10] Aludo aquí al término *súbito* según lo emplea Lezama Lima en «Preludio a las eras imaginarias» (1958), el primer ensayo de *La cantidad hechizada* (1970). En su reciente edición crítica de *La cantidad hechizada*, Leonor y Justo Ulloa muestran cómo el pensamiento poético de Lezama se formula como esfuerzo por «menoscabar la importancia que se le ha atribuido a la causalidad, al continuo, a lo condicionado o en concatenación de nexos causales en los escritos de Aristóteles» (2015: 19). Añaden ambos críticos que en «Preludio» Lezama centra «su atención en el incondicionado poético» y, en particular, en lo que para él es la alegórica «batalla entre dos antagonistas igualmente representados: la causalidad y lo incondicionado» (2015: 19-21). En esa alegórica batalla, «lo incondicionado actúa sobre la causalidad por medio del *súbito*, azar o esclarecimiento sorpresivo e inesperado que rompe pero enriquece la lógica de los encadenamientos causales» (2015: 20-21). El término de Lezama, *súbito*, resulta afín a la idea tantas veces expresada por los poetas modernos de que un brevísimo instante de intuición poética es capaz de acercarnos a esa dimensión de lo misterioso que, como se verá más adelante, Fina García Marruz describe como «lo Exterior».

[11] Buckwalter-Arias describe esa paradoja como una aporía de la que Ponte está consciente cuando reconoce que su rescate de los origenistas «no va a ningún lado» por ser «una búsqueda de sentido condenada al fracaso» (2005: 63-64). Tiene razón Buckwalter-Arias al relacionar esa aporía con la encrucijada que experimentan neo-origenistas como Ponte, quienes escriben en la transición entre dos metanarrativas teleológicas: la post-soviética y la neoliberal (2005: 64). No obstante, soy de la opinión de que, independiente de las circunstancias históricas en que se lea a los origenistas, las aporías continuarán sucediéndose (y *no* de modos conscientes) siempre y cuando se siga subestimando lo que dicen los origenistas sobre la realidad. Una estimación adecuada de este importante concepto ayudaría mucho a ver que sus búsquedas de sentido no estaban condenadas al fracaso.

tardíos de los intelectuales oficialistas del Estado cubano, quienes intentan reescribir la historia cultural cada vez que celebran a los origenistas después de haberlos relegado por décadas, no previene a Ponte de cometer otra injusticia: asumir una posición de superioridad ante lo que, para él, es el modo *ingenuo* en que un buen número de origenistas percibe la realidad. Ya desde su título, *El libro perdido de los origenistas*, anuncia la misión de rescatar para la verdadera o *real* historia cultural del país una lectura justa de los colaboradores de *Orígenes*, una historia que podría perderse –del mismo modo en que los origenistas perdieron su merecido lugar en la historia oficial por tantos años– si los funcionarios oficiales se saliesen con la suya[12].

Aquí no estoy diciendo que en *El libro perdido*, en el cual la lucidez crítica confluye con una bella y sensible prosa poética, predomine el rechazo hacia los origenistas. Lo que me interesa es explorar la paradoja que se revela en el modo en que Ponte emplea el calificativo *ingenua* para describir, no un aspecto entre muchos otros, sino *el aspecto fundamental* de la visión del mundo de la mayoría de los escritores cuyo lugar en la historia cultural del país él aspira a rescatar. Quiero hacer énfasis en el hecho de que esta paradoja nos invita a llamar la atención sobre dos maneras muy distintas de percibir la realidad: una que correlaciona lo real con lo inteligible o potencialmente inteligible, y otra donde lo real o, en palabras de Fina García

---

[12] En su rescate Ponte emplea la imagen del *libro perdido* para conjurar los modos en que esa imagen fue empleada por los origenistas como recurso literario: «Por la misma época en que Piñera ofrenda al fuego un montón de poemas, Eliseo Diego hace que el mar borre lo inscripto en el *Libro de las Profecías*, José Lezama Lima introduce en el ciclón el único manuscrito de la *Súmula, nunca infusa*... Llegados a la consistencia de fantasmas, de muertos en vida (así llamó Piñera a su condición de escritor silenciado), la gente de Orígenes se encarga de hacer llegar el libro a lugar bien seguro [...] Como si de verdad se hubiesen reunido alrededor de una mesa redonda o el arreglo de una sala de cumpleaños pudiese convocarlos en imágenes para la discusión, los colaboradores de la revista desaparecida tantos años antes deciden llegado el tiempo de esconder el libro» (Ponte 2004: 172).

Marruz, «lo Exterior»[13], queda fuera del ámbito intelectual del sujeto, excepto por instantes de intuición. Estas dos perspectivas explican por qué, aun cuando en su libro Ponte logra rescatar a los origenistas para la Cuba histórica, su esfuerzo no evita relegar a la sombra de lo superfluo a «la Cuba secreta», cuyas intencionalmente ingenuas «metáforas del corazón» (según el decir de María Zambrano) tienen todavía mucho por revelar.

Tiene mucha razón Ponte cuando critica a Cintio Vitier por acusar a Virgilio Piñera de haber cambiado «la ingenua poesía por los infiernillos literarios» (Ponte 2004: 56). Y creo entenderlo bien cuando comenta que su propio sueño no comparte el «sueño o espejismo» de los origenistas sino las pesadillas de Virgilio (Ponte 2004: 59). No obstante, hay un punto ciego, una resistencia relacionada con el hecho de que Ponte no explora por qué su modo de emplear palabras como «ingenua» o «espejismo» es tan radicalmente incompatible con el sentido que daban los origenistas a esos mismos términos. Para ellos, como para otros poetas modernos, el espejismo asociado a la ingenuidad o la nostalgia de la infancia no es un modo de conjurar la realidad que aparenta existir independiente de la conciencia humana, sino otra inefable pero, para ellos, más verídica realidad. A su particular manera, también los origenistas que critica Ponte se sintieron alienados de la Cuba republicana, sólo que, en lugar de poner énfasis en lo asfixiante de su existir en ella, optaron por usarla como puente hacia otra perspectiva de la realidad que muchos poetas modernos perciben como recuerdo, aun cuando sepan que, en las palabras de María Zambrano, «la nostalgia de lo que nunca se ha tenido hace

---

[13] Gabriel Marcel expresa otra versión de «lo Exterior»: «El otro en cuanto a otro no existe para mí sino en la medida en que yo estoy abierto a él (o que él es un tú), pero yo no estoy abierto a él sino en la medida en que dejo de formar conmigo una especie de círculo en el interior del cual yo alojaría en cierto modo al otro o más bien su idea; ya que por la relación a este círculo el otro deviene idea del otro –y la idea del otro ya no es el otro en cuanto otro, es el otro en cuanto que relacionado conmigo, desmontado, desarticulado o en vías de desarticulación» (Marcel 2003: 99).

sentir cuando al fin se lo goza, como un volver a tenerlo [...] Y de ahí el espejismo que le ha hecho sentir al poeta moderno la nostalgia de su infancia, y que ha producido en muchos críticos o teorizantes la idea de que la poesía sea levadura de la infancia...» (1996: 87)[14].

A diferencia de ese particular modo de poetizar la nostalgia, el énfasis de Ponte al aludir a la «poesía ingenua» sugiere que esos origenistas poseían una percepción inmadura, cuando no ignorante, de la realidad. No obstante, en *El libro perdido* Ponte no dialoga explícitamente con las ideas sobre la realidad de los origenistas, lo cual me da pie para suponer que, en oposición a lo que describe como el «sueño o espejismo» de Orígenes, Ponte *aparenta* dar un voto tácito a favor de la idea de que los sentidos pueden informarnos sobre lo que *realmente* existe, voto éste que reaparece en su comentario de que los miembros de su generación han «caído en la lengua de Virgilio» (2004: 59) –precisamente, el poeta que tanto reprochó a los origenistas que «había que llenarse de realidad». Ponte resalta aquí la ingenuidad en las obras de esos origenistas al contrastarla con el realismo de Virgilio Piñera, quien, «en cambio, hace con ese mimbre la cuerda del pecado con que morimos en el poema *Las Furias* [...] [donde] abjura del mimbre como emblema del retrato de familia, de los mejores años que no fueron nunca y del aire de isla que respiramos. Con él el sueño origenista se convierte en pesadilla» (2004: 57).

Lo Exterior en el pensamiento de Fina García Marruz

La abundancia de estas críticas y rescates plagados de reservas ofrecen una oportunidad para explorar con más detenimiento dos modos de percibir la realidad que tácita o explícitamente recurren en las polémicas de los escritores cubanos. Algo que se verá al comentar las obras de Fina García Marruz es el hecho de que estos dos

---

[14] Acaso no esté de más recordar que Vitier alude al mito de la inocencia cuando describe la poesía de Baquero en *Lo cubano en la poesía* (1970: 495).

modos están íntimamente relacionados a la percepción de lo temporal, y en específico a dos formas muy diversas de percibir el paso del tiempo sobre las que, cada cual a su manera, llaman la atención los origenistas. En su ensayo, «*Orígenes* ante el Cincuentenario de la República», César A. Salgado cita a Lezama para hacernos notar dos modos de percibir el tiempo: el «tiempo-profundo-del-paisaje» y «el tiempo-aleve-de-la-circunstancia». Añade Salgado que «estas formas discrepantes de la temporalidad también eran convergentes [...] y tendrían que confluir cuando la densidad infundida al tiempo-del-paisaje a través del trabajo literario lograra penetrar y modificar la fatal historicidad de la circunstancia» (2004: 174)[15].

Los críticos que tanto han reprochado a los origenistas que dieran la espalda a la realidad suelen pasar por alto su insistencia en conectar la percepción humana de lo temporal con nuestras deficientes y con frecuencia erradas ideas sobre lo real. No obstante, la actividad creativa, que para algunos es sublimación elitista y desconectada de la realidad, poesía ingenua, otros como María Zambrano la celebran como un esfuerzo por «definir una realidad inabarcable por la razón» (1996: 92). En su libro de 2004, *María Zambrano entre el alba y la aurora*, Fina García Marruz distingue entre dos realidades: una es la «historia apócrifa», quijotescamente condenada al fracaso, y la otra es la historia verdadera pero apenas aprehensible a través de la intuición (2004: 58).

Independientemente de si estamos o no de acuerdo con las ideas de la poeta cubana, lo cierto es que tienen un sólido fundamento filosófico que involucra la idea de lo temporal. En su libro García Marruz comenta que en 1941, a sus dieciocho años, siguió el seminario «San Agustín padre de Europa», impartido por Zambrano en la

---

[15] Al situar y estudiar a los origenistas ante el contexto político de las celebraciones, en 1952, del Cincuentenario de la República cubana, Salgado hace ver cómo la actitud ante esos dos modos de percibir el tiempo ayuda a entender el complicado anti-origenismo de Lorenzo García Vega (Salgado 2004: 176-186).

Universidad de La Habana. A propósito de ese para ella «inolvidable seminario», dice que los pasajes que más la impactaron son los que se refieren a las ideas de San Agustín «sobre la memoria y el tiempo, que se detenía en el presente como aquel punto captado en su fluencia temporal, ya que al dividirlo eclécticamente devenía enseguida pasado, o se impulsaba irresistiblemente hacia el porvenir» (2004: 54-55). Es precisamente en ese pasaje del libro xi de *Las confesiones* donde San Agustín explica cómo el acceso a la realidad, o a la *experiencia directa de las cosas presentes*, dura apenas un *punto* o instante de intuición[16].

El tema de la fugacidad del instante, tantas veces evocado por la poesía moderna, es afín a la idea agustiniana de que nuestra percepción del tiempo fluctúa entre la cuestionable memoria de lo ocurrido y la igualmente irreal anticipación del porvenir. Y es precisamente esa lejanía nuestra del presente lo que explica el hecho de que no podamos percibir con el intelecto, sino con la intuición –preferiblemente la intuición al servicio de la actividad poética– el plano *real* de lo divino, plano que García Marruz definirá como «lo Exterior» en 1947, seis años después del seminario de Zambrano sobre San Agustín.

El impacto que tuvo en García Marruz ese seminario ayuda a entender cómo ya desde su primer ensayo publicado en *Orígenes*, «Lo Exterior en la Poesía», su aprehensión de «lo Exterior» o lo divino se ofrece en esos fugaces momentos de intuición que poetas como ella persiguen, aun a sabiendas de que se les escapará «en el instante» de su «definición mejor» (Lezama 1975: 663). El objetivo central de ese

---

[16] Dice Agustín: «Thus it is not properly said that there are three times, past, present, and future. Perhaps it might be said rightly that there are three times: a time present of things past; a time present of things present; and a time present of things future. [...] The time present of things past is memory; *the time present of things present is direct experience*; the time present of things future is expectation [...] the present of things past is in memory; *the present of things present is in intuition*; the present of things future is in expectation» (1960: 293; énfasis mío).

ensayo es definir su propio empeño poético y el de dos origenistas, Cintio Vitier y José Lezama Lima, como un acercamiento intuitivo a la misteriosa –para el intelecto humano– dimensión de lo Exterior o de lo verdaderamente real; veracidad ésta que explica debido a que no es recreación de la memoria ni expectación futura, sino experiencia directa del momento presente.

Ya el título mismo del ensayo, «Lo Exterior en la Poesía», anuncia dos términos que García Marruz va a definir como «dos realidades absolutamente exteriores a la imagen que de ellas nos hacemos: nosotros mismos y Dios» (1947: 16). La incapacidad humana para sostener la experiencia directa del presente nos permite entender por qué la realidad de *nosotros mismos* –descrita también en ese ensayo como «Nuestro Ángel» (1947: 16)– nos resulta tan exterior o desconocida como la realidad de Dios. Ambas realidades pertenecen a lo que García Marruz asocia con lo «externo desconocido» o, en la definición de Gabriel Marcel, lo misterioso[17]. A ello se debe que las dos se describan también como «lo exterior-desconocido *dentro* y *fuera* de nosotros» (1947: 16; énfasis mío). García Marruz contrapone lo exterior-desconocido a lo exterior-conocido y contrasta su propia actividad poética con la de quienes están todavía preocupados por la realidad no profunda de lo «exterior conocido», realidad ésta que unas veces aparece como «esa realidad de las cosas [...] un tanto simplista» (1947: 16), en tanto que otras veces se atasca en la «búsqueda angustiosa» y laberíntica de «la poesía [que] ha perdido la libertad» (1947: 17). Para García Marruz la libertad se pierde por voluntarismo o falta de entrega; es decir, cuando se olvida que «la libertad no debe residir [...] en nuestra elección, sino en la visión exterior de nuestro fin, en la entrega amorosa a un Objeto» (1947: 17). Este comentario sobre la paradoja de que la entrega de la voluntad sea un acto de libertad nos deja ver de nuevo la influencia de

---

[17] Tal vez no esté de más recalcar que este desconocimiento de la realidad es el del intelecto humano, no de la intuición que sí puede aprehenderla.

San Agustín, influencia ésta que tanto impacto ha dejado en los poetas de su generación[18].

Ponte y García Marruz: poetizar la pérdida o celebrar el regalo de la pobreza

El contraste entre estos dos modos de percibir quedará más claramente expuesto al cotejar poemas de estos dos autores, donde encontramos dos actitudes muy diferentes ante el bien perdido. Es necesario recordar que en tanto García Marruz no abandona su interés por la poesía, hay un cambio significativo en la trayectoria literaria de Ponte: su abandono de la poesía a fin de concentrar sus esfuerzos en la prosa de ficción y en la ensayística[19]. No obstante, algo que recurre a lo todo lo largo de su labor literaria y que aparece íntimamente ligado al tema de las ruinas es la nostalgia; es decir, lo inescapable de una nostalgia marcada por el dolor que evocan las ruinas. Al referirse a su libro *La fiesta vigilada* (2007), Ponte declara que su objetivo es «documentar la realidad cubana, lo que ocurría en ese momento», documentación que se opone a la mirada nostálgica de quienes miran el pasado como «grandeza venida a menos» (Rodríguez 2009: en línea). No obstante, y a pesar de sus reiteradas intenciones de sostener una mirada crítica, no nostálgica sino actualizada ante las ruinas, lo cierto es que la nostalgia —y con ella la desconexión del presente— se filtra en sus textos ensayísticos y de ficción tanto como en sus poemas. Sin duda Ponte ha logrado «documentar la realidad cubana» crítica y magistralmente; ahora bien, mucho de lo que hay de belleza en sus trabajos en prosa

---

[18] Véase San Agustín 1984: 107. En *María Zambrano: entre el alba y la aurora*, García Marruz alude al impacto que el seminario sobre San Agustín tuvo entre los miembros de su generación, describiéndolo como «decisivo en nuestra conversión» (2004: 24).

[19] Aunque publicados en el 2005 bajo el título *Asiento en las ruinas*, los poemas de ese libro representan una etapa anterior en la producción literaria de Ponte, al haber sido escritos entre 1982 y 1989.

se debe al tono poético de añoranza ante tantas ruinas. Ese inevitable resurgir de la añoranza no sólo lo evocan las ruinas del país y su ciudad sino también –como en el caso de su novela *Contrabando de sombras* (2002)– las de seres queridos, idos o arruinados para siempre.

Ya que la añoranza ante el bien perdido del poeta que fue Ponte en la década de los ochenta no logra ser acallada del todo, será bueno considerar ahora dos fragmentos, el primero y el último, del poema que da título al poemario, *Asiento en las ruinas*, en el cual Ponte conjura esa percepción del tiempo que San Agustín definiría como memoria o presente de las cosas pasadas:

> Madrugadas en vilo de mil novecientos ochenta y ocho
> donde acalladas mis vísceras remotas
> tomome la memoria de lo muerto,
> memoria de familia vertical creciente.
> ¿A dónde iba mi infancia,
> dónde estaban quienes prometieron segunda corona:
> lo que el deseo no persiga,
> lo que apenas intenten las palabras?
> [...]
> Cuántos paseos que haríanme más sabio,
> cuánta luz, árbol, agua,
> lo que una voz más justa llama vida,
> ardió entonces para este entendimiento:
> qué triste entre las manos,
> como falsa plata que no morderé,
> la cabeza de quien amaba. (2005: 44-45)

Estos versos evocan una memoria que «arde» para el «entendimiento» como experiencia de pérdida. La angustia que emana de esa carencia, tan asociada en el libro a la imagen de las ruinas, llega a uno de sus momentos culminantes en otro poema, donde leemos: «La poesía puede ser una provincia atroz» (2005: 58). Esa prolongada angustia desemboca en el último poema, cuando el yo lírico aborda directamente el tema de lo destructivo del tiempo y la amargura que éste deja a su paso:

> En diciembre, viendo volar los fuegos de artificio
> pienso en el tiempo.
> [...]
> Quiero que pase el tiempo como en las películas.
> Ya dije amor y me he quedado solo,
> he dicho tiempo
> seguro de que todo lo arrastraba.
> Voy a seguir contando las cosas que no fueron,
> lo que se echó a perder por algunas palabras,
> el dolor que nos dejan las despedidas. (2005: 63-64)

También Fina García Marruz confronta la nostalgia por el bien perdido, sólo que en su caso encontramos el salto de fe que la lleva a resolver en celebración lo que antes fuera dolor y carencia[20]. Aunque es cierto que sus poemas, como los de otros miembros de su generación, idealizan objetos y espacios añorados –como «el mimbre del que tejieron los muebles familiares de sus quintas y casas» (Ponte 2004: 570)–, para ella la añoranza se transmuta en testimonio de «la fe trascendente». Dependiendo del cristal con que se la mire, su particular manera de enfrentarse a las pérdidas y desengaños que arrastra a su paso el tiempo sucesivo puede ser vista como ingenua o como estoica (2004: 58). Se puede, si se quiere, llamarla ingenua sin ignorar que el optimismo asociado a ese modo de ver no es producto de la ignorancia sino de la fe en que lo perdido, la carencia, merece ser celebrada como vía hacia «lo verdadero» (2004: 58-59). Y aquí

---

[20] El papel de esa *carencia* que es también *pobreza* en la poesía de Marruz, como en la de otros miembros de su generación, queda lúcidamente explicado en el libro de Jorge Luis Arcos. El deseo de no tener es lo que explica por qué el poeta no quiera «poseer la realidad, sino ser poseído por ella» (1994: 119).

tal vez no esté de más llamar la atención sobre otra perspectiva que sustenta su visión del mundo: la distinción entre ser y tener.

Estrechamente ligadas a la actitud con que asume el paso del tiempo, las obras de Fina García Marruz invitan a ser leídas a partir de la distinción entre *ser* y *tener* hecha por otro filósofo que ella menciona en su libro sobre Zambrano[21]. En su libro de 1935, *Ser y tener*, Gabriel Marcel asocia la angustia con el tener, y en específico con el modo en el que el ser se constituye a sí mismo, engañosamente, en virtud a un tener que también incluye aquello de lo que se carece: «Sufrir ¿no sería verse afectado en lo que uno tiene en cuanto que lo que uno tiene ha llegado a ser constitutivo de lo que uno es?» (Marcel 1935: 80). Esta y otras preguntas lo llevan a proponer que tener es una manera «de ser lo que no se es»; en otras palabras, tener/no tener es el orden que conlleva la angustia de lo perdido, que es también el orden de lo que *no* somos verdaderamente[22].

En tanto que la angustia predomina en el *ubi sunt* de los poemas de Ponte, en los de García Marruz la carencia, asociada a la «dicha de ser», es antídoto de la identificación angustiosa con el tener. Este es el caso del poema «Lo único» de *Las miradas perdidas* (1951):

> ¡Dicha de no poseer
> ni de renunciar a nada,
> dicha de un sillón, de un muro
> con sol, de la tarde oscura!

---

[21] En la página 28 de su libro sobre María Zambrano, García Marruz menciona de pasada a Gabriel Marcel. Más adelante, en la página 57, alude a la distinción que hiciera Marcel entre problema y misterio.

[22] Téngase en cuenta que a todo lo largo de su libro Gabriel Marcel habla de modo indirecto sobre el ser, ya que para él, como para muchos pensadores cristianos, el ser pertenece al orden de lo misterioso y su conocimiento es accesible sólo de modo limitado y mediante la reflexión intuitiva, o de lo que se conoce primero intuitivamente. Esta es una idea cuyas huellas se pueden rastrear hasta la frase «Fides praecedit intellectum» (la fe precede la razón), empleada por San Agustín cuando se inspira en la *Epístola a los hebreos* 11: 3.

> Desasimiento sin renuncia:
> me lo han dicho los árboles.
> ¡Capacidad sagrada
> de bastar, del instante
> distinto!
> [...]
> Dicha que es sólo de ser
> un momento, en una calle,
> de pronto distinta,
> reciente inmemorial,
> o en el sillón inmóvil
> a quien toco hasta un parque
> —reciente inmemorial—,
> dicha que es simplemente de ser
> en el mundo, de pronto
> libre, tocado de pronto,
> entrañable de pronto,
> lo justo, lo suficiente,
> lo listo para la muerte! (1951: 57-58)

Este otro modo de percibir la realidad explica por qué cuando García Marruz le habla a su propia infancia en «Los extraños retratos», no lo hace desde el dolor de lo perdido, sino como celebración del «no tener ya nada»:

> Ahora que estamos solos,
> infancia mía
> [...]
> Hablemos de lo que tú y yo,
> por no tener ya nada,
> sabemos. (1951: 57)

La celebración del no tener y de los instantes extemporáneos en los que la intuición se acerca al ser, a «lo que existe realmente», es acaso más visible en uno de sus «Sonetos a la pobreza»:

¡Pobreza de la forma que consumas
en el rico verdor desposeído
del árbol libre! ¡Sol puro y ceñido!
Oh pobreza de ser, desnudez suma

¿Qué podría ya a ti ser añadido,
qué se puede añadir a la hoja justa
del árbol, di? Si el oro se le ajusta,
¿quién le podrá quitar lo poseído?

Oh lo que toca un centro y su indigencia
divina es lo que existe realmente.
No te pida ya el alma otra clemencia

que esta de quedarnos ya sin nada,
en la pobreza que a tu tarde enciende
desde adentro, con música callada. (1951: 99)

En su estudio sobre la poesía de ruinas de Antonio Machado, Pérez-Firmat comenta que la descripción de las ruinas siempre lleva consigo la semilla de su contradicción, ya que combina ante un mismo fenómeno –las ruinas– dos perspectivas radicalmente opuestas: esencialidad y temporalidad. Es decir, la contradicción surge ante la coexistencia de la mirada nostálgica que resiste y aspira a rescatar algo bello de los efectos destructivos del tiempo, y la que pone en evidencia los estragos de ese inevitable decaer (1988: 12-13). Acaso esto explique por qué es inevitable que la mirada crítica con que se mide las obras de los origenistas *ingenuos* tenga un notable parecido con el modo contradictorio con el que solemos describir las ruinas. Hay que conceder que, desde la distancia crítica con que los *desengañados* herederos de la lengua de Virgilio miran a los origenistas, sus obras, aunque dignas de ser rescatadas a toda costa, son también a veces, aunque sólo sea un poco, contempladas como ruinas; es decir, como se mira un monumento de belleza gastada, no sólo por los fragmentos ausentes, sino por haber *sido concebida con valores pasados de moda y, a veces, ingenuos*. Por eso me parece paradójico que, en el caso de una origenista como Fina García Marruz, el fragmento perdido o gastado hasta la invisibilidad del edificio de su obra –ausencia ésta que lo puede hacer parecer un edificio en ruinas– sea justamente el que tiene que ver con su desengaño respecto a la capacidad del ser humano de aprehender la realidad con su intelecto, desengaño que desemboca en la búsqueda de lo real o Exterior en breves chispazos de intuición poética. Y aquí no está de más recalcar que ese desengaño es en el caso de García Marruz, como en la mayoría de los miembros de Orígenes, la piedra angular que sustenta el edificio ¿en ruinas? de su visión del mundo.

Bibliografía

Arcos, Jorge Luis (1994): *Orígenes: la pobreza irradiante*. La Habana: Instituto Cubano del Libro.
Augustine (1960): *Confessions*. New York: Image Books.
— (1984): *City of God*. London: Penguin Classics.
Buckwalter-Arias, James (2005): «Discurso origenista y Cuba postsoviética». En *Revista Encuentro de la cultura cubana* 36: 54-65.
Campbell, Joseph (2002): *Flight of the wild gander: explorations in the mythological dimension*. Novato: New World Library.
García Marruz, Fina (1947): «Lo exterior en la poesía». En *Orígenes* 16: 16-22.
— (2004): *María Zambrano: entre el alba y la aurora*. La Habana: Vivarium.
— (2008): *Obra poética*. 2 vols. La Habana: Letras Cubanas.
García Vega, Lorenzo (1978): *Los años de Orígenes*. Caracas: Monte Ávila.
Gómez, Ivette (2010): «Simulaciones de la memoria: Antonio José Ponte y *Tuguria*, la ciudad-ruina». En *La Habana Elegante* 47 (spring-summer): <http://www.habanaelegante.com/Spring_Summer_2010/Invitation_Gomez.html>.

Gutiérrez Coto, Amauri Francisco (2005): Prólogo. En *Polémica literaria entre Gastón Baquero y Juan Marinello [1944]*. Sevilla: Espuela de Plata, 11-29.
Kelly, Andrew (2013): Introduction. En Jankélévitch, Vladimir: *Forgiveness*. Chicago: University of Chicago Press, vii-xxvii.
Krishnamurti, Jiddu (1955): «A state of mind in which there is no repetition». En *J. Krishnamurti online*. Krishnamurti Foundations: <http://www.jkrishnamurti.org/krishnamurti-teachings/view-daily-quote/20170619.php>.
Lezama Lima, José (1975): «Ah que tú escapes». En *Obras completas*. Vol. 1. México: Aguilar, 663.
— (1998): *Archivo de José Lezama Lima: miscelánea*. Madrid: Centro de Estudios Ramón Areces.
Marcel, Gabriel (2003): *Ser y tener*. Madrid: Caparrós.
Marinello, Juan (2005): «La vereda desusada y las vías naturales». En Gutiérrez Coto, Amauri Francisco (ed.): *Polémica literaria entre Gastón Baquero y Juan Marinello [1944]*. Sevilla: Espuela de Plata, 69-85.
Pérez Firmat, Gustavo (1988): «Antonio Machado and the poetry of ruins». En *Hispanic Review* 56: 1-16.
Ponte, Antonio José (2001): *Un seguidor de Montaigne mira La Habana / Las comidas profundas*. Madrid: Verbum.
— (2002): *Contrabando de sombras*. Barcelona: Mondadori.
— (2004): *El libro perdido de los origenistas*. Sevilla: Renacimiento.
— (2005): *Asiento en las ruinas*. Sevilla: Renacimiento.
— (2007): *La fiesta vigilada*. Barcelona: Anagrama.
Rodríguez, Juan Carlos (2009): «"Tiene que suceder algo, tiene que destriunfar la revolución": una entrevista con Antonio José Ponte». En *La Habana Elegante* 46: <http://www.habanaelegante.com/Fall_Winter_2009/Entrevista_Rodriguez_Ponte.html>.
Salgado, César A. (2004): «Orígenes ante el Cincuentenario de la República». En Birkenmaier, Anke & González Echevarría, Roberto (eds.): *Cuba: un siglo de literatura (1902-2002)*. Madrid: Colibrí, 165-189.
Ulloa, Leonor A. & Ulloa, Justo C. (2015): Introducción. En Lezama Lima, José: *Ensayos completos: La cantidad hechizada*. Vol. 4. Sevilla: Confluencias, 15-34.

UNRUH, Vicky (2009): «All in a day's work: ruins dwellers in Havana». En Lazzara, Michael J. & Unruh, Vicky (eds.): *Telling ruins in Latin America*. New York: Palgrave, 197-209.

VITIER, Cintio (1970): *Lo cubano en la poesía*. La Habana: Instituto del Libro.

ZAMBRANO, María (1996): *La Cuba secreta y otros ensayos*. Madrid: Endymion.

Birds of a feather
Reina María Rodríguez and the world republic of letters

Elena Lahr-Vivaz | *Rutgers University–Newark*

Born in 1952, Reina María Rodríguez is generally regarded as one of Cuba's preeminent living poets. Among her many awards and honors, she received Cuba's National Prize for Literature in 2013, and the Pablo Neruda Iberoamerican Prize for Poetry in 2014[1]. In addition to her poetic prowess, Rodríguez is widely recognized for creating a real-life space in Havana in which fellow *letrados* might gather –a space that exists alongside (even as it offers an alternative to) those spaces officially sanctioned by Cuba's post-1959 Revolutionary regime. In the 1990s, Rodríguez hosted popular literary salons in the Azotea, the rooftop patio of her home. In the 2000s, she organized salons and workshops in the Torre de Letras, a space for cultural events sponsored by the Instituto Cubano del Libro[2].

---

[1] Rodríguez has also received awards from the Casa de las Américas (1984 and 1988) and the Unión Nacional de Escritores y Artistas Cubanos (1980 and 1983), as well as the *Plural* award, for *Páramos* (1992); the Premio Nacional de la Crítica (1992 and 1995); and the Order of Arts and Letters, from France (1999). Rodríguez's published collections of poetry include *La gente de mi barrio* (1976), *Cuando una mujer no duerme* (1980), *Páramos* (1983), *Para un cordero blanco* (1984), *En la arena de Padua* (1992), *Ellas escriben cartas de amor* (1998), *La foto del invernadero* (1998), and *...te daré de comer como a los pájaros...* (2000) (López Cabrales 2002: 65). Rodríguez has also published a novel, *Travelling* (1995).

[2] A rich bibliography exists on the gatherings held in the Azotea; for an overview, see Dykstra 2004: 190-97. To pay a virtual visit to «La azotea de Reina»

As the panel of judges for the Premio Nacional averred in a press announcement, Rodríguez has without doubt filled an important space in Cuban letters during her almost 40-year career: «ha llenado un espacio imprescindible en el panorama de la poesía cubana contemporánea, con alta calidad estética, ética y conceptual» (quoted in «Reina María Rodríguez, Premio Nacional» 2013: n.p.). Analyzing both Rodríguez's poetry and the gatherings that she hosts in Havana, I argue here that the «espacio imprescindible» that Rodríguez «fills» is accompanied by another, equally «imprescindible», space that she crafts: a space that might be characterized as belonging to an archipelagic Republic of Letters[3]. In Havana, Rodríguez's outcropping of the Republic hovers above the ground, perched in mid-air in the Azotea or the Torre. An extension of the territory that Rodríguez claims, moreover, can be found in her own poetry, as well as that of fellow Torre poets Ricardo Alberto Pérez and Ramón Hondal[4]. Expanding the parameters of the space provided by Azotea and the Torre, this text-based, poetic space is open to all like-minded individuals –all «birds of a feather»– whether they live on the island or in the larger, far-flung archipelago that Rodríguez evokes and envisions in her work.

The space of the republic

Through her gatherings in the Azotea and the Torre, Rodríguez has long offered a space in Havana in which poets, writers, and

---

in its present-day (online) incarnation, see the section of this name of *La Habana Elegante (segunda época)*.

[3] As further discussed later in this article, the contours of the Republic of Letters are mapped by Casanova in *The world republic of letters* (2004). My analysis here draws on Casanova's work, as well as on the seminal studies of De Certeau 1998, Lefebvre 1991, and Moretti 2013.

[4] While I would contend that this is true of the poets' *oeuvre* more generally, I limit my analysis here to three works: Rodríguez's *...te daré de comer como a los pájaros...* (2000); Pérez's *¿Para qué el cine?* (2010); and Hondal's *Scratch* (2013).

artists might gather: a space that might be considered to belong to a world Republic of Letters. In an article published in the *Diario de Cuba*, Azucena Plasencia sums up the poet's importance in this regard, stating that «Reina […] es un mito nacional, una leyenda viva de la llamada república de las letras, un ser cuya influencia alcanza a casi cuatro generaciones de narradores, poetas, artistas plásticos, músicos…» (2014: n.p.)[5]. In *The world republic of letters*, Pascale Casanova details the characteristics of the «república» that Plasencia references (2014: n.p.), and argues for the existence of «a "literature-world", a literary universe relatively independent of the everyday world and its political divisions, whose boundaries and operational laws are not reducible to those of ordinary political space. Exerted within this *international literary space* are relations of force and a violence peculiar to them –in short, a *literary domination*» (2004: xii; emphasis in the original).

Rodríguez's Azotea served as a particularly important outcropping of the Republic of Letters in Havana. The gatherings held there occurred largely during the so-called Special Period in Times of Peace of the 1990s: an era of extreme scarcity following the collapse of the Soviet Union and the loss of the financial aid that had kept the island fiscally afloat. As actor and writer Pedro Roxy states in *Después de Paideia*, Mirian Real's documentary about the Azotea filmed in 2011:

---

[5] Plascencia continues: «El alternativo grupo Paidea, La Azotea de Reina, en su casa de la calle Ánimas, y luego su Torre de Letras, en el Palacio del Segundo Cabo, en La Habana Vieja, hasta su última y molesta mudanza para la azotea del Instituto del Libro, han sido, cada uno en su momento, el único, solitario lugar de resistencia contra la mediocridad, la incultura, la estulticia intelectual (y de la otra), de los años 70, 80; un espacio de esperanza y redención, en los 90, y así sigue en la primera década del siglo xxi, escuchando, apoyando, velando porque se publiquen libros valiosos, tanto de autores nacionales como extranjeros» (2014: n.p.).

> Hablarse de la casa de Reina es [...] [hablar] de qué cosa fue poesía en Cuba. No sólo porque ella fue la madre de los pollitos, como le decía yo cuando veía aquella cosa que después se llamó la diáspora, de los poetas cubanos que emigraron y los que se quedaron dentro, que vivían un in-xilio [...] aquel espacio había sido creado como la única alternativa real que existía para la joven guardia cubana.

While Roxy refers to Rodríguez as the «madre de los pollitos», the «alternative», aerial space of the Azotea might be characterized not as a roost, but as a nest of sorts: a nest in which all «birds of a feather» –all members of the Republic of Letters– might gather, albeit briefly[6]. In his 1958 *The poetics of space*, Gaston Bachelard writes of the nest as the very embodiment of shelter and home, at the same time that he notes that it is inherently fragile in nature: «A nest [...] is a precarious thing, and yet it sets us to *daydreaming of safety*» (1994: 102; emphasis in the original)[7]. Perched as a «precarious thing» in the airy realms of Havana, the Azotea, as, subsequently, the Torre, nonetheless inspired a certain «*daydreaming of safety*» on the part of the writers, poets, and artists who gathered there: daydreaming of community, and of home[8].

The Torre de Letras in the Instituto Cubano del Libro, where Rodríguez began to organize gatherings in 2001, also serves as an

---

[6] Rodríguez also speaks of her «pollitos» in *Después de Padeia* (2011), stating that in the present, «me cuesta mucho trabajo incubar otros pollitos».

[7] I depart somewhat here from Jolas's translation. In the original, Bachelard writes that «...cependant il déclenche en nous une *rêverie de la sécurité*» (2016: 130; emphasis in the original). Jolas (1994) translates «sécurité» as «security», but I use «safety» instead to convey the sense of «safe haven» that seems implicit in Bachelard's description of the nest.

[8] In his book as a whole, Bachelard offers a «phenomenological inquiry on poetry» (1994: xxii) in which he studies «images of intimacy» (1994: xxxvi) such as attics and nooks, chests and drawers, nests and shells. Rodríguez references Bachelard by name various times in *...te daré de comer...*, although she does not specifically refer to *The poetics of space* (Rodríguez 2000: 54-55).

important Havana extension of the Republic of Letters[9]. Fewer writers and intellectuals attend these more recent meetings, as many left the island due to the «precarious» (Bachelard 1994: 102) nature of life in Havana and the lack of the «*safety*» (Bachelard 1994: 102; emphasis in the original) of which they dreamed. For those who remain, however, the Torre serves as a space similar to that of the Azotea. As Rodríguez writes, «mi idea era que los autores que todavía quedaban en la isla tuvieran un sitio para leer, dar sus conferencias y publicar sus obras de una manera alternativa, sin propaganda de los medios, un sitio para trabajar y producir –también crear una biblioteca que fuera la biblioteca del escritor, con los libros más necesitados y queridos de algunos de ellos» (2012: n.p.). In establishing the Torre (as, previously, the Azotea) as a «biblioteca» for Havana-based *letrados*, Rodríguez once more culls into existence an alternate, literary space in Havana: a space that might be considered to form part of the worldwide Republic of Letters.

As part of her commitment to creating a space for «world» literature in Havana, Rodríguez also oversees a series of books published under the rubric Colección Torre de las Letras[10]. To date, almost 70 titles have been published in the series, including Juan Carlos Flores's *El contragolpe (y otros poemas horizontales)*, José Kozer's poetic anthology *Semovientes*, and Jesús David Curbelo's *Las quebradas oscuras (antología personal, 1984-2002)* (Plasencia 2014: n.p.)[11]. In addition, Rodríguez coordinates the creation of a series of hand-stitched books.

---

[9] The Torre was originally located in the Instituto Cubano del Libro's building on the Plaza de Armas. When the Instituto relocated to the Calle Obispo in 2011, the Torre moved to the ninth floor of the new building.

[10] I follow here Casanova's (2004) use of the term «world».

[11] Rodríguez notes that «también hemos hecho algunos libros en coedición, no sólo los cosidos: Arturo Carrera, una antología, Sergio Pitol, *El viaje* y *El arte de la fuga*, etcétera» 2013: n.p.). Dykstra's translation of Flores's *El contragolpe* was published in 2016 as *The Counterpunch (and Other Horizontal Poems)*; the award-winning poet committed suicide in September 2016.

As she explains, «hay un taller de edición los martes y otro de diseño, [...] la idea es la literatura a través de las lenguas, por la carencia de buenas traducciones aquí, por el menosprecio a la traducción que ha existido!» (2013: n.p.)[12].

In forging spaces in Havana fit for the Republic of Letters, and in publishing, translating, and promoting the work of other authors, Rodríguez implicitly calls into question what Kristin Dykstra describes as «hierarchies of all kinds» (2004: 193): «For Rodríguez herself, the ultimate ideal for the rooftop [i.e., the Azotea] was to produce work that would level hierarchies of all kinds. This ideal [...] mirrored her aesthetic interests, her interest in language and transgression. It also conflated domestic and intellectual spaces, challenging gender divisions» (2004: 193). In Cuba, Rodríguez's *tertulias* not only challenge longstanding distinctions between public and private spaces, but also offer participants the opportunity to «perform a strangely visible resistance to the revolutionary embrace of local culture» (Dykstra 2004: 191).

Within the world Republic of Letters, moreover, Rodríguez's gatherings contest longstanding hierarchies that privilege the work of those who write from established (albeit unofficial) centers of power and prestige such as Paris. For, to return to Casanova, the Republic of Letters is not immune from the power struggles of other realms (Casanova 2004: xii), with writers' ability to claim «*literary domination*» (Casanova 2004: xii; emphasis in the original) affected by their ability to lay claim to time: «The temporal law of the world of letters may be stated thus: *it is necessary to be old in order to have any chance of being modern or of decreeing what is modern.* In other words, having a long national past is the condition of being able

---

[12] In Rodríguez's *talleres*, individuals come together to make hand-sewn books using a method known as *kangxi*. Recalling birds building their aerial abodes, Rodríguez's collaborators thread bits of yarn through paper to make loose pieces cohere into a larger whole: a final habitat fit for words and the worlds they create.

to claim a literary existence that is fully recognized in the present» (Casanova 2004: 89-90; emphasis in the original). Questioning this rule of the Republic of Letters, Rodríguez repeatedly demonstrates the ephemerality of all mappings of time and space. For one, the poet promotes the work of relatively unknown authors alongside that of the «greats» of the literary canon. In so doing, she points to ongoing changes in literature, and to the dangers implicit in assuming that the renowned authors of the past will of necessity be synonymous with those of the future. Too, the coordinates of the space of the Republic that Rodríguez crafts in Havana shift once and again: first from Azotea to Torre, and then from one Torre (on the Plaza de Armas) to another (on the Calle Obispo). Signaling the evolution of all mappings of space and time, each of these aerial perches also itself calls attention to the changes that of necessity occur from (colonial) past to (Revolutionary) present, as the crumbling facades visible from each serve as reminders of the vicissitudes of time.

Upending longstanding dichotomies between public and private, and (intellectual) centers and (literarily impoverished) margins both in Cuba and in the world Republic of Letters, Rodríguez suggests a new, non-hierarchical mapping of what might be described as an ephemeral, archipelagic Republic of Letters: a Republic that is defined by its transitory nature and the constantly shifting tides that recreate its contours and shift its shores. This archipelagic Republic resembles (although it is not synonymous with) that described by Franco Moretti in his discussion of modern European literature: «a *different* space: discontinuous, [and] fractured», that «functions as a sort of archipelago» (Moretti 2013: 12; emphasis in the original). As is the European archipelago that Moretti describes, the Republic that Rodríguez evokes is both singular and multiple, comprised as it is of spaces that are simultaneously scattered and connected. With spaces that are «inter-related, mutually constituted and co-constructed» (Stratford *et al.* 2011: 113), the Republic exists as what geographers Elaine Stratford *et al.* describe as an assemblage: «*Assemblages act in concert*: they actively map out, select, piece together, and allow for the conception and conduct of individual units as members of a group. [...] Perhaps, at least as conceptual manifestations, archipelagos are fluid cultural processes, sites of abstract and material relations of movement and rest, dependent on changing conditions of articulation or connection» (2011: 122; emphasis in the original)[13].

REINA MARÍA RODRÍGUEZ: ...*TE DARÉ DE COMER COMO A LOS PÁJAROS*... (2000)

Rodríguez's efforts to forge an archipelagic, poetic space of identity are evidenced not only in her Havana gatherings and *talleres*, but also in her poetry, in which she simultaneously chronicles her everyday life and appeals to a space out of time. Through her evocative, evanescent *poemarios*, Rodríguez seeks once more to create a space that forms part of the worldwide Republic of Letters: a metaphoric space that expands upon, and exists in tandem with, the material space of the Azotea and the Torre. At the same time that she inserts herself into the wider society of the worldwide Republic of Letters, the poet again contests the «*literary domination*» (Casanova 2004: xii; emphasis in the original) often exerted by the literary capitals of Europe through her appeals to an alternate, markedly ephemeral space of identity: a space in which time is suspended, albeit fleetingly, and in which longstanding dichotomies between public and private, center and margins, are rendered obsolete.

In contrast to the work of many of her peers, Rodríguez's poetry is often described as «intimist». In the years following the Revolution, many poets employed a «conversationalist» tone, in which «the lyric voice speaks as one with "the people", assuming a collective "I" that

---

[13] I further discuss literary mappings of archipelagic space in my current book project, tentatively titled *Writing islands: space and identity in the transnational Cuban archipelago*.

sees itself as part of a project of historical (dialectical) development» (Heller 1997: 157). In contradistinction to this group, Rodríguez, along with other poets described as the «Nuevos», works in «a more "intimist", lyrical vein in which the collective "I" became less prevalent. Despite its more personal tone, however, [...] [t]hese poets still share an ideology of the writer's engagement with history which has remained dominant since the beginning of the revolution» (Heller 1997: 157)[14].

In the «intimist» *...te daré de comer como a los pájaros...* (2000), Rodríguez employs prose poetry to craft a poetic space of identity[15]. In this 61-page volume that was written in the 1990s but published in 2000 (Rodríguez and Figueroa 2003: 19), Rodríguez offers the reader two columns of text[16]. The right-hand column, which is a tad slimmer and printed in a smaller typeface, is more focused on the details of the poet's everyday life: less «poetic», and more mundane. The left-hand column, which occupies a bit more space, and is printed in a slightly larger and bolder typeface, is somewhat more abstract in its content: somewhat more «poetic». Hence the right-hand column begins «dice que me vaya de la casa el primer día del año y maldice» (Rodríguez 2000: 9); the left-hand column, in contrast, begins by evoking «...la muerte de Katherine Mansfield entre las vacas, en el espacio dispuesto por aquel hombre, el olor de la leche fresca» (Rodríguez 2000: 9; ellipsis in the original).

---

[14] I follow here Dykstra (2008: 63-64).

[15] As Arcos writes, Rodríguez is not the first Cuban poet to employ prose poetry: «Prosas poéticas escribieron José Manuel Poveda, Dulce María Loynaz, José Lezama Lima, Eliseo Diego, Fina García Marruz, pero las de Reina María Rodríguez están más cerca de las de Lezama y García Marruz. No son prosas impresionistas, ornamentales, esteticistas, sino que encarnan un discurso de alta tensión cognoscitiva dentro de un intenso *pathos* espiritual: son en el fondo severos ejercicios espirituales, acercándose, en este sentido, a una función metapoética semejante a algunos textos en prosa de Lezama» (2003: 42).

[16] The first page of *...te daré de comer...*, however, features only one column.

Even as Rodríguez suggests a distinction between the «poetic» and the «mundane» in ...*te daré de comer*..., the divide between the two is far from absolute. In both columns, for instance, the poet scatters the names of important literary and critical figures[17]. In addition to New Zealand-born modernist writer Katherine Mansfield, Rodríguez includes references, among many others, to U.S. poet Adrienne Rich (2000: 13), Cuban author José Lezama Lima (2000: 19), French writer Marguerite Duras (2000: 10, 26), Portuguese poet Fernando Pessoa (2000: 30, 32, 33, 44, 54), U.S. composer and writer John Cage (2000: 20, 35, 36, 37), and aforementioned French philosopher Gaston Bachelard (2000: 12, 42, 54, 55)[18]. Also in both columns, the poet references, and at times includes excerpts from, her own previously published work, such as the 1984 *Para un cordero blanco* (2000: 47), the 1992 *En la arena de Padua* (2000: 18, 22-23), the 1995 *Travelling* (2000: 18, 30), and the 1995 *Páramos* (2000: 41)[19].

On one level, the references to literary and critical figures scattered throughout the two columns might be seen as an attempt to highlight the artificiality of any potential division between the poet's

---

[17] ...*te daré de comer*... recalls the poet's earlier *La foto del invernadero*, as it is described by Dykstra: «The "central I" fragments, and the concise poems opening up the collection meet up with wordier texts that dominate much of the last half of the book. The language itself proliferates with identities as various writers are plainly cited –Woolf, Beckett, Plath, Pessoa– and additional quotations appear without attribution. References to photography fold visual language into this multiplicity, contributing to my larger argument here: that a mode of representation, a claim to frame the world, is at stake in the book as a whole» (2008: 57).

[18] The references to literary figures are often accompanied by references to reading, as the poet explains what she peruses on a given day. Some individuals are mentioned solely in the left- or right-hand columns, while others are mentioned in both. In the case of the examples mentioned here, Rich and Lezama Lima are referenced in the left-hand column; Duras is referenced in the right-hand column; and Pessoa, Cage, and Bachelard are referenced in both.

[19] The poems «Isla de Wight» (Rodríguez 2000: 56-58) and «dos veces son el mínimo» (Rodríguez 2000: 58-61) are included as well.

work and her private life, especially during the years of the Special Period, when Rodríguez suffered from extreme scarcities, as did so many of her compatriots. Her repeated references to food (2000: 11, 26, 34, 50), illness (2000: 17), and menstruation (2000: 13, 15, 30, 35, 52) certainly bespeak the prominence of the physical body in a time in which basic needs were often difficult to meet, and such references undeniably signal the resulting difficulties in living a life of the mind[20]. At the same time, the divide between the columns of text might also be considered a symbolic reference to the lines of division that separate her readers: the geographic boundaries that separate those individuals living on the island from those living elsewhere, or the socioeconomic boundaries that separate those with empty bellies from those with full stomachs. In line with this interpretation, the references to critical and literary figures that appear in both columns might be seen as an attempt to dialogue with like-minded readers, regardless of locale or socioeconomic status: readers who similarly belong to an archipelagic Republic of Letters.

Considered from this vantage point, ...*te daré de comer como a los pájaros...* might be seen as an appeal to what Michael Warner terms a «public», or an entity created through reading and reading-like practices: «the notion of a public enables a reflexivity in the circulation of texts among strangers who become, by virtue of their reflexively circulating discourse, a social entity» (Warner 2005: 11-12). Publics are by definition multiple rather than singular in nature, and through her inclusion of literary and critical references in her printed work, Rodríguez both maps and, simultaneously, dialogues with a wider, far-flung «public» comprised of individuals

---

[20] During the 1990s, Rodríguez also suffered from illness, and experienced difficulties with her partner: «Her relationship with her long-term partner was in crisis; difficult discussions, fights, and tense negotiations filled the spaces in their home. She struggled to re-imagine herself as a woman with four children who was now past childbearing age. Meanwhile, Rodríguez's literary reputation continued to grow» (Dykstra 2008: 55).

who do not know Rodríguez personally or attend the gatherings that she hosts in Havana, but who nonetheless identify as members of the Republic of Letters.

Chronicling and appealing to a like-minded «public» in ...*te daré de comer...*, Rodríguez also inaugurates a gathering space in the text in which her readers might gather: a space that expands upon the Azotea and the Torre, and in which time is suspended[21]. In a parenthetical comment in the closing pages of ...*te daré de comer...*, Rodríguez thus writes of «un espacio literario-holográfico» in which, paradoxically, language no longer «señaliza»:

> (con este libro, esta rara recopilación intemporal, mi deseo ha sido producir una estructuración diferente, combinatoria (la estructuración de una estructura) acercándome a los textos fuera del tiempo, o del espacio en que son concebidos, mezclándolos hacia un discurso continuo-discontinuo y una revisión crítica de los ángulos desde donde los acechamos, provocando un espacio literario-holográfico, abierto a la propia confusión y límites de una voz interrumpida por aquel desplazamiento del lenguaje hacia lo cotidiano y real (hasta lo doméstico) y el deseo de trascender hacia otra realización, en la cual, el lenguaje no señaliza, no es preciso, no acompaña y se queda siempre por debajo de la pretensión...) (2000: 56-57; ellipsis in the original)

In conjunction with the Azotea, or the Torre, «esta rara recopilación intemporal» might be described as resembling a heterotopia, following Michel Foucault. As Foucault writes, a heterotopia is located both within and outside a society's physical space: «There are [...] places that do exist and that are formed in the very founding of society —which are something like counter-sites, a kind of effectively

---

[21] Rodríguez's references to the book —el libro— in ...*te daré de comer...* are suggestive in this regard. In one instance, Rodríguez characterizes the book as «intemporal» (2000: 56); in another, she states that individuals are books: «cada uno en sí, es un libro» (2000: 27).

enacted utopia in which the real sites, all the other real sites that can be found within the culture, are simultaneously represented, contested, and inverted. Places of this kind are outside of all places, even though it may be possible to indicate their location in reality» (1984: 3-4). Similar to the museum, or the library, referenced by Foucault, the heterotopia that Rodríguez inaugurates «do[es] exist» at the same time that it is located outside of time: «Museums and libraries have become heterotopias in which time never stops building up and topping its own summit […] the idea of accumulating everything, of establishing a sort of general archive, the will to enclose in one place all times, all epochs, all forms, all tastes, the idea of constituting a place of all times that is itself outside of time and inaccessible to its ravages» (Foucault 1984: 7)[22].

The literary and critical references that are scattered through both columns of *…te daré de comer…* thus function on two levels. On the one hand, they serve as a lingua franca of sorts for a like-minded «public» that belongs (or aspires to belong) to the Republic of Letters. As such, the references form part of Rodríguez's efforts to bridge the gap between intellectuals on the island and their peers elsewhere, as well as between readers of different backgrounds. On the other hand, the references signal the poet's attempts to inaugurate a space that surpasses the spatial and temporal limitations of the Azotea and the Torre. Rodríguez's inclusion of her own prior work in *…te daré de comer…* forms part of this attempt. For José Prats Sariol, this decision represents a certain *picardía*, «la picardía de burlarse a sí misma y de sus "experiencias" en *…te daré de comer como a los*

---

[22] The space that Rodríguez crafts differs from a heterotopia in that it is simultaneously «outside of time» and accessible (rather than inaccessible) «to its ravages» (Foucault 1984: 7). Of course, Cuban museums and libraries are also markedly accessible to the «ravages» (Foucault 7) of time: given the limited print run of *…te daré de comer…*, Rodríguez has told me that she herself no longer has a copy of the book; given the difficulties of controlling climate conditions in Cuba, Rodríguez's archives are housed at Princeton.

pájaros... Sus propios poemas anteriores son ensamblados bajo *otra* concomitancia, bajo una nueva vecindad que los transforma» (Prats Sariol 2003: 40; emphasis in the original). Rather than constituting solely a «picardía», Rodríguez's references to her prior work form part of her larger attempt to craft a space large enough for all to gather: a space open to readers on and off the island, and capacious enough to encompass both her own writings and those of others.

At the same time that Rodríguez constructs an «espacio literario-holográfico» (2000: 56) in her poetry, she repeatedly reminds readers that this space is of necessity ephemeral, as the limitations of the present are only momentarily transcended despite what Foucault describes as the «*will*» (1984: 7, my emphasis) to do otherwise. The evanescence of all spaces, and all times, is indeed underscored from the opening lines of the left-hand column that evoke «...la muerte de Katherine Mansfield entre las vacas» (Rodríguez 2000: 9; ellipsis in the original). Calling to mind the famous writer's untimely death from tuberculosis at the age of 34, Rodríguez signals the inevitable coexistence of life and death, and suggests that even beginnings contain their own endings. The message of the opening lines of the left-hand column is reinforced in the corresponding lines of the right-hand column, which appear to signal the end of a relationship, as well as in Rodríguez's repeated references throughout the text to her own bodily limitations and the difficulties of everyday life.

RICARDO ALBERTO PÉREZ: *¿PARA QUÉ EL CINE?* (2010)

In addition to her association with the «Nuevos», Rodríguez also established ties with a younger group of poets: «Like the conversationalists and the Nuevos, the rising generation saw poetry as a form in which social and political awareness could be expressed. However, they took an interest in how resistance could operate in language itself, sometimes by way of a refusal to offer "clarity"» (Dykstra 2008: 64). Two of the younger poets with whom Rodríguez collaborates are Ricardo Alberto Pérez and Ramón Hondal. As I will suggest here, Pérez and Hondal also use their poetry to conjure up a space of identity in which a group of like-minded readers might gather: an archipelagic space that serves as an expansion of the physical space available on the island (or, perhaps, floating in the air just above it), and that forms part of the worldwide Republic of Letters[23]. Like Rodríguez, Pérez and Hondal both create this space and point to its inherent ephemerality, implicitly asking readers to question the longstanding dichotomies that traditionally separate so-called «margins» from «center».

In *¿Para qué el cine?* (2010), Pérez offers readers two texts within one, with underlined words in each poem (reproduced here in italics) offering a second possible reading, or what the book jacket describes as «un ingenioso juego [...] estamos en presencia de un poema duplo, pues dentro de su recreación reflexiva aparecen palabras subrayadas, que en una lectura aparte nos entrega otra propuesta, más descarnada, del tema dado»[24]. The poem «tipología de un espacio», for example, explicitly references the rendering of an alternate space:

> tipología de un espacio
> colmado
> de espacio,
> *la ciudad desaparece*
> y tiene coyunturas.
>
> ojo
> de esta singer puntando

---

[23] This space is appropriate for the «birds» evoked in Rodríguez's title.
[24] Born in 1963, Pérez has received awards and honors from *La Gaceta de Cuba* (2003), Nosside Caribe (2005), Nicolás Guillén (2007), and *La Pupila Insomne* (2007), as well as the Creative Writing Fellowship from the Parlamento Internacional de Escritores. His published works include *Trillos urbanos* (2003), *Vibraciones del buey* (2003), *Oral B* (2007), *Los tuberculosos y otros poemas* (2008), and *¿Para qué el cine?* (2010).

> una secreta relación
> *entre paredes*
> huecos,
> un rastro contenido
> en lente
> o lengua.
>
> *así fluctúa*
> el fondo natural
> que frecuento
> *son parcelas*
> que vienen
> *escenarios*
> con
> pájaros que cagan
> *los escombros.*
>
> reordeno
> este derrame
> de vidas pasadas,
> signos que fecundan
> en lo raso,
> breve
> de lo inerte
> brotan. (Pérez 2010: 30-31)[25]

With poetry functioning as architecture, and words creating space for alternate «*escenarios*», Pérez's references to the city that disappears «*entre paredes*» remind the reader of the multiple spaces that exist within any given cityscape, and of the myriad readings that are contained within any given *poemario*, whether it is characterized as «duplo» or not. In *¿Para qué el cine?*, it is possible to read the poem as it is written, or the poem as it is *underlined*; in the latter case, the

---

[25] The word «singer» is printed in bold in the original.

lines serve as a sort of seam that connects words, as might a «singer puntando»[26]. Similarly, in *…te daré de comer…*, it is possible to read the left-hand column, the right-hand column, or the two together. In each, it is also possible to find an alternate space of identity that opens up as the city «desaparece» and morphs into something –somewhere– else: «*así fluctúa*». For in the poem within a poem, the «tipología de un espacio / colmado de espacio» falls away, leaving, as a result, room for an alternate arrangement of «*parcelas / escenarios / los escombros*».

Pérez's «desmontar las cosas» also explicitly references the dismantling of one set of «things» to make space for another:

> desmontar *las cosas*
> de su eje
> para ver el paisaje
> *que las cosas*
> *ocultan*
> al rayo
> y al hongo
> situarlas en extremos
> radicales,
> forcejeo
> para tachar *la frase:*
> «el hongo nace del relámpago»,
> dioses
> sin una digestión
> definida.
>
> desmontar,
> *ya quedas cerca*. (Pérez 2010: 37)

Here, the poet asks the reader to engage in an act of multiple and simultaneous readings, dismantling –«desmonta[ndo]»– one set of «*cosas*» to see another: «*las cosas / que las cosas / ocultan*».

---

[26] My thanks to Juan Pablo Lupi for this insight.

The need for such an act on the part of the reader is highlighted in the poet's references to «rayo» and «hongo», a seemingly *sinsentido* combination of words that might nonetheless serve as a reference to the Castro regime's warnings of «relámpago» attacks by enemies of the state, mushroom clouds that resemble «el hongo», and nuclear doom[27]. With public discourse in post-1959 Cuba often marked by such rhetoric, Pérez points to the need to *tachar* to achieve a greater clarity of vision: «tachar *la frase*: / "el hongo nace del relámpago"». This act of crossing out, of *tachar*, reveals the poem within a poem:

> *las cosas*
> *que las cosas*
> *ocultan*
> *la frase:*
> *ya quedas cerca.*

The decision to *tachar* (and to *subrayar*) reveals *cosas* that might otherwise remain hidden: *cosas* that are tied –or perhaps sewn– to *la frase*, or the words, joined together in verse, that are part and parcel of the literary language of the Republic of Letters. This language is, in turn, necessary to the creation of the alternate space of identity that is implicitly referenced in the poet's mention of distance and the double meaning of *desmontar* (to dismantle, to dismount): «*ya quedas cerca*». Through the act of dismantling, and thus of questioning the longstanding association between literary and political language in post-1959 Cuban letters, Pérez insinuates that one can gain proximity to a more truly literary language and, by extension, to the Republic of Letters that exists both in the gatherings in the Azotea and the Torre, and in the poetic architecture that fills the pages of *¿Para qué el cine?*

---

[27] My thanks to Juan Pablo Lupi for this insight as well.

Ramón Hondal: *Scratch* (2013)

Ramón Hondal's *Scratch* (2013b) also evidences an attempt to supersede the time and space of the present, at the same time that it once again signals the difficulties of doing so in a time of ongoing scarcities[28]. In *Scratch*, Hondal offers a collection of poems whose organization mimics the form of a long-playing (LP) record: the opening section, «Cara A» (2013b: 2), is followed by «Cara B» (2013b: 30), which, in turn, is followed by «Se levanta el brazo» (2013b: 64). *Scratch* was inspired in part by what the poet describes as the disjuncture between his everyday life and the music, films, and books he enjoyed (Hondal 2016), and in part by his search for vinyl records in Havana with a close friend (Hondal 2013a). When this friend left Havana to return to Europe, she took their shared record player with her, leaving Hondal without a means of listening to his collection. A nostalgia for the past permeates the poems, which often foreground memories of spaces past.

In some of his poems in *Scratch*, Hondal signals the artistic opening up of space and time, and the ability of poets and musicians alike to craft a space in which all might gather through the recording of music and poetry and the soaring of sound and language[29]. This is apparent in section V of a poem titled «El mismo violonchelo,

---

[28] Born in 1974, Hondal received the Premio Luis Rogelio Nogueras in 2013. He is the author of *Diálogos* (2014), and the editor of a new edition of Virgilio Piñera's translation into Spanish (Argos, 1947) of Witold Gombrowicz's *Ferdydurke* (Arte y Literatura, 2016). Hondal was kind enough to share the unpublished manuscript for *Scratch* with me during a visit to Havana in June 2013. In 2015, the poem «La Casa Haneke» was published in the literary magazine *la noria*.

[29] As Gitelman demonstrates, the phonograph too contributes to the formation of what Warner describes as «publics» and what Benedict Anderson famously terms «imagined communities»: «By the late nineteenth century, nonprint, inscriptive media had become rich and vigorous "allies" to print in the construction of imagined communities, joined so obviously in the twentieth century by noninscriptive forms» (Gitelman 1999: 12).

diferente sonido», which tells of a Stradivarius cello once owned by British cellist Jacqueline Du Pré, and now used by Chinese-American cellist Yo-Yo Ma:

> V
> Esto no ocurre en la palabra
> Esta palabra que se tira a esta acera, sobre el sol.
>
> No hay intérpretes para esta lengua
> No hay forma de agarrar lo escrito y lo dicho
> Cambiar su tiempo
> Su palabra
> Ni hacer que se arrastre la lentitud
> Y entre por los pies hasta la cabeza.
>
> Las palabras, una vez dichas, se entierran en su cárcel.
>
> El sonido vuela de un tiempo en otro
> Cambia, salta y suma notas.
>
> Una nueva palabra a Celan se cae Celan
> Y no entra por los pies hasta la cabeza. Este sol.
>
> Si se quita sigue igual. (Hondal 2013b: 57-58)

As the poet proclaims, sound –music– is endowed with a power that words alone do not have. Words, once spoken, are buried in their «cárcel»; sound, in contrast, «vuela de un tiempo en otro / Cambia, salta y suma notas». Sound, then, is capable of moving from one time to another, crafting an alternate time for an alternate lyrical space.

As does Rodríguez in ...*te daré de comer...*, in *Scratch* Hondal also highlights the necessarily fleeting existence of any alternate space of identity. The dual thrust of the *poemario*, which creates and contests an alternate space of identity, is clear in the references to poet Paul Celan in the aforementioned «El mismo violonchelo, diferente sonido» (and, by extension, to this poet's firsthand experience of the Holocaust). It is also evident in «La Casa Haneke», which includes the poet's meditations on the film *Caché* (dir. Michael Haneke, 2005), along with his recounting of the experience of viewing a filmed version of a Queen concert in Havana's Charles Chaplin cinema. As the concert, filmed in 1982, is projected to spectators in present-day Havana, Hondal writes that time and space become confused:

> [...] Se entra a ver un concierto, y ni siquiera a uno con músicos de carne y hueso, sino un concierto grabado. No es un concierto reciente para colmo, es un viejo concierto de 1982.
> ¿Y qué diferencia habría entre un concierto y otro? ¿La muerte, tal vez?
> Queen toca para los pocos que hay en la sala. [...] Se viene más que a ver a Queen, a encontrarse con lo que no pudo ser. (Hondal 2013b: 7)

On the one hand, through his references to British rock band Queen and Austrian film director Michael Haneke, Hondal again signals the possibility of a space out of time: a space similar to a heterotopia in that it is located «outside of all places» (Foucault 1984: 4). In this space, now crafted through music and song, lyric and tone, members of the Republic of Letters may gather to listen to old records and catch a glimpse of international cultural icons. At the same time, Hondal implies, this alternate space is ephemeral, likely not only to shift in time and space (as occurs with the Azotea and the Torre), but also to disappear, as suggested in the poem's mention of «muerte» and «lo que no pudo ser» (Hondal 2013b: 7), references to Freddie Mercury's early death of AIDS complications at age 45.

The constant vigilance by unknown forces that is at the heart of *Caché* –and that is referenced repeatedly in «La Casa Haneke»– also threatens the creation of the alternate space of identity that Hondal insinuates. The poem begins with a description of watching *Caché*:

> La casa que estoy mirando, la de una película, es a su vez la grabación de alguien desde fuera de la casa, en la película. Estoy mirando la grabación de una grabación, y en ese momento los actores están haciendo lo mismo que yo. Miramos la grabación. (Hondal 2013b: 7)

Later, the vigilance of *Caché* morphs with that of present-day Havana:

> Pero no se estuvo en el concierto de Queen. No. Ninguno de los que está en esta sala estuvo en un concierto de Queen ni en los setenta y mucho menos en los ochenta. De ahí que algunos de los presentes griten ante un solo de la voz de Mercury, ante uno de la guitarra de May.
> Pero alguien está filmando. Haneke está filmando. (Hondal 2013b: 9)

Recalling Erika Brady's work (1999) that details the early use of the phonograph in ethnography, the morphing of space and time in this instance returns the reader to the present[30].

In describing the «scratch» that gives the collection its title in a poem titled «Cuatro» in a reference to a record's track number, Hondal once again offers a cautionary reminder of the limitations of creating an alternate space out of time, in this instance through music and media. As Hondal writes:

> Está el Scratch. El Scratch, ¿qué es?
>
> Se limpia el disco para eliminar el Scratch. No. Se mantiene el Scratch. El Scratch es parte de la música, y tanto se quiere la música, rememorar, como ese Scratch que se cuela desde el surco hasta el oído y hace saltar la aguja que marcha y marcha.

---

[30] Brady's *A spiral way: how the phonograph changed ethnography* (1999) offers an overview of the early history of the cylinder phonograph and traces its ties to ethnography.

El Scratch es el ruido, lo que interfiere, lo que debería sobrar. Pero no sobra. El Scratch no sobra. Uno. Dos. Uno tras otro. Tres. Cuatro. No sobra. (2013b: 15)

Over time, the scratches that cut across the vinyl become intrinsic to the music, offering an alternate rendition from that which has been recorded. At the same time, the scratches continue to «interfere»: the «ruido», or «lo que interfiere,» is so ingrained that it does not «sobra», but (by virtue of this very fact) neither does it allow listeners to leave the space and time of the present for more than a brief moment.

CONCLUSIONS

Introducing his remarks on heterotopias, Foucault reflects on the growing importance of space: «The present epoch will perhaps be above all the epoch of space. We are in the epoch of simultaneity: we are in the epoch of juxtaposition, the epoch of the near and far, of the side-by-side, of the dispersed. We are at a moment, I believe, when our experience of the world is less that of a long life developing through time than that of a network that connects points and intersects with its own skein» (1984: 1). Pointing to this idea of the world experienced as a «network» (Foucault 1984: 1), works such as *...te daré de comer como a los pájaros...*, *¿Para qué el cine?*, and *Scratch* evidence Cuban poets' attempts to craft a space that extends from and beyond the Azotea and the Torre: a poetic space that belongs to an archipelagic Republic of Letters, fit for a wide public of like-minded readers and thinkers.

As U.S. policy toward Cuba undergoes ongoing shifts and Cuba itself experiences fundamental changes in policy and practice alike, new spaces of identity will doubtless emerge, as will new publics. Yet the work of poets Rodríguez, Pérez, and Hondal to craft a poetic space that forms part of the República de las Letras will no doubt remain important: a space in which all «birds of a feather» might gather, albeit momentarily, within the shifting borders of an archipelagic Republic of Letters[31].

BIBLIOGRAPHY

Arcos, Jorge Luis (2003): «Una nueva visión». In *Encuentro de la cultura cubana* 30-31: 41-44.
Bachelard, Gaston (1994): *The poetics of space: the classic look at how we experience intimate places*. Boston: Beacon.
— (2016): *La poétique de l'espace*: <https://gastonbachelard.org/wp-content/uploads/2015/07/BACHELARD-Gaston-La-poetique-de-l-espace.pdf>.
Brady, Erika (1999): *A spiral way: how the phonograph changed ethnography*. Jackson: University Press of Mississippi.
Casanova, Pascale (2004): *The world republic of letters*. Cambridge: Harvard University Press.
Cubadebate (2013): «Reina María Rodríguez, Premio Nacional de Literatura 2013». In *CubaDebate*, 17 December: <http://www.cubadebate.cu/noticias/2013/12/17/reina-maria-rodriguez-premio-nacional-de-literatura-2013/#.V7CdWjkrKCQ>.
De Certeau, Michel (1988): *The practice of everyday life*. Berkeley: University of California Press.
Real, Mirian (2011): *Después de Paideia o el rescate de una memoria*. La Habana: Proyecto Miscelaneo.
Dykstra, Kristin (2004): «Afterword: the only moment I will witness». In Rodríguez, Reina María: *Violet island and other poems*. København: Green Integer, 163-204.

---

[31] I would like to thank César A. Salgado and Juan Pablo Lupi for their helpful comments on this chapter. I would also like to thank the participants in the 2015-2016 Rutgers Center for Cultural Analysis Seminar on Archipelagos, and, in particular, Seminar organizers Yolanda Martínez-San Miguel and Michelle Stephens, for generously reading an earlier version of this piece and sharing their insights with me. My research on this project has been supported by awards from the Rutgers University Research Council Grant program and the Rutgers Center for Latin American Studies Small Grant Fund. I remain grateful for this support.

— (2008): «"A just image": poetic montage and Cuba's special period in *La foto del invernadero*». In *Mosaic: a journal for the interdisciplinary study of literature* 41 (2): 55-74.
FLORES, Juan Carlos (2009): *The counterpunch (and other horizontal poems)*. Tuscaloosa: University of Alabama Press.
FOUCAULT, Michel (1984): «Of other spaces: utopias and heterotopias». In *Architecture/mouvement/continuité* October: 1-9.
GITELMAN, Lisa (1999): *Scripts, grooves, and writing machines: representing technology in the Edison era*. Stanford: Stanford University Press.
HELLER, Ben (1997): *Assimilation/Generation/Resurrection: contrapuntal readings in the poetry of José Lezama Lima*. Lewisburg: Bucknell University Press.
HONDAL, Ramón (2013a): Personal conversation with the author.
— (2013b): *Scratch*. Unpublished manuscript. Collection of the author.
— (2014): *Diálogos*. La Habana: Extramuros.
— (2015): «La Casa Haneke». In *la noria* 8: 35-39.
— (2016): «Re». Email received by the author, 19 August.
LEFEBVRE, Henri (1991): *The production of space*. Malden: Blackwell Publishing.
LÓPEZ-CABRALES, María del Mar (2002): «En busca de la palabra bajo una luz acuosa: la poesía de Reina María Rodríguez». In *Céfiro* 2: 62-69.
MORETTI, Franco (2013): *Distant reading*. London: Verso.
PÉREZ, Ricardo Alberto (2010): *¿Para qué el cine?* La Habana: Unión.
PLASENCIA, Azucena (2014): «Reina María Rodríguez, más allá de la poesía». In *Diario de Cuba*, 4 January: <http://www.diariodecuba.com/cultura/1388709134_6545.html>.
PRATS SARIOL, José (2003): «En el barrio de Reina María». In *Encuentro de la cultura cubana* 30-31: 36-40.
RODRÍGUEZ, Néstor E. & Figueroa, Sylvia (2003): «En la casa de la poesía: encuentro con Reina María Rodríguez». In *Caribe: revista de cultura y literatura* 6 (1): 17-22.
RODRÍGUEZ, Reina María (2013): «Re: Torre de Letras». Email received by author, 3 November.
— (2012): «Poesía cubana: tres generaciones». In *LL Journal* 7 (1): <http://ojs.gc.cuny.edu/index.php/lljournal/article/view/1212/1283>.

— (2000): *...te daré de comer como a los pájaros...* La Habana: Letras Cubanas.
STRATFORD, Elaine & Baldacchino, Godfrey & McMahon, Elizabeth & Farbotko, Carol & Harwood, Andrew (2011): «Envisioning the archipelago». In *Island studies journal* 6 (2): 113-130.
WARNER, Michael (2005): *Publics and counterpublics.* Brooklyn: Zone Books.

Triumphs of verticality / Horizontal reactivations
Forces at work in and around Soleida Ríos' elegy for Ángel Escobar

Kristin Dykstra | *Saint Michael's College*

Soleida Ríos (b. 1950) draws details for her writing out of extended explorations of botanical guides, Caribbean history, transcriptions of dreams described to her by other people, and meditations on works by other writers in her region. Known as a poet to her fellow Havana writers, she has approached writing in a more complex fashion than that label would seem to indicate: her writing allows for the intersection of diverse forms of expression, experiments in the blending and disruption of traditions and genres.

Ríos first produced book-length publications in the late 1970s. She went on to create «various indescribable manifestations of a poetics unfastened to mode, genre, or category» over the course of the following decades, to borrow accurate phrasing from Rosa Alcalá (s.f.)[1]. This includes numerous well-regarded titles published in the twenty-first century, including three in 2009 alone. Her collection *Estrías* won the Nicolás Guillén Prize for Poetry in 2013.

---

[1] Alcalá's prefatory remarks and interview of Ríos appeared many years in a digital publication managed by the literary collective Factory School. The Factory School website does not currently make the «Seven Cuban Poets» site available because it was hacked and destroyed. While the editors have expressed interest in rebuilding this project in the future, my citation reflects their original digital publication.

As the prize suggests, within the larger flexibility of her career, some items can still be reasonably identified as «poems» in contrast to other types of writing. Here I examine a 2002 poem that has been published in many contexts in Spanish, as well as in my translation into English: «Ángel Escobar: Excogitate *The Wheel*» («Ángel Escobar: Excogitar *La Rueda*»)[2]. The title introduces one of the poem's subjects, lines of intersection between the poetry of Ángel Escobar (1957-1997) and José Lezama Lima (1910-1976).[3] Further complexity derives from its function as a lament, an elegy written after the passing of Escobar, a dear friend.

Most interesting, however, is what happens when Ríos subsequently rewrites this same poem into the body of another text, one that bridges poetry and prose. This manifestation appeared in one of her 2009 books. Ríos calls the newer presentation a «discourse», giving her complete longer text the title of «A (Fractured) Discourse about Cuba [...] Or, Three In-Determinations on This Paper» («Un discurso [roto] de Cuba [...] O tres marcas in-formes sobre el papel»). This text might be also classified as an essay, but given Ríos' history

---

[2] 2002 is the year Ríos names in an UNEAC interview with Leyna Leyva. Their published interview is not dated but took place sometime after 2009 when the poem reappeared in two books, including the UNEAC edition *Secadero*. My translation of the poem appeared in a preliminary version in the magazine *Eleven Eleven* (issue 15 [2013], 178-185) and then in a revised version, embedded within the complete text of the «Broken Discourse», in the magazine *Tripwire: A Journal of Poetics* 13 (2017, print and digital: 5-16). The digital version is located at <https://tripwirejournal.files.wordpress.com/2017/09/tripwire13pdf.pdf>.

[3] While Lezama's career has received international recognition for some time and a fine edition of translations into English has been published by the University of California Press, the late Ángel Escobar's work has not been made available to readers of English, aside from a few scattered poems in magazines, until very recently. Resources for learning about Escobar's life and work are now starting to appear in various languages. The University of Alabama Press published a bilingual edition of one of his mature works, *Abuso de confianza / Breach of Trust*, in my translation in 2016 with an extended introduction to his career as a whole. I cite this edition for the English translations in this article.

of experimentation, I prefer to connect it to less established forms such as the notebook entry, and to describe it as an «inter-genre» text. There the Escobar poem helps to make a statement that extends the critique Ríos launched in her elegy, by multiplying the forms of cultural literacy that can be recognized as part of the island's poetic traditions past and present.

In this essay, I will explore how Ríos effectively creates both ceremony and statement by generating a productive conflict between the energies animating her two formats. As a stand-alone elegy, or a poem in a group of poems, «Ángel Escobar: Excogitate *The Wheel*» is notable for its agonizing vertical pressures, which are associated with nation and loss. Translated into the relatively «unfastened» space of the inter-genre text, this poem's verticality contrasts with the expanding horizontal planes constructed in the entries around it.

Nation reappears within the inter-genre piece, as its title invoking Cuba suggests, but this unit is simultaneously decentered through the connections Ríos establishes to a broader Caribbean scene[4]. Seen as a whole, the «(Fractured) Discourse» enacts an ongoing contestation between verticality and horizontality, asserting their impact on Cuban lives and deaths, and on island literature more broadly conceived.

This contestation has become more clear, in my view, through elements that complement close textual analysis. In this article I draw on direct conversations and correspondence with Soleida Ríos, through which I elicited contextual information originating from an intense focus on the texts. That is, my discussion is informed by specific modes of access to cultural information: the blend of planned and spontaneous conversations of a translator with a writer, mingled

---

[4] Ríos also names and ritually remembers writers living in various diasporic locations, such as the United States and Chile, suggesting further questions about deterritorializing and/or reterritorializing «Cuban» life. I will focus on the Caribbean here due to the relatively greater weight she gives to Aimé Césaire's presence across the work as a whole.

with my reflections on contexts for translation. In keeping with other contemporary scholarship, this discussion validates translation as a source of knowledge, both creative and scholarly[5].

«No one else will»

> I exist as excessively arduous realities:
> Moons, heads, stones, ceremonies.
>
> Soy realidades excesivamente arduas:
> Lunas, cabezas, piedras, ceremonias.
>
> Ángel Escobar[6]

I begin my discussion with the basic poem: the elegy with which Ríos mourns the untimely death of her fellow writer, Ángel Escobar. While «Ángel Escobar: Excogitate *The Wheel*» invokes the forms of a circle and a triangle, it is more consistently structured around vertical energies, particularly two falls by Escobar. Ríos adopts the image of the fall because Escobar not only took his life by leaping out of a building but had previously made a similar, damaging attempt.[7] His vertical trajectories enhance her broader meditations on power, including the pressures of canonicity. Ríos invokes the canonical pressure exerted on the Spanish language by the Royal Academy, par-

---

[5] The Modern Language Association issued the document, «Evaluating Translations as Scholarship: Guidelines for Peer Review» (2011): <https://www.mla.org/About-Us/Governance/Executive-Council/Executive-Council-Actions/2011/Evaluating-Translations-as-Scholarship-Guidelines-for-Peer-Review > The MLA document asserts, «Success or failure in translation ultimately depends not so much on the literal transposition of discrete meanings as on an interpretation of the myriad traits and dimensions of the source text» (s.p.).

[6] From «The Chosen One» / «El escogido», in Escobar 2016: 49, lines 59-60.

[7] Leaps, flights, and falls appear in commentaries about Escobar by other friends, critics and fellow writers. Another text available in English translation, for example, is Marqués de Armas 2009.

ticularly around the idea of blackness; and she conjures the canonical presence of José Lezama Lima, whose name and works both inspire and haunt writers in later generations of Cuban poetry.

A brief overview of publication sites demonstrates how the elegy began its travels *as* a poem. Multiple iterations of «Ángel Escobar: Excogitar *La Rueda*» are available to Spanish-language readers in print and digital locations, giving it a wide reach. The poem appeared online in a 2004 Ríos feature in the digital magazine *La Habana Elegante, Segunda Época* with introductory remarks from both José Kozer and Antonio José Ponte. It then appeared in two 2009 collections by Ríos published in Havana: *Escritos al revés* and *Secadero*. The poem also appears in a 2010 anthology of Ríos' work published in Bogotá, *Aquí pongamos un silencio*. This anthology was noted in turn at the magazine *La Jiribilla* with an introduction by Sigfredo Ariel (2010), who singled out the Escobar piece from the rest of that Ríos folio as an «extraordinary» poem. The poem reappeared once more in the anthology *The Cuban Team: Los once poetas cubanos*, edited by Oscar Cruz (Madrid: Hypermedia, 2015). My list is surely incomplete, but it traces a pattern informing my study. In all but one of the internationally dispersed sites named above, the basic Ríos poem, her ceremonial elegy to Ángel Escobar, has been published as an independent unit – that is, a poem that can stand alone, even if it appears within a cluster of other poems.

My initial encounter with the poem initially seemed mundane but has now proven suggestive, since it speaks to the theme of marginalization that Ríos foregrounds in her elegy, as well as to questions about her multiplication of cultural literacies and her own status in translation. Several years ago, another translator sent «Ángel Escobar: Excogitar *La Rueda*» to me over email and asked me to translate it, saying there was some hope of including it in a future anthology (which did not materialize). She added that other translators had already asserted the poem's untranslatability and refused to work on it. Perhaps this remark was exaggerated, or just an honest acknowledgment that a commitment was being requested of me. The translator passing along the request certainly didn't intend to discourage me, and she herself had previously advocated for Ríos' writing, dedicating significant time and energy to translating other works. Still, offhand remarks are intriguing because they can be so oddly influential.

I did not save her email. Yet my memory of that initial point of encounter with the elegy never faded because it functioned as something more than anecdote, more than a single event. Remarks conjuring untranslatability seem to me to be so common as to serve as emblems of rhetorical patterns that ultimately influence what does or doesn't get translated: they are «instances of aporetic discourse about literary value in the global context», a description suggested by César A. Salgado (2016). I propose that offhand remarks claiming untranslatability point toward mythologies regarding poetry's expressive capacities and the tensions animating debates about how literatures «can» or «can't», «should» or «shouldn't» flow through regional or global cultural spaces in our contemporary moment.

This particular poem is indeed difficult to translate and therefore it required commitments of me. But I wondered what would be lost if an elegy to one poet, Ángel Escobar, composed by a second poet, Soleida Ríos, were never reframed as «translatable» in some way while *other* works of island poetry continue to enter the English language. This article is an extended response to that question. It is my meditation on myths of untranslatability: first, on the insistent conversational recurrence of such myths that one encounters as a translator in our most banal interactions with other people; and second, on the cultural syntheses and counter-narratives that can be (re)marginalized all too easily due to the rapid workings of «untranslatability» logic.

To complicate my own starting point, claims of untranslatability can serve as gestures of respect toward literary works, particularly when highlighting the existence of social, historical, and cultural difference. They enable a necessary pause, perhaps an extended period of thoughtfulness, questions about whether one can learn what needs to be learned to produce a good translation, or whether one's own identity and location as a translator might be inadequate. A pause may also validate the ways in which a voice untranslated is a voice unassimilated. That is, there's a decolonizing potential in oversights or avoidances regarding translation, insofar as decolonizing thought can remind us that there is value to spaces that remain unassimilated to the English language and its manipulations in this historical moment. English and its translators are embedded within highly unbalanced power relations informing the production of global culture, and dominant expectations of literary translation include diminishing and managing the differences between cultures with the appearance of a smooth fluency[8]. Seen in this light, a voice untranslated might attain a resistant and even life-giving state of otherness for its audiences; or perhaps that voice will simply find a better translator in another time and place.

Yet the pause that follows upon claims to un-translatability can also function as a turn toward misgiving, and misgiving morphs into acts of non-translation, inattention. Put differently, acts of inattention translate *themselves* into utterly pragmatic outcomes: silence and invisibility, or visibility generated through a problematic lens of exoticization, the conveniences of business as usual in the global here and now[9].

---

[8] Lawrence Venuti writes that the statistical imbalance between English and other languages in publishing is itself one of the key starting points for considering the ethics of translation. While English is a dominant language in the global marketplace, it is also «one of the least translated into» (1998: 160). See *The Scandals of Translation* for Venuti's fuller, influential overview of this and other ethical issues.

[9] In April 2016, the writer and translator John Keene called for attention to the dearth of US-published translations of non-Anglophone African diasporic writers in a piece for the Poetry Foundation's widely read «Harriet» blog. Noting that editions featuring Cuba's Nancy Morejón and Georgina Herrera were rare exceptions to the rule patterning 2014 publications (based on statistics collected by

Ríos engages and challenges literary business-as-usual with all iterations of this poem. Her elegy invites readers to participate in the remembrance and mourning of Ángel Escobar, whose writing of an outcast's abject world is brilliant, kaleidoscopic, and eloquent in its inconvenient voicings. Ríos thus charges her readers to recognize long histories of violence stemming from imperial legacies in the Americas.

Simply renouncing translation closes off the possibility that readers who need it may hear her charge. Lawrence Venuti describes the value of reflection on how specific texts traverse this complex terrain:

> Translations are produced for many reasons, literary and commercial, pedagogical and technical, propagandistic and diplomatic. Yet no translator or institutional initiator of a translation can hope to control or even be aware of every condition of its production. And no agent of a translation can hope to anticipate its every consequence, the uses to which it is put, the interests served, the values it comes to convey. Nonetheless, it is these conditions and consequences that offer the most compelling reasons for discriminating among the stakes involved in translating and reading translations. (1998: 3)

To initiate a reflection on the stakes around Ríos' poem and «Discourse», consider the following question, with its organic connection into the very Ríos' texts under discussion. José Lezama Lima is constantly mythologized as the most difficult of Spanish-language poets, in part because he openly predicated the workings of poetic meaning on difficulty itself. Yet significant works by Lezama have appeared in translations to English. So what is at stake if poems by Ríos, and

---

Three Percent), Keene called for more attention and commitment to writers generally underrepresented in translation. Keene observes that women and LGBTQ writers are also underrepresented in translations released in the United States. See «Translating Poetry, Translating Blackness» at https://www.poetryfoundation.org/harriet/2016/04/translating-poetry-translating-blackness/

then an inter-genre text also by Ríos incorporating the prior poem, get placed into an untranslated zone of putatively «excess» difficulty?

Ríos takes on the difficult and emotionally excruciating task of synthesizing Escobar, his unique life and work and elegy, into dialogue with José Lezama Lima, and later Aimé Césaire. I speculate that the difficulties motivating a disclaimer – that informal *everyone else refused to do it, the poem is said to be untranslatable* – emerge in part from Ríos' incorporation of lines and stylistics from poems by Lezama and Escobar. Her completed elegy is a conscious synthesis of imagery and voices. Fortuitously, when the poem came to me, I had recently translated writing by Escobar and recognized his fragmented surfacings within her poem.

One act of translation begat the next. The element of chance factors into my meditation on translation, then, but to overemphasize it would be deceptive (albeit socially pleasing, because diverting agency to «chance» caters to the self-effacement cheaply and conveniently expected of translators)[10]. There's another reality of greater analytical importance, an insight into the relationship between translation and futurity. When a text has been labeled «untranslatable», translating it anyway means passing it forward despite the limitation defined by that tag. One act of translation conditions future possibilities that will be imagined or actively unimagined, and then enacted or (actively) not.

---

[10] The routine «invisibility» of translators in English-language publishing cultures has been much discussed in recent decades, a key source being Venuti's book *The Translator's Invisibility: A History of Translation* (1995). Related questions arise for other languages, for example when academic bibliographies routinely delete the names of the translator(s) who rendered a text into the language of analysis: this publishing practice reflects an uncritical approach to translation. As in other cases of when translation is actively made invisible, it is a practice that can be changed with conscious reflection and a different editorial choice.

The triumph of verticality

> *It was about the body of a poet who arrived with his manuscripts as if they were one and the same thing.*
>
> Reina María Rodríguez[11]

Ríos dates her poem, «Ángel Escobar: Excogitar *La Rueda*», to 2002, roughly five years after Escobar's death. As the dates I cited above demonstrate, it appeared in a stream of publications over the course of the following decade, at which point it received preliminary critical attention within Spanish-language circles. In a 2013 article published in Spanish in *La Habana Elegante*, María Lucía Puppo begins by acknowledging geometrical shapes and an instability of genre flowing from Lezama's work into the poem by Ríos. These features may at first seem to contest vertical pressures at work in her poem.

Puppo observes that «La Rueda», the wheel that is openly cited by Ríos in the title of her own poem, is part of a text by José Lezama Lima that unsettles genre. He presents the opening text of his 1960 collection *Dador* as notes in prose toward the staging of a drama, followed by pieces with a more conventionally poetic appearance using enjambment. Puppo highlights «a triangle composed of one woman and two men, one "in black grease" and the other "with very white, long / teeth and feet"» [un triángulo formado por una mujer y dos hombres, uno "untado de negro" y otro "con los dientes y los pies / muy blancos y muy largos" (2013: s.p.)]. In her reading, «The poem by Soleida Ríos incorporates several lines from Lezama in reference to the black man, and weaves from them a sort of gloss that maintains, in turn, Lezama's fragmentary structure» [«El poema de Soleida Ríos incorpora varios versos de Lezama referidos al hombre negro y a partir de ellos teje una especie de glosa que mantiene, a su vez, la estructura fragmentaria»].

---

[11] Rodríguez 2014: 83. My translation to English.

As a central unifying gesture Ríos adopts, repeats and rewrites Escobar's last name throughout the poem, and its repetition brings a ceremonial quality to the lament. The sound qualities of his surname are important in the original Spanish, where Ríos uses a series of words cascading out of the sound «Escobar» (*escoba, escobazar, escobillar, excogitar* and more). This cascade builds tension with a slow unfolding of meanings around its central figure, often associated with a broom. In the translation I have chosen to repeat his name and some of the Spanish-language variations that follow upon it, since the sonorous invocation of the name of the deceased is so essential to the elegiac nature of the poem. With this repetition I double some terms, breaking the economy of the original poem, in order to capture both sound and meaning.

> Escobar: to sweep.
> Escobillar: to scrub.
> Scrub the floor, make it shine!

> [Escobar. / Escobillar. / Escobillar el suelo, ¡lustradlo! (94-96)]

Through the ritualistic yet intellectually rich evocation of his presence, Escobar appears in confrontation with cultural history. Mourners experiencing the poem, therefore, view him within a specific, historicized positionality. As a figure and also an occasional implied speaker, Escobar operates from a subject position historically and linguistically associated with being a nuisance as well as a worker low in the class hierarchy: a descendent of slaves, and someone to be objectified, blotted out or ignored – swept away.

Ríos cites a 1731 slave uprising in the poem, but there is no illusion that colonial power relations have been swept away. The Spanish language itself, which built and traveled through imperial networks, is complicit in maintaining racist hierarchies. It structures black subjectivities in ongoing states of abjection, as emblematized in this stanza when Escobar's figure fades into two text-related spaces (actual lines written by Lezama, and books):

> He sees a black man rise up, one all full of hair
> Red robe, black inkwell.
> *He opens the book, re-examines that which comes and that which goes*
> *[...]*
> Excogitates. Then turns to a deserted room
> (ñinga!)
> because in the Royal Academy's dictionary
> LO NEGRO the BLACK THING,
> BLACK THING gets in the way.
> Even today.

> [*Se ve ascender un hombre negro, está lleno de pelos* / Manto rojo, tintero negro. / *Abre el libro, repasa lo que llega y lo que se va [...]* / Excogita. Luego deviene sitio solitario / (¡ñinga!) / porque en el Diccionario de la Lengua / LO NEGRO es torba. / Todavía. (100-108)]

The word interjected above, «¡ñinga!», presents multiple possibilities for the translator because it has a series of definitions that circulate differently amongst Spanish-language settings. The shared connotation is negative, dismissive, but other specific details vary. The way one hears the word can lend weight to a specific translation strategy.

The word may be associated departure from standard Spanish and possibly with a racial critique, which would be consistent with content surrounding the word «ñinga» in this poem. One key question is whether Africanicity is always perceived as subversive within Cuban language uses in the twenty-first century. The translator interested in drawing out the subversive potential can give a momentarily resistant feel to the translation by practicing «insufficient» translation: a moment of «not-naming», resisting conventional English[12]. While

---

[12] Here I adopt vocabulary from Indira Karamcheti (2005), who has discussed the subversive potential created by operations of insufficient translation. See esp. 188.

I experimented with other options, I now prefer this one due to my larger sense of Ríos' poem.

The sense that «ñinga» bears within it a perceptibly African diasporic ring was recently supported by the findings of Carlos Guillermo Wilson, who includes «ñinga» on a list of Africanisms in the Latino Caribbean (2004: 186)[13]. With that argument Wilson was preceded by none other than Fernando Ortiz, who included the word in his *Nuevo catauro de cubanismos*, gathering these terms in the early 1920s and reworking the vocabulary collection later in life[14]. Ortiz himself cited an earlier source, Constantino Suárez, in asserting the African nature of the term and speculating that it may originate in Congo tradition (1985: 377). Suárez had published his notes in a 1921 supplement to the Royal Academy's dictionary of the Spanish language.

Despite nearly a century of documentation regarding that Cuban context for the word, I have not found universal agreement amongst Spanish speakers more generally regarding the perceived Africanness, hybridity, or resistant nature of the word «ñinga» alone. The word is not neatly bound by Cuban nationhood, for it circulates in other countries in the region. Other options for the translator could involve choosing one of the multiple definitions attributed to «ñinga» in Spanish-language dictionaries (for example something based on «Never!» or «Hardly anything!» or, in a more harsh vein, «Piece of shit!», or perhaps something slightly more polite suggesting dirt on the bottom of one's shoe) and then moving it into English.

The author of any literary work is not the only source or ultimate guarantor of its meaning, and some are not interested in discussing the translation of their work at all. However, I often find that asking questions of a living author can yield provocative results, so I included that step in finalizing this translation. I asked Ríos what associations

---

[13] English translation by Elba D. Birmingham-Pokorny and Luis A. Jiménez.

[14] The *Nuevo catauro* appeared in various formats, some notably difficult to use because of a lack of alphabetical order, but it was eventually edited and republished in book form.

she herself holds with the word «ñinga». Ríos responded that to her it reads as a Cubanism, in documentable fashion: she immediately pointed to Ortiz's *Nuevo catauro de cubanismos* as the appropriate source to consult (2016). At the same time, she did not remark on the African inheritance that Ortiz found in the word, referring only to Cuban national identity, so it would still be possible to simply choose a term in English without emphasizing resistance to convention. I would argue, however, that her approach can be seen as a status claim or strategy, a comment that must still be interpreted in relation to the rhetoric of the poem as a whole. My ultimate decision to give the poem a small pulse of subversion by deliberately withholding translation is based on the fabric and tensions of her complete poem, rather than consultation of external sources or the conversation with the author.

Cues immediately following this segment of the poem signal again that Ríos is evoking black diasporic experiences and histories in the region. She fuses reflections on the self, apparently stated from the perspective of an Escobarian «I», with a turn toward Haiti and another isolated word written in a different language, here French. Her placement of lines suggests that the fusion occurs midway through his great final fall, as he rotates between sky and earth, where present and past collide.

> Brushwood, coarse brush, brittle brushmaker [...]
> I revolve (ruptured) between sky and earth.
>
> Yes. An elliptical hole was splitting my head in two.
> Cables, chains ran through. The chains.
> *Écubier.*
> Pretty blacks in the slave quarter.
> Haitians in the workers' quarter.
> Jacobo, Juliana, Francisco, Ta José.
> Sometimes I fall face down.
> Oh, Mother.

I tried to drink dew
like a wildflower.

[Broza, bruza, bronco brucero. / Ruedo (roto) entre cielo y tierra. / / Sí. Un agujero elíptico abría en dos mi cabeza. / Pasaban cables, cadenas. Las cadenas. / *Écubier.* / Negros lindos del barracón. / Haitianos del barracón. / Jacobo, Juliana, Francisco, Ta José. / A veces caigo boca abajo. / Ay, Madre. / Quise abrevar en el rocío / como una flor silvestre. (108-119)]

In this lamentation, Escobar comes to represent a formative contradiction, a duality. He resists the entrenched, negative definition of the racialized self that pressures the long history of black diasporic experience in the Caribbean. But he also absorbs it. Despite his visionary acts as a poet, and despite the clear awareness of diasporic knowledge exhibited within the poem, he enables the logic of violation to complete itself when he obliterates his own presence with suicide. The entrenched hierarchy he confronts is not overturned. Oppression is rendered visible all over again in his plane of descent.

Throughout the elegy Ríos enhances broad social visions with glosses on Escobar's particular writings and individual history. The following merger of text and body is delivered in compact form:

Once I said I was Callimachus.
Dried water, dried words.
A puddle of black blood carried
in my lung.

[Una vez dije ser Calímaco. / Agua seca, palabras secas. / Llevaba un charco de sangre negra / en el pulmón. (58-61)]

Ríos explained to me that Escobar made a preliminary suicide attempt by jumping from a building, and this fall left his body damaged: he literally carried blood in a lung. As his friend and sometime lover, she expressed an awareness of his physical body that informs her elegy. In other words, Escobar's falling body is always remembered physically even as it is also the body of a writer, a body translated into poetry and also across language, from Spanish into English translation.

Ríos creates a dense textual weave around this body. Escobar did indeed once say he was Callimachus –Ríos is referring to his poem, «Another text about another proof and another proof», which again involves Lezama and appears in Escobar's abject masterwork *Breach of Trust* (*Abuso de confianza*, originally published in Spanish in 1991). More specifically, his poetic speaker states, «One morning I had and woke up and was / Callimachus» («una mañana tuve y desperté y fui / Calímaco»). In the poem as a whole, Escobar's poem portrays the balancing act of merging with tradition while constructing one's own distinct voice and contribution.

This process of weaving the self into literary dialogue with others, then becoming other to the self through poetry and death, becomes additionally relevant as Ríos overtly and implicitly tangles Lezama's voice into their chain of poems. I will expand briefly on this point here. Escobar's poem naming Callimachus comes in the wake of Lezama's «Death of Narcissus». Lezama's poem is the site of an encounter in which he establishes connections with his poetic predecessors, particularly French symbolists (Heller 1997). «Death of Narcissus» demonstrates Lezama's struggle to achieve his own voice. That struggle is inseparable from self-loss, forming a central opposition between presence and absence also operative in Escobar's riff on the piece. Escobar then writes himself into this lineage, weaving lines and characters from Lezama's poems into the fabric of his own creation, merging self with other, life with death. He did so in the self-proclaimed roles of outcast and scapegoat, producing an abject lyric poetry in his mature works.

Ríos extends their chains of transmission, linking selves to others in the ongoing process of poetic affiliation. But because her funerary poem is composed after Escobar's very real death by suicide in 1997, self-assertion tangles with self-loss in a new way. Presence faces off with absence within the flight off an apartment balcony. Ríos indirectly emphasizes the literal ascents and descents in Ángel Escobar's multiple suicide attempts. In sum, racial violence and canonicity, self-assertion and self-annihilation play off each other on multiple levels, rechanneling the abject positionality constructed by Escobar.

Returning to consider the intertextual wheel that Ríos foregrounds in the title of her lament, Puppo concludes,

> The Wheel turns in its implacable manner, placing the automatism of language and the impunity of the dictionary into evidence. In this way the elegy assumes an unprecedented tone of accusation, and excogitating a poem by Lezama comes to mean raising a century-old protest as well as reflecting on the deceased poet to strengthen his body of work, his figure and his name («Excobar»).

> [La rueda gira de manera implacable, poniendo en evidencia el automatismo del idioma y la impunidad del diccionario. De ese modo el poema elegíaco asume un tono inédito de denuncia, y excogitar un poema de Lezama equivale a levantar una queja centenaria además de reflexionar acerca del poeta muerto para potenciar su obra, su figura y su nombre («Excobar»). (2013: s.p.)]

The legacies of racism and extant hierarchy dominate the scene of Ríos' poem, grinding Escobar into the ground. Triangles and wheels, with whatever freedoms they may otherwise seem to offer, collapse into a scene of crushing verticality –the depredations of power itself.

AGAINST VERTICALITY: HORIZONTAL AXIS

Subsequently taking up another translation, I discovered a distinct frame encapsulating the poem. Ríos blends her elegy among other genres in her 2009 collection *Secadero*, where it becomes one of many components of «A (fractured) discourse about Cuba [...] Or, three in-determinations on this paper» («Un discurso [roto] de Cuba [...] O tres marcas in-formes sobre el papel»).

The mingling of genres, passing from Lezama to Ríos, allows her to multiply her slides into the voices and texts of others. In so doing, Ríos pushes farther between genres than Lezama. His opening prose/theater text is less than two pages long, and the remaining formal diversity in *Dador* is most visible in the stylistic shifts within texts comfortably described as poetry[15]. Ríos makes her mingling of forms more radical yet bridges them with the pace, repetitions, and emotional depth of elegy.

In this context, «Ángel Escobar: Excogitate *The Wheel*» contributes to a larger meditation on collective dreams of Caribbean life. The «(Fractured) Discourse» describes a poetics in which Aimé Césaire emerges as the guiding spirit and most resonant intertextual figure. Because Ríos incorporates her elegy, Escobar and Lezama flank Césaire as significant literary spirits. However, even that prioritization of writers wobbles because Ríos sets about throwing all vertical properties into question, pluralizing the writers all around them.

She creates a competing weight of reference throughout the «(Fractured) Discourse» that seeks to fracture vertical dimensions, dropping them into the expanding horizontality of Caribbean cultural space. I'd like to call this dynamic collapse her counter-triumph, the presentation of a critical mass of expressive otherness. It calls a broader community together in indirect witness of Escobar's life and death, and it asserts the value of dream, a force not fully subject to power. Ríos diminishes some of the pressures of the Real Academia and the legacy of colonization, although these forces remain visibly articulated within «Ángel Escobar: Excogitar *The Wheel*». As a result,

---

[15] Lezama Lima, José (1960): *Dador*. La Habana: Impresores Úcar, García & cia.

the 2009 *Secadero* text must be understood on different terms than those descriptive of the poem alone.

To structure the «(Fractured) Discourse» Ríos adopts a central question from Aimé Césaire's *Notebook of a return to the native land*: «Who and what are we?» (2002).[16] She also takes up his emphasis on dream as an essential component of self-definition. Less obvious on first read, but just as suggestive, is her nod to her Martinican predecessor Césaire by way of formal technique. Césaire employs a form that foregrounds notes and notation as well as breaks for white space. The «(Fractured) Discourse» by Ríos is shorter than Césaire's notebook but similarly conjoins cinematic overviews with narrative, chants, and lists. Ríos highlights the multiplicity of her sources with occasional notations.

To illustrate, in the following early entries Ríos combines a suggestion of storytelling with a cinematic overview of eastern Cuba. Like Escobar, Ríos was born in Oriente and would later move to the greater Havana area, so this geographical motion from east to west establishes one of their shared experiences. And like Césaire's Martinique, the landscape in Section 1 of her «(Fractured) Discourse» is a funerary place.

> The impoverished peasant would die (black, white, part indigenous, Haitian, Jamaican), their women would die, their children would die [...] and their bones piled up on the ocean's shoreline. There they had

---

[16] The first version of the original Césaire text appeared in 1939. For my research, I selected the 2002 edition edited and translated to the English by Clayton Eshleman and Annette Smith. The choice of translation affects some of my language, insofar as I have considered how Ríos is riffing off Césaire's forms of expression. However, play amongst languages unsettles any simple correlation amongst these versions. For example, Ríos did not write in French or refer directly to a French original; she made reference to Césaire within her own Spanish text, citing a 1969 translation published in Cuba. Meanwhile I used the Eshleman and Smith translation of Césaire's notebook to consider options, not requisites, for rendering the Ríos text in English.

hoped for «the accident», the chance that a boat might carry them away, and they fell dead, and there at the coast their bodies and bones turned to dust.

Harsh Caribbean waters lapped at those bones.

To the south, insurgent Caribbean water (the fault, the Bartlett Trough: almost 4000 meters from the ocean floor to the Turquino peak) touches coastlines by Santiago de Cuba, Guantánamo and the Sierra Maestra mountain chain. The length of the Sierra Maestra: an extended cemetery. Crosses, crosses. Simple wood, the taste and scent of salt.

I came to know the poisoned roads that crossed the Sierra to move west, from Santiago de Cuba to Cape Cross (!!). I saw the opening of a highway that put an end to the effective existence of that eastern zone in Cuba as an accursed «island».

[Moría el pobre campesino (negro, blanco, aindiado, haitiano, jamaiquino), morían sus mujeres, morían sus hijos [...] y sus huesos iban apilándose en la orilla de la costa. Allí habían esperado el «accidente», el azar de un barco que los trasladase y caían muertos y ahí en la costa sus cuerpos y sus huesos se hacían polvo. / Las duras aguas del Caribe lamieron esos huesos. / Al sur, el agua insurgente del Caribe (la falla, fosa de Batle: casi 4000 metros desde el fondo marino a la cúspide del Turquino) toca las costas de Santiago de Cuba, Guantánamo y la cadena montañosa de la Sierra Maestra. A todo lo largo de la Sierra Maestra: un largo cementerio. Cruces, cruces. Madera simple, sabor y olor a sal. / Conocí los caminos envenenados que atravesaban la Sierra rumbo al oeste, desde Santiago de Cuba hasta Cabo Cruz (¡?). Vi abrirse una carretera que le quitó la condición virtual de «isla» maldita a esa zona del oriente de Cuba. (2009b: 45-46)]

These cinematic and narrative techniques recall Césaire and retain a lyric «I». As the «(Fractured) Discourse» moves forward, however, Ríos disrupts the identity of a central speaker by adding lines and sentences in the (mostly identified) voices of other people. These explicitly *other* voices accumulate as a chorus. The chorus speaks a dream of presence via the arts, spiritual expression, and popular culture.

Section 2 of the essay adopts a list format as well as an intensifying chant-like repetition of phrases based on dreaming and facing the sea. Here I give two extended excerpts in order to demonstrate how both of these qualities enhance a ritual of incantatory naming, recognition, and remembrance. They also illustrate Ríos' accumulation of the critical mass of voices, themselves an emergent horizontal plane:

> Like poet Lorenzo García Vega in what he called Albino Beach (Miami), who puts on the hat that belonged to Zequeira (Cuba's first memorable poet, insane) in order to disappear from himself, saying *I dream, but the dreams escape me. It rains continuously on this Albino Beach, and here's the strange thing: it's as if the dead were coming down with the rain. And I go on [...]* (June 2003).
>
> I, Soleida Ríos, came from La Prueba, from deep in the east, I dream the way, free, I write these words facing the sea.
>
> A partially blind man with a clear gaze into profundity, Mario García, in La Hata, Guanabacoa, a practitioner of Palo: «Something is burning [...] the world, yes», he says, blows aguardiente. And there's blood from an offering: Luceromundo, Sieterrayos, Sarabanda [...] He chants facing his nganga[...] *Awé*. He dreams the way.
>
> [Como el poeta Lorenzo García Vega en lo que él llama Playa Albina (Miami), puesto el sombrero de Zequeira (primer poeta memorable de Cuba, hombre delirante) desaparece de sí mismo, dice, *Sueño, pero los sueños se me escapan. Llueve continuamente en esta Playa Albina, y el asunto parece raro: es como si con el agua estuvieran bajando los difuntos. Y sigo [...]* (junio de 2003). / Yo, Soleida Ríos, venida de La Prueba, de lo hondo oriental, sueño el camino, libre, escribo estas palabras frente al mar. / Un hombre semiciego, con la limpia mirada en lo profundo,

Mario García, en La Hata, Guanabacoa, palero: «Está que arde [...] el mundo, sí», dice, sopla aguardiente. Y hay sangre de una ofrenda: Luceromundo, Sieterrayos, Sarabanda [...] Canta frente a su nganga [...] *Awé*. Sueña el camino. (2009b: 47)]

As her list of dreams, quotations, and remembrances unfolds, poets hold sway. Yet as the following excerpt demonstrates, they are joined by individuals associated with spirituality and healing, particularly through Regla de Ocha and Palo Monte Mayombé. That is, Ríos recognizes more than one African diasporic spiritual tradition. She does not place the people representing them into a separate category, one removed from poetry. Instead she mingles their knowledge, their dreams, with those of poetry:

Reina María Rodríguez: *perfection is the body and the blood on the altars*. With fear, an obscure terror, she dreams the way.

Nancy Cayetana Morejón (*Polished stone!*). Facing the sea she dreams the way.

Damaris Calderón, in Santiago de Chile (*Splinters!*), dreams the way, facing the sea.

Amaury X., in eternal performance (a poetic politics: man-sandwich, man upside down). Alamar, peripheral Havana. He dreams the way.

Marisol Hernández Morejón, Iyalocha, santera working with spirits of the dead, with possession, in Regla de Ocha: *Turn your gaze my Lord toward this unhappy creature, do not bury her between ocean waves* [...] She dreams the way.

[Reina María Rodríguez: *lo perfecto es el cuerpo y la sangre en sus altares*. Con miedo, con oscuro terror, sueña el camino. / Nancy Cayetana Morejón (*¡Piedra pulida!*). Sueña el camino frente al mar. / Damaris Calderón, en Santiago de Chile (*¡Astillas!*), sueña el camino frente al mar. / Amaury X., en perenne performance (política poética: hombre-sandwich, hombre cabeza abajo). Alamar, Habana periférica. Sueña el camino. / Marisol Hernández Morejón, Iyalocha, «muertera»: *Torna tu vista Dios mío hacia esta infeliz criatura, no le des la sepultura entre las ondas del mar* [...] Sueña el camino. (2009b: 48)]

In this same, second section of the «(Fractured) Discourse», Ríos segues from list and invocation into a different sort of notebook «entry», incorporating material from Césaire and then the 2003 Letra del Año or Letter About the Year.

Again, poetry mingles with other forms of knowledge publicly associated with African diasporic legacies. In our conversation of January 2014, Ríos explicitly stated that the Letra del Año had seldom if ever been tapped for literary purposes in Cuba. Her awareness of this lack of prior inclusion may account for her explanatory approach in the following sequence, which includes reference to sources. Initiates would not need these explanations, suggesting her intent to articulate a cultural space for the benefit of a wider audience: Ríos herself is performing a form of cultural translation.

Who and what are we? (Aimé Césaire. *Notebook of a Return to the Native Land*. In *Poesías*, Spanish-language edition published by Casa de las Américas, 1969.)

At 12 midnight on the 31st of December every year, 700 (or even 800) Ifá priests (the babalaos, fathers of secrets), gather. They represent the great majority of the branches or families of Cuba at a ceremony that is opening slowly to their peers from other countries in the region and the world, destined to extract the Predictions of Ifá (Orula, Orúnmila) for the coming year. A tradition is fulfilled.

[*¿Quién y quiénes somos?* (Aimé Césaire. «Cuaderno de un retorno al país natal». En *Poesías*, Casa de las Américas, 1969.) / A las 12 de la noche, el 31 de diciembre de cada año se reúnen 700 (y hasta 800) sacerdotes de Ifá (babalaos, padres de los secretos), en representación de la inmensa mayoría de las ramas o familias de Cuba, en una ceremonia que se abre lentamente a sus iguales de otros países del área y del mundo, destinada a extraer las Predicciones de Ifá (Orula, Orúnmila) para el año que se inicia. Se cumple una tradición. (2009b: 49)]

Ríos moves on to explain that the Oracle of Ifá is linked to Yoruba poetry traditions. Quotations from the 2003 Letter about the Year follow, flowing into poetry, for which she again notes a source:

> *Oggún kills on the right and destroys on the right.*
> *Oggún kills on the left and destroys on the left.*
> *Oggún kills suddenly in the home and suddenly in the countryside.*
> *Oggún kills the child with his own steel plaything.*
> *Oggún kills in silence.*
> ………
> *Oggún is the needle that pricks on both ends.*
> *Oggún has water but bathes in blood.*
> ………
> *It's not easy to look at the light shining on Oggún's face.*
> *Don't let me see the red of your eyes!*
> ………
> *Oggún is a crazy orisha who still asks questions after 780 years!*
> *If I can answer, or if I can't,*
> *Oggún, don't ask me anything!*
> *[…] […] […]*
> *Oggún, don't turn me away!*
> *[[…]]*
> (R.M. Furé: «Oriki Ogún», from *Poesía Anónima Africana*.)

[*Oggún mata a la diestra y destruye a la diestra.* / *Oggún mata a la siniestra y destruye a la siniestra.* / *Oggún mata de repente en la casa y de repente en el campo.* / *Oggún mata al niño con el hierro con que juega.* / *Oggún mata en silencio.* / ………/ *Oggún es la aguja que pincha por ambos extremos.* / *Oggún tiene agua pero se baña en sangre.* / ……… / *La luz que brilla en el rostro de Oggún no es fácil contemplarla.* / *¡No me dejes ver el* *rojo de tus ojos! / .... / ¡Oggún es un orisha loco que aún hace preguntas después de 780 años! / Si puedo responder o si no puedo, / ¡Oggún, no me preguntes nada! / [...] [...] [...] / ¡Oggún, no me rechaces! /* [[...]] (R.M. Furé: «Oriki Ogún», Poesía Anónima Africana.) (2009b: 50-51)]

As the extracts demonstrate, Ríos answers Césaire's foundational questions, «Who and what are we?», with recourse to contemporary writing from Havana writers (be they still in Cuba or departed for diaspora) as well as a recirculating body of Afro-Caribbean poetic, religious, and popular traditions. These notations complement social criticisms launched in her poem «Ángel Escobar: Excogitate *The Wheel*», which she places into the next and final section of her «(Fractured) Discourse».

SLIPPING SIDEWISE AWAY

The end result, while non-narrative and fractured as announced in the text's title, and multi-voiced to boot, is the paradoxically strong assertion of a coherent personal poetics. The many voices out of which Soleida Ríos constructs her urban and regional community pluralize expressions of Caribbean identity. If in her embedded elegy historical racism continues to pervade contemporary poetry and drives Ángel Escobar to complete ongoing cycles of violence, Ríos uses the «(Fractured) Discourse» as a whole to muster a series of counterforces.

Her Caribbean, she writes, is «forced labor, whip, barracks, resistance to slavery and discrimination, the runaway life and its defense [...], all of which lead to a cultural expression of resistance and liberation, which locates its spiritual spaces *par excellence* in popular celebrations and magico-religious systems» («trabajo forzado, látigo, barracón, cimarronaje, apalencamiento [...] , todo lo cual condujo a una expresión cultural de la resistencia y la liberación, que tiene sus espacios espirituales por excelencia en las fiestas populares y los sistemas mágico-religiosos», 2009b: 56).

The experimental and notational genre that Ríos adopts for her «(Fractured) Discourse» in *Secadero* leads me to conclude with remarks about horizontality from another one of her fellow poets, José Kozer (b. 1940). Kozer observes that in his attempt to read her poetry, horizontality prevails, mystifies, and develops its own poetic appeal. He ends with the statement, «Todo se me escurre hacia los lados» («Everything slips sidewise away from me», from "Inasibles de Soleida Ríos», 2004: s.p.).

Whereas Kozer registers the significance of this horizontal quality when looking only at her poems —which I will situate as a contemporary poetic *cimarronaje*[17]— I find it again in the genre-busting notes of her «(Fractured) Discourse» where the lyric self is present but emphatically accompanied by many others. Ríos assembles a critical mass of voices: something *other* to a canon in its incantatory recombination of literacies, pluralizing the dreams that issue from the island of Cuba and connect it to a larger world.

Insofar as I have called the «(Fractured) Discourse» a counter-triumph responding to the vertical tragedy of the Escobar poem, it is so in the sense of creating an unwieldy assemblage, one difficult to manipulate or crush, rather than making a clean sweep of power structures. Escobar is remembered once again and given a new community on the page.

Horizontality suggests a stage for a more equal state of social relations, or at the very least an alternative to the inevitable triumph of vertical power dynamics. The leveling gestures of the inter-genre text intervene in the island's literary canon to perform and affirm the incorporation of a broader range of literacies, placing what once would have been perceived as the «highest» of culture (a Spanish-language poetic tradition, Lezama's sublime difficulty and immense

---

[17] «Difficult to translate into English, particularly because the closest word we have, 'maroon,' is already a Spanish cognate, *cimarronaje* is the quality or ethos of a *cimarrón*, an escaped slave» (Guss 2000: 49).

reputation) alongside the putative «lowest» (the texts, oralities, and practitioners of African diasporic cultures).

Horizontality offers no guarantees. The horizon may be a field across which crushing wheels of power continue to roll, exerting downward force on all they encounter. What the spread of horizons and the disembodied force of dream have to offer are *other* planes of departure, some hope for resilience to follow upon mourning. Ríos challenges readers to take up her list of dreamers, remember suffering with them, and reactivate fragments of dream issuing from the island in all directions.

Bibliography

Alcalá, Rosa (S/f): «The dirt on Soleida Ríos». In *Seven Cuban poets* (Factory School): <http://factoryschool.com/pubs/cuban7/rios-interview.html>.

Ariel, Sigfredo (2010): «Aquí pongamos a Soleida Ríos». In *La Jiribilla*: <http://www.lajiribilla.co.cu/2010/n489_09/ellibro.html>.

Césaire, Aimé (2002): *Notebook of a return to the native land*. Middletown: Wesleyan University Press.

Escobar, Ángel (2016): *Abuso de confianza / Breach of trust*. Tuscaloosa: The University of Alabama Press.

Guss, David (2000): *The festive state: Race, ethnicity, and nationalism as cultural performance*. Berkeley & Los Angeles: The University of California Press.

Heller, Ben (1997): *Assimilation / Generation / Resurrection: contrapuntal readings in the poetry of José Lezama Lima*. Lewisburg: Bucknell University Press.

Karamcheti, Indira (2005): «Aimé Césaire's subjective geographies: Translating place and the difference it makes». En Dingwaney, Anuradha & Maier, Carol (eds.): *Between languages and cultures: translation and cross-cultural texts*. Pittsburgh: The University of Pittsburgh Press, 181-197.

Kozer, José (2004): «Inasibles de Soleida Ríos». In *La Habana Elegante* 25: <http://www.habanaelegante.com/Spring2004/Febrero2004.html>.

LEYVA, Leyna (S/f). «Los pájaros no se esfuerzan para cantar: Entrevista a Soleida Ríos». Unión de Escritores y Artistas de Cuba (UNEAC): <http://www.uneac.org.cu/index.php?module=entrevistas&act=entrevistas&id=90>.

MARQUÉS DE ARMAS, Pedro (2009): «The great leap outward: on the life and poetry of Ángel Escobar». En *Jacket* 38: <http://jacketmagazine.com/38/escobar-about.shtml>.

ORTIZ, Fernando (1985): *Nuevo catauro de cubanismos*. La Habana: Editorial de Ciencias Sociales.

PUPPO, Lucía (2013): «Cuestiones de género: los poemas de Nancy Morejón y Soleida Ríos en homenaje a Ángel Escobar». In *La Habana Elegante* 53: <http://www.habanaelegante.com/Spring_Summer_2013/Dossier_Poetas_Puppo.html>.

RÍOS, Soleida (January 2013 and 2014): Conversaciones con la autora. Casa de Soleida Ríos. La Habana, Cuba.

— (2016): Correo a la autora, 6 de julio.

— (2009a): *Escritos al revés*. La Habana: Unión.

— (2009b): *Secadero*. La Habana: Letras Cubanas.

RODRÍGUEZ, Reina María (2014): *Other Letters to Milena / Otras cartas a Milena*. Tuscaloosa: The University of Alabama Press.

SALGADO, César A. (2016): Email to the author, 5 July.

VENUTI, Lawrence (1998): *The scandals of translation: towards an ethics of difference*. New York: Routledge.

WILSON, Carlos Guillermo (2004): «The Caribbean: Marvelous cradle-hammock and painful cornucopia». In Leopold, Anita & Jensen, Jeppe (eds.): *Syncretism in religion: a reader*. New York: Routledge, 185-193.

Diáspora(s) y Orígenes: un trabajo de archivo contra el origenismo de Estado

Walfrido Dorta | *Susquehanna University*

I.

El grupo Diáspora(s) surge en La Habana en 1993 como «Proyecto de Escritura Alternativa», integrado por Rolando Sánchez Mejías (1959), Carlos A. Aguilera (1970), Ricardo Alberto Pérez (1963), Pedro Marqués (1965), Rogelio Saunders (1963), José Manuel Prieto (1962) e Ismael González Castañer (1961). Desde esta fecha y hasta 1997, desarrolla algunas experiencias de sociabilidad, como lecturas, *performances*, o intervenciones públicas (en conferencias o eventos). En 1997 comienza a publicar la revista homónima, hasta 2002.

Diáspora(s) y su revista se propusieron cuestionar los presupuestos bajo los cuales se realizaban las relaciones entre Estado y escritores en Cuba. La revista fue un *samizdat* editado, impreso y distribuido precaria e ilegalmente entre la comunidad letrada e intelectual cubana. Dio cabida a escritores hasta ese momento prohibidos dentro del país (Guillermo Cabrera Infante, Lorenzo García Vega, Heberto Padilla); introdujo en Cuba el pensamiento postestructuralista (sobre todo, aquellas zonas de Gilles Deleuze dedicadas a la conceptualización del poder y la relación Estado-intelectuales), y a autores no publicados en la isla (Thomas Bernhard, Peter Sloterdijk, Carmelo Bene, Joseph Brodsky). En sus páginas se colocó de manera explícita la pregunta en torno a la relación entre literatura y totalitarismo; en torno a cómo expresar literariamente la condición de escribir en un sistema donde las nociones de «literatura» y de «escritor» están codificadas según patrones de Estado.

La relación entre Diáspora(s) y el grupo Orígenes es parte fundamental de la política diaspórica. El segundo grupo con su revista, junto a la tradición y el canon literarios cubanos, la política cultural del Estado y el nacionalismo, forman los centros hacia los que el grupo y la revista Diáspora(s) dirigen sus operaciones disruptivas. De alguna manera, Orígenes está atravesado con diversas intensidades por todos esos centros. Vale decir que, de modo general, en las lecturas que hace Diáspora(s) de Orígenes se echa de menos una diferenciación entre las entidades Orígenes-grupo y *Orígenes*-revista, las cuales no debieran superponerse (volveré más adelante a las implicaciones de esto y a mi postura al respecto).

En la primera presentación pública del grupo Diáspora(s) en 1994, en una sala del Gran Teatro de La Habana, se reparte una hoja donde se explica que «Diáspora(s)≠Orígenes» mediante dos fórmulas matemáticas[1]. Víctor Fowler ha explicado en detalle su contenido. En la primera, los símbolos matemáticos atribuidos a cada variable dicen que «Orígenes es igual a Martí multiplicado por Revolución multiplicada por Escritura multiplicados por raíz cuadrada de Sentido Teleológico, todo lo cual es desigual a Diáspora(s)» (1999: 14). La función de «raíz cuadrada» es cumplida por el término «Historia». Como sugiere Fowler, el empleo de estas fórmulas en lo que se puede ver como el manifiesto de presentación de Diáspora(s) (más tarde, en el primer número de la revista aparecerá otro tipo de manifiesto, en el que se prescinde de las fórmulas) reduce las axiologías enfrentadas a juegos de términos cuyo uso «revela el interior de la maquinaria con la cual el grupo hegemónico construye la significación de la historia literaria y de la Historia». La segunda fórmula propone que «Diáspora(s) multiplicado por el resultado de (Revolución por Escritura por raíz cuadrada –Historia– de Sentido Difraccionario) dividido entre Ludens es desigual a Orígenes» (Fowler 1999: 14-15).

---

[1] Carlos A. Aguilera afirma que no se ha podido recuperar ningún ejemplar de esa hoja (Morejón 2014: 215).

El sentido difraccionario que anula la Historia, apunta Fowler, es la renuncia a ser integrado por ella (1999: 15).

El vínculo Diáspora(s) – Orígenes queda «enfriado» por el uso de dos formulaciones. En el interior de cada una se presentan términos semejantes, pero reorganizados en sus funciones y en sus relaciones de multiplicación y división, en sus potencias de incremento y de disrupción de las variables en juego. En la nota que explica ambas fórmulas el grupo propone que la variable Orígenes «puede ser sustituida por otros sentidos que […] generarían nuevos esquemas a probar. Ese-otro-sentido no será más que el pie, forzado, de un proyecto que, constantemente, debe ser puesto en juego. Diáspora(s) como *phantasma*, no será más que la política *mínima* de ese poner-en-juego» (en Fowler 1999: 15; énfasis del original).

Diáspora(s) realiza una serie de intervenciones disruptivas, antes del surgimiento de la revista, como parte de la «construcción del nombre» del grupo a la que alude Aguilera (Morejón 2014: 218). Una de estas intervenciones es la lectura de Sánchez Mejías y Marqués de sus ensayos respectivos en el Coloquio por el cincuentenario de Orígenes, en Casa de las Américas en 1994: «Olvidar Orígenes» y «Orígenes y la generación de los 80», que luego serán publicados en la revista, junto a un texto de Antonio José Ponte, «Ceremonial origenista y teleología insular». No pocas reacciones críticas provocaron las ideas de los miembros de Diáspora(s). En un ensayo de 2002 de Jorge Luis Arcos, prólogo a una antología de la poesía de Orígenes, todavía se podía percibir la incomodidad ante los juicios de aquellos.

Arcos enuncia una encendida diatriba contra unos sujetos y unas escrituras que no son nombrados explícitamente, pero que pueden entreverse en su acerado dictamen, si tenemos en mente los ensayos anteriores. El crítico argumenta: «Es muy fácil decir: olvidar Orígenes, desviarse, negar, señalar tal ausencia, esta otra limitación. Nunca se escucha la verdadera palabra creadora: *incorporar* […] para devolver un verdadero fruto. Lo difícil es permanecer como Orígenes […] constituirse en centro polémico, inevitable, de referencia […] erigir una obra poética equivalente» (Arcos 2003a: 180; énfasis del original). Desde la enunciación de este límite, Arcos caracteriza a aquellos que no se adecuan al deber ser enunciado por él: «Aldeanismo intelectual [...] escuelitas tropicales del resentimiento, melancólico causalismo generacional, trasnochado vanguardismo, transgresiones infantiles o adolescentarias [...] imposibilidad radical para acceder a la experiencia de la poesía, o para coexistir con el otro que no sabemos incorporar. La lucha contra el centro canónico sólo puede tener un verdadero sentido cuando se produce una equivalente igualación creadora» (2003a: 180).

Si se reúnen el discurso de Arcos y aquellos tres ensayos en una escena atravesada por contestaciones y adhesiones, lo que emergerá será el *agón* en el que se dirimen el control de la lectura del legado origenista, es decir, determinados usos del archivo, su estabilidad o su apertura, la posibilidad de introducir en él disonancias, de diseminarlo críticamente o de salvaguardar las regularidades que permiten su instrumentalización.

La elección de Orígenes por parte de los miembros de Diáspora(s) como el Otro al que oponerse para articular una política intelectual pudiera verse bajo el signo de cierta economía que regula las tomas de posición en un campo cultural, la cual conduce a seleccionar un objeto con suficiente capital simbólico como para sostener una práctica de oposición. Orígenes ostentaba este capital, no sólo por su historicidad, sino por ser un archivo «vivo», es decir, reapropiado por una política cultural de proyección nacionalista. Es hacia esta reapropiación hacia donde conducirá Diáspora(s) la energía de sus conceptos: errancia, descentramiento, diferencia.

En *Los límites del origenismo*, Duanel Díaz Infante ha pormenorizado el cambio de los usos que la política cultural cubana fue dando a Orígenes desde los años sesenta hasta los años noventa del siglo XX, y las etapas de lo que llama la «Orígenes *Renaissance*» (2005: 237). Este «renacimiento» lo ubica a inicios de los años ochenta; comenta un discurso de Roberto Fernández Retamar en la clausura del Primer

Coloquio de Literatura Cubana en 1981, en el que oblicuamente alude a Lezama Lima, reivindicando a aquellos autores «no socialistas, pero de arraigado patriotismo» (en Díaz Infante 2005: 223). En un temprano texto de 1985, «La invención de Lezama Lima», Enrico Mario Santí ya alertaba sobre «la creación de Lezama como institución» (2002: 196) y examinaba las inclusiones, pero sobre todo las exclusiones, que tuvieron lugar en *Imagen y posibilidad* (1981), la selección de textos lezamianos hecha por Ciro Bianchi Ross. El volumen es visto por Santí como respuesta oficial a la publicación en Madrid de las *Cartas* (1979) de Lezama a su hermana Eloísa, que contienen, como es sabido, confidencias de Lezama como las relativas a las negativas del gobierno a dejarlo salir del país.

Un ensayo de Emilio de Armas de 1981, «La poesía de Cintio Vitier», constituye uno de los textos pioneros de la reivindicación de Orígenes por parte de la crítica literaria cubana, arguye Díaz Infante (2005: 224); en él se resalta la búsqueda origenista de las esencias de lo cubano y su «resistencia espiritual a la desintegración republicana». Díaz también comenta algunos ensayos de Abel Prieto y los cambios de perspectiva de éste, los que evidencian que «la retirada del dogmatismo a lo largo de los ochenta dejaba el terreno fertilizado para un progresivo renacimiento del origenismo» (2005: 236). Otros ensayos de Raúl Hernández Novás se incorporan también a esta recuperación. En definitiva, un importante grupo de críticos emprende la reivindicación del origenismo en los años ochenta; ellos cuestionan las valoraciones marxistas de Orígenes e insisten en «la importancia de la captación origenista de lo cubano y en la heroica resistencia del grupo frente a la desustanciada realidad republicana» (Díaz Infante 2005: 237).

Es importante tener en cuenta que, como señala Pérez Cino (2014: 193), la «restauración» de Orígenes (que fue paulatina, aunque se intensificó a inicios de los años noventa) transitó al menos por dos vías; una desde el ámbito intelectual que, identificado con el origenismo, reclamaba su legitimidad, asociada a la autonomía intelectual (donde se ubican en sentido general los ensayos antes mencionados), y otra de carácter institucional, «que respondía a ajustes estratégicos en las políticas culturales oficiales y en las retóricas del socialismo cubano». Junto a esto, es esencial el papel de Cintio Vitier, quien en un grupo de textos publicados a partir de 1968 comienza a afirmar cada vez más el relato de la confluencia entre Orígenes y la Revolución (Díaz Infante 2005: 224), vista esta última como la que sacia la sed de integración del origenismo católico, como un renacimiento. La abundante obra vitierana centrada en aquella confluencia «abre el camino para la progresiva reivindicación de Orígenes en la década de los ochenta» (2005: 232).

«El violín», por ejemplo, originalmente una conferencia dictada por Vitier en la Biblioteca Nacional en 1968, puede considerarse su declaración pública de adhesión al proceso revolucionario; en ella Vitier «elabora una narrativa de corte teleológico en el que *rechaza* su etapa origenista para luego afirmar su conversión revolucionaria» (Lupi 2016; énfasis del original). Esta conversión es incorporada por el escritor a «una narrativa histórica teleológica y mesiánica» (Lupi 2016), la cual será esencial para la recuperación oficial de Orígenes. *Ese sol del mundo moral* (1975) de Vitier contiene ya algunas claves que posibilitarán esta recuperación, como la confluencia entre una eticidad cubana, remontada al siglo XIX, y el proyecto revolucionario (Pérez Cino 2014: 193). El libro de Vitier sugiere que la obra espiritual y nacionalista de Orígenes prefigura la Revolución, y la afirma como síntesis que supera todas las escisiones (Díaz Infante 2005: 226).

De esta manera, el renacimiento, la recuperación o «restauración» de Orígenes, impulsados por un sector de la crítica literaria a inicios y mediados de los años ochenta, como se ha visto, y apropiada por el Estado a finales de esa década y sobre todo en los noventa, adaptaron «a las necesidades ideológicas del discurso de la identidad buena parte del ideario origenista, o al menos aquellos rasgos que entroncasen [...] con el vacío simbólico que dejaba la desaparición paulatina del discurso marxista» (Pérez Cino 2014: 196).

La metanarrativa origenista, sobre todo como fue enunciada principalmente por Lezama Lima, Vitier, Fina García Marruz o Eliseo Diego, desde la década de los años setenta (o los sesenta en el caso de Lezama) hasta los noventa, en los textos comentados antes, y en otros como *Para llegar a Orígenes* (1994) de Vitier o *La familia de Orígenes* (1997) de García Marruz, enfatiza el destino excepcional de la isla, identifica Literatura y Nación, y ve a la Revolución como el evento que permitió la encarnación de la poesía en la historia. Esta metanarrativa va a proveer un arsenal metafórico y un enmarcado áureo para la política cultural cubana, en déficit simbólico después de la caída del campo socialista.

Lo que va a rentabilizar esa política cultural son las potencias redentoristas y de salvaguarda de lo cubano primigenio que detentó la metanarrativa origenista. Es decir, la función archivo de Orígenes, que proyectó su «poder arcóntico» sobre *lo cubano*, «las funciones de unificación, de identificación, de clasificación» (Derrida 1997: 11), y de esta manera se constituyó en archivo instrumentalizable. En este archivo se depositaron los documentos de la cubanidad, para ser custodiados por los que se concedieron la competencia y el derecho hermenéuticos –y a los que estos les fueron reconocidos cuando fue necesario reactivar tal custodia–. La «domiciliación» (1997: 10) de Orígenes como archivo la efectúa la política cultural cubana cuando ve agotado su repertorio de autolegitimación. Orígenes cumple así «la condición del archivo» en tanto estructura una «puesta en obra topográfica de una técnica de consignación, constitución de una instancia y de un lugar de autoridad» (1997: 9), que según Derrida es frecuentemente identificable con el Estado. Se produce una superposición de discursos concurrentes en un fin (la política origenista de lo cubano y la política cultural nacionalista).

Para Diáspora(s), *Lo cubano en la poesía* (1958) de Cintio Vitier es uno de los archivos origenistas por excelencia. Ese archivo es actualizado por el propio Vitier, en virtud del evento de la Revolución de 1959, cuando en la segunda edición de su libro en 1970 declara que muchas de sus ideas anteriores «estaban determinadas por un enfrentamiento de la historia y la poesía, y por una toma de partido a favor de ésta», que lo llevó a no tener en cuenta el elemento fundamental de la «acción». Se impone la rectificación que «la acción revolucionaria nos ha enseñado [...] que la poesía puede encarnar en la historia y debe hacerlo, con todos los riesgos históricos que ello implica» (en Díaz Infante 2005: 225). El principio arcóntico de *Lo cubano en la poesía*, que es también su principio de consignación, es interpelado por Diáspora(s): «una nación es "profunda" en virtud de toda una selección de imágenes que servirán para legitimar un principio y un fin, un origen y un telos de la Unidad Total, a la vez que se programan exclusiones y se apartan diferencias. Es así como se convierte a la literatura cubana en un caso cerrado» (Aguilera & Marqués de Armas 2013: 548).

El proceder de Vitier en *Lo cubano...*, así como una parte esencial de la metanarrativa origenista, se sostiene en la concepción de la poesía como *arkhé*, en su sentido «*físico, histórico* u *ontológico*», que remite a «lo originario, a lo primero, a lo principal [...] al comienzo», y en su sentido «*nomológico*, al *arkhé* del mandato» (allí donde se ejerce la autoridad) (Derrida 1997: 10; énfasis del original): principios que por demás resplandecen en el nombre mismo del grupo y de la revista, Orígenes. Tal concepción origenista la percibió e interpeló también Diáspora(s): «el núcleo ortodoxo de Orígenes siempre privilegió la poesía. Para ellos la poesía era una suerte de archigénero» (Aguilera & Marqués de Armas 2013: 548). Este privilegio ha traído consecuencias como «un determinado "pensar poético" siempre mediado por analogías lírico-territoriales: el rostro de la patria como significante único y despótico (calcomanía insular e ideologizante de la cual hay que salir, venga de donde venga)» (2013: 548).

Por otro lado, «La isla en peso», el poema de Virgilio Piñera, puede verse como el dispositivo heterogéneo que quiebra el principio de consignación de lo cubano como excepcionalidad. De ahí las sucesivas catalogaciones de Vitier sobre el texto, en registros que van desde la descarnada adjetivación de la cercana reacción emocional comunicada en una carta a Piñera de 1943: «mi patria [...] nada tiene que ver con esa pestilente roca de la que hablas»; «tu desenfrenada vocación de cáncer [...] tu pasta de persona infausta» (en Piñera 2011: 55), pasando por el dictamen donde se concentra la conflictividad del poema para el archivo origenista: «va a convertir a Cuba, tan intensa y profundamente individualizada en sus misterios esenciales por generaciones de poetas, en una caótica, telúrica y atroz Antilla cualquiera» (Vitier 1970: 480), hasta la reafirmación ya en los años noventa de la incomodidad que le produce el poema: «me parece una versión pre-fabricada, programada, inauténtica, de Cuba» (Vitier 1997: 260).

La política de sociabilidad convivial de Orígenes como agrupación es invocada en textos memorialísticos y contestada desde el interior origenista por voces como las de Lorenzo García Vega o Gastón Baquero; se aprecia en frases de Vitier (2002) como «la profunda unidad que les dio [a los origenistas] ese inconfundible aire de familia espiritual más que de grupo literario». Esa política es la extensión del principio de reunión a partir del cual Orígenes como grupo organiza el archivo de la literatura escrita en Cuba y se constituye a sí mismo como archivo, en el sentido que acabo de exponer.

Quisiera ver a Diáspora(s) como el proyecto que contesta el poder de consignación del archivo origenista –el poder que «tiende a coordinar un solo *corpus* en un sistema o una sincronía en la que todos los elementos articulan la unidad de una configuración ideal» (Derrida 1997: 11)–, y que introduce la heterogeneidad en este archivo, con el deseo de amenazar la posibilidad de reunión de los signos en torno a lo cubano. Diáspora(s) no se agota en esta contestación, pero tiene en ella una de sus determinaciones clave. De esta manera, interpela la autoridad del principio arcóntico origenista, su legalidad y, sobre todo, la instrumentación que la política cultural cubana hace de ese principio: «El actual llamado por parte del Estado y de su política cultural a rescatar cierta identidad nacional se alimenta en buena medida [...] [del] "supergénero" [de la poesía] que sin duda asfixia cualquier singularidad» (Aguilera & Marqués de Armas 2013: 548). Lo heterogéneo diaspórico amenaza al archivo origenista como aquel que centraliza los discursos de la identidad nacional y que se vuelve piedra de toque de la política cultural del Estado cubano.

Diáspora(s) realiza una serie de intervenciones en el archivo origenista. De las más importantes, las lecturas que dos de sus miembros, Sánchez Mejías y Marqués de Armas, más Antonio José Ponte, hacen en el Coloquio por el cincuentenario de Orígenes en 1994, como ya se mencionó. La potencia disruptiva de las intervenciones se dirigió contra el acercamiento ideológico a Orígenes que primaba en ese evento; éstas provocaron agrios enfrentamientos con miembros de la intelectualidad oficial del público. Después de este coloquio, a los miembros de Diáspora(s) se les permitió presentarse en muy pocos eventos públicos, vigilados por la Seguridad del Estado (Hernández Salván 2015: 146; 234). Los tres textos se publican en *Diáspora(s)*: respectivamente, «Olvidar Orígenes» (no. 1, 1997), «Orígenes y la generación de los 80» (en el mismo número), y «Ceremonial origenista y teleología insular» (no. 2, 1998).

La lidia de Diáspora(s) con Orígenes es la del que debe afrontar la ejemplaridad de un archivo que es vivo y espectral; es decir, modelador de tomas de posición y repertorio que «aparece» aun cuando no se quiere ni se espera: «es un ejemplo vivo. Ha entrado [...] en las mitologías con que cuenta un escritor cubano» (Ponte 2013: 226); sobrevive «con la persistencia fantasmal propia de un contemporáneo» (Sánchez Mejías 2013b: 190). Marqués habla de «esa sombra a la vez acariciando y mordiendo la espalda» (2013b: 193). Sánchez Mejías propone «pensar a *Orígenes* en el *olvido*, en acto de duelo, o con la prudencia con que un escritor aleja sus fantasmas» (2013b: 190; énfasis del original).

El «olvido» de Orígenes del que habla Diáspora(s) no es un descarte íntegro, ni la operación de un afecto rencoroso, irreflexivo, ni la articulación de un relato de vencimiento por la consecución de un estadio superior. Es el recorte preciso de algunas aristas de su política intelectual como grupo y del uso de esta por parte de la política cultural cubana. Lo que se quiere impugnar de la cosmovisión origenista es la concepción de la literatura como expresión de un ser nacional; la visión de la isla como espacio privilegiado y la consecuente imaginación de su excepcionalidad; la «teleología insular»: ese «trabajo de la imaginación de Orígenes [...] otra ficción salida del grupo [...] que pretende fundar, descubrir un sentido» para la isla (Ponte 2013: 224). La Revolución de 1959, arguye Ponte, brinda a los origenistas la realización plena de esa teleología; «desganados de siempre por la historia política, no tienen que hacer más esfuerzos de imaginación histórica» (2013: 225). La Revolución se presenta como la encarnación de la última era imaginaria, sostuvo Lezama, pero Ponte llama la atención sobre el hecho de que no hay ideas similares a ésta en los textos lezamianos de los años setenta. Si persisten se debe a Cintio Vitier, quien entrecruza a Orígenes con la Revolución. Vitier representa el retorno de la figura del escritor comprometido, con las inevitables diferencias con respecto a los dogmas del realismo socialista (2013: 226). El trabajo de Orígenes generó «algunas mayúsculas trascendentalistas, y una nostalgia del *origen*, y un énfasis de la resurrección histórica» (Sánchez Mejías 2013b: 191; énfasis del original): estos son los relatos que la política cultural del Estado cubano puede emplear con más rendimiento.

Diáspora(s) también quiere contestarle a Orígenes ciertas visiones sobre la Revolución como evento. Esta contestación se origina en la vivencia de los miembros de Diáspora(s) como parte de una generación nacida y crecida en la Revolución, la cual no sólo ha sido el blanco de diversos experimentos de ingeniería social, de programas de adoctrinamiento ideológico, sublimados por una retórica oficial emancipatoria, sino que a la altura de los años noventa está viviendo el derrumbe de un proyecto social y político en medio del Período Especial, y sobre todo, está «encarnando» este derrumbe en sus dimensiones corporales y no metafísicas. En este marco vivencial de larga data habría que colocar la no aceptación por parte de

Diáspora(s) de que el evento de la Revolución se pase por el tamiz áureo origenista.

Es cierto que habría que matizar, por ejemplo, las diferencias entre la visión de Lezama sobre la Revolución como la entrada de Cuba en la historia, como el evento que completa las «eras imaginarias» concebidas por él, y la visión de Vitier sobre la Revolución como lo que permite cumplir la teleología insular. Juan Pablo Lupi (2012) ha leído agudamente estas diferencias, y ha resaltado que, a pesar de las similitudes entre las visiones historiográficas de Vitier y Lezama sobre la Revolución cubana (el elemento mesiánico, el punto de vista celebratorio y el imaginario católico), la de Vitier es una teleología épica en la cual ese evento se convierte en la única posibilidad y en destino histórico, mientras que las «eras imaginarias» y la «posibilidad infinita» de Lezama forman parte de una historiografía no teleológica (2012: 237). Lo que es más, «Lezama's *era imaginaria* of the Cuban Revolution submits a powerful historiographical critique» (2012: 240). Esta crítica abarca dos aspectos complementarios según Lupi: «it discloses how Vitier's version of the 'teleología insular' [...] is a *post facto* construction in which the *contingent ocurrence* of an event is retroactively *re-presented* both as *telos* and foundation of a certain historical necessity». Además, tal crítica revela «how this 'posthumous' arrangement of historical facts is an attempt to *negate* the logic of 'infinite possibility'» (énfasis del original, en ambas citas). De tal manera, la lezamiana «era imaginaria» de la Revolución afirma el devenir y la infinitud, y revela «how a teleological narrative is a re-signification and rhetorical organization that attempts to negate or cancel out the very logic of *el potens*» (2012: 241).

A todas luces, el posible reconocimiento por parte de Diáspora(s) de que, como arguye Lupi, el evento de la Revolución en la «era imaginaria» de la «posibilidad infinita» se convierte en «a *localized* and *ephemeral* Messianic moment» (2012: 241; énfasis del original); de que la Revolución así concebida no es parte de un diseño teleológico, sino de «a vast constellation of ruins, anachronisms and misreadings» (2012: 242), no hubiera bastado para atenuar las críticas de estos escritores a las narrativas de algunos origenistas. Pesaba más en los primeros, como decía, una experiencia de vida *en* la Revolución que se alejaba, cada vez a pasos más agigantados, de las visiones de Orígenes.

Marqués de Armas, por ejemplo, enuncia una serie de oposiciones sobre tales distancias:

> Ellos contra «la mala política desintegradora», nosotros contra la afasia simbólica y el mentón de piedra de las ideologías. Aquellos con la coherencia que dicta el catolicismo y las imágenes que operan por futuridad en la historia. Nosotros con la turbidez de los negativos, y situados ya dentro de esa historia, ahora real, que según el propio Lezama había igualado por obra de una Metáfora Suprema, resurrección a revolución [...] [nosotros] ante una historia que también se ha tornado resistencia, desintegración, aunque en este caso, sin la gracia y auxilio del Ángel de la Jiribilla. (2013b: 194)

Sánchez Mejías por su parte contesta algunas imágenes origenistas, a las que le opone la carnalidad de los sujetos y una visión de lo histórico como la inscripción no en un imaginario –aunque sea trascendente–, sino en la corporalidad. Lo hace justamente a partir del reconocimiento del peso que tiene en estas valoraciones la experiencia de vida en la Revolución: «Para alguien cuya experiencia vital completa haya coincidido con la actual experiencia política de modernidad perversa que es este país [...] sabrá lo problemático de aceptar que su tiempo es la encarnación suprema de una imagen. Aquello que para Lezama y para Vitier fue un corte o fulminación o consecución de la Historia, fue para otros hombres el dolor de la historia en sus propios cuerpos» (2013b: 192).

El texto de Sánchez Mejías es un balance agudo entre lo que puede significar Orígenes para un escritor cubano a la altura de los años noventa y las alertas que ese escritor debe activar ante la apropiación de Orígenes por la ideología estatal. El de Ponte también se coloca en una posición similar, concentrándose en las relaciones literatura-vida tal como las entendió Orígenes –el «ceremonial origenista» (2013: 223)– y tal como pueden ser asumidas por un escritor cubano en esos mismos noventas. El ensayo de Marqués, por su parte, asume una óptica marcadamente crítica sobre los usos de Orígenes por la generación de escritores de los ochenta. Para esta, Orígenes supuso «una nueva catexis social –y libidinal– de lecturas» (2013b: 193); bajo el signo origenista esa generación escribió sus primeros poemas. Se trataba de reproducir los estilos origenistas y usar políticamente los ideologemas del grupo. Se trataba de efectuar, mediante la apropiación de ese estilo y esos ideologemas, la suplantación del «Orden simbólico que la revolución había "secuestrado"». La fuerza crítica de Marqués se dirige entonces contra la reproducción viciada del barroco vía Orígenes, que «ha recluido las poéticas de una buena parte de los escritores de los ochenta en un arcadismo provinciano, con sus paisajes inmóviles de una fauna fría donde la demorada contemplación reduce las posibilidades subvertidoras del lenguaje» (2013b: 194). Aquí se condensa el cuestionamiento de Diáspora(s) al lirismo postorigenista, y su apuesta por una poesía no lírica (Dorta). Otras «políticas escriturales» se hacen necesarias: Diáspora(s) es el proyecto que se propone realizar disruptivamente estas otras políticas.

«La ficción y la calidad de la escritura de Orígenes permanecen inalterables, no así los ideologemas derivados de su sistema poético», sostiene Marqués. En este gesto de balance se condensa la postura de Diáspora(s) ante Orígenes. Así, estos ensayos también se dedican al espacio de confluencia que es posible encontrar entre las políticas origenista y la diaspórica. Ellos apuntan al capital rescatable de Orígenes, que estaría centrado sobre todo en su voluntad de autonomía intelectual. Sin embargo, según los de Diáspora(s), la soberanía intelectual origenista rebaja su potencia de legado y herencia, debido a la instrumentalización del imaginario del grupo por el Estado cubano. En este dictamen de Diáspora(s) no se victimiza a los sobrevivientes origenistas, ni se les resta agencia en la articulación de un paradigma instrumental de Orígenes.

El legado de Orígenes para Diáspora(s) radica entonces, por un lado, en la arista resistente del grupo, vista como empeño en preservar la autonomía: «Orígenes fue durante mucho tiempo el mejor modelo de apartamiento de lo estrictamente político [...] [fue] el ejemplo mayor entre nosotros de soberanía del escritor» (Ponte 2013: 226). Además, Diáspora(s) y Orígenes quedan enlazados como proyectos en el gesto político de hacer sus respectivas revistas en medios no favorables. Uno afrontando la ilegalidad y la punición del Estado en la Revolución por constituir una empresa no institucional; el otro sobreviviendo ante la penuria económica y la falta de apoyo estatal en la República, gracias al sostén de José Rodríguez Feo[2]. Sánchez Mejías destaca además la significación de la «política escritural» (2013b: 190) del grupo: «la posibilidad de contar con un imaginario complejo, de una apertura o conexión entre distintos órdenes de la vida [...] un concepto de Ficción en el orden del Absoluto», que se enfrentaría a «la larga y sólida tradición de realismos de la literatura cubana».

Las escrituras origenistas han dejado una especie de «materia protoplasmática desde la cual es posible continuar escribiendo» (2013b: 191);

---

[2] Es parcialmente cierto lo anterior. César A. Salgado ha estudiado las implicaciones de Orígenes en los festejos estatales por el Cincuentenario de la República, como la producción de la antología *Cincuenta años de poesía cubana (1902-1952)* (La Habana: Dirección de Cultura del Ministerio de Educación, Ediciones del Cincuentenario) (1952) por parte de Cintio Vitier, por encargo del Director de Cultura bajo el batistato Carlos González Palacios, así como la concesión del Premio Nacional de Literatura a García Vega. Estas empresas, según Salgado (2004: 174), abren «un paréntesis de legitimación de la empresa origenista». De esta forma, «1952 / 1953 sería para *Orígenes* [...] un año de mayor participación en lo circunstancial, el de su mayor reconocimiento como el de mayor proyección pública de su empresa redentora» (2004: 176). No obstante, estas transacciones políticas con la circunstancia nacional vinieron con algunos peajes, y estuvieron mediadas por comportamientos pusilánimes de las autoridades culturales, como García Vega comentó en *Los años de Orígenes* (1978) (véase Salgado 2004: 185).

han legado una «idea del Libro [...] como vastedad, como metáfora que incorpora el mundo», y una visión del lenguaje como extensión del cuerpo, «noción abierta de la escritura [...] [que] tiene una importancia tremenda para escritores que quieren tener con las palabras una relación orgánica». Al mismo tiempo, en lo que para Sánchez Mejías es el «principio vital» de Orígenes, «la lectura como res extensa del escritor», radicaría la contemporaneidad del grupo: en su «sentido del mundo y de la experiencia del mundo cifrados en la lectura y no en el Gran Viaje moderno o en las aventuras y avatares físicos del cuerpo». Para Marqués, Orígenes fue «nuestra puerta de entrada en la modernidad» (2013b: 193), una entrada no exenta de lógicas selectivas.

Otra reflexión de Sánchez Mejías, en un ensayo publicado en la revista en 1999, «Violencia y literatura», aporta a mi juicio ejemplarmente una de las claves esenciales para comprender la relación Diáspora(s) – Orígenes. Al valor de una autonomía intelectual, referido antes, se suma un vínculo raigal entre vida y escritura que redirige el discurso del compromiso ideológico hacia la implicación del cuerpo, en circunstancias adversas, pero sin subrayar demasiado la arista sacrificial de todo lo implicado aquí: Lezama y el grupo Orígenes «habían opuesto a la República su don de "hombres de letras". No podían oponerle otra cosa» (2013d: 377). En esta oposición «lo que resplandece [...] es la idea de la literatura: de una escritura vinculada a la respiración de sus cuerpos, de un jadeo perpetuo en medio de tanta oscuridad nacional. Y esta enseñanza, para nuestra generación, fue crucial».

Es preciso resaltar lo siguiente con respecto a la relación entre Diáspora(s) y Orígenes. En los discursos de los miembros de Diáspora(s) y de otros escritores que publicaron en la revista, tal como se ha visto aquí, no se distingue lo suficiente entre Orígenes como grupo y su revista homónima. Se produce una concentración de todo Orígenes, no sólo a las dinámicas del grupo constituido por Lezama Lima, Vitier, García Marruz, Diego, y en menor medida Ángel Gaztelu u Octavio Smith, lo que Arcos llama el «origenismo central o clásico» (2003a:

169), sino al «origenismo» entendido como el relato sobre el grupo que Lezama, Vitier, García Marruz o Diego privilegiaron una vez desaparecida la revista, ya en el contexto de la Revolución, a partir de los años sesenta hasta la década de los noventa (Rojas 2014). Un relato que constituye la metanarrativa origenista a la que he hecho referencia antes, la cual fue instrumentalizada convenientemente por la política cultural del Estado en su giro nacionalista. Estudiosos como Adriana Kanzepolsky (2004b: 17) o el propio Arcos (2003b: 145) han resaltado la búsqueda de universalidad y de cosmopolitismo de *Orígenes*; el «universalismo» de la revista, que posibilitó cierta modernización de la literatura cubana con la publicación de materiales extranjeros (autores españoles, hispanoamericanos, norteamericanos y europeos) y que buscaba además difundir la literatura cubana fuera del país.

Orígenes no fue un proyecto homogéneo; varias divergencias lo marcaron, comenzando por las distintas políticas de sus editores, José Rodríguez Feo y Lezama Lima. Estas dos líneas en tensión estructuraron la revista: Rodríguez Feo promoviendo traducciones de poetas del alto modernismo de lengua inglesa y de ensayos del *New Criticism*, más la publicación de poetas españoles de la generación del 27, o escribiendo él mismo sobre Macedonio Fernández (con lo que se rompía un poco el tono grave de la revista), y Lezama seleccionando los materiales de los poetas del grupo, u obteniendo las colaboraciones de María Zambrano o Juan Ramón Jiménez (Kanzepolsky 2004a: 845-848). A la primera línea habría que agregar las colaboraciones de autores argentinos que consigue Virgilio Piñera durante su estancia en Argentina[3]. La extensa red internacional de colaboración que construyó Rodríguez Feo benefició sustancialmente a la revista.

---

[3] Kanzepolsky (2004a: 846-847) analiza las implicaciones de las colaboraciones que Piñera obtiene (o no obtiene) en Argentina, y cómo estas invierten el pedido de Lezama de conseguir autores centrales de la revista *Sur*. En cambio, Piñera envía a La Habana autores de segunda línea de *Sur*, y sobre todo, «Filifor forrado de niño» de Witold Gombrovicz, publicado en el número 11 (1946) de *Orígenes*, pero sin la nota que debía acompañarlo, tal como demandaba Piñera.

Según Rojas (2014), el papel activo de éste en la configuración de *Orígenes* como proyecto editorial (no sólo como su mecenas) no ha sido muy reconocido, aunque varios textos de Kanzepolsky (2004a, 2004b, 2007) han reconstruido este papel[4].

El llamado de Sánchez Mejías a «olvidar Orígenes» fue, como se ha visto, una reflexión acerca de sobrepasar y contestar, no Orígenes *in toto*, sino cierto Orígenes, el que estaba siendo reacomodado (reescrito, puede decirse) por los sobrevivientes del grupo en Cuba en consonancia con las nuevas direcciones nacionalistas de la política cultural (el ensayo de Sánchez Mejías, así como los de Marqués y Ponte, abundan en juicios sobre las deudas con Orígenes y sobre lo rescatable de este como legado vivo). Es cierto que una distinción entre grupo y revista *Orígenes* hubiera sido necesaria y provechosa, a riesgo de hacer aparecer reduccionistas las valoraciones hechas por Diáspora(s), pero me inclino a ver tal reducción desde su lado estratégico.

Las lecturas que realizó Diáspora(s) sobre Orígenes forman parte de una operación que buscaba tachar el origenismo tal como era «reordenado» por Vitier *et al.*, y oficializado por el Estado como parte de sus políticas de memorialización en el contexto de déficit simbólico postcomunista en cuanto a paradigmas de legitimación. Lo que perseguía Diáspora(s) era oponer el contracanon origenista, básicamente formado por Virgilio Piñera y Lorenzo García Vega, a esta oficialización institucional y a los ejercicios memorialísticos que los sobrevivientes del grupo estaban realizando; diseminarlo en la revista, volverlo una iteración efectiva de la «máquina de guerra» diaspórica. Ese contracanon, por otro lado, ya lo contenía el propio Orígenes como proyecto en su avatar pre-1959.

---

[4] Como es sabido, el propio fin de *Orígenes* está marcado por las divergencias entre Rodríguez Feo y Lezama a raíz de la publicación de «Crítica paralela» (en el número 34 de 1953), un texto de Juan Ramón Jiménez en el que este critica ácidamente a Luis Cernuda, Jorge Guillén, Guillermo Salinas y en especial a Vicente Aleixandre.

La operación diaspórica fue una restitución de la pluralidad origenista, o en otras palabras, una llamada sobre Orígenes como archivo complejo, al menos en lo que se refiere a éste como grupo, a sus dinámicas internas y a las escrituras que lo conformaban. Al respecto, es consonante la entrevista a Carlos M. Luis, cercano al grupo en su juventud, por Carlos A. Aguilera y Víctor Fowler y publicada en el número 3 (1998) de *Diáspora(s)*: otra de las intervenciones de Diáspora(s) en el archivo Orígenes «articulada contra el canon» y contra la oficialización de Orígenes. La entrevista, oportunamente titulada «El Estado origenista...», busca enturbiar la política convivial origenista tal como estaba siendo reescrita por los sobrevivientes del grupo, mediante la memorialización de sus espacios internos de conflicto y su mundanidad, vinculados a las búsquedas y exhibiciones de capitales simbólicos por parte de sus miembros, a las divergencias y polarizaciones, a las exclusiones de estéticas y subjetividades no afines (como Piñera o el pintor Carlos Enríquez), procesos inherentes a todo espacio de sociabilidad intelectual, a los que Orígenes no fue inmune.

La de Diáspora(s) no fue una restitución azarosa, ni anclada en la superficialidad del «hallazgo» de un contracanon cuya fuerza disruptiva bastaba por sí sola para contrarrestar el origenismo vitierano y estatal. Algunas corrientes empáticas y similitudes estéticas fluían entre Piñera, García Vega y las escrituras de Diáspora(s).

II. Piñera y García Vega diasporizados

En su ensayo de 1997 «*Orígenes*: ecumenismo, polémica y trascendencia», Arcos propone que Orígenes albergaba «un *sí* y un *no* en su interior: el predominante trascendentalismo origenista y el intrascendentalismo virgiliano» (2003b: 147; énfasis del original). En un ensayo de 2002, «Los poetas de Orígenes», el crítico regresa a este punto de vista, e incorporando a García Vega, afirma que este y Piñera «significan el reverso del canon origenista, su zona vanguardista [...] subversiva» (2003a: 169). Ambos ocuparían una posición marginal con respecto «al origenismo central o clásico, preponderante en la teorización y recepción del grupo». La caracterización dicotómica de Arcos, lejos de ser una mera simplificación, trasluce también una determinada manera de asumir las políticas del archivo con respecto a Orígenes, aquella en la que se establecen jerarquías internas dentro del grupo. Estas jerarquías, aun cuando parezcan en primera instancia pluralizar Orígenes, se basan en una axiología según la cual los discursos como los de Piñera y García Vega quedan subordinados a un preponderante, y así esencial, origenismo trascendental y afirmativo.

No obstante, Arcos también advierte en «Los poetas...» que la denominación en Orígenes de «dos tradiciones: la del sí y la del no» adolece de cierto esquematismo y veta metafísica (2003a: 170). Llama a discutir o relativizar esto, teniendo en cuenta que, sin desconocer las diferencias más visibles, algunos elementos de las poéticas de Vitier, Lezama o Diego pueden adquirir en Piñera o García Vega un lugar más destacado, o viceversa.

Por su parte, Diáspora(s) persigue justamente restituir la complejidad de Orígenes como archivo. Esta restitución, realizada fundamentalmente en la revista *Diáspora(s)*, se inserta en una corriente más amplia, sobre todo con respecto a Piñera. Me refiero a la reubicación de este en el canon cubano que se inicia a fines de los años ochenta, estudiada por Rojas (2013: 136-148). Varios escritores de la isla (Antón Arrufat, Abilio Estévez, Víctor Fowler, Antonio J. Ponte) reaccionaron a la reivindicación oficial de Orígenes, conducida bajo los criterios ideológicos y estéticos de Vitier (Rojas 2013: 137). Lo que llama Rojas la «prole virgiliana» se formó dentro de esa «atmósfera de réplica discursiva a la canonización oficial» de Lezama y Orígenes, promovida por Vitier y el Estado cubano. Rojas se detiene en los textos en los que Ponte critica el «origenismo oficial, construido por las visiones homogeneizantes del legado literario» (2013: 143) de Orígenes por parte de Vitier y sus discípulos, textos reunidos en *El libro perdido de los origenistas* (2002) (no menciona «Ceremonial origenista y teleología insular», publicado en *Diáspora(s)*, al que he aludido anteriormente). Ponte también relee *Los años de Orígenes* (1978) de García Vega, para resaltar en él la «contrahistoria de la experiencia origenista» (2013: 144), que será clave en la crítica al que puede llamarse origenismo de Estado.

Me he referido antes a «La isla en peso» de Piñera y a las reacciones de Vitier ante su carácter disruptivo a lo largo de varias décadas. La visión de este sobre la literatura de Piñera se esparce por varios textos. Traigo a colación sólo uno de ellos, de los más tempranos, su reseña de *Poesía y prosa* (1944) aparecida en el número 5 (1945) de *Orígenes*. Algunas caracterizaciones de Vitier sobre la obra de Piñera pueden trasladarse hacia las escrituras de Diáspora(s) (no desarrollo aquí estas afinidades, sólo las presento). Por ejemplo, dice Vitier que la voz autoral de Piñera sale «de lo vano y cóncavo de una máscara, no de un pecho desahogado y libre» (1945: 48). La «característica constante en la escritura sucesiva» de Piñera es el «alarido cerebral y graduado con la sangre impávida», en el que la «palabra humana» sólo puede reiterar «una incomunicabilidad radical». Sólo puede prosperar aquí una actitud: «aquella que, llevada por el orgullo a calidad monstruosa, encarna la negación de todo sentimiento y diálogo cordial: la ironía» (1945: 49). Piñera, dice Vitier, se enfrenta con su libro a algo que representa «el vacío inasible y férreo» (1945: 50): «el demonio de la más absoluta y estéril antipoesía»; esa es su «desconcertante hazaña». Este perfil remite a algunos rasgos de la poesía no lírica, tal como se han visto modulados en las escrituras diaspóricas (amén de los necesarios acomodos): la atenuación o desplazamiento del compromiso sentimental de la figura del yo, la teatralización performática de la voz textual, el bloqueo de la empatía receptora ligado a lo ilegible, por ejemplo (Dorta 2012).

No puedo menos que complacerme al encontrar dos calificaciones semejantes entre sí, separadas en décadas. En un texto de 1970, Francisco López Segrera califica a Piñera y a García Vega como «los terroristas» de Orígenes (1970: 114), y especifica que «se hallan mucho más cerca del nihilismo y del absurdo», que «están mucho más despedazados anímicamente» con respecto a lo que llama «los innovadores», como Lezama, Gaztelu o Baquero. En los años noventa, Vitier salva la dramaturgia de Piñera, que estaría «más allá de sus premeditados terrorismos literarios» (en Jambrina 2012: 125). Recordemos las sostenidas apelaciones de Diáspora(s) al «terror literario» dirigido a los medios de representación de la nación, del canon, de la literatura cubana como institución: así quedan ligadas las estrategias disruptivas de Piñera, García Vega y las escrituras diaspóricas, en una irónica deriva mediante la cual los términos empleados por López Segrera o Vitier son reapropiados por Diáspora(s) para ponerlos a trabajar en función de su política literaria.

Piñera y García Vega son, más allá de los propios miembros de *Diáspora(s)* y del escritor cubano Carlos M. Luis, los autores más publicados en la revista. En el número 4/5 (1999) aparecen poemas de Piñera, junto a unas cartas suyas a Rodríguez Feo. Aguilera califica a esta poesía como «kitsch e irónica, "ridícula" y política; hecha [...] para ocasiones ... "sin importancia" o íntimas» (2013b: 398). De «todos los Virgilios», dice, prefiere al que siente asco; al que pone su literatura «en conflicto con lo nacional, lo ontológico, la escritura»; frentes hacia los cuales también Diáspora(s) dirigió sus energías disruptivas. Los textos abarcan desde los años cuarenta hasta los setenta, en plena muerte civil y marginación del escritor. Exhiben sus cualidades ínfimas e intrascendentes; son circunstanciales, aunque ni siquiera hacen transparentes estas contingencias con datos o deixis históricas. Son poemas que se despojan de «autoridad», ya sea con el uso de situaciones nimias, o con la puesta en escena de la renuncia al nombre mismo, como en «Lápidas» (y como en uno de los microrrelatos de Ror Wolf que aparece en el mismo número de la revista, sólo unas pocas páginas antes)[5]: «si llegaras a llamarme

---

[5] «Una vez estaban buscando a un hombre que había desaparecido [...] a finales de septiembre [creían haberlo encontrado] en cierto punto de Asia, a un paso de Bombay. Allá el hombre se desplomó con un grito. [...] Después el

por mi nombre, / si llegaras a decirme Virgilio Piñera, / entonces me ofendería / porque esas lápidas pesan demasiado» (Piñera 2013c: 400). Rehúyen los pasajes líricos, que son «trampas mortales» de las que hay que huir mediante «elegancias encantadoras»: «Desoye esos violines quejumbrosos / y que las elegancias los aniquilen, / abandonándolos a la entrada de un museo» (2013c: 401).

Las cartas a Rodríguez Feo concentran un «asco profundo hacia el contexto», caricaturizan lo que observan, «*realifican* la ficción que perversamente se genera (crea) en ellas» (Aguilera 2013b: 398; énfasis del original). A su regreso de Argentina en junio de 1958, Piñera cuenta lo que ha encontrado en La Habana. Es difícil no poner nombres a estos anónimos, si tenemos en cuenta todas las guerras contra Orígenes libradas por Piñera, revistas *Poeta* y *Ciclón* mediante: «me he encontrado [...] una clase de muertos, que son más apestosos que los muertos verdaderos: me refiero a los muertos en vida [...] Toda esa gente está bien muerta. No doy los nombres porque los conoces mejor que yo» (Piñera 2013a: 408).

El otro texto piñeriano publicado en *Diáspora(s)* es «La gran puta» (número 7/8, 2002). Fue escrito en 1960, pero no se publicó hasta 1999, en la revista cubana *La Gaceta de Cuba*. Piñera sepultó el texto en su papelería inédita, pero no lo incluyó en sus manuscritos publicables; terminó en los archivos de la familia Gómez, a la que el autor visitó entre 1974 y 1978. En su casa se celebraban tertulias literarias donde asistían escritores y artistas excluidos de las instituciones (Jambrina 2012: 85-86). *Diáspora(s)* retoma el poema, como parte de su atención al contracanon origenista.

«La gran puta» capta las voces «que un Estado pone a circular en bruto», las de las minorías que pueblan el poema, dice Marqués en la introducción a este que aparece en la revista (2013a: 625). El

---

hombre engordó muchísimo y hablabla sin parar. Pero si alguien le preguntaba por su nombre, su cara se oscurecía; se fue taciturno y reservado y desapareció» (Wolf 2013: 396).

momento homofóbico en la Revolución no se había manifestado aún en toda su intensidad, como lo hizo con la creación de las Unidades Militares de Ayuda a la Producción (UMAP) en 1965. Un experimento social, «híbrido entre campos de trabajo forzado y unidades militares» que formó parte esencial del «ejercicio "totalitario" de depuración y homogenización social» de la creación del «hombre nuevo» (Sierra Madero 2016: 310-311), a donde fueron a parar todo tipo de sujetos diferentes, entre ellos los homosexuales. Marqués subraya en su introducción que el acoso a homosexuales en Cuba y las UMAP formaron parte de la «*antropofobia*» del Estado cubano, «una política global encaminada a borrar todo tipo de diferencias», «eugenia social» que provocó un «desastre de orden civil inédito en Cuba» (2013a: 625). Aquí Marqués se adelanta a una postura como la de Sierra Madero en el estudio reciente que acabo de citar.

La homofobia álgida no había llegado, pero Piñera sabía los límites a los que se enfrentaba. Si bien un Piñera abiertamente social apela a la memoria de la (su) vida republicana, «el deseo que [...] mueve [al poema] brota de los sesenta», pero esto no era suficiente como para hacer público su texto, ni siquiera por haberse producido, según Jesús Jambrina, en un momento de «efervescencias autobiográficas directas» (2012: 87) por parte de aquel, en el que confluyen lo público (la revolución) y lo privado (la reconsideración de su vida) (2012: 96).

El texto inacabado es «la puesta de un archivo extremo cuyas imágenes desertan al coto cerrado de las letras», mostrando «el *pathos* –tragicómico– de una República siempre devaluada», arguye Marqués (2013a: 626). «La gran puta» corrobora que Piñera es, de los escritores cubanos del siglo XX, «quien encuentra el modo de relatar la nación»; quien reduce sus componentes «al rango de una opereta» (2013a: 626). Es difícil leer el poema como el testimonio de un «impulso emancipador», como lo hace Jambrina. Las subjetividades que aparecen en el poema están «al margen del canon moral de la nación» (Jambrina 2012: 101). No obstante, estas subjetividades «son expuestas, pero no asumidas civilmente», como propone Marqués; al pasar por la voz de Piñera, «son captadas allí donde un efecto de ley las reduce al estatuto de conglomerado» (2013a : 625).

En todo caso, «La gran puta» funciona como un corrosivo negativo de los «ceremoniales» origenistas, si realizamos mentalmente esta operación contrastiva, que en realidad subyace al poema. Esos ceremoniales (bautizos, santos, reuniones amistosas, conversaciones gremiales), formas de la sociabilidad intelectual origenista, eran practicados por los de Orígenes para «vivir en la alteza de la poesía», «enaltecidamente», para procurar «una existencia sin decaimiento» y evitar lo prosaico, dice Ponte (2013: 223). Justamente lo prosaico es lo que inunda «La gran puta» (su narratividad violenta la versificación): Piñera (2013b), poéticamente autobiografiado, es el pobre, homosexual, obsesionado igualmente por el hambre y por la poesía: «en la cabeza los versos y en el estómago cranque» (2013b: 627), «buscando la *completa* como se busca un verso» (2013b: 629; énfasis del original). Es él quien arma este teatrillo urbano, ensangrentado, por donde desfilan los enfermos, las prostitutas y los prostitutos, los homosexuales, los suicidas, los fantasmas: toda la «amorfa cantidad» que no se amolda al mundo origenista. De esta cantidad, dice el puto/la puta del poema, «extraigo el canto»: los «versitos» que «como una puta más del barrio de Colón / [...] contaba de madrugada como si fueran pesos».

El ensayo «El arte de graznar» antecede en *Diáspora(s)* al poema de Piñera. En él Sánchez Mejías traza algunas afinidades secretas entre aquél y Lezama, más allá de las distancias que llevaban a uno a lo descomunal barroco y a otro a la falta de énfasis literario. Además, retorna al gesto de descalificación de Vitier hacia Piñera en *Lo cubano en la poesía*, gesto que subraya la incapacidad de Piñera para captar lo «invisible de la forma» y su volver a Cuba algo no excepcional (2013a: 621). Sánchez Mejías vuelve ganancia la capacidad piñeriana para carecer de sublimación lírica, para trabajar con la lengua como si no existiese la musicalidad versal, para no poseer un estilo y desencajarse del realismo (2013a: 622-624). El «graznido» de Piñera torna áspera e inasimilable su habla «animalizada».

Sintomáticamente, otro texto de Aguilera en el mismo número se detiene en «el arte del desvío»: «el arte de graznar» y el arte de «desviarse» son destrezas torcidas, contracanónicas, que trabajan para hacer ilegible la escritura hacia las políticas de Estado. Piñera, García Vega y Severo Sarduy se desvían, según Aguilera. Sus discursos acentúan el quiebre entre las narrativas «que modélicamente llamamos cubanas, esas que sólo observan desde el nacionalismo y la construcción de gestos graves, y otras que ponen en jaque las relaciones entre ficción de escritor y ficción de estado» (2013a: 595). Piñera proyecta la diferencia máxima en las letras nacionales, y se relaciona con la sensibilidad patética e irónica de la narrativa centroeuropea. Su teatro y narrativa despiezan «los flujos más reaccionarios (Nación, Cultura, Identidad)».

Por su parte, García Vega interesa a Diáspora(s), entre otras razones, porque es la máquina de guerra que socava la memorialización de Orígenes y su mitificación (especialmente con *Los años de Orígenes*); una máquina que trabaja desde lo conflictivo consigo misma, dada la pertenencia de García Vega al grupo desde muy temprano y su relación discipular con Lezama. La crítica de García Vega al nacionalismo, su barrido de los «fetiches de identidad» (Aguilera 2013a: 596), su reflexividad constante sobre la escritura, su «inversión de los valores mesiánicos» de la cultura cubana, hacen que Diáspora(s) encuentre especialmente en él un nicho donde establecer diálogo.

Importa sobre todo a Diáspora(s), en cuanto a lo que une a Piñera con García Vega, lo que sería el propio deseo de los escritores del grupo, hacia donde se dirigió el trabajo de sus escrituras: el volverse «inactual», dice Aguilera (o contemporáneo, ambos calificativos usados por Agamben), «ese estar hablando una especie de *checo* que la oreja Estado no entiende, que no puede asimilar sin cortes a su pseudonarrativa» (Aguilera 2013a: 596; énfasis del original). Las estrategias de estas escrituras pueden concentrarse perfectamente en ese desiderátum: ser inasimilables, aun a riesgo de que en tales fugas lo sean también para cualquier escucha o lectura, no necesariamente institucional. Lo que junta también a Piñera con García Vega, según Aguilera, es su capacidad de reírse, que instaura «una política del anti-origen» (2013a: 597). Los dos escritores son desvíos, en tanto colocan al borde «los agenciamientos que un concepto político secuestra» (2013a: 598), en tanto construyen «microrrelatos» que ponen al límite toda ficción centralista[6].

Algunas «Baladas de un bag boy» de García Vega se publican en el número 2 (1998) de *Diáspora(s)*, y en el 6 (2001) fragmentos de «El oficio de perder» (de lo que será en 2004 su libro homónimo). A la altura de 1998 y todavía en 2001, apenas habían circulado textos de García Vega en Cuba desde la década del sesenta, a excepción de unos poemas en la revista *Unión* en 1996[7]. *Diáspora(s)* salta así sobre este vacío, como parte de su diseminación de textos no promovidos o no permitidos por el Estado.

García Vega ensaya en «El oficio de perder» su particular biografismo, que quiebra las expectativas de recepción sobre una narración personal transparente, de la que emerja un sujeto marcado por lo cronológico o lo psicológico. En cambio, el ex-origenista se figura mediante un discurso tartamudo, que se interroga permanentemente a sí mismo, con lo que bloquea los asomos de identificación empática del lector y difiere de manera indefinida los eventos biografiados. Surgen los momentos en los que el que habla toma conciencia de tales interrupciones y aplazamientos, pero al mismo tiempo no puede

---

[6] Véase Arcos 2015, capítulo 2, para las diferencias entre las poéticas de Piñera y García Vega.

[7] La misma revista publica algunos textos de García Vega en 2002. Revistas digitales alternativas como *Cacharro(s)* –que guarda con *Diáspora(s)* no pocos puntos de contacto– lo hará también en los 2000. La primera antología del autor sale en 2009 en Cuba, editada por Enrique Saínz (*Lo que voy siendo. Antología poética*. Matanzas: Ediciones Matanzas). *Los años de Orígenes* permanece sin publicar en la isla; la escritora Reina María Rodríguez tiene preparada una edición para Torre de Letras, la editorial semialternativa que coordina en La Habana, bajo el amparo del Instituto Cubano del Libro, pero no ha sido autorizada a publicarla.

dejar de acudir a ellos, porque el «texto llega a tener razones que el *realismo* no entiende» (García Vega 2013: 520; énfasis del original). Aún así, sólo queda «un discurso que, por su desvinculación, a veces puede terminar como en jerga de diablos». El sujeto aplazado, no biografiado, neurótico y fragmentado de «El oficio de perder» sólo entrega ráfagas «autistas» que se desentienden del otro lado de la recepción, y que por lo tanto borran la mímesis interna que espera ese otro lado. En esa entrega coincide con las instancias enunciativas de los poemas no líricos.

Si en *Los años…* García Vega todavía se reconoce como parte del grupo Orígenes, aunque desde la crítica y la autocrítica, en «El oficio de perder» se pronuncia por cortar definitivamente esta dependencia (Arcos 2015: cap. 1, secc. I). Marca esencial del texto, la poética de García Vega como «reverso del origenismo» va agujereando las imágenes luminosas origenistas que forman parte de «las mistificaciones de una memoria de estirpe hispana y criolla» (Arcos 2015): «Y en Cuba todo era del carajo. Mediodías, con calor sofocante. ¡Bastante sombrío todo, pese al relajo de la luz! » (García Vega 2013: 517); «la República, con sus mocos pegados a las paredes de los Paraderos […] Aquello era para salir corriendo» (2013: 518). Como Piñera indirectamente en «La gran puta», García Vega enrarece los «ceremoniales» origenistas, desde la dimensión extrañada del exilio. Su «ceremonial», «experimentado durante un buen tiempo» en Playa Albina (el nombre dado por él a Miami), fue ir a mirar una «colchoneta tirada en la tierra baldía» (2013: 519): puro gasto sin propósito aparente, sin enmarcado áureo, que focaliza el desecho sin destino antes que los objetos trascendentes.

El texto de García Vega es el recuento de la búsqueda tortuosa (más la ficcionalización compleja de esa búsqueda) del «oficio de perder», y el despojo lúcido de una «edad de cobre» donde, dice el autobiografiado, «estuve por atajos, o por caminos con cúpulas imaginarias, cotos de mayor realeza, ceremoniales claudelianos-antillanos, y otras jodederas, con los cuales no sólo no tenía nada que ver (¿o sí tuve que ver?), sino que llegaron a entorpecer lo que pudiera ser mi proyecto de escritor» (2013: 522): el habla del origenismo vía Lezama se rebaja en autoridad, se vuelve impedimento. El «oficio de perder» como proyecto encuentra discursos que García Vega tuvo que «superponer» a otros discursos que no le correspondían: Raymond Roussel y Marcel Duchamp son los iconos de un vanguardismo deseado, ajeno en su momento al núcleo del origenismo, el cual criticaba las vanguardias en general. «Perder» como escritor implica volverse un «narrador que no sabe narrarse»; ese «oficio» consiste en «experimentar con los juguetes que se me han dado» (2013: 524). No es ser poeta ni narrador, sino «ser siempre, antes que nada un voyeur, o si se quiere, un notario» (2013: 527).

III.

Todas estas intervenciones en el archivo origenista que lleva a cabo *Diáspora(s)*, las que aspiran a reconstruirlo en su heterogeneidad y sobre todo a sustraerlo –sin museificarlo– de su instrumentalización por la política cultural, forman parte de una política de circulación de textos, por parte de la revista, de mayor alcance que lo referido solamente a Orígenes.

La relación entre Diáspora(s) y Orígenes está atravesada por la calidad política del primero (en tanto grupo y revista). Diáspora(s) no es político por ciertos mensajes y ciertos sentimientos que pudieran transmitir sus poemas no líricos o sus textos narrativos, o por las maneras en que estos representarían las estructuras, los conflictos o las identidades sociales (Rancière 2011: 33). De hecho, estos textos trabajan contra la representación entendida como «the assumption and imposition of stasis upon that which perpetually differs from itself» (Cull 2009: 5), en tanto pretenden «sustituir la representación de los conflictos por la presencia de la variación como elemento más activo» y escapar de la situación de «representación conflictual, oficial, institucionalizada» (Deleuze 2013: 353;

354)[8]. Diáspora(s) es político porque se ubica en el extremo opuesto a lo que describe Ricardo Piglia[9] como un uso no político de la escritura: «Exceso de confianza en el manejo de la palabra propia, en la posesión plena del sentido y de su efecto. En ese exceso, en esa indiscreción, se empieza a distinguir un uso no político de la escritura» (2013: 542).

Lo político en Diáspora(s) pasa por la ruptura de la lógica del *arkhé*, que es condición para que haya un sujeto de la política y por lo tanto política, tal como lo entiende Rancière (2006). No simplemente como la ruptura «de la distribución "normal" de posiciones entre aquel que ejerce un poderío y aquel que lo sufre», sino «una ruptura en la idea de las disposiciones que vuelven 'propias' a esas posiciones» (2006: 63). El trabajo de Diáspora(s) contra la lógica del archivo origenista y la constitución de la revista como contra-archivo que quiebra la lógica aduanal del Estado en cuanto a la circulación de textos culturales, son ilustrativos de la política de Diáspora(s) como ruptura de la lógica del *arkhé*.

A la altura de 1990, cuando no existía Diáspora(s) como grupo, Rolando Sánchez Mejías entrevista a Cintio Vitier. Es difícil encontrar un documento como este, en el que un joven escritor muestre tal conocimiento profundo de Orígenes sin abandonar una lectura crítica. Creo que bastaría leer con calma «Respuestas y silencios» para desechar las «malas lecturas» de un ensayo como «Olvidar Orígenes», del propio Sánchez Mejías.

---

[8] La cita proviene de «Un manifiesto de menos» (1979), texto de Deleuze sobre el teatro de Carmelo Bene, publicado en el número 3 (1998) de *Diáspora(s)*, y traducido a todas luces por primera vez al español por Gerardo Fernández Fe. Múltiples conexiones pueden establecerse entre este ensayo de Deleuze y los textos diaspóricos; sólo sugiero una de ellas. «Un manifiesto de menos» confirma la planificada labor de curaduría disruptiva de la revista, y la consistente ligazón conceptual que existe entre la mayoría de los textos publicados en ella.

[9] El texto de Piglia es originalmente de 1984.

Varios momentos se suceden en la entrevista en los que se espejean dos políticas de la literatura. En uno de ellos, Sánchez Mejías interroga al representante origenista sobre «los problemas de la Literatura», y le arguye que pareciera que «estuviéramos destinados al residuo, a una operación violenta con el legado» (en Vitier 1997: 263). La pregunta se cristaliza así: «¿Puede hablarse, entonces, de una nueva *profundidad* de la Literatura?» (énfasis del original). Vitier ofrece, con la rotundidad de los sabios, un dictamen que debe leerse justo en la fricción que establece con la política *futura* de Diáspora(s): «No creo en "una nueva *profundidad* de la Literatura», la cual estaría determinada [...] por su mayor problematicidad [...] la literatura se está convirtiendo en el problema de la literatura, pero esa autodevoración no la hace más profunda sino más superficial» (1997: 263).

No olvidemos que la primera inscripción de *Diáspora(s)* en el archivo literario cubano es una frase de Roland Barthes que subvierte esas atribuciones de profundidad y superficialidad con las que se posiciona Vitier en su respuesta: «La multiplicación de las escrituras es un hecho moderno que obliga al escritor a elegir, que hace de la forma una conducta y provoca una ética de la escritura» (Sánchez Mejías 2013c: 174)[10]. La gestión que hace Diáspora(s) del archivo origenista es, al mismo tiempo, el cumplimiento del destino apuntado por Sánchez Mejías en su pregunta (esa «operación violenta con el legado»), y la satisfacción del imperativo enunciado por Barthes: una elección, la de Diáspora(s), según la cual la literatura era todo menos una cuestión de superficies.

---

[10] La frase de Barthes aparece en el texto de «Presentación» del número 1 de *Diáspora(s)* (1997) que escribe Sánchez Mejías.

Bibliografía

AGAMBEN, Giorgio (2008): «¿Qué es lo contemporáneo?»: <http://estafeta-gabrielpulecio.blogspot.com/2009/11/giorgio-agamben-que-es-lo-contemporaneo.html>.

AGUILERA, Carlos A. (2013a): «El arte del desvío. Apuntes sobre literatura y nación». En Cabezas Miranda, Jorge (ed.): *Revista Diáspora(s). Edición facsímil (1997-2002)*. Barcelona: Linkgua, 595-598.

— (2013b): «Virgilio Piñera». En Cabezas Miranda, Jorge (ed.): *Revista Diáspora(s). Edición facsímil (1997-2002)*. Barcelona: Linkgua, 398.

AGUILERA, Carlos A. & MARQUÉS DE ARMAS, Pedro (2013): «Diáspora(s): consideraciones intempestivas. Entrevista a C. A. Aguilera y Pedro Marqués de Armas». Entrevista por Liliane Giraudon. En Cabezas Miranda, Jorge (ed.): *Revista Diáspora(s). Edición facsímil (1997-2002)*. Barcelona: Linkgua, 546-548.

ARCOS, Jorge Luis (2003a): «Los poetas de Orígenes». En *La palabra perdida. Ensayos sobre poesía y pensamiento poético*. La Habana: Unión, 167-184.

— (2003b): «*Orígenes*: ecumenismo, polémica y trascendencia». En *La palabra perdida. Ensayos sobre poesía y pensamiento poético*. La Habana: Unión, 136-166.

— (2015): *Kaleidoscopio. La poética de Lorenzo García Vega*. Madrid: Hypermedia.

CULL, Laura (2009): «Introduction». En Cull, Laura (ed.): *Deleuze and performance*. Edinburgh: Edinburgh University Press, 1-21.

DELEUZE, Gilles (2013): «Un manifiesto de menos». En Cabezas Miranda, Jorge (ed.): *Revista Diáspora(s). Edición facsímil (1997-2002)*. Barcelona: Linkgua, 345-356.

DERRIDA, Jacques (1997): *Mal de archivo. Una impresión freudiana*. Madrid: Trotta.

DÍAZ INFANTE, Duanel (2005): *Los límites del origenismo*. Madrid: Colibrí.

DORTA, Walfrido (2012): «Discursos postnacionales, políticas de (des)autorización y terror-ismo literario: la poesía no-lírica de los escritores del grupo Diáspora(s)». En Baltrusch, Burghard & Lourido, Isaac (eds.): *Non lyric discourses in contemporary poetry*. München: M. Meidenbauer, 231-246.

FOWLER, Víctor (1999): «La tarea del poeta y su lenguaje en la poesía cubana reciente». En *Casa de las Américas* 215: 11-25.

GARCÍA VEGA, Lorenzo (2013): «El oficio de perder (fragmentos)». En Cabezas Miranda, Jorge (ed.): *Revista* Diáspora(s). *Edición facsímil (1997-2002)*. Barcelona: Linkgua, 517-528.

HERNÁNDEZ SALVÁN, Marta (2015): *Mínima Cuba: heretical poetics and power in post-Soviet Cuba*. Albany: State University of New York Press.

JAMBRINA, Jesús (2012): *Virgilio Piñera: poesía, nación y diferencias*. Madrid: Verbum.

KANZEPOLSKY, Adriana (2004a): «Acerca de algunos extranjeros: de *Orígenes* a *Ciclón*». En *Revista Iberoamericana* LXX (208-209): 839-855.

— (2004b): *Un dibujo del mundo: extranjeros en* Orígenes. Rosario: Beatriz Viterbo.

— (2007): «Orígenes en primera persona». En *Contexto* 11 (13): 37-56.

LÓPEZ SEGRERA, Francisco (1970): «Psicoanálisis de una generación III. (Conclusión)». En *Revista de la Biblioteca Nacional* XII (2): 101-152.

LUIS, Carlos M. (2013): «El Estado origenista. Entrevista a Carlos M. Luis». Entrevista por Carlos A. Aguilera y Víctor Fowler. En Cabezas Miranda, Jorge (ed.): *Revista* Diáspora(s). *Edición facsímil (1997-2002)*. Barcelona: Linkgua, 324-330.

LUPI, Juan Pablo (2012): *Reading anew: José Lezama Lima's rhetorical investigations*. Madrid / Frankfurt am Main: Iberoamericana / Vervuert.

— (2016): «La historia como poesía: *Diáspora(s)* y los orígenes de la obra de arte». Ponencia presentada en Congreso LASA 2016, New York, 27 de mayo, inédito.

MARQUÉS DE ARMAS, Pedro (2013a): «La gran puta. Virgilio Piñera». En Cabezas Miranda, Jorge (ed.): *Revista* Diáspora(s). *Edición facsímil (1997-2002)*. Barcelona: Linkgua, 625-626.

— (2013b): «Orígenes y los 80». En Cabezas Miranda, Jorge (ed.): *Revista* Diáspora(s). *Edición facsímil (1997-2002)*. Barcelona: Linkgua, 193-194.

MOREJÓN, Idalia (2014): «Repertorio de poesía y performance. Cuba años 90. Entrevista a Carlos Aguilera y video-performance». En *Badebec* 4 (7): 207-221.

PÉREZ CINO, Waldo (2014): *El tiempo contraído. Canon, discurso y circunstancia de la narrativa cubana (1959-2000)*. Leiden: Almenara.

PIGLIA, Ricardo (2013): «Notas sobre literatura en un diario». [1984] En Cabezas Miranda, Jorge (ed.): *Revista* Diáspora(s). *Edición facsímil (1997-2002)*. Barcelona: Linkgua, 539-545.

PIÑERA, Virgilio (2011): *Virgilio Piñera, de vuelta y vuelta. Correspondencia 1932-1978*. La Habana: Unión.

— (2013a): «De Virgilio Piñera a José Rodríguez Feo». En Cabezas Miranda, Jorge (ed.): *Revista* Diáspora(s). *Edición facsímil (1997-2002)*. Barcelona: Linkgua, 403-409.

— (2013b): «La gran puta». En Cabezas Miranda, Jorge (ed.): *Revista* Diáspora(s). *Edición facsímil (1997-2002)*. Barcelona: Linkgua, 627-629.

— (2013c): «Poesía». En Cabezas Miranda, Jorge (ed.): *Revista* Diáspora(s). *Edición facsímil (1997-2002)*. Barcelona: Linkgua, 399-402.

PONTE, Antonio José (2013): «Ceremonial origenista y teleología insular». En Cabezas Miranda, Jorge (ed.): *Revista* Diáspora(s). *Edición facsímil (1997-2002)*. Barcelona: Linkgua, 223-226.

RANCIÈRE, Jacques (2006): «Diez tesis sobre la política». En *Política, policía, democracia*. Santiago de Chile: LOM, 59-79.

— (2011): *El malestar en la estética*. Buenos Aires: Capital Intelectual.

ROJAS, Rafael (2013): *La vanguardia peregrina. El escritor cubano, la tradición y el exilio*. México D.F.: Fondo de cultura económica.

— (2014): «Hojear *Orígenes*». En *Libros del crepúsculo*: <http://www.librosdelcrepusculo.net/2014/06/hojear-origenes.html>.

SALGADO, César (2004): «*Orígenes* ante el Cincuentenario de la República». En Birkenmaier, Anke y Roberto González Echevarría (eds.): *Cuba: un siglo de literatura (1902-2002)*. Madrid: Colibrí, 165-189.

SÁNCHEZ MEJÍAS, Rolando (2013a): «El arte de graznar». En Cabezas Miranda, Jorge (ed.): *Revista* Diáspora(s). *Edición facsímil (1997-2002)*. Barcelona: Linkgua, 621-624.

— (2013b): «Olvidar Orígenes». En Cabezas Miranda, Jorge (ed.): *Revista* Diáspora(s). *Edición facsímil (1997-2002)*. Barcelona: Linkgua, 190-192.

— (2013c): «Presentación». En Cabezas Miranda, Jorge (ed.): *Revista* Diáspora(s). *Edición facsímil (1997-2002)*. Barcelona: Linkgua, 174-176.

— (2013d): «Violencia y literatura». En Cabezas Miranda, Jorge (ed.): *Revista* Diáspora(s). *Edición facsímil (1997-2002)*. Barcelona: Linkgua, 373-379.

Santí, Enrico Mario (2002): «La invención de Lezama Lima». *Bienes del siglo: sobre cultura cubana*. México D.F.: Fondo de cultura económica, 195-205.

Sierra Madero, Abel (2016): «"El trabajo os hará hombres": masculinización nacional, trabajo forzado y control social en Cuba durante los años sesenta». En *Cuban Studies* 44: 309-439.

Vitier, Cintio (1945): «Virgilio Piñera: *Poesía y prosa*, La Habana, 1944». En *Orígenes* 5: 47-50.

— (1970): *Lo cubano en la poesía*. La Habana: Letras Cubanas.

— (1997): «Respuestas y silencios». Entrevista por Rolando Sánchez Mejías. En *Poética. Obras 1*. La Habana: Letras Cubanas, 249-272.

— (2002): «El pensamiento de *Orígenes* (en diez puntos)». En *La Jiribilla* 83: <http://www.lajiribilla.co.cu/2002/n83_diciembre/1978_83.html>.

Wolf, Ror (2013): «Historias». En Cabezas Miranda, Jorge (ed.): *Revista Diáspora(s). Edición facsímil (1997-2002)*. Barcelona: Linkgua, 395-397.

Crecida de la ambición (po)ética
Vitier, Diáspora(s) y el arte de una teleología insular[1]

Juan Pablo Lupi | *University of California, Santa Barbara*

Introducción: A partir de la historia

«Nuestra Isla comienza su historia dentro de la poesía». Con estas palabras José Lezama Lima comienza su monumental *Antología de la poesía cubana*, publicada en 1965 por el Consejo Nacional de Cultura. En varios sentidos esta obra representa un hito, no solamente en la historia de la cultura cubana, sino también en lo que en un sentido muy amplio y general podemos denominar el «proyecto origenista»: el proyecto cultural que se inició en el *Coloquio con Juan Ramón Jiménez* (1937), tuvo como eje central la revista *Orígenes* (1944-1956) y cuya meta fue, tal como había declarado Lezama en 1945: «hacer tradición, es decir, reemplazándola, donde no existía» (Lezama 1992: 174). Este hito del proyecto origenista, al igual que muchos otros, está marcado por contradicciones y paradojas. Para empezar, es bien sabido que en ese proyecto confluyeron –y divergieron– escritores con ideas muy diversas, a veces enfrentadas, sobre estética, poética, la función del arte y la literatura, el papel del intelectual y la idea de nación[2]. Otra causa no menos importante de los conflictos que atraviesan

---

[1] Agradezco a César A. Salgado sus valiosos comentarios sobre una versión preliminar de este trabajo.

[2] Esto trasciende los muy conocidos ejemplos de Virgilio Piñera y Lorenzo García Vega como «anti-origenistas». Piénsese por ejemplo en el singular proyecto intelectual de José Rodríguez Feo, patrocinante y coeditor, junto a Lezama, de la revista.

el proyecto concierne la compleja y cambiante relación entre el origenismo y el Estado. En la frase de Lezama que abre la *Antología del 65* confluyen fuerzas encontradas: el proyecto origenista en sí, un estado revolucionario en pleno proceso de institucionalización e ideológicamente enfrentado a ese proyecto pero que aquí paradójicamente lo patrocina y *lo inscribe* oficialmente. El examen de estos (des)encuentros entre origenismo y Estado constituye uno de los ejes centrales de la discusión que sigue.

Treinta años más tarde, en el prólogo de otra antología, leemos un sobrecogedor eco de las palabras de Lezama:

> [L]a mayoría de los poetas cubanos han querido ser leídos como Historia. Es decir: han anhelado, abierta o subliminalmente, inscribir su escritura en la Historia. Y lo más curioso: han querido que se les lea «como» Historia, pero «desde» la Poesía. (Sánchez Mejías 1994: 158)

La cita proviene de la antología *Mapa imaginario: Nuevos poetas cubanos*, editada Rolando Sánchez Mejías, poeta, editor de la antología y uno de miembros fundadores del Proyecto Diáspora(s)[3]. Aquí Sánchez Mejías reitera aquello que había dicho Lezama y constituye

---

[3] El grupo fue fundado en 1993 y sus miembros principales fueron Carlos Alberto Aguilera, Ismael González Castañer, Pedro Marqués de Armas, Ricardo Pérez, Rolando Sánchez Mejías y Rogelio Saunders. Entre 1997 y 2002 organizaron un *samizdat* y la publicación de una revista titulada *Diáspora(s): Documentos*, que aparte de contener poemas y ensayos de los miembros, introdujo textos de pensadores extranjeros hasta entonces escasamente divulgados en la isla (Derrida, Deleuze, Joseph Brodsky, Elias Canetti, entre otros) y de escritores cubanos (por ejemplo, Lorenzo García Vega, Severo Sarduy y Guillermo Cabrera Infante) marginados por la censura estatal. En 2013 se publicó una edición facsimilar de la revista a cargo de Jorge Cabezas Miranda. La edición viene acompañada de un indispensable dossier crítico que incluye artículos, testimonios y entrevistas a los miembros del grupo. En el caso de textos que fueron publicados originalmente en la revista, indicaré el número, año y paginación. Además de los ensayos contenidos en el dossier crítico ya mencionado, dos de los estudios más importantes sobre Diáspora(s) son Fowler 1999 y Hernández Salván 2015.

uno de los rasgos más distintivos del discurso nacional cubano: el rol fundacional que ha tenido la poesía en la construcción de las ideas de patria, identidad e historia en Cuba. Atendiendo al contexto específico en el que se enunció la observación de Sánchez Mejías –la reorganización del campo intelectual que se inició en Cuba a partir de los ochenta, la brutal crisis del Período Especial y la celebración del cincuentenario de la revista *Orígenes* ese mismo año (1994)– cabe destacar tres aspectos de su intervención. El primero es el planteamiento en sí de ese fenómeno en el que la poesía asume un rol hegemónico en la construcción de las ideas de nación y destino histórico, comenzando por la figura tutelar de José Martí, el poeta-patriota-mártir a partir de la cual se consolida, como indica Rafael Rojas, una idea «cívico republicana» de la nación articulada en términos mesiánicos (2002: 72). El segundo aspecto corresponde a la coyuntura histórica de la recuperación del grupo Orígenes a partir de los años ochenta. El proyecto origenista había sido progresivamente rechazado, silenciado y olvidado durante las primeras dos décadas de la Revolución. En los ochenta se inició un proceso de rescate del legado origenista a través de varios canales, que en varias ocasiones estuvieron enfrentados entre sí: la obra de los poetas de la llamada «Generación de los ochenta», la crítica al realismo y el conversacionalismo, los impulsos reformistas que emergen de la sociedad civil, los proyectos culturales que reclamaban mayor autonomía y el giro nacionalista que tomó el discurso oficial a partir de la caída del bloque soviético. Estos debates, como es sabido, jugaron un rol central en la reorganización del campo intelectual cubano a fines de siglo, e involucraron a instituciones e intelectuales dentro y fuera de la isla, tanto afines como opuestos a la oficialidad[4]. Por último, el tercer aspecto consiste en la

---

[4] Este es uno de los procesos más discutidos de la historia intelectual contemporánea de Cuba. La bibliografía sobre el tema es vasta; una lista –incompleta y parcial– de algunos de los trabajos más importantes incluye Buckwalter-Arias 2010, Díaz Infante 2005, Hernández Salván 2015: 125-69, Ponte 2002, Rojas 2006: 228-37, y Santí 1985.

crítica propiamente de esta recuperación —tanto la oficial como las no oficiales— del origenismo. Aquí el grupo Diáspora(s) jugó un rol central: fueron ellos quienes hicieron un intento concreto de, primero, *teorizar* esta situación, y segundo, usarla como punto de partida para proponer una reflexión teórica más amplia sobre la historia, el lenguaje y sus vínculos con la política. Aparte o más allá del impulso renovador, vanguardista e iconoclasta que Diáspora(s) le imprimió al campo intelectual cubano y de la novedad de algunas de las obras de sus colaboradores dentro de la tradición literaria cubana, la intervención central del grupo radica justamente en la reflexión teórica que pusieron en marcha sus participantes, tanto en su ensayística como en su obra poética.

Este artículo se enfoca en un aspecto concreto de esta reflexión. Como punto de partida, consideremos la frase de Lezama —«Nuestra Isla comienza su historia dentro de la poesía»— junto a la hipótesis de Sánchez Mejías. Las palabras de Lezama son en primer lugar una declaración de esa metonimia fundacional que enlaza poesía, nación e historia; además, como se señaló anteriormente, son un vehículo e instancia particular de la contradictoria relación entre Estado y proyecto origenista. Pero hay en juego algo más sugerente, algo que podríamos caracterizar como una *línea de fuga* (en el sentido deleuziano), una posibilidad no intencionada que se ha escapado del orden del discurso. Al momento de re-leer la frase de Lezama, mediada a través de la hipótesis de Sánchez Mejías y, más generalmente, por la intervención teórica de Diáspora(s) —una re-lectura ciertamente anacrónica, o incluso «contrapuntística», para decirlo al modo lezamiano— puede intuirse algo que acaso el propio Lezama jamás habría imaginado, mucho menos deseado o deliberado: nada menos que la forma larvaria de lo que para Diáspora(s) fue una teoría del totalitarismo. Esto es lo que quiero tratar.

Antes de entrar en materia, conviene establecer algunas precisiones. Hablar de Orígenes como «grupo» o «proyecto» en singular connota una idea de organicidad o coherencia que, en rigor, se apoya sobre una ficción política, no sobre hechos. Como señalé anteriormente, el «grupo» fue el lugar de encuentro —cuyo eje fue la revista *Orígenes*— de varios diseños, pensamientos y tendencias intelectuales, estéticas y políticas entre las cuales se negociaron (y no necesariamente en este orden) adhesiones, pactos, disputas, rupturas y reconciliaciones. A esto debe sumársele la consideración de la trayectoria individual de cada autor, así como la de su relación con la revista y el «grupo» —compárese por ejemplo el joven poeta Vitier en los años cuarenta con el Vitier del cincuentenario de la revista en 1994, o el Lezama de *Enemigo rumor* con el de *Oppiano Licario*. Y luego está el no menos importante problema de situar la compleja y proteica relación con el Estado. El proyecto Diáspora(s), en virtud del contexto histórico y político en el que tuvo lugar su intervención, asumió de antemano y tomó como objeto de crítica una visión muy particular del grupo Orígenes. Esta se enfoca principalmente en varios aspectos imbricados: el totalizante concepto católico-nacionalista del grupo y su misión, tal como fue formulado por Cintio Vitier; la co-optación estatal de dicho concepto, proceso que Walfrido Dorta ha denominado «origenismo de estado», facilitado en parte por el propio Vitier y (literalmente) personificado por funcionarios como Abel Prieto —estudioso de la obra de Lezama y Ministro de Cultura a partir de 1997—; la recuperación —acrítica, según algunos miembros de Diáspora(s)— de las estéticas de los poetas del grupo Orígenes que tuvo lugar entre los escritores jóvenes a partir de los años ochenta; y por último, algunos escritos y pronunciamientos de Lezama y otros miembros del grupo que pueden dar lugar a interpretaciones de corte nacionalista. En términos generales, cuando los miembros de Diáspora(s) invocan el significante «Orígenes» en sus ensayos y proclamas, el referente está delineado por los aspectos recién mencionados[5]. Tal posicionamiento

---

[5] Esta visión no es solamente la de los miembros de Diáspora(s), sino que es compartida por otros intelectuales cubanos como Antonio José Ponte y Duanel Díaz.

ante Orígenes parte de supuestos muy particulares y ciertamente soslaya las complejas negociaciones, convergencias y divergencias antes señaladas. En este sentido, podría argumentarse que la lectura que hace Diáspora(s) de Orígenes y de algunos de sus miembros es reductiva, e incluso tendenciosa. Sin embargo, no es menos cierto que hay toda una lógica detrás de esa lectura: ésta se sitúa, como ya señalé, en el contexto de la devastadora crisis de los años noventa y de los cambios profundos que habían venido sacudiendo el campo intelectual desde la década anterior. La intervención de Diáspora(s) –deliberadamente polémica y provocadora, crítica feroz al estado y al *establishment* cultural– es inseparable de esta coyuntura y debe valorarse como tal. En tal sentido, mi objetivo en el presente ensayo no es evaluar la recepción «diaspórica» del grupo Orígenes, sino analizar desde una perspectiva teórica una sugerente tesis sobre los vínculos entre política, historia y poesía que emerge específicamente de dicha intervención.

Vitier: Confesión y teleología

La vertiente hegemónica del discurso nacionalista cubano –aquella que se consolidó alrededor de la figura y pensamiento de Martí y que el Estado formado a partir la Revolución de 1959 institucionalizó de acuerdo a sus propios fines– ha sido descrita por Rafael Rojas como una «racionalidad moral emancipatoria» (1998: 29). Según Rojas, dicha «racionalidad» terminó desplazando la posibilidad de un proyecto liberal democrático. Desde una perspectiva teórica más amplia, esta racionalidad responde a una lógica historicista que Louis Althusser denomina «causalidad expresiva»: el postulado de que los fenómenos sociales, políticos, económicos y culturales de un cierto período histórico son manifestaciones, o más exactamente, «expresiones», exteriores y determinadas de una «totalidad» o principio fundacional interno (Althusser & Balibar 1967: 62-3). Esta lógica, criticada por Althusser en el marco de su reformulación estructuralista del marxismo, se presenta en versiones tanto idealistas –por ejemplo, Hegel– como materialistas –por ejemplo, las nociones de «bloque histórico» o «historicismo absoluto» en Gramsci. Puede afirmarse que algunas de las modalidades más influyentes del discurso nacionalista cubano son modalidades de una «causalidad expresiva», apoyadas sobre un mito secular. Dichas formas son varias y si bien puede haber coincidencias fundamentales entre algunas de ellas, no todas son necesariamente compatibles. Algunos ejemplos serían el ideal martiano, el insularismo, la cubanía o el Hombre Nuevo guevarista.

Esta crítica del historicismo elaborada por Althusser es un primer paso en la teorización de las diversas y contradictorias intervenciones del proyecto origenista en el campo cultural cubano y sus secuelas, desde finales de los años treinta hasta inicios del siglo XXI. Como primera aproximación, puede argumentarse que en el seno del proyecto origenista emergieron instancias de un discurso identitario «expresivo» en el sentido althusseriano. Esto se evidencia en algunos de los textos del canon origenista más influyentes políticamente, como por ejemplo el *Coloquio con Juan Ramón Jiménez*, los editoriales –«Señales»– de la revista *Orígenes*, la antología *Diez poetas cubanos* de Cintio Vitier y muy especialmente su clásico *Lo cubano en la poesía*. Cabe destacar que lo expresivo en el discurso origenista, aunque pueda tener la nación como referente, no consistió siempre, ni necesariamente, en un discurso *nacionalista*. Aparte de los textos mencionados, piénsese por ejemplo en la isla como «patria prenatal» y «substancia poética visible» en «La Cuba secreta» de María Zambrano, en la ambición cosmopolita del proyecto origenista, ya plasmada desde el comienzo en el célebre aforismo que aparece en la portada del primer número de *Espuela de Plata* (1939): «La ínsula distinta en el cosmos, o lo que es lo mismo, la ínsula indistinta en el Cosmos», o incluso en la filiación entre espíritu, poesía y lo inefable en Fina García Marruz[6]. Pero la cuestión que nos ocupa concierne

---

[6] Véase la contribución de Aída Beaupied en este mismo volumen.

a las *derivas* propiamente nacionalistas que se construyeron a partir de algunas estas modalidades de lo expresivo. Ya en los editoriales o «Señales» de la revista *Orígenes* se comienza a trazar una política de la escritura que enlaza poesía, espíritu y nación[7]. Uno de los modos de mostrar la existencia de tal principio fue la negatividad: la década de los cuarenta y cincuenta fue un tiempo de «desintegración» y «frustración»; la genuina República nunca había llegado a instituirse; lo que había –al decir de Vitier– era una «*seudo*-república», expresión que encapsula la oposición entre una comunidad política existente pero falsa, antitética a otra, que es verdadera pero no se ha materializado. Tal caracterización no solamente postula implícitamente –por medio de su negación– un hipotético Estado «integrado», «verdadero» y «genuino», sino que además lo sobredetermina y le otorga un carácter transcendental: este principio fundacional es, o bien una entidad ya históricamente establecida pero que aún no se ha manifestado como realidad, o bien un desideratum *necesario*: o ya existe o hay que inventarlo. En este sentido, la nación es concebida de antemano como *expresión* o manifestación externa de una Idea.

El pensamiento de Cintio Vitier es un consumado ejemplo de este paradigma discursivo. Asumir que la nación se fundaba sobre un principio trascendental de corte abstracto o metafísico era algo que Vitier venía planteando desde los años cincuenta. En un plano ideológico, esto podía servir como eje para repensar el estado y la nación en el marco del colapso de la era soviética. Pero en ese mismo plano, también se imponía que cualquier reacomodo fuese revolucionario: la Unión Soviética pudo haberse derrumbado, pero no la Revolución. Y Vitier era no solamente católico, martiano y nacionalista, sino también revolucionario. Las bases teóricas e ideológicas de lo que fue la progresiva construcción del «origenismo de Estado» no son producto inmediato de las crisis y reacomodos que comenzaron en los años ochenta, sino que habían sido elaboradas décadas atrás, en

---

[7] Véase Rojas 2002.

pleno fervor revolucionario. Los cimientos del historicismo poético, nacionalista y revolucionario que eventualmente sirvió de guía para la apropiación estatal de Orígenes y su legado habían sido formulados por el propio Vitier en «El violín» (1997: 191-212), la famosa conferencia que dictó el 19 de agosto de 1968 en la Biblioteca Nacional y que se considera su declaración pública de adhesión al proceso revolucionario[8]. La ponencia de Vitier tuvo lugar en el marco de la Ofensiva Revolucionaria proclamada por Fidel Castro en marzo de 1968, y que como es sabido fue una de las etapas más radicales de toda la historia de la Revolución[9]. Esto revela una paradoja clave: por un lado, en «El violín» Vitier elabora un argumento de corte teleológico e historicista en el que rechaza su etapa origenista, marcada por la vacilación y el recogimiento pasivo en el mundo de las letras, para luego afirmar su conversión revolucionaria; pero por otro lado, dos décadas más tarde, Vitier utilizará ese mismo historicismo a fin de poner en marcha la recuperación oficial del origenismo en los noventa.

«El violín» –el título, explica Vitier, alude al cuadro *Le violon rouge* del pintor fauvista Raoul Dufy– puede leerse como una autobiografía literaria, intelectual y política. Sin embargo, examinando más de cerca el contenido y atendiendo al momento histórico en que la conferencia tuvo lugar, aparece otro registro discursivo, una declaración política de un tipo muy particular: «El violín», más que una autobiografía, es en el fondo una *autocrítica*. Vitier describe el período que va desde el Machadato hasta la caída de Batista como una época marcada por la «miseria y el absurdo», «el simulacro», «el mal» y «el caos» (1997: 194, 200), pero lo más significativo radica

---

[8] En su monografía sobre Vitier, Arcadio Díaz Quiñones aborda la importancia de «El violín». Véase Díaz Quiñones 1987: 21-73.

[9] Véase Guerra 2012: 290-316. En ese momento la sociedad cubana vivió «a "rallification" of everyday life at an unprecedented scale» (2012: 290); fue el momento de la expropiación definitiva de las últimas pequeñas empresas privadas, la consolidación de la estatización de la economía y la movilización de toda la sociedad con miras a la Zafra de los Diez Millones.

en cómo se refiere a la obra que él mismo produjo en aquel tiempo. En un pasaje en el que rememora el suicidio de Eduardo Chibás en agosto de 1951 –episodio que emblematiza aquella era bajo el signo de la tragedia– Vitier pregunta: «Si vivíamos en las tinieblas, ¿qué podía importarnos la oscuridad de la palabra?» (1997: 200). Rememorando su carrera como escritor durante los cuarenta y los cincuenta, Vitier establece una correspondencia entre un «oscuro» tiempo histórico y el supuesto hermetismo de su obra poética –e implícitamente de la poesía origenista en general– para entonces admitir que esa poesía era una práctica efectivamente sustraída de la historia. Vitier juzga que durante ese período su «letra» (1997: 200) no era más que una reacción de repudio meramente pasiva. En el año 1956 coinciden tres eventos: el desembarco del *Granma*, el cierre de la revista *Orígenes* y la publicación de *Canto llano*, poemario en el que Vitier plasma la experiencia de su conversión al catolicismo en 1953. Esta obra, en tanto signo de su «primera» conversión, «significó [...] el paso de la letra a la voz» (1997: 204)[10]. El motivo de la oposición entre «letra» y «voz» y el proceso de superarla se reiteran cuando Vitier contrasta su «(desorientación) en el terreno político» con el «(pisar) tierra firme y nutricia cuando hablaba en el *Lyceum*, de octubre a diciembre de 1957, sobre *Lo cubano en la poesía*» (1997: 205). Insertado de este modo en el relato autobiográfico, su célebre ciclo de conferencias sobre poesía, historia e identidad nacional consolida retroactivamente ese paso de la «letra» a la «voz»: la poesía deja de ser pura escritura y pasa, por el medio oral, a la arena pública, donde es presentada como expresión de una «ética» y esencia nacional(ista) que participa en un destino histórico.

---

[10] Francisco Fernández Sarría ha señalado que en el pensamiento de Vitier opera una visión dualista –heredada de su lectura de Maritain y otros pensadores católicos– que opone «arte y vida, palabra y acción, verbo y acto», y de la cual el propio escritor fue «víctima» (2008: 184).

De aquí a la autocrítica sólo hay un paso. Después del suceso «espiritualmente revolucionario» de «la conversión al cristianismo católico» que Vitier fecha en 1953, la «revelación épico-histórica» del 1 de enero de 1959 es la aparición de «un rayo de otra fe» (1997: 210). A partir de aquí surgen nuevas circunstancias y nuevas exigencias que en un principio fueron percibidas como antitéticas respecto a la conversión católica. Vitier confiesa que esas «dos revoluciones» –una privada, la otra pública– inicialmente aparecían como extrañas entre sí y entraron en «una lucha dolorosa, difícil, oscura», pero eventualmente la Revolución terminará disolviendo todo dualismo: ahora hay «una sola realidad indivisible» (1997: 210). «La Revolución», señala Vitier, le otorgó la «lucidez» de reconocer que «el tiempo anterior» fue de «culpas y cegueras», «conflicto ideológico personal» y «falta de rigor de conciencia» (1997: 210-1), y tal reconocimiento es condición necesaria para lograr «la integración última de las esencias de las dos revoluciones» (1997: 211)[11].

«El violín» es confesión y autocrítica, proclama católica y revolucionaria. Siguiendo el camino trazado por esta doble orientación, la resolución o «integración» de los dualismos público *versus* privado y letra *versus* voz se consolidará en el proyecto historiográfico expuesto en *Ese sol del mundo moral* (1975), obra que lleva por subtítulo «historia de la eticidad cubana» (publicada originalmente en México, no en Cuba). Allí Vitier completa, insertándola en el marco de la Revolución, la «teleología insular» –expresión que toma prestada de Lezama– que ya había esbozado en *Lo cubano en la poesía*: un ciclo conferencias dictadas en diciembre de 1957, en plena lucha contra el Batistato, pero para ese momento la materialización de una Revolución *socialista* –lo cual, estrictamente hablando, no ocurrirá sino hasta abril de 1961– era algo que difícilmente podía anticiparse, al menos

---

[11] Vitier narrará este recorrido vital, espiritual y político en *De Peña Pobre*, su *roman à clef* sobre su vida hasta el triunfo de la Revolución y su experiencia como parte del grupo Orígenes. Véase Salgado 2002, especialmente 208-216.

para Vitier. Para los setenta Vitier habrá elaborado toda una obra de ingeniería historiográfica –un recurso al «anacronismo deliberado», como diría el personaje de Borges– en donde retroactivamente la tradición letrada cubana a partir del siglo XIX es reinterpretada y reescrita como una cadena en donde no solamente existe una relación causa-efecto que enlaza eslabones sucesivos, sino que además cada eslabón constituye una anticipación profética de la Revolución socialista. Y vista en su totalidad, esta teleología se formula en términos explícitamente mesiánicos: «Enero del 59 significó para mí la coincidencia de la patria invisible con la patria visible, de la historia íntima con la historia pública [...] La memoria y el futuro se fundieron en una sola llama que era el presente» (Vitier 1997: 216). «El pasado [...] llega hasta el presente revolucionario, hecho de futuro» (1997: 217). Este discurso, que había comenzado a forjarse a fines de los cincuenta y se apuntaló durante los primeros años de la Revolución, servirá de base para la apropiación oficial de *Orígenes* entre finales de los años ochenta y la década de los noventa.

Arte, ética y política

En la teleología vitierana, la poesía y sus derivas proféticas determinan la nación y su historia, y esta idea puede a su vez convertirse en un poderoso instrumento político. Como veremos más adelante, la intervención de Diáspora(s) consistió en identificar, criticar y resistir tal maniobra. El concepto de «regímenes del arte» que Jacques Rancière introduce en sus reflexiones sobre los vínculos entre política y estética puede ayudarnos a elucidar esa operación que enlaza poesía, escritura, historia, nación y Estado[12]. El pensador francés identifica

---

[12] Este concepto, junto al de «repartición» o «distribución de lo sensible» [*partage du sensible*], forma la base de la teorización sobre los nexos entre estética y política que Rancière elabora en numerosos textos. Véanse por ejemplo Rancière 2000, 2010 y 2011. A menos que se indique lo contrario, las traducciones son mías.

tres «regímenes del arte»: el «régimen ético de las imágenes» o simplemente «régimen ético», que se apoya en la filosofía platónica; el «representativo» o «poético», basado en los principios de la *Poética* de Aristóteles; y el «estético», que corresponde a las conceptualizaciones del arte elaboradas a partir del romanticismo[13]. De estos tres regímenes son el ético y el estético los que tienen mayor relevancia para los fines de la presente discusión y me detendré a describirlos someramente.

En el régimen ético «se trata de saber cómo el modo de ser de las imágenes concierne al *ethos*, al modo de ser de los individuos y las colectividades» (Rancière 2002: 28). En la *República*, explica Rancière, Platón establece que en la *polis* debe imperar una rígida división del trabajo determinada por una adecuación natural, ya preexistente, entre cada miembro individual y un rol específico que le corresponde cumplir (2002: 27-8). Este *ethos* (literalmente «costumbre», «hábito») instaura la comunidad. Para Platón no existe tal cosa como «arte», entendido como entidad separada o autónoma. Lo que existe son, por un lado, «técnicas» que son legítimas en la medida en que se subordinan a la división del trabajo que sustenta la *polis*; pero por otro lado puede haber imágenes falsas o simulacros que tienen un efecto pernicioso en la medida en que constituyen representaciones que no se ajustan a dicha división. El creador de simulacros (el pintor, el poeta, el dramaturgo) traslada a la arena pública lo que en realidad corresponde al *ethos* de la *polis*; es decir, exhibe públicamente modos de ser y actuar que deben estar confinados a espacios concretos y sometidos a formas de visibilidad muy específicas (Rancière 2002: 67-68). En tal sentido, el simulacro es un duplicado ilegítimo y que puede tener un efecto nocivo en los individuos y en la *polis*,

---

[13] Si bien la estructura de los regímenes del arte corresponde a una secuencia cronológica, estos no deben entenderse como períodos o momentos históricos sino más bien como categorías meta-históricas. De hecho, es posible que en un mismo momento histórico coexistan varios regímenes y que, por ejemplo, en ciertos géneros prevalezca uno sobre otro.

en la medida en que subvierte el ordenamiento, o más exactamente, la «repartición de lo sensible» que determina «lo común». Partiendo de esta idea, lo que Rancière denomina el «régimen ético» del arte, entendido como categoría meta-histórica, más allá de su origen en la doctrina platónica responde a la cuestión de cómo la práctica artística se relaciona con lo que funda una comunidad, con los modos de hacer y decir que son considerados «genuinos» en la medida en que se adecúan al *ethos* comunitario.

El «régimen estético» del arte es el régimen propio de la modernidad y responde a la posibilidad de la democracia (Rancière 2000: 31-45). Este surge al momento de distinguir «un modo de ser sensible que es propio de los productos del arte», en el cual lo sensible es «sustraído de sus conexiones ordinarias» y pasa a estar «habitado por un poder heterogéneo, el poder de un pensamiento que se ha vuelto extraño a sí mismo» (2000: 31). Este «poder heterogéneo», esta posibilidad de que lo sensible de alguna manera se vea «sustraído» del mundo y se torne «extraño» respecto a sí mismo, es justamente lo que caracteriza las concepciones modernas del arte[14]. El correlato de esta heteroge-

---

[14] Los ejemplos de esta heterogeneidad son múltiples: la relativización temporal o histórica de la poesía y el arte (por ejemplo, las ideas en Vico o Hegel de que en la antigüedad el arte era algo distinto de lo que es en el presente); la obra de arte como objeto simultáneamente intencional y no intencional, consciente e inconsciente, o como objeto cuyos significados se realizarán (o se «habrán realizado», para decirlo en términos idealistas) en el futuro; la concepción del lenguaje aparte de su función como herramienta cotidiana de comunicación, sea como «estilo» (Flaubert) o «música» (Mallarmé); la lista podría continuar con más ejemplos. Por otra parte, el régimen estético supone una ruptura con las normas y jerarquías fijas respecto a los usos retóricos, temas y géneros que operan en el régimen representativo (cuyo modelo es la *Poética* de Aristóteles, entendida como sistema prescriptivo acerca de cómo debe ser el arte). En particular, explica Rancière, el régimen estético conlleva un impulso igualitario: cualquier tema, no importa cuán banal o elevado sea, es apto para ser motivo de la obra artística, y cualquier tema puede ser expresado en cualquier medio, género o estilo. Todo esto responde a los grandes fenómenos históricos de la modernidad: el ascenso

neidad es que el régimen estético establece una relación entre el arte y la vida que es fundamentalmente contradictoria: por un lado, el arte en la modernidad aspira incorporarse a la vida, pero por otro lado, el arte sólo es tal en la medida en que preserva su autonomía; recíprocamente, el arte sólo es tal en la medida en que aspira a estar «más acá» o «más allá» del arte mismo[15]. Esta contradicción se manifiesta de varias maneras. Piénsese por ejemplo en la reflexión sobre el lenguaje que plantea la poesía moderna: la poesía, por medio del lenguaje, aspira a capturar y expresar «la idea» o «el espíritu» del mundo, pero en el mundo yacen formas y fenómenos que no pueden ser expresados por el lenguaje, y recíprocamente, el lenguaje, operando en el texto, sobrepasa cualquier intento de fijar una intención, significado o interpretación y no puede coincidir con su referente o con la pretendida aspiración poética. Otro ejemplo sería lo que Peter Bürger describe como el ideal vanguardista de reintegrar el arte con la «praxis de la vida»: al momento de unirse a la vida el arte cesa; al mantenerse separado el arte se preserva, pero necesariamente tiene que mantener esa aspiración de unirse a la vida.

En su ensayo «The Aesthetic Revolution and Its Outcomes», Rancière formula la contradicción que define el régimen estético en los siguientes términos: «In the aesthetic regime of art, art is art to the extent that it is something else than art [...] The key formula of the aesthetic regime of art is that art is an autonomous form of life» (2010: 118). Este conflicto, añade Rancière, puede librarse en tres «configuraciones» o «escenarios»: «Art can become life. Life can become art. And art and life can exchange their properties». Cada una de ellas es una forma de la política –o más precisamente, aclara

---

de la burguesía, el advenimiento de la democracia, el movimiento obrero y las revoluciones.

[15] «[La] contradicción constitutiva del régimen estético de las artes [...] hace del arte una *forma autónoma de la vida* y de este modo plantea simultáneamente la autonomía del arte y su identificación con un momento dentro de un proceso de auto-formación de la vida» (Rancière 2002: 37; énfasis en el original).

Rancière, de la «metapolítica»– de lo estético: «[aesthetics's] way of producing its own politics, proposing to politics re-arrangements of its space, re-configuring art as a political issue or asserting itself as true politics» (2010: 119). Consideremos el primer escenario: cuando el arte aspira a convertirse en vida. Rancière señala que en este caso «art is taken to be not only an expression of life but a form of its self-education […] As self-education, art is the formation of a new sensorium –one which signifies, in actuality, a new ethos» (2010: 119). Al tomar el arte tal función pedagógica se pone en marcha un acercamiento del régimen estético hacia el régimen ético, entendidos ambos como categoría meta-históricas. Recuérdese que el régimen ético se basa en cómo la práctica artística se relaciona con lo que funda una comunidad. Cuando el arte en la modernidad busca «convertirse en vida» y es una instancia de «auto-educación», el arte se convierte, al decir de Rancière, nada menos que en un «nuevo ethos colectivo»; el arte en sí pasa a ser nada menos que una modalidad de configurar lo común, lo que funda la comunidad. Bajo este esquema, el régimen estético se aproxima entonces al régimen ético, bajo el cual el arte es lo que funda y (re)presenta el *ethos* comunitario.

La relación contradictoria entre el arte y la vida que define el régimen estético y la aspiración a superarla por medio de una conciliación con los preceptos del régimen ético, proporcionan una matriz teórica que nos permite comprender lo que ha estado en juego en la poética de Vitier, empezando con *Lo cubano en la poesía*, adquiriendo su «definición mejor» en «El violín» y culminando con la institucionalización de su «teleología insular» bajo el signo de la Revolución, y más importante aún, elucidar el vínculo entre historia, poesía y totalitarismo que denuncia Diáspora(s).

En su teleología, Vitier va construyendo retroactivamente una secuencia que asciende progresivamente –el pensamiento criollo del siglo XIX, Martí, *Orígenes*, etcétera– en donde cada eslabón expresa una idealización espiritual, ética, social y política de la nación. Vista como un todo, esta secuencia es orgánica y coherente –como indica

Rafael Rojas, «no tolera refutaciones» (2006: 229)– y por lo tanto excluye todo aquello que no pertenezca a dicho ideal (los casos de Virgilio Piñera, *Ciclón* o Lorenzo García Vega resultan ejemplares en este sentido). Para Vitier la literatura cubana es simultáneamente una escritura de la nación, y más radicalmente, una *historiografía* nacional(ista). Vitier –simultáneamente poeta, historiador y exégeta– *re*-inscribe la historia de la poesía como progresión histórica de los valores espirituales de la nación. Bajo esta visión la literatura adquiere entonces un valor identitario fundamental: la poesía ya no es una esfera puramente autónoma ni un significante vacío, sino que es expresión de «lo cubano» justamente en la medida en que es manifestación de un *ethos* comunitario. Bajo esta perspectiva, la producción literaria cubana –signo determinante de lo moderno en la cultura nacional– se vuelca hacia lo que Rancière denomina el «régimen ético» del arte.

En el caso específico de Vitier y Orígenes esta re-escritura presenta un rasgo distintivo. Como es bien sabido Orígenes, y especialmente la figura de Lezama, han sido frecuentemente caracterizados como instancias del «arte por el arte», la jerarquización de la «alta cultura» sobre lo «social» o «popular», la pasividad e inacción política, etcétera. En tal sentido, cabe destacar que el proceso descrito arriba no se reduce simplemente a un giro hacia lo ético, sino que hay algo más, a saber: la re-partición o re-distribución de una expresión literaria que había sido (y para algunos sigue siendo) abiertamente reconocida, estereotipada y criticada precisamente como «esteticista». No se trata aquí entonces de la propuesta y teorización *ad hoc* de un nuevo arte que determine una ética revolucionaria y comunitaria, sino de revisar y transformar un *corpus* –incluida la obra temprana del propio Vitier– que pertenecía al pasado y supuestamente había sido «superado», que había sido visto como emblema de la autonomía de lo artístico y de la introspección ante lo político. Vitier explícitamente inscribe una repartición de lo sensible que convierte lo «viejo» y alienado respecto al *ethos* revolucionario en una determinación afirmativa de las «esencias» de dicho *ethos*.

Tal determinación sólo se realiza en la medida en que no permanece como un gesto privado, sino que este es reposicionado en la esfera de público, al extremo de someterse a un proceso de institucionalización que terminó consolidándose a inicios de los años noventa. Esta es una manifestación concreta del conflicto que plantea la heteronomía constitutiva del régimen estético. En el contexto de la modernidad, por un lado, el arte aspira a preservar su autonomía, y por otro, el *ethos* comunitario forma parte de lo público; por ejemplo, en el caso concreto de Cuba, piénsese en la concepción «cívico-republicana» (Rojas 2000) de sociedad que instaura Martí, o en la Revolución. En este sentido, puede decirse que la instancia moderna o «pos-platónica» de la vuelta hacia el régimen ético opera en el espacio de lo público. No obstante, puede argumentarse que en realidad el proyecto origenista nunca ha cabido dentro de un estereotipo esteticista y que siempre, ya desde finales de los años treinta, había participado en lo político y en la busca de un *ethos* comunitario. Esto es cierto, pero en un sentido restringido que no da cuenta de todo el proceso que he venido describiendo. Para la mayoría de sus contemporáneos y durante las primeras décadas de la Revolución, el lado público de *Orígenes* fue usualmente percibido –correctamente o no– como proyecto esteticista; la reflexión sobre política y nación, aunque existiese, no fue reconocida públicamente como tal, sino que, exceptuando uno o dos casos aislados, se limitó en buena medida a la esfera de lo privado, o más concretamente, a un círculo reducido de artistas y escritores[16]. Esto eventualmente cambiará: a finales del siglo XX ocurrirá el giro político y nacionalista que reposicionará el

---

[16] Como excepciones en donde sí hubo una apertura a lo público pueden señalarse la publicación de la antología *Cincuenta años de poesía cubana*, publicada por la Dirección de Cultura en 1952 (es decir, a inicios del batistato, con patrocinio gubernamental), y las conferencias de *Lo cubano en la poesía*. Nótese sin embargo que ambos fueron proyectos justamente de Vitier, y son especialmente significativos en tanto revelan el otro lado de su figura pública: él no fue solamente el intelectual orgánico de la Cuba postsoviética, sino también el

proyecto origenista abiertamente dentro del dominio de lo público, y nada menos que por medio de una institucionalización: es aquí donde termina de concretarse la re-partición de lo sensible que desplaza dicho proyecto hacia el régimen ético. Un texto como «El violín» resulta decisivo en este sentido, precisamente por haber sido escrito –y hecho público– en el 68. Allí no solamente se declara una adhesión al proyecto revolucionario, sino que además, al presentarse como confesión y autocrítica, se *dramatiza* –o mejor, *melo*-dramatiza– ese paso de lo privado a lo público, que años más tarde, luego de un proceso de imprevisibles contingencias históricas, se institucionalizará usando como base esa revisión historicista que es la versión vitierana de la «teleología insular».

De la ética al mito

En su nivel más fundamental, las dinámicas entre estética y política que he descrito son procesos que operan a nivel *del lenguaje*. Es el lenguaje lo que en última instancia (sobre)determina y articula dichos procesos. En primer lugar, la teleología es fundamentalmente una *re-escritura* y una *re-inscripción* del pasado según la cual la representación histórica deviene un *speech act* nacionalista y revolucionario. Pero en segundo lugar, la teleología insular se haya fundada sobre la postulación *a priori* de un principio trascendental que subyace a la historia, la identidad y el destino de la nación: este principio es la *poesía*. En este sentido, la vuelta hacia el régimen ético que he descrito también puede verse como una reconceptualización de la poesía como *mythos*. El griego *mythos* significa literalmente «habla», «palabra» o «discurso». Consideremos algunas de las connotaciones del término –empezando por su derivación, «mito»– que provienen del sentido que tenía en la antigüedad y de cómo ha sido interpretado

---

antologador «oficial» de la República y uno de los formadores del canon literario de este período histórico.

históricamente. En las *Historias*, Heródoto afirma que fueron Hesíodo y Homero quienes crearon las teogonías y dieron a los dioses sus nombres y atributos (1996: 106). Esta idea cobra especial importancia en las interpretaciones de la cultura griega que harán pensadores como Vico, los románticos alemanes, Hegel, Nietzsche y Heidegger: quienes les dieron los dioses a los griegos fueron justamente los poetas; la poesía funda el mito. O dicho más precisamente: en la antigüedad clásica la palabra poética es *mythos* en la medida en que tiene el valor performático de fundar y darle identidad a un pueblo.

Hegel tomará esta concepción del arte como punto de partida de su famosa tesis del «fin del arte» (el arte clásico y su función han sido superados en la Cristiandad; la verdad ya no está en el arte sino en la razón especulativa). Sin embargo, otros pensadores buscarán recobrarla. Para Heidegger será el fundamento de la controversial teoría de la obra de arte que desarrolla en la década del treinta y expone en su célebre ensayo de 1936 «Der Ursprung des Kunstwerkes» («El origen de la obra de arte»), así como en sus textos sobre Hölderlin. Según el filósofo alemán el arte auténtico cesa al momento en que la obra está determinada por lo estético. La idea de la obra de arte que surge en la Ilustración –la obra como objeto definido en base a una cierta experiencia sensorial («lo bello») y al contenido que esta (re)presenta para el observador– no corresponde a una idea genuina del arte. Para Heidegger, cuando «filosofía del arte» y «estética» son intercambiables, la verdad del arte ha desaparecido (Young 2001: 8-12). En los años treinta, Heidegger recupera la idea de la autenticidad del arte que el romanticismo alemán había tomado de una interpretación particular –cónsona con esa nueva idea que habían venido desarrollando: el «pueblo», *das Volk*– de lo que era el arte para los griegos: el arte –y aquí la poesía ocupa un lugar privilegiado– es una manifestación de lo que funda, preserva y le da identidad a una comunidad. Heidegger entrevé la posibilidad de que la función auténtica del arte se restituya. Así describe Philippe Lacoue-Labarthe esta intuición:

The Heideggerian apprehension of poetry is overdetermined by speculative Romanticism: That is indeed why poetry (*Dichtung*) is defined in its essence as language, *die Sprache* –or why language (and this amounts to the same) is defined as the originary poetry (*Urdichtung*) of a people– and, finally, why the latter in turn is defined in its essence as *die Sage: ho muthos*. (Lacoue-Labarthe 2007: 65)

La poesía como habla (*Sage, mythos*) original y originaria de un pueblo. La comparación con el mito de Martí o la concepción ética de la poesía en Vitier (basada a su vez en el mito martiano) es reveladora: ambas son instancias en donde la palabra poética deviene *mythos*. En el caso de Vitier –tal como ilustra «El violín»– se declara explícitamente un alejamiento de una noción estética (o esteticista si se quiere) de la poesía, y un acercamiento a otra noción que, imbricando categorías como «eticidad» y «cubanidad», concibe la palabra poética como *mythos*, es decir, como locución performática que simultáneamente funda y expresa una nación. Siguiendo esta idea y tomando en cuenta su raigambre clásica, podría decirse que la poesía cubana, parafraseando la célebre sentencia de Martí, se convierte en fundación de una Grecia «*nuestra* [...] preferible a la Grecia que no es nuestra». En la mitología martiana y en la eticidad vitierana la poesía, como para los griegos, se torna en palabra dadora y fundadora de un pueblo, y el arte queda restituido a su función genuina. A partir del giro nacionalista y ético del pensamiento poético de Vitier surge una concepción de la poesía análoga a la que Heidegger aspiraba recuperar.

Esto no implica, claro está, que Vitier deliberadamente haya tomado el germen de su concepción ético-nacionalista de la poesía directamente de Heidegger. Hasta ahora me he limitado a señalar una analogía –no una genealogía ni tampoco una homología– entre dos concepciones poéticas. Considero que estas similitudes son significativas desde una perspectiva teórica, pero difícilmente pueden describirse simple o necesariamente como una relación de influencia.

No obstante, es un hecho que Vitier leyó a Heidegger y cabe preguntarse qué surgió de esas lecturas. Según Arcadio Díaz Quiñones, «[N]o es difícil constatar las repercusiones de las nociones de Hegel y Heidegger sobre la historia en *Lo cubano*» (1987: 66), y añade que la idea allí planteada de la poesía como «vehículo de conocimiento» tiene sus raíces en el pensamiento romántico alemán, en Dilthey y en Benedeto Croce (1987: 66-7). El propio Vitier aporta referencias reveladoras. En su ensayo «Poesía como fidelidad» (1956), al momento de reflexionar sobre los nexos (y diferencias) entre filosofía y poesía, señala como instancia en la que una se acerca a la otra «las páginas que Heidegger titula *Los senderos en el bosque*» (1997: 111). El ejemplo es muy significativo ya que se trata de la colección de ensayos *Holzwege* –la primera publicación que hizo Heidegger después de la guerra, en 1950– y cuya primera sección es justamente «El origen de la obra de arte»[17]. Otra referencia reveladora de la importancia que tuvo la lectura de Heidegger aparece en una escena en *De peña pobre*, en la que se narra la reflexión del joven Kuntius (personaje basado en el propio Vitier) acerca de cómo «el existencialismo del inauténtico *Dasein* le parecía corresponder hasta cierto punto con sus vivencias inmediatas [...] sentía la imposibilidad de justificar por qué había *algo* [...] y no, simplemente, nada» (1978: 87).

Por último, Heidegger reaparecerá, aunque muy brevemente, en la provocadora entrevista (1990) con Rolando Sánchez Mejías que fue incluida en la edición de las obras completas de Vitier[18]. Allí Sánchez

---

[17] No he logrado precisar qué acceso tuvo Vitier a esta colección a mediados de los cincuenta. El ensayo sobre la obra de arte ya había sido publicado en traducción al español en 1952 y otras obras, incluyendo *Sein und Zeit*, incluso antes (la famosa traducción de José Gaos, *El ser y el tiempo*, es de 1951), pero la primera traducción al español de *Holzwege* completo, a cargo de José Rovira Armengol, no fue publicada sino hasta 1960 en Buenos Aires, bajo el título *Sendas perdidas*. La traducción al francés (*Chemins qui ne mènent à nulle part*) apareció en 1962.

[18] Véase «Respuestas y silencios: Diálogo con Rolando Sánchez Mejías» (Vitier 1997: 249-72). A primera vista, buena parte del diálogo entre Vitier y el futuro

Mejías habla de la importancia que tuvo *Ser y tiempo* «para muchos de los escritores de [su] generación», y a partir de allí pregunta si entre los origenistas «surgieron preocupaciones parecidas» en torno a dicha obra. Pero lo significativo aparece al momento en que Sánchez Mejías trae a colación la polémica generada por el libro del investigador chileno-francés Víctor Farías, *Heidegger et le nazisme* (1989), la cual, como afirma el futuro fundador de Diáspora(s), «dota a Heidegger de una nueva dimensión» (Vitier 1997: 264). Por medio de este giro, la cuestión sobre la posible influencia del filósofo alemán sobre Vitier pasa a un segundo plano; aparece algo más urgente y que será una de las preocupaciones centrales del proyecto Diáspora(s): la cuestión del totalitarismo y su relación con la figura del intelectual.

Lenguaje, poesía y totalitarismo

Cuatro años después de la entrevista con Vitier, Sánchez Mejías planteará explícitamente la cuestión de un potencial enlace perverso entre origenismo, poesía, historia y poder en «Olvidar *Orígenes*», su controversial intervención en el coloquio «Cincuentenario de *Orígenes*» en 1994, y que puede considerarse como uno de los textos fundacionales del proyecto Diáspora(s)[19]. Allí Sánchez Mejías declara que si bien los poetas de su generación habían aprendido a través de

---

fundador de Diáspora(s) pareciera ser una indagación acerca del ideal poético vitierano –u «origenista»– llevada a cabo por un escritor de una nueva generación que busca explorar y recuperar un legado que había sido proscrito y era el punto de partida para una renovación literaria en virtud de su radical diferencia respecto a la estética del conversacionalismo. Sin embargo, a lo largo de la entrevista, Sánchez Mejías deja entrever una actitud crítica, incluso irreverente (por ejemplo, el modo en que se marcan los «silencios») que prefigura lo que será la intervención de Diáspora(s).

[19] «Olvidar *Orígenes*» fue uno de los «Documentos» publicados en el número inaugural de la revista *Diáspora(s)* en 1997. El otro texto fundacional fue un documento-manifiesto repartido en la ocasión del Cincuentenario y que consistía en un par de pseudo-fórmulas matemáticas en las que se «demostraba» que «Orígenes

Orígenes que «había un reino de la Poesía», no era menos cierto que para ellos el proyecto origenista se había convertido en una fantasía potencialmente cruel:

> Para alguien cuya experiencia vital completa haya coincidido con la experiencia política de la modernidad perversa que ha sido Cuba [...] sabrá lo problemático de aceptar que su tiempo es la encarnación suprema de una imagen. Aquello que para Lezama y para Vitier fue un corte o fulminación o consecución de la Historia, fue para otros hombres el dolor de la historia en sus propios cuerpos. (Sánchez Mejías 1997: 192)

Si, por un lado, para Vitier –quien se apropió y desarrolló un discurso nacionalista latente en el proyecto origenista– la «pseudorrepública» era inauténtica en la medida en que, como habíamos visto anteriormente, no era una manifestación genuina del «destino histórico» de la nación, para Diáspora(s), por otro lado, la suposición misma de que tal «destino» existía o era simplemente concebible había sido, en última instancia, una ilusión destructiva. A Lezama y a Vitier se les atribuye una fantasía caracterizada como mesiánica, pero la realidad («el dolor de la historia») ha correspondido al cumplimiento de una «modernidad perversa»: el totalitarismo y el Período Especial[20].

≠ Diáspora(s)». Una descripción del documento se encuentra en Fowler 1999: 14. Al parecer no se conserva una copia (Walfrido Dorta, comunicación personal).

[20] Como ya apunté, la crítica «diaspórica» responde a una coyuntura histórica muy concreta y ataca una visión muy particular –esencialista, nacionalista, teleológica, estatizada– de Orígenes. Mi objetivo es examinar desde una perspectiva teórica una idea que emerge precisamente del enfoque de Diáspora(s) en esa visión: la estetización (o poetización) de la historia y sus consecuencias políticas. La interpretación de Diáspora(s) es deliberadamente *polémica*, y por ende, necesariamente abierta al debate. Es posible argumentar, con razón, que dicha interpretación no da cuenta de las heterogeneidades que constituían el seno mismo del proyecto origenista, o más simplemente, que no distingue entre «vitierismo» y «Orígenes». Otra pregunta no menos importante: ¿cuál es el papel de Lezama aquí? ¿cuál es la función y el uso del significante «Lezama» en este debate? Nótese por ejem-

Para Diáspora(s), el discurso que instala el dispositivo (en el sentido en que Foucault usa el término) del *telos* nacionalista es la poesía. Pedro Marqués de Armas y Carlos Aguilera señalan que para «el núcleo ortodoxo de *Orígenes* [...] la poesía era una suerte de archigénero» (2001: 548). Por un lado, esto significó en un momento la afirmación de la autonomía del arte ante la «desintegración» de la república y la posibilidad de reflexionar sobre la posibilidad de una tradición cultural en esa coyuntura; por otro lado, concebir la poesía como *arkhé* (origen, autoridad, principio soberano) también se tradujo en el establecimiento de «analogías lírico-territoriales: el rostro de la patria como significante único y despótico», y la versión más acabada de este «proceder» fue «la tesis de lo cubano en la poesía» (2001: 548). En tal sentido, la poesía, entendida como «archigénero», corresponde justamente a esa (re)partición de lo sensible que somete el arte a los principios del régimen ético, y esto a su vez también puede entenderse como una restitución del arte a lo que Heidegger consideraba como su función genuina: la poesía como *mythos*. Pero para estos miembros de Diáspora(s), todo esto conlleva el grave riesgo de la cooptación ideológica desde el poder: «El actual llamado por parte del Estado y de su política cultural a rescatar cierta identidad nacional se alimenta en buena medida de este "supergénero"» (2001: 548). Al leer la Poesía como Historia y la Historia como Poesía: «Cuba ha sido

---

plo que fuera de Cuba, desde los años ochenta y especialmente en los noventa, críticos como Enrico Mario Santí, Alberto Moreiras y Brett Levinson ya venían realizando lecturas que veían a Lezama como un pensador desterritorializado(r) y anti-esencialista. Por último, en años recientes el concepto mismo de «totalitarismo» ha sido objeto de críticas por parte de pensadores como Roberto Esposito, Jean-Luc Nancy o Slavoj Žižek, entre otros. ¿Qué significa «totalitarismo» para Diáspora(s)? ¿Cómo articular una crítica a la Revolución y al castrismo a partir de este concepto? Estas interrogantes tienen una importancia capital y analizarlas va más allá del propósito de este artículo; baste decir que plantean problemas que atañen no solamente el archivo origenista, sus legados o las dinámicas del campo intelectual de la Cuba postsoviética, sino que incluso pueden servir de puntos de partida para reflexionar sobre las futuridades del postcastrismo.

un productor de mala ontología, de malas y reificadas abstracciones» (Aguilera 2002: 161). Lo significativo es que tales «ontologías» y «abstracciones» de la nación no provienen, estrictamente hablando, de doctrinas o teorías políticas, sociales o filosóficas, sino que son significantes tomados de otro orden del discurso: la creación y la imaginación literaria[21]. Estos significantes son a su vez traspuestos a un dispositivo que los reifica como idea de nación y los moviliza por medio de los aparatos culturales del Estado.

Veamos con más detenimiento cómo planteó Diáspora(s) este conflicto. El punto de partida es reconocer que a través de la reflexión de Diáspora(s) la literatura y la tradición literaria se revelan como órdenes del discurso radicalmente heteronómicos. Esta heteronomía es producto de la imbricación de múltiples factores: la poesía y sus posibilidades significantes; el rol —o roles— de Orígenes, como grupo y revista, tanto en su época como a partir de la Revolución; la estética y la política de la estética origenista (la autonomía del arte, el esteticismo, el neobarroco, la resistencia ante la «desintegración», etcétera); un determinado entendimiento histórico del origenismo; y el Estado.

El poema «Heimat» de Rolando Sánchez Mejías plantea una primera reflexión sobre esta heteronomía y los conflictos que de allí surgen[22]. Este texto es también un iluminador ejemplo de las prácticas de «poesía no lírica» analizadas por Walfrido Dorta, y que junto a la reflexión ensayística y los provocadores elementos visuales de la revista *Diáspora(s)* (ilustraciones, diseño), constituyeron los medios a través de los cuales este proyecto puso en marcha su labor —en las

---

[21] Recuérdese en tal sentido la observación de Rafael Rojas de que no existe realmente una teoría del Estado en Martí (Rojas 2000: 137-138).

[22] Este texto no fue publicado en la revista. Aparece en su colección de poemas *Cálculo de lindes (1986-1996)* y, muy significativamente, está incluido en *Island of My Hunger*, la esencial antología bilingüe de poesía cubana de la vuelta del siglo editada por Francisco Morán. Véanse Morán 2007: 140-143 y Sánchez Mejías 2000: 72-73.

palabras de Dorta– de «(des)autorización» y «terror-ismo literario»[23]. El poema está dedicado nada menos que a Lezama. El título es una palabra alemana que no tiene equivalente exacto en castellano y que refiere a ideas como «patria», «hogar» o «lugar nativo», y por ende Cuba y «lo cubano»; pero acaso el referente más inmediato es la Alemania nazi, ya que como es bien sabido, el término fue utilizado como un concepto central de la doctrina nacionalsocialista. Dedicarle a Lezama un texto con semejante título es un gesto evidentemente provocador, pero más allá de esa impresión inicial, la lectura del poema revela que el sentido de ese paratexto no es atacar a Lezama, sino más bien establecer una relación metonímica entre lenguaje, poesía, tradición y totalitarismo que será explorada en el texto. En las primeras estrofas del poema se establece un contraste entre «Nadie» («No se vio ningún tártaro partir / la línea occipital del horizonte. / Ni un bárbaro de aquellos […] A nadie») y «Ahora»:

> Ahora
> Lingua Mater sustenta y amortaja,
> su boca húmeda y esponjosa
> prodigándonos afectos para-
> sintácticos y hasta
> locales.
>
> In situ: se sigue bailando
> con o sin zampoña y se escribe
> bellamente aún al compás de
> y va escabulléndose
> (va cayendo el telón)
> uno con
> la bípeda y/o loca velocidad que va dictando
> el estado de las cosas.

---

[23] Sobre la poesía de Diáspora(s) véase Dorta 2013 y Hernández Salván 2015: 188-210.

> Un registro de voces tan amplio
> quién te lo iba a quitar, menos que menos
> a escribir, por ti, por los demás,
> padre mío que nadas como un tonel
> en la corriente brumosa de las palabras
>
> Ahora,
> rema.
> Es decir parte
> y tápate las gordas orejas
> y rema, rumbo al poniente.
> (No escuches viejo chillar
> en el canal que corta el mar
> dichas ratas de agua dulce).

Estos versos pueden leerse como una reflexión −elaborada desde la perspectiva del presente («Ahora»)− acerca del legado de Lezama y qué le ha ocurrido a su escritura. «Lingua Mater» −¿la tradición literaria cubana? ¿el lenguaje poético de Lezama, pero ahora *post-mortem*? ¿el lenguaje normativo y regimentado por «la cubanía» o el Estado? ¿la lengua dentro de la «boca húmeda»?− es algo que «sustenta y amortaja», que simultáneamente preserva la vida y el cadáver. En la estrofa que sigue hallamos algunas imágenes que sugieren la existencia de un orden o ritmo que sigue el «dictado» del «estado de las cosas», pero cualquier instancia de armonía u organización se ve deshecha por medio de una versificación totalmente dislocada. La frase que describe en tiempo presente la armonía y ritmo de la escritura se interrumpe bruscamente: «se escribe bellamente aún al compás de». Así, el texto nos presenta un vacío, una ausencia, algo innombrado e innombrable precisamente al momento y en el lugar donde debería nombrarse aquello que determina qué es la escritura, su ritmo, su «belleza»; o puesto de otra manera, el cómo «se escribe» «*in situ*», «ahora». La estrofa siguiente puede leerse como un apóstrofe dirigido a Lezama. El Maestro, el «padre mío» es, en principio, el poseedor único e insustituible de un «amplio registro de voces», pero a la vez se implica la presencia –sin nombrarlos– de otros que, potencialmente, aspiran tomar su lugar. Finalmente, el sujeto poético exhorta a su «padre» a huir y «taparse las orejas» ante el «chillar» de esas presencias amenazantes.

En el ensayo «Violencia y literatura» Sánchez Mejías aborda el tema de la conflictiva relación del intelectual con el Estado cubano a lo largo de la historia. Allí plantea una tesis fundamental: el núcleo de ese conflicto radica en que el Estado supo «explotar hábilmente la *ambigüedad esencial que subyace a la literatura* y al intelectual en un país en proceso de formación» (1999: 374; énfasis mío). Este es precisamente el problema que plantea un texto como «Heimat». En un pasaje del ensayo, al igual que en el poema, se alude a la postura ambivalente que asumió Diáspora(s) ante Orígenes y especialmente ante la figura de Lezama[24]. Paralelamente a su minuciosa reflexión sobre la formación de un dispositivo literario-estatal que en última instancia persigue un objetivo totalitario, Sánchez Mejías también reconoce que en su momento Orígenes ejerció una oposición al poder por medio de la literatura –«jadeo perpetuo en medio de tanta oscuridad nacional»– y que esa «enseñanza» fue «crucial» para los escritores de su generación (1999: 377). La alusión a Lezama («jadeo perpetuo») es clara.

Esa postura ambivalente ante Orígenes y Lezama está imbricada con la «ambigüedad esencial» señalada arriba, y ésta a su vez –inherente a la literatura y al lenguaje– es el centro de la reflexión de Diáspora(s) sobre el totalitarismo. Es Rogelio Saunders, en brillantes ensayos como «El fascismo. Apuntes» y muy especialmente «El

---

[24] Como señalé en una nota anterior, la cuestión de cómo Lezama se posiciona ante el proyecto Diáspora(s) exige un análisis pormenorizado que no abordaré aquí. El grupo estaba consciente que el legado de Lezama era terreno de debate y de hecho publicó en la revista un ensayo de Carlos M. Luis –crítico, artista, exiliado y amigo de Lezama– sobre este tema y que lleva el revelador título «Del mal uso de Lezama y otros temas». Véase Luis 1999.

lenguaje y el poder», quien logra analizar esta cuestión desde una perspectiva teórica y más abarcadora. Saunders señala de entrada que, en última instancia, la cuestión del totalitarismo se reduce a «un asunto de *lenguaje*» (1998: 242; énfasis en el original): en un estado totalitario «todo tiene que ver con el lenguaje [...] el lenguaje es [...] el aire que se respira en un Estado Totalitario» (2001: 490). Saunders no solamente trata la cuestión de cómo la literatura puede ser simultáneamente forma de resistencia ante el poder y objeto apropiado y (ab)usado por el poder, sino que va más allá y propone que el fundamento mismo del poder totalitario es precisamente el lenguaje, en virtud de ser una entidad paradójica y contradictoria: «la palabra [es] al mismo tiempo demasiado poderosa y demasiado tenue. No podemos asirla: y sin embargo puede mover multitudes [...] Parece incluso más poderosa que lo real, porque hace una realidad perdurable de nuestras quimeras» (2001: 490).

Saunders anticipa la provocadora tesis sobre el comunismo y el materialismo dialéctico que algunos años más tarde expondrá el filósofo del arte y teórico de medios Boris Groys: el comunismo como «verbalización» (*Versprachlichung*; literalmente «puesta-en-palabras» o «en-palabramiento») de la sociedad[25]. Según Groys los medios a través de los cuales funcionan la economía y la política son respectivamente el dinero y el lenguaje. El comunismo se instaura al momento en que la economía es subordinada a la política y ésta actúa de manera «libre y soberana»; en este sentido, desde la perspectiva de la teoría de los medios: «The communist revolution is the transcription of society from the medium of money to the medium of language» (Groys 2009: 1). En el capitalismo el lenguaje es mercancía y se ve despojado de sentido (2009: xvii). En cambio, en el comunismo el

---

[25] Debo a Alan West-Durán la referencia a Groys. Véase su trabajo «*Langue, parole* y trasero en "Los siervos" de Virgilio Piñera» en este mismo volumen. Asimismo, agradezco a Luis Miguel Isava por su explicación sobre el significado literal del término y sus posibles traducciones.

lenguaje despliega todo su potencial y éste surge a partir de reconocer el hecho fundamental de que el habla y el discurso –el lenguaje «en acción», por así decirlo– son inherentemente contradictorios y paradójicos: «no speech can avoid being contradictory» (2009: 6), «every *doxa* is paradoxical» (2009: 8). Según Groys, mientras que el capitalismo y el liberalismo buscan anular la paradoja a través del «consenso», el «acuerdo» y el «compromiso», el comunismo aspira a afirmar la paradoja, exhibirla y apropiársela: esta es la lógica del materialismo dialéctico, la cual consiste en «to think consistently in terms of contradiction and paradox» (2009: 36). Esto es lo que Groys denomina «lógica *total*» (2009: 43): una razón dialéctica que afirma «A» y «no-A» simultáneamente y permite el ejercicio «arbitrario» e «ilimitado» del poder (2009: 48-9). De hecho, para Groys el reconocimiento y apropiación de la contradicción y la paradoja constitutiva del lenguaje por parte del Estado hace que el comunismo sea en principio más «totalitario» que el fascismo. En el fascismo, la distinción amigo/enemigo es trascendental, dada de antemano y fundada sobre conceptos esencialistas como «raza», «pueblo», «nación», etcétera. En el materialismo dialéctico la contradicción del lenguaje es soberana y tal distinción no precede al lenguaje, sino que el Partido usa el lenguaje para construir la distinción arbitrariamente, según su voluntad (2009: 30-1)[26].

[26] No obstante, es preciso señalar que Groys toma distancia del término «totalitarismo» debido a su potencial vínculo ideológico con el liberalismo (aquél vendría a ser una construcción de éste; Slavoj Žižek ha planteado una crítica similar). Su idea de la «lógica total» vendría a ser una crítica y replanteamiento teórico del concepto de totalitarismo. Saunders obviamente no participa en este debate y su uso del término «totalitarismo» responde a la experiencia del autoritarismo castrista y su vínculo con el trauma del Período Especial. Mi objetivo aquí es señalar las coincidencias entre lo que Groys denomina «lógica total» y el análisis que hace Saunders –y más generalmente el proyecto Diáspora(s)– de la relación entre lenguaje y poder en el contexto de un régimen que varios miembros de dicho grupo no vacilaban en calificar de «totalitario».

Todo esto ya lo había intuido Saunders en «El lenguaje y el poder»: la contradicción y la paradoja son atributos constitutivos del lenguaje y es precisamente a partir de este reconocimiento que emerge su potencial simultáneamente liberador y opresor. El lenguaje en el Estado totalitario es la consigna política, la orden del Partido, el habla del Dictador. Pero la literatura no es *necesariamente* un orden del discurso que se opone al poder del Estado; al contrario, lo que siempre ocurre necesariamente es que la literatura es vulnerable. La razón es que el poeta y el Estado usan el mismo *medio* y ese medio es contradictorio y paradójico: «El escritor sufre [...] porque sabe que esa palabra con la que él crea es la misma que le da el poder al Poder» (Saunders 2001: 496). En el ensayo hay momentos en los que Saunders reitera los conocidos motivos del potencial crítico de la escritura imaginativa y de cómo la literatura puede trascender lo cotidiano y asumir un rol emancipador. Todo esto corresponde a las creencias sobre la creación literaria que profesó el proyecto origenista: tal como escribió Lezama en las páginas de *Orígenes*, ante la «desintegración», el grupo y la revista se alzan como «un estado organizado frente al tiempo» (1992: 181), la poesía es «una seguridad para los venideros» (1992: 174), «otra suerte de regir la ciudad de una manera profunda y secreta» (1992: 204). Pero la cuestión a la que realmente se enfrentan Saunders y Diáspora(s) es el reverso de esa fe: la estremecedora posibilidad de que «la poesía» termine efectivamente apropiándose total(itaria)mente de la realidad:

> Si miramos los símbolos de la Alemania Nazi, vemos que son una materialización de nuestros sueños más demoníacos, pero también de nuestras especulaciones más modernas [...] Son, sobre todo, *lenguaje*: la vacua respuesta retórica al vacío insoportable de la crisis. Después de lo insoportable, lo imposible. La visión romántica (en el mundo de lo histórico [...] la revolución es lo *romántico* mismo) no puede en realidad ser confirmada por realidades: sólo puede ser pintada —expresada— en *imágenes* [...] Si la realidad (si la verdadera realidad) es sólo el presente, el deseo (la imaginación) nunca puede coincidir con ella. Y sin embargo,

creemos que nuestros sueños pueden convertirse en presencias reales. Los pensamos, los soñamos, los escribimos y finalmente nos encontramos un buen día frente a la Máquina (frente al lenguaje de la Máquina y frente a la máquina del Lenguaje). De pronto, no tenemos ya nada que decir y parece que la propia palabra (poética) carece de sentido. Cumplido el sentido, ya no hay, desde luego, más sentido. Nos hemos convertido en Zombies, en muertos que caminan. (2001: 498; énfasis en el original)

Este denso pasaje combina una reflexión sobre la política de lo estético, su historización y la cuestión del totalitarismo –es decir, en el trasfondo están implícitamente Heidegger, su concepto del arte y la polémica que Sánchez Mejías introduce en su entrevista a Vitier– con alusiones diversas a Deleuze y Guattari («la Máquina»), Lezama y Vitier. Que la «visión romántica» y «la revolución» sólo puedan expresarse en «*imágenes*» es una evidente alusión a Lezama, y más concretamente, a su conceptualización de la Revolución como la última «era imaginaria». «Después de lo insoportable, lo imposible» es, en primer lugar, una alusión a «Después de lo raro, la extrañeza» (Lezama 1992: 172-9) –título de la reseña que hizo Lezama del poemario de Vitier *Extrañeza de estar* (1945) y que contiene una de las formulaciones más lúcidas de la política del proyecto origenista durante la República[27]– y en segundo lugar, es también una referencia a la reflexión mesiánica en torno a «lo imposible» que elabora Vitier en los capítulos que le dedica a *Orígenes* y a la Revolución en *Ese sol del mundo moral* (1975).

---

[27] Este conocido fragmento es particularmente revelador: «La poesía, lo que ya se puede llamar con evidencia los poetas de la generación de *Espuela de Plata*, querían hacer tradición, es decir, reemplazándola, donde no existía; querían hacer también profecía para diseñar la gracia y el destino de nuestras próximas ciudades. Querían que la poesía que se elaboraba fuese una seguridad para los venideros. Si no había tradición entre nosotros, lo mejor era que la poesía ocupara ese sitio y así había la posibilidad que en lo sucesivo mostráramos un estilo de vida» (Lezama Lima 1992: 174).

Orígenes y su proyecto político se fundaron sobre el poder emancipador del arte y el lenguaje poético –ese lenguaje «arcano» que Jorge Mañach decía no poder entender[28]. Cinco décadas más tarde, la intervención de Diáspora(s) consistirá en señalar y teorizar la presencia simultánea de condiciones contradictorias: por un lado, la *vulnerabilidad* del proyecto origenista (y de la poesía en general), y por otro lado, la paradójica *vigencia* y *nulidad* de ese proyecto. Como hemos visto, la vulnerabilidad yace en la posibilidad de (re)inscribir tal proyecto de acuerdo a los preceptos del régimen ético y luego llevar esa (re)partición de lo sensible hasta sus últimas consecuencias: la Poesía como expresión de la esencia y el destino de la Nación; la ecuación entre Poesía e Historia, la cual en última instancia será apropiada por el Estado. Una ilustración clara de ese «cumplir del sentido» –y por ende, su anulación– al que se refiere el ensayo de Saunders aparece al momento en que Vitier interpreta el asalto al Moncada –«el *acto*... lo único grande que se podía hacer aquí» (Vitier 1975: 160; énfasis en el original)– y el triunfo de la Revolución no solamente como el cumplimiento del ideal martiano, sino también como el cumplimiento mesiánico de aquello que para Vitier había sido el anhelo origenista: la busca de «el "imposible" a la vez íntimo y nacional, histórico y trascendente» (1975: 158); «la sed de advenimiento histórico, de encarnación de la poesía en la realidad» (1975: 156)[29]. De este modo, *Orígenes* pasa a formar parte –usando la frase del editorial de *Orígenes* con motivo del centenario martiano en 1953– de los «nuevos actos nacientes» (Lezama 1992: 209) que proféticamente habría anticipado Martí (Vitier 1975: 159). Bajo

---

[28] Me refiero al ensayo de Jorge Mañach «El arcano de cierta poesía nueva. Carta abierta al poeta José Lezama Lima», publicado originalmente en *Bohemia* (25 de septiembre de 1949) y que dio inicio al célebre debate entre Mañach y Lezama. Los textos relacionados con el debate fueron compilados, comentados y vueltos a publicar en 2001 (véase Cairo 2001).

[29] Para una lectura contrapuntística de las perspectivas de Lezama y Vitier acerca del asalto al Moncada, véase Salgado 2015.

esta maniobra discursiva –«causalidad retrospectiva» para Lezama, o «*retombée*» para Sarduy– la Revolución cubana se convierte literalmente en nada menos que la actualización histórico-política de «lo cubano» en la poesía. Tal como señala Iván de la Nuez en su ensayo «El ser (cubano) y la muerte»:

> Semejantes pasos obedecen a una maniobra conceptual: la instauración de una tradición ética destinada a subordinar la singularidad, el espacio y los fragmentos para privilegiar las magnitudes cronológicas férreas, los discursos definitivos y la totalidad. (1998: 126)

Esta construcción ético-mítica, cooptada por el Estado en el marco de los cambios en el campo intelectual a fines de los años ochenta y del giro ideológico del socialismo al nacionalismo, es denunciada como una impostura. Lo que revela la crítica de Diáspora(s) es que tal construcción es una práctica de sobre-lectura (*overreading*) que tiene un efecto perverso: la pura actualización de la palabra poética corresponde, para emplear los términos de Saunders, en el «cumplimiento» total(itario) del sentido, lo cual no es sino la *anulación* del sentido.

Volviendo a Rancière, cabe señalar de paso una reflexión importante. Aquí se ha analizado lo que puede describirse como un giro hacia el régimen ético en el marco de una reorientación ideológica del socialismo al nacionalismo. Sin embargo, el régimen ético puede operar en contextos muy distintos a la articulación de «esencias» nacionales[30]. La lección de Rancière –e indirectamente la de Diáspora(s)– es replantear la relación entre política y estética: la cuestión de fondo no es que el artista o la obra estén determinadas de antemano como vehículo de cierto ideologema (llámese nacionalismo, fascismo, socialismo, esteticismo, etcétera), sino más bien que la obra de arte, aparte

---

[30] Rancière plantea un ejemplo clave: el neoliberalismo como modo de *ethos* comunitario y el consecuente «viraje ético» del arte en la contemporaneidad. Véase Rancière 2005.

y más allá de la intención detrás del acto creador, está potencialmente sujeta a distintas re-particiones o re-distribuciones (*partages*) de lo sensible, las cuales obedecen a su vez a diferentes modos de instanciar la política. Puesto de otro modo, de lo que se trata es de cómo la obra de arte interviene y es intervenida por los modos de «hacer» y «percibir» que, a partir de la política, determinan qué es «lo común». En este sentido, todo arte es potencialmente vulnerable, en la medida en que puede verse sometida a distintos regímenes de visibilidad que corresponden a su vez a distintas instancias de la política.

Como señala Marta Hernández Salván, los escritores del proyecto Diáspora(s) ponen en marcha un «attack on linguistic tropes, especially metaphor and allegory» (2015: 103). El rechazo no es solamente a la poesía en la versión conversacionalista que patrocinó el Estado en los setenta, sino además —y esto es lo más importante teórica y políticamente— en su versión «barroca» y esteticista precisamente en virtud de su vulnerabilidad: «its numerous metaphors can be co-opted by official state rhetoric» (2015: 103). Hernández Salván enfatiza la centralidad de la alegoría como instrumento por parte del Estado revolucionario: «for the Cuban poetic imaginary, allegory and oficial discourse have always been indistinguishable» (2015: 200). En tal sentido, la sobre-lectura del texto origenista transforma a éste en una alegoría monumental de la Nación y la Historia, pero que al mismo tiempo debe negar su propia condición alegórica. Puesto en términos de «lógica total» descrita por Groys, la operación discursiva o «verbal» del estado no consiste en afirmar *una* verdad única y exclusiva, sino paradójicamente en aceptar simultáneamente «A» y «no-A» a fin de poder (re)inscribir la sociedad a su voluntad. Este poder de (re)inscripción es lo que Diáspora(s) entiende como totalitarismo.

BIBLIOGRAFÍA

AGUILERA, Carlos A (2002): «Epílogo a *Memorias de la clase muerta*». En Cabezas Miranda, Jorge (ed.): *Revista* Diáspora(s). *Edición facsímil (1997-2002)*. Barcelona: Linkgua, 161-162.

AGUILERA, Carlos A. & MARQUÉS DE ARMAS, PEDRO (2001): «Diáspora(s): Consideraciones Intempestivas». En Cabezas Miranda, Jorge (ed.): *Revista* Diáspora(s). *Edición facsímil (1997-2002)*. Barcelona: Linkgua, 546-8.

ALTHUSSER, Louis & BALIBAR, Étienne (1968): *Lire le Capital*. 2 vols. Paris: F. Maspero.

BUCKWALTER-ARIAS, James (2010): *Cuba and the new origenismo*: Woodbridge / Suffolk / Rochester / New York: Tamesis.

BÜRGER, Peter (1984): *Theory of the avant-garde*. Minneapolis: University of Minnesota Press.

CAIRO, Ana (2001). «La polémica Mañach-Lezama-Vitier-Ortega». En *Revista de la Biblioteca Nacional José Martí* 92: 91-130.

DÍAZ INFANTE, Duanel (2005). *Límites del origenismo*. Madrid: Colibrí.

DÍAZ QUIÑONES, Arcadio (1987). *Cintio Vitier. La memoria integradora*. San Juan: Editorial Sin Nombre.

DORTA, Walfrido (2013): «Discursos postnacionales, política de (des)autorización y terror-ismo literario. La poesía no lírica del grupo Diáspora(s)». En Cabezas Miranda, Jorge (ed.): *Revista* Diáspora(s). *Edición facsímil (1997-2002)*. Barcelona: Linkgua, 43-51.

FERNÁNDEZ SARRÍA, Francisco (2008): «Cintio Vitier: Escritura y revolución». En *Encuentro de la cultura cubana* 48-49: 182-192.

FOWLER, Víctor (1999): «La tarea del poeta y su lenguaje en la poesía cubana reciente». En *Casa de las Américas* 215: 11-25.

GROYS, Boris (2009): *The communist postscript*. London: Verso.

GUERRA, Lillian (2012): *Visions of power in Cuba: Revolution, redemption, and resistance, 1959-1971*. Chapel Hill: University of North Carolina Press.

HEIDEGGER, Martin (1971): *Poetry, language, thought*. New York: Harper & Row.

HERNÁNDEZ SALVÁN, Marta (2015): *Mínima Cuba: Heretical poetics and power in post-Soviet Cuba*. Albany: SUNY Press.

HERÓDOTO (1996): *The Histories*. New York: Penguin.
LACOUE-LABARTHE, Philippe (2007): *Heidegger and the politics of poetry*. Urbana: University of Illinois Press.
LEZAMA LIMA, José (ed.) (1965): *Antologia de la poesía cubana*. 3 vols. La Habana: Consejo Nacional de Cultura.
— (1992): *Imagen y posibilidad*. La Habana: Letras Cubanas.
LUIS, Carlos M. (2013): «Del mal uso de Lezama y otros temas». En Cabezas Miranda, Jorge (ed.): *Revista* Diáspora(s). *Edición facsímil (1997-2002)*. Barcelona: Linkgua, 380-382.
MORÁN, Francisco (ed.) (2007): *Island of my hunger: Cuban poetry today*. San Francisco: City Lights Books.
NUEZ, Iván de la (1998): *La balsa perpetua. Soledad y conexiones de la cultura cubana*. Barcelona: Casiopea.
PONTE, Antonio José (2002): *El libro perdido de los origenistas*. México, D.F.: Aldus.
RANCIÈRE, Jacques (2000): *Le partage du sensible. Esthétique et politique*. Paris: La Fabrique.
— (2005): *El viraje ético de la estética y la política*. Santiago: Palinodia.
— (2010): *Dissensus: on politics and aesthetics*. New York: Continuum.
— (2011): *Mute speech: literature, critical theory, and politics*. New York: Columbia University Press.
ROJAS, Rafael (1998): *Isla sin fin. Contribución a la crítica del nacionalismo cubano*. Miami: Universal.
— (2000): *José Martí. La invención de Cuba*. Madrid: Colibrí.
— (2002): «*Orígenes* and the poetics of history». *CR: The New Centennial Review* 2 (2): 151-185
— (2006): *Tumbas sin sosiego. Revolución, disidencia y exilio del intelectual cubano*. Barcelona: Anagrama.
SALGADO, César A. (2002): «The novels of *Orígenes*». *CR: The New Centennial Review* 2(2): 201-230.
— (2015): «Oppiano en el Moncada: Figuraciones de la insurgencia en Lezama y la exégesis vitierana». En Lupi, Juan Pablo & Hernández Salván, Marta & Marturano, Jorge (eds.): *Asedios a lo increado. Nuevas perspectivas sobre Lezama Lima*. Madrid: Verbum, 123-141.

SÁNCHEZ MEJÍAS, Rolando (1994): «Prólogo a *Mapa imaginario*». En Cabezas Miranda, Jorge (ed.): *Revista Diáspora(s): Edición facsímil (1997-2002)*. Barcelona: Linkgua, 157-160.
— (1997): «Olvidar *Orígenes*». En Cabezas Miranda, Jorge (ed.): *Revista Diáspora(s): Edición facsímil (1997-2002)*. Barcelona: Linkgua, 190-192.
— (1999): «Violencia y literatura». En Cabezas Miranda, Jorge (ed.): *Revista* Diáspora(s). *Edición facsímil (1997-2002)*. Barcelona: Linkgua, 373-379.
— (2000): *Cálculo de lindes (1986-1996)*. México, D.F.: Aldus
SANTÍ, Enrico Mario (1985): «La invención de Lezama Lima». *Vuelta* 102: 45-49.
SAUNDERS, Rogelio (1998): «El fascismo. Apuntes». En Cabezas Miranda, Jorge (ed.): *Revista* Diáspora(s). *Edición facsímil (1997-2002)*. Barcelona: Linkgua, 241-243.
— (2001): «El lenguaje y el poder». En Cabezas Miranda, Jorge (ed.): *Revista* Diáspora(s). *Edición facsímil (1997-2002)*. Barcelona: Linkgua, 489-499.
VITIER, Cintio (1975): *Ese sol del mundo moral. Para una historia de la eticidad cubana*. México, D.F.: Siglo XXI.
— (1978): *De peña pobre. Memoria y novela*. México, D.F.: Siglo XXI.
— (1997): *Obras. Poética*. Vol. 1. La Habana: Letras Cubanas.
YOUNG, Julian (2001): *Heidegger's philosophy of art*. Cambridge: Cambridge University Press.
ŽIŽEK, Slavoj (2001): *Did somebody say totalitarianism? Five interventions in the (mis)use of a notion*. London: Verso.

De los Autores

María Isabel Alfonso (Morón, 1972). Profesora de lengua y literatura hispanas en St. Joseph's College, Nueva York. Es autora de *Ediciones El Puente y los vacíos del canon literario cubano* (2016) y de numerosos artículos sobre el tema publicados en *La Gaceta*, *Temas*, *Public* y otras revistas especializadas. Actualmente investiga sobre sociedad civil y prácticas culturales en Cuba, asunto de su documental *Rethinking Cuban civil society / Repensar la sociedad civil cubana*.

Aída Beaupied (La Habana). Profesora y crítica cubana, enseña en Chestnut Hill College, Filadelfia. Sus áreas de especialización son la poesía hispanoamericana y los estudios cubanos. Ha publicado *Narciso hermético. Sor Juana Inés de la Cruz y José Lezama Lima* (1997) y *Libertad en cadenas. Sacrificio, aporías y perdón en las letras cubanas* (2010). También ha publicado ensayos sobre temas histórico-culturales de la Cuba de los siglos XIX y XX.

Tom Boll (Londres, 1969) es investigador y *lecturer* en traducción literaria en la Universidad de East Anglia. Hizo sus estudios doctorales en el University College en Londres y ejerció de codirector del Poetry Translation Centre y *lecturer* en el departamento de Español y Portugués en el King's College de Londres. Es el autor de *Octavio Paz and T. S. Eliot: modern poetry and the translation of influence* (2012) y de numerosos artículos sobre poesía latinoamericana y teoría de la traducción. Entre sus traducciones más importantes están *Poemas* de Coral Bracho (con Katherine Pierpoint, 2008) y los diálogos entre Jorge Luis Borges y Osvaldo Ferrari (*Conversations*, vol. 2, 2015).

Pilar Cabrera Fonte (Ciudad de México, 1974). Profesora en Augustana University, en Dakota del Sur. Ha publicado ensayos de crítica literaria en las antologías *Virgilio Piñera: El artificio del miedo* (2012) y *Alternative communities in Hispanic literature and culture* (2016). Es autora de cuentos publicados en las revistas *Surco Sur* y *Lumpen ilustrado*, y en la antología *El vértigo del erotismo* (1996), además de traducir «El Conde Magnus» de M.R. James para *Antes y después de Drácula* (1998).

WALFRIDO DORTA (Colón, 1976). Profesor y ensayista especializado en la literatura del Caribe hispánico y América Latina, y en los estudios visuales y de medios. Ha publicado *Gastón Baquero: el testigo y su lámpara. Para un relato de la poesía como conocimiento* (2001) y diversos ensayos en revistas académicas y culturales. Actualmente transforma en libro su disertación *Dinámicas políticas y proyectos culturales en la post-Revolución cubana (1989-2015): Paideia, Diáspora(s) y Generación Cero* (CUNY Graduate Center, 2016). Reside en Pennsylvania y enseña en Susquehanna University.

KRISTIN DYKSTRA (Wooster, Ohio, 1970). Traductora y crítica literaria. Se desempeña como *Distinguished Scholar in Residence* en Saint Michael's College, Vermont. Sus traducciones de poesía cubana contemporánea incluyen ediciones bilingües de Reina María Rodríguez, Ángel Escobar, Juan Carlos Flores y Marcelo Morales para la University of Alabama Press. En 2018 editó un dossier dedicado a Flores para el *Chicago Review* y publicó su traducción de *Cubanología*, el diario de Omar Pérez. En 2019 Ugly Duckling Presse publicará *Materia Prima, antología bilingüe de la poesía de Amanda Berenguer*, que coeditó, y *La foto del invernadero* de Rodríguez, de la que fue traductora principal.

BEN A. HELLER (Philadelphia, 1959). Crítico, poeta, traductor y catedrático de University of Notre Dame. Es autor de *Assimilation/Generation/Resurrection: contrapuntal readings in the poetry of José Lezama Lima* (1997), coeditor con Elzbieta Sklodowska de *Roberto Fernández Retamar y los estudios latinoamericanos* (2000), y uno de los autores de *Huellas de las literaturas hispanoamericanas* (1997). Editó y contribuyó con traducciones a *Running back through the rain / Corriendo bajo la lluvia: Selected poems, 1982-1998*, del poeta chileno Raúl Barrientos (2002).

Marta Hernández Salván (Madrid, 1970). Catedrática de Hispanic Studies en la University of California, Riverside. Ha publicado artículos varios sobre cultura caribeña y latinoamericana. Es autora de *Mínima Cuba: heretical poetics and power in post-Soviet Cuba* (2015), donde explora el agotamiento de la retórica melancólica de la Revolución cubana y la emergencia de nuevas poéticas en el período post-soviético. Su nuevo proyecto analiza la relación entre la cultura europea de izquierdas y la ideología revolucionaria en los años sesenta.

Elena Lahr-Vivaz (Savannah, 1974). Crítica e investigadora literaria. Además de varios ensayos sobre la literatura y el cine latinoamericanos, ha publicado *Mexican melodrama: film and nation from the Golden Age to the New Wave* (2016). Actualmente trabaja en un manuscrito titulado *Writing islands: space and identity in the transnational Cuban archipelago*. Es profesora en Rutgers University, Newark (New Jersey).

Juan Pablo Lupi (Caracas, 1968). Investigador y profesor de literatura latinoamericana y comparada en la Universidad de California, Santa Bárbara. Es autor de *Reading anew: José Lezama Lima's rhetorical investigations* (2012) y coeditor de la colección *Asedios a lo increado. Nuevas perspectivas sobre José Lezama Lima* (2015). Ha publicado también varios ensayos sobre Lezama, el grupo Orígenes y sobre poesía, narrativa y política en Venezuela.

César A. Salgado (San Juan, 1962). Investigador y catedrático en literatura comparada y latinoamericana de la Universidad de Texas, Austin. Es autor de *From modernism to neobaroque: Joyce and Lezama Lima* (2001) y coeditor de *Latino and Latina writers* (2004), *Cuba: Gale encyclopedia* (2011) y *TransLatin Joyce: global transmission in Ibero-American literature* (2014). Publica sobre polémicas literarias del Caribe y el Sur Global en revistas especializadas y colabora en la revista virtual *80grados*. En 1993 la Comisión Puertorriqueña del Quinto Centenario premió su poemario *Zona templada*.

ALAN WEST-DURÁN (La Habana, 1953) es poeta, ensayista, traductor y crítico. Ha publicado los poemarios *Dar nombres a la lluvia* (1994) y *El tejido de Asterión* (2000) y los volúmenes de crítica literaria-cultural *Tropics of history: Cuba imagined* (1997) y *Cuba: a cultural history* (2017). Fue editor-en-jefe de *African-Caribbeans: a reference guide* (2003), *Latino and Latina writers* (2004) y *Cuba: Gale encyclopedia* (2011). Ha traducido a Rosario Ferré, Alejo Carpentier y Nelly Richard. Es profesor en Northeastern University (Boston).

Agradecimientos

Queremos comenzar agradeciendo al Decanato de Humanidades de la Universidad de California, Santa Bárbara, por el apoyo financiero que brindó para publicar este volumen.

Varios colegas e instituciones ampararon este proyecto en las diversas etapas y derivas de su navegación. Gracias a Francisco Morán por animarnos a armarlo en sus inicios como un dossier para *La Habana Elegante* y a Waldo Pérez Cino por considerar acoger su culminación como libro en Almenara Press. Vaya también nuestro agradecimiento a Oswaldo Zavala y Fernando Degiovanni por facilitarnos los espacios del Graduate Center del City University de Nueva York para la mesa redonda «50+20: Recordando el Cincuentenario de *Orígenes*» (20 de marzo de 2014), y a los organizadores del Seminario Internacional «Latinoamérica en Perspectiva» (28 y 29 de mayo de 2018), organizado por la Facultad de Filosofía de la Universidad Complutense de Madrid, en donde tuvimos la oportunidad de presentar una versión preliminar del prólogo «en dos estelas» que abre esta colección.

Asimismo, les damos las gracias a los participantes y amigos en Cuba y el mundo que nos acompañaron en los eventos, congresos y conversaciones en las que se fue adelantando este proyecto: Thomas Anderson, Jorge Luis Arcos, Jossianna Arroyo, Antón Arrufat, James Buckwalter-Arias, Nancy Calomarde, Alina Camacho-Gingerich, Luisa Campuzano, Odette Casamayor Cisneros, Arnaldo Cruz-Malavé, Norge Espinosa, Víctor Fowler, Yvette Fuentes, Reynaldo González, María Guzmán, Orlando José Hernández, Ricardo Hernández Otero, Eduardo Lalo, Jacques Lezra, Gabriel Linares, César López, Magdalena López, Adriana López-Labourdette, Jacqueline Loss, Emily Maguire, Jorge Marturano, Alberto Moreiras, Rolando Pérez, Rubén Ríos Ávila, Ingrid Robyn, Juan Carlos Rodríguez, Jaime Rodríguez-Matos, Rafael Rojas, Joaquín Terrones, Sergio Ugalde y Omar Vargas.

Catálogo Almenara

Aguilar, Paula & Basile, Teresa (eds.) (2015): *Bolaño en sus cuentos*. Leiden: Almenara.

Aguilera, Carlos A. (2016): *La Patria Albina. Exilio, escritura y conversación en Lorenzo García Vega*. Leiden: Almenara.

Amar Sánchez, Ana María (2017): *Juegos de seducción y traición. Literatura y cultura de masas*. Leiden: Almenara.

Arroyo, Josianna (2018): *Travestismos culturales. Literatura y etnografía en Cuba y el Brasil*. Leiden: Almenara.

— (2019): *Fin de siglo: el secreto y la escritura en la masonería caribeña*. Leiden: Almenara.

Barrón Rosas, León Felipe & Pacheco Chávez, Víctor Hugo (eds.) (2017): *Confluencias barrocas. Los pliegues de la modernidad en América Latina*. Leiden: Almenara.

Blanco, María Elena (2016): *Devoraciones. Ensayos de Período Especial*. Leiden: Almenara.

Burneo Salazar, Cristina (2017): *Acrobacia del cuerpo bilingüe. La poesía de Alfredo Gangotena*. Leiden: Almenara

Caballero Vázquez, Miguel & Rodríguez Carranza, Luz & Soto van der Plas, Christina (eds.) (2014): *Imágenes y realismos en América Latina*. Leiden: Almenara.

Calomarde, Nancy (2015): *El diálogo oblicuo: Orígenes y Sur, fragmentos de una escena de lectura latinoamericana, 1944-1956*. Leiden: Almenara.

Campuzano, Luisa (2016): *Las muchachas de La Habana no tienen temor de dios. Escritoras cubanas (siglos XVIII-XXI)*. Leiden: Almenara.

Casal, Julián del (2017): *Epistolario. Edición y notas de Leonardo Sarría*. Leiden: Almenara.

Churampi Ramírez, Adriana (2014): *Heraldos del Pachakuti. La Pentalogía de Manuel Scorza*. Leiden: Almenara.

Deymonnaz, Santiago (2015): *Lacan en el cuarto contiguo. Usos de la teoría en la literatura argentina de los años setenta*. Leiden: Almenara.

Díaz Infante, Duanel (2014): *Días de fuego, años de humo. Ensayos sobre la Revolución cubana*. Leiden: Almenara.

Fielbaum, Alejandro (2017): *Los bordes de la letra. Ensayos sobre teoría literaria latinoamericana en clave cosmopolita*. Leiden: Almenara.

García Vega, Lorenzo (2018): *Rabo de anti-nube. Diarios 2002-2009. Edición y prólogo de Carlos A. Aguilera*. Leiden: Almenara.

— (2019): *Rostros del reverso. Edición y prólogo de Carlos A. Aguilera*. Leiden: Almenara.

Garrandés, Alberto (2015): *El concierto de las fábulas. Discursos, historia e imaginación en la narrativa cubana de los años sesenta*. Leiden: Almenara.

Giller, Diego & Ouviña, Hernán (eds.) (2018): *Reinventar a los clásicos. Las aventuras de René Zavaleta Mercado en los marxismos latinoamericanos*. Leiden: Almenara.

González Echevarría, Roberto (2017): *La ruta de Severo Sarduy*. Leiden: Almenara.

Gotera, Johan (2016): *Deslindes del barroco. Erosión y archivo en Octavio Armand y Severo Sarduy*. Leiden: Almenara.

Hernández, Henry Eric (2017): *Mártir, líder y pachanga. El cine de peregrinaje político hacia la Revolución cubana*. Leiden: Almenara.

Inzaurralde, Gabriel (2016): *La escritura y la furia. Ensayos sobre la imaginación latinoamericana*. Leiden: Almenara.

Kraus, Anna (2018): *sin título. operaciones de lo visual en 2666 de Roberto Bolaño*. Leiden: Almenara.

Loss, Jacqueline (2018): *Soñar en ruso. El imaginario cubano-soviético*. Leiden: Almenara.

Machado, Mailyn (2016): *Fuera de revoluciones. Dos décadas de arte en Cuba*. Leiden: Almenara.

— (2018): *El circuito del arte cubano. Open Studio I*. Leiden: Almenara.

— (2018): *Los años del participacionismo. Open Studio II*. Leiden: Almenara.
— (2018): *La institución emergente. Entrevistas. Open Studio III*. Leiden: Almenara.
MEDINA RÍOS, Jamila (2018): *Diseminaciones de Calvert Casey*. Leiden: Almenara.
MOLINERO, Rita (ed.) (2018): *Virgilio Piñera. La memoria del cuerpo*. Leiden: Almenara.
MOREJÓN ARNAIZ, Idalia (2017): *Política y polémica en América Latina. Las revistas Casa de las Américas y Mundo Nuevo*. Leiden: Almenara.
PÉREZ-HERNÁNDEZ, Reinier (2014): *Indisciplinas críticas. La estrategia poscrítica en Margarita Mateo Palmer y Julio Ramos*. Leiden: Almenara.
PÉREZ CANO, Tania (2016): *Imposibilidad del* beatus ille. *Representaciones de la crisis ecológica en España y América Latina*. Leiden: Almenara.
PÉREZ CINO, Waldo (2014): *El tiempo contraído. Canon, discurso y circunstancia de la narrativa cubana (1959-2000)*. Leiden: Almenara.
QUINTERO HERENCIA, Juan Carlos (2016): *La hoja de mar (:) Efecto archipiélago I*. Leiden: Almenara.
RAMOS, Julio (2019): *Desencuentros de la modernidad en América Latina. Literatura y política en el siglo XIX*. Leiden: Almenara.
RAMOS, Julio & ROBBINS, Dylon (eds.) (2018): *Guillén Landrián o el desconcierto fílmico*. Leiden: Almenara.
SELIMOV, Alexander (2018): *Derroteros de la memoria.* Pelayo *y* Egilona *en el teatro ilustrado y romántico*. Leiden: Almenara.
TIMMER, Nanne (ed.) (2016): *Ciudad y escritura. Imaginario de la ciudad latinoamericana a las puertas del siglo XXI*. Leiden: Almenara.
— (2018): *Cuerpos ilegales. Sujeto, poder y escritura en América Latina*. Leiden: Almenara.
TOLENTINO, Adriana & TOMÉ, Patricia (eds.) (2017): *La gran pantalla dominicana. Miradas críticas al cine actual*. Leiden: Almenara.
VIZCARRA, Héctor Fernando (2015): *El enigma del texto ausente. Policial y metaficción en Latinoamérica*. Leiden: Almenara.

www.ingramcontent.com/pod-product-compliance
Lightning Source LLC
Chambersburg PA
CBHW051204300426
44116CB00006B/428